(Im)penser l'urbain au Cameroun

Collection « Études africaines »

dirigée par Denis Pryen et son équipe

Forte de plus de mille titres publiés à ce jour, la collection « Études africaines » fait peau neuve. Elle présentera toujours les essais généraux qui ont fait son succès, mais se déclinera désormais également par séries thématiques : droit, économie, politique, sociologie, etc.

Dernières parutions

Issakha NDIAYE, *Les recours dans le contentieux des marchés publics au Sénégal, Guide à l'attention des opérateurs économiques*, 2023.
Louis Gautier MAMBOUNDOU, Florent MBUMBA BWASA, *Les expressions figurées en langue yipunu. Repères philosophiques du peuple Bapunu* (Républiques du Gabon et du Congo), 2023.
Balla CISSÉ, *La fin de la IIIe République au Mali, Histoire constitutionnelle, 18 août 2020-28 mai 2021*, 2022.
Tafsir BABA NDAO DIOUF, *l'esthétique de Léopold Sédar Senghor. Entre raison intuitive et raison discursive*, 2022.
Famoudou KONATE, avec la collaboration de Thomas OTT, *Mémoires d'un musicien africain. Ma vie – mon djembé – ma culture,* 2022.
Christelle MOLIMA BAMEKA, *Enfants soldats et réinsertion socio-communautaire. Questions de responsabilité pénale en droit international et national congolais*, 2022.
Simpara MAHAMADOU N'FA, *DE L'OUA AU G SAHEL. Une brève histoire de la gouvernance sécuritaire en Afrique*, 2022.
Emmanuel KOUROUSSOU GAOUKANÉ, *Les applications du Code de l'indigénat en Oubangui-Chari (1910-1946). Ou comment les mesures disciplinaires rendent possible ce que le budget de la colonie ne permet pas*, 2022.
Jean-Bruno BAYETTE, *Le mémoire de master à l'Université : sociologie de la réussite. Analyse de l'Université Marien N'Gouabi (République du Congo)*, 2022.

Sous la direction de
José Donadoni Manga Kalniga

(Im)penser l'urbain au Cameroun

Postures épistémologiques, rationalités des acteurs et intelligences normatives

Préface de Marie Morelle

Du même auteur

Manga Kalniga J. D. (dir.), 2020, *Itinéraires actuels et pluriels de la recherche au Cameroun,* Paris, Connaissances et Savoirs, 269 p.

Avec Mforteh Stephen Ambe (dir.), 2021, *Réfugiés et déplacés internes au Cameroun. Fragilités, normes et pratiques de réhabilitation,* Paris, Connaissances et Savoirs, 341 p.

Manga Kalniga J. D., 2021, (dir.), *Identités, pluralité et ingénieries sociopolitiques au Cameroun,* Paris, L'Harmattan, 319 p.

NB : Les opinions et analyses présentées dans ce livre n'engagent que leurs auteurs respectifs.

5-7, rue de l'École-Polytechnique – 75005 Paris
www.editions-harmattan.fr
ISBN : 978-2-14-027137-3
EAN : 9782140271373

Sommaire

Comité scientifique

Comité de lecture

Les auteurs

ABOUBAKAR EL BOUKAR (PhD en droit public) est chargé de recherche au Comité national de développement des technologies (CNDT), structure sous tutelle du ministère de la Recherche scientifique et de l'Innovation (MINRESI) du Cameroun. Il a obtenu le prix Meilleur Chercheur Junior du CNDT aux JERSIC, 7e édition, 2021. Il est intéressé par les questions des politiques scientifiques et technologiques.

ANGOUAH MASSAGA Junior Morel (Ingénieur de conception en informatique) est attaché de recherche au Comité national de développement des technologies (CNDT), structure sous tutelle du ministère de la Recherche scientifique et de l'Innovation (MINRESI) au Cameroun. Il est spécialiste de l'intelligence artificielle (IA). Son centre d'intérêt est l'Internet des Objets.

ATANGANA BAMELA Hyacinthe (PhD), est chargé de recherche et géographe à l'Institut national de cartographie (INC) au Cameroun. Il est aussi membre du Laboratoire d'aménagement et de développement des territoires de l'université de Ngaoundéré, où il exerce en qualité d'enseignant invité. Ses travaux portent principalement sur les transports en lien avec le développement des territoires.

BAYIE KAMANDA Anyi Mukep Massa est spécialisée en sociologie et poursuit ses études de Doctorat/PhD en paix et développement à l'université protestante d'Afrique Centrale (UPAC). Chargé de recherche au Centre national d'éducation (CNE), elle s'intéresse aux questions de conflits. Ses publications portent sur la problématique de la réhabilitation des réfugiés, des réseaux sociaux numériques et de la construction des identités.

BESSALA Gaston est actuellement chargé de recherche au ministère de la Recherche scientifique et de l'innovation (Cameroun) et affecté au Centre national d'éducation. Linguiste de formation, l'intéressé est titulaire d'un doctorat/PhD obtenu à l'université de Yaoundé I. Ses recherches portent sur la linguistique africaine, la syntaxe générative, la sociolinguistique et la morphologie. Il est aussi attaché aux problématiques liées à l'éducation. Il dirige le département des études en éducation et humanités.

COUMAYE Claude Céleste est diplomate indépendant et expert en coopération internationale et développement durable (www.claudecelestecoumaye.com). Titulaire d'un master en relations internationales et d'un diplôme d'études approfondies en droit international public, il est en charge de la coopération dans le cadre du partenariat universitaire entre l'École Nationale supérieure des travaux du Cameroun et la Golden Gate University de San Francisco (USA).

DEMBELE Samba (PhD) est géographe, spécialisé en géomatique. Il exerce par ailleurs en qualité de chercheur à l'Institut d'économie rurale à Bamako (Mali).

FOKOU NGOUO Arthur Freddy est né à Yaoundé, au Cameroun. Après son baccalauréat, il s'inscrit à l'université de Yaoundé I (Cameroun) où il étudie les humanités (philologie hispanique), couronnées par l'obtention d'un doctorat/PhD en littérature comparée, littératures hispano-américaine et africaine. Enseignant-chercheur à l'université de Yaoundé I, il est spécialiste du roman féminin et des littératures décoloniales.

IBRAHIMOU HAMIDOU, est politiste et chargé de recherche au Centre national d'éducation au Cameroun. Il effectue actuellement un stage doctoral en sciences politiques et sociales à l'université Ankara Haci Bayram (Turquie). Ses recherches portent sur les politiques publiques.

MAHINI Bertrand-Michel est politologue, diplômé de l'Université de Yaoundé II. Il est actuellement chargé de recherche au Centre national d'éducation (CNE), institution de recherche sous tutelle du ministère de la Recherche scientifique et de l'Innovation (MINRESI) du Cameroun. Spécialiste de la sociologie politique, ses travaux portent sur l'étude des organisations. Il s'intéresse également aux questions de gouvernance, de genre, de violence et du numérique.

MAMBO TAMNOU Nicole Gérardine est chargé de recherche au Centre national d'éducation au Cameroun. Inscrite en thèse de doctorat/PhD à l'Université de Yaoundé 1, l'auteure est spécialisée en histoire économique et sociale. Ses recherches l'ont amené à se consacrer aux problématiques de la santé et de l'environnement, en l'occurrence les maladies tropicales négligées (MTN).

MANGA KALNIGA José Donadoni (PhD), est sociologue de formation et chercheur au Centre national d'éducation, au Cameroun. En consacrant ses publications au processus de décentralisation, aux questions identitaires et au phénomène de genre, ses travaux l'on emmené sur le champ de l'ingénierie sociale, notamment à travers l'élaboration des documents de planification, d'aménagement du territoire et des études d'impact environnemental et social.

MANGOUA Chimène est doctorante en sociologie à l'Université de Yaoundé 1 au Cameroun. Son champ de recherche recoupe les questions de santé, d'éducation et de sexualité en milieu urbain. Ses travaux portent sur les dynamiques des politiques et pratiques d'intervention en santé en milieu urbain, les différents usages du numérique dans la pratique des travailleurs sociaux, des travailleurs de sexe et des organisations à base communautaire. L'auteure est par ailleurs consultante dans plusieurs organisations et associations de lutte contre le Sida et IST.

MBALLA ELANGA Edmond VII est titulaire d'un doctorat/PhD en sociologie. Il est enseignant-chercheur au département de sociologie, laboratoire des sciences de l'homme et de la Société de la faculté des lettres et sciences humaines de l'université de Douala.

MBEY MAKANG Moïse est titulaire d'un master en linguistique et sciences du langage. Il est chargé de recherche et membre du département d'éducation et des humanités au Centre national d'éducation au Cameroun. Il achève actuellement une thèse de doctorat/PhD en sociolinguistique, stylistique et grammaire françaises.

MBILONGO ELEME Laure Marguerite est juriste de formation et chargé de recherche en service au Centre national d'éducation (CNE), au sein duquel elle coordonne l'unité de recherche sur *Les questions de Gouvernance et sociétés.* Membre du centre d'études et de recherches en droit international et communautaire (CEDIC) à l'université de Yaoundé II, ses travaux portent sur la protection des droits fondamentaux des personnes tant sur le plan national que sous régional.

NANA KOMEY Daniel Georges (PhD) est chargé de recherche en service au Centre national d'éducation au Cameroun. Il est spécialisé en Histoire politique et s'intéresse aux questions de représentations sociales des élections comme conséquences sociales et politiques des processus d'altérisation ethnique au Cameroun (1927-2013). Ses centres d'intérêt sont les études de la marginalité, de la religion et de la politique dans les sociétés contemporaines.

NGUINTA HEUGANG Léonelle Flore est chargé de recherche en service au Centre régional de recherche et d'innovation (CRRI) dans la région de l'Extrême – Nord (Cameroun) où elle occupe les fonctions de chef de bureau de la coordination. Elle est auteure de plusieurs articles scientifiques. Spécialiste des questions environnementales, elle s'intéresse également aux problématiques liées à l'éducation, aux langues et à la santé.

NJIMBOKET MBIEPIT Fatimatou est chargé de recherche au Centre national d'éducation au Cameroun. Elle poursuit ses études de doctorat/PhD de sociologie à l'université de Yaoundé 1. Intéressée depuis quelques années par la problématique de la famille, du mariage et des rapports entre tradition et modernité, l'auteure axe ses travaux sur des terrains de recherche variés notamment les régions de l'Ouest, du Centre et de l'Extrême-Nord. Elle est auteure de plusieurs publications.

NKENGUE ABEGA Protais Brice (PhD) est chargé de recherche au Centre national d'éducation au Cameroun. Spécialisé en sociologie, option population et développement, l'auteur travaille sur les questions de la prise en compte des valeurs endogènes dans les projets structurants.

OBAME Alain-Hugues est juriste-politiste de formation. Il est chargé de recherche en religion et politique au Centre national d'éducation. Il est également consultant international et expert dans les domaines du droit humanitaire, de la santé publique et du droit de l'urbanisme.

Patrick Achille OND OND est titulaire d'un doctorat/Ph.D. Enseignant chercheur et chargé de cours à la faculté des sciences juridiques et politiques de l'université de Ngaoundéré (Cameroun), l'auteur effectue des recherches florissantes sur les problématiques de la domanialité publique. À ce jour, il a conduit plusieurs travaux intéressant sur la propriété foncière et domaniale au Cameroun, notamment le projet d'un Code de voirie routière.

SOUMARE Mamy est professeur de géographie. Ses travaux portent sur les questions de géomatique. Il est également chercheur à l'Institut d'économie rurale de Bamako au Mali. L'auteur est par ailleurs enseignant à l'université des sciences sociales et de gestion de Bamako (Mali).

TAGNE Troie Thiery est titulaire d'un PhD en science politique, obtenu à l'université de Dschang. Chargé de recherche au Centre national d'éducation, organisme de recherche sous tutelle du ministère de la Recherche scientifique et de l'Innovation du Cameroun. Il est spécialisé dans l'analyse des questions liées à l'instrumentation de l'action publique et par ailleurs membre du Centre de recherche pour l'émergence des territoires locaux (CRETEL).

Remerciements

L'ouvrage qui s'offre à l'analyse du phénomène urbain renouvelle une tradition scientifique dont l'objectif est de rendre hommage à ceux qui ont fait leur chemin sur les sentiers de la recherche et qui l'ont par la suite quitté. Ce livre dont la thématique s'inscrit dans l'ordre des travaux du regretté Pierre Mbouombouo (PhD), maître de recherche, constitue pour nous, une instance pour rendre éternel, les minutes de silence à accorder à cet illustre chercheur. Cet opuscule part ainsi de son champ d'observation qu'est l'urbain pour restituer l'expérience des chercheurs aujourd'hui « d'écrire la ville au Cameroun » et de « l'inscrire dans le champ de l'objectivité ». Le phénomène urbain prend de plus en plus de l'ampleur surtout avec l'accélération du processus de décentralisation et l'autonomisation des collectivités territoriales décentralisées depuis plus d'une décennie.

Pour mener à bien ce projet, nous avons eu le concours de nombreux chercheurs. Notre gratitude est adressée à Catherine Coquery-Vidrovitch, professeure émérite, qui a accepté de participer à ce projet qui lui aura permis de nous instruire une perspective diversifiée du phénomène urbain, en capitalisant son expérience des villes de l'Afrique de l'Ouest. Professeur Honoré Mimche a accompagné la réalisation du projet par le biais de son expertise dans le champ urbain camerounais et ses conseils dans l'édition scientifique, qu'il trouve ici l'expression de toute notre gratitude renouvelée. Professeure Marie Morelle n'a jamais hésité à donner une facture scientifique rigoureuse aux articles qui lui ont été soumis afin que ce projet gagne en pertinence. Sourna Loumtouang Erick, infatigable dans les sollicitations à son égard, a facilité l'inscription de la thématique de l'ouvrage dans la désobéissance épistémique afin de stimuler un renouvellement de la pensée urbaine. Bessala Ndzana Gaston, Nana Komey Daniel Georges, Mahini Bertrand-Michel, Mvondo Mvondo Hervé, Tagne Troie Thiery, Téguia Bogni et Bayie Kamanda Anyi Mukep Massa n'ont ménagé aucun effort dans l'expertise et la lecture des différentes contributions scientifiques soumis pour ce projet. Qu'ils en soient fraternellement remerciés.

Natifs d'une profession indigente, les chercheurs publics, par le biais de telles productions, révèlent de façon constante que, ceux-là même qui ont choisi de « lier la plume à la pioche » sont capables de faits d'armes. Que tous ces acteurs de la recherche qui peinent à laisser entendre leurs voix dans un champ scientifique tutélaire et contraignant, trouvent ici l'expression de leur cri.

Préface

Marie Morelle
Professeure des Universités
UFR Temps et Territoires, Département de Géographie
Université Lumière Lyon 2
UMR EVS

Le titre de ce nouvel ouvrage sonne comme une énigme sinon comme une provocation. Il intrigue et invite à sa lecture. Il est vrai que la question urbaine, qui plus est en Afrique et ici au Cameroun, appelle à une brève généalogie. Dans quels contextes et de quelle manière les sciences humaines et sociales ont-elles appréhendé la ville sur le continent ? Rappelons ainsi le long déni de l'histoire urbaine au prétexte de villes appréhendées au seul prisme de la colonisation. C'est relativement tardivement que des recherches comblent les angles morts et les silences sur l'histoire des villes africaines et sur les circulations régionales et transnationales dans lesquels le fait urbain se déploie. À ces dernières s'ajoutent des travaux critiques quand divers manuels de géographie urbaine opposent encore dans la seconde moitié du XXe siècle des « quartiers urbains » souvent issus de l'aménagement colonial à des « villages africains » ou à des bidonvilles pensés comme des isolats en rupture de l'espace urbain. La condition de citadin semblait ainsi refuser à maints Africains.

À cette même période, la ville en Afrique n'a pas bonne presse dans les politiques développementalistes : elle semble vivre aux dépens du labeur des paysans. Elle n'apparait nullement comme une priorité sur les agendas politiques. En conséquence, elle reste peu étudiée dans le champ des sciences sociales en dépit de quelques ouvrages majeurs. Lorsque l'on s'en saisit, c'est pour évoquer ses excès (sa croissance urbaine par exemple) ou ses manques (l'informalisation du travail).

Par la suite, le XXIe siècle voit émerger une nouvelle catégorie dans les discours politiques mais aussi scientifiques : ce n'est plus l'ère des villes développées mais celle des villes globales, pivots des flux de capitaux et d'informations, souvent au Nord, parfois au Sud, rarement en Afrique exception faite de Johannesburg. Les villes africaines continuent de subir une forme de marginalisation et si elles apparaissent dans la littérature grise du champ développementaliste, c'est en fin des multiples classements qui émaillent les rapports et les expertises sur la ville contemporaine. Ainsi et au mieux, des décennies durant, des programmes nationaux ou portés par des bailleurs n'auront eu de cesse d'appeler à développer les villes en Afrique, les vocables de durabilité ou de ville intelligente se substituant aujourd'hui au paradigme de la modernité.

Les villes du continent ont cependant toute leur place dans les discussions sur l'urbain. Leurs formes, leur histoire (jusqu'à la période récente) et les relations de pouvoir qui les structurent témoignent des défis d'un monde qui bascule irrémédiablement vers une majorité de citadins, vivant dans des mégalopoles autant, rappelons-le, que dans une myriade de villes petites et moyennes. À cet égard, l'ouvrage fait place aux villes camerounaises, souvent Yaoundé et Douala, mais sans ignorer par exemple les villes du Nord-Cameroun et en ouvrant la réflexion à l'Afrique de l'Ouest (Mali). On notera aussi une réflexion sur les systèmes urbains et les hiérarchies qui les structurent.

Quelles sont alors les conditions d'émergence d'une pensée urbaine qui serait partagée à l'échelle mondiale, laquelle émane aussi des universités et des centres de recherche du continent africain ? Il y a peu, des chercheures, telles qu'Ananya Roy ou Jennifer Robinson appelaient à raison à un tournant dans les études urbaines avec un ancrage au Sud, lequel demeure néanmoins souvent polarisé par l'Asie du Sud Est ou l'Amérique latine. Les textes rassemblés ici créent l'occasion d'une riche discussion à partir du Cameroun.

Les notions de marge et de marginalité demeurent présentes, assumons-le, mais une pluralité d'entrées en renouvelle la portée : il est ainsi question de revenir sur la classique - et parfois trop manichéenne - distinction entre villes et campagnes avec l'intégration récente (et difficile) de terroirs ruraux à des périmètres communaux initialement urbains. La question de la périphérie et de sa gestion s'en voit reconfigurée sans que pour autant, d'autres chapitres en témoignent, ne s'efface l'enjeu de leur urbanisation en lien avec des citadins en quête de foncier. Les problématiques du logement comme de l'accès à des équipements et à des infrastructures (voir en particulier le ramassage des déchets dans les pages de ce livre) continuent de structurer les études urbaines autant que le quotidien des habitants.

Ces derniers sont peu présents dans les débats sur l'aménagement des villes, déjà pris en étau entre échelon communal et échelon national, sans évincer l'influence des coopérations bilatérales et d'autres acteurs internationaux. Dans ces conflits latents entre échelles, souvent révélés par le défi de la décentralisation, la participation reste un parent pauvre des politiques urbaines. Attention toutefois de décentrer le regard des dispositifs officiels de participation pour saisir les manières dont les citadins fabriquent la ville et font entendre leurs voix auprès d'une pluralité d'acteurs politiques.

Ce sont sans nul doute ces frictions entre niveaux décisionnaires, entre réalités locales et irrémédiable inscription dans la mondialisation, entre habitants, notables, acteurs institutionnels, que se repèrent les modalités de la ville en train de se faire, dans son expression matérielle et dans les identités qu'elle génère. L'ouvrage fourmille de ces moments appréhendés au plan du droit de l'urbanisme, du fait religieux, de la linguistique, ou encore de l'appropriation des réseaux sociaux. La ville y est révélée à travers l'occupation tant des espaces publics, éventuellement privatisés, que de ses prolongements dans de nouveaux espaces numériques. Ce faisant, l'ensemble des chapitres dessine les contours de sociétés urbaines où se joue la reconnaissance d'un cosmopolitisme certain mais où se rejouent aussi la survivance et la réactualisation de blessures mémorielles et de rapports de domination. En conséquence, la parution de cet ouvrage permet de poser et de discuter des défis urbains et sociaux à venir.

Introduction générale : Sortir le fait urbain du conditionnement matriciel quantitativiste au Cameroun

José Donadoni Manga Kalniga

> Pour élaborer des stratégies de développement à long terme, il faut donc accorder toute leur importance aux conditions du bien-être social tenues en médiocre estime par les statisticiens qui peuplent la bureaucratie des services de planification (Ela, 1998 : 353).

L'analyse du phénomène urbain en Afrique fait l'objet d'un conditionnement matriciel qui emprunte davantage les perspectives statistiques. C'est le cas quand il s'agit de définir la ville comme entité sociale et humaine, de l'appréhender dans ses fonctions ou encore lorsqu'il est question d'identifier et de déterminer la part des citadins ayant accès aux services sociaux de base. En effet, les trajectoires des mouvements de développement des villes arpentent le pas à une préoccupation forgée autour d'un sentiment de structuration et de maîtrise de la ville comme espace social et géographique dans lequel se déploient les individus. Elles mettent en œuvre tout de suite, les dynamiques d'urbanisation, de planification et d'aménagement du territoire. Ainsi, quelle que soit l'entrée privilégiée, le « défi du nombre », se place comme un dénominateur commun à l'évaluation du niveau de croissance des villes. Et cette modalité de procéder cache certainement un piège puisque les grilles d'évaluation ne sont pas parfois cohérentes avec les logiques quotidiennes des acteurs dont les idéaux défient les indices *internationaux* de développement humain. En d'autres termes, les réalités urbaines éprouvent les critères conventionnels de définition de la ville : continuité de l'habitat, concentration des activités humaines, diversité des composantes sociologiques et historiques. Le débat sur l'urbanisation est devenu politique, avec cette tendance à la criminalisation du « nombre » à travers des politiques expiatoires et d'expropriation pour cause d'utilité publique (Aguilera, Bouillon, Lamotte, 2018 ; Aguilera, 2018). Or, ces politiques partent d'une approche quantitative de la réalité sociale et sous-estiment la dimension qualitative et conjoncturelle des acteurs qui essaient, au quotidien, de produire la ville de manière spécifique et de négocier leur droit à la ville (Lefebvre, 1968). Ils inscrivent leurs actes sur le registre de l'instant, du conjoncturel et du spontané par le biais des multiples arts de faire (De Certeau, 1990 ; Ela, 1998). Ces actes se matérialisent par les expressions : « mangeons vivants », « vivons vivants » et « aimons-nous vivants » ; qui ont pris de l'ampleur avec l'avènement de la pandémie à coronavirus. Dès lors, comment saisir les actions sociales qui sont toujours en avance sur les théories, les paradigmes d'analyse et les différentes approches urbaines ?

Comme objet d'étude, les faits urbains (en tant que réalités produites par la ville et que la ville produit) intéressent les géographes, les sociologues, les anthropologues, les juristes, les historiens, les architectes, les développeurs et les urbanistes. De nombreuses études y relatives ont pendant les périodes coloniale et post-coloniale véhiculé une posture hégémonique[1], adossée à « un mode de pensée historiquement dominant » (Maesschalk, 2015 : 11), faisant le lit d'un processus de développement urbain qui conduit aux déviances provoquées par une urbanisation difficile. Ladite urbanisation a été appréhendée dans les pays africains durant les décennies 60 et 70 comme la construction des villes et des métropoles aux normes européennes, suivant une « matrice coloniale de la raison occidentale » (Maesschalk, 2015 : 12). Elle fut également alimentée par l'idée de progrès qui suggérait le bon qualitatif qui devait suivre le passage de la campagne vers les villes[2]. Les deux réalités étaient elles-mêmes appréhendées comme des opposées liées à deux mondes, deux civilisations : l'une, incarnant l'ordre (la ville coloniale, avec ses plans et ses rues), et l'autre, le désordre (la campagne) (Mongo Beti, 1954). Georges Balandier considère cette allure architecturale du paysage villageois comme une marque autochtone imprimée à l'espace (Balandier, 1985). De nombreux projets ont ainsi vu le jour avec pour ambition d'engendrer des villes d'avenir en cherchant à rendre performatif un certain « fantasme urbain ». Cette appréhension hégémonique et modélisatrice des réalités urbaines en Afrique s'est confrontée à la crise économique, née du choc pétrolier de 1974 qui a culminé dans les années 80 et 90 à travers la mise sous ajustement structurel des économies africaines. Cette conjoncture

[1] La posture dite hégémonique ici restitue un corpus scientifique qui a tendance à considérer que les villes africaines, parce que situées dans l'hémisphère sud, connaîtraient des problèmes d'adaptation aux techniques d'aménagement et de planification éditées dans l'hémisphère nord. De ce fait, il y a une inclinaison à penser que ce délit « d'inadaptabilité » soit l'une des raisons expliquant les problèmes d'urbanisation en Afrique. Elle souscrit au paradigme du catastrophisme « africain ». Or, dans une Afrique qui s'invente et se réinvente au quotidien au gré des crises, l'intellectuel est appelé à manifester une « désobéissance épistémique », c'est-à-dire manifester un acte d'émancipation qui ose transgresser la référence à l'universalisme abstrait hérité des Modernes pour dominer le monde (Mignolo, 2015).

[2] De nombreuses dynamiques se réalisent désormais par l'exode urbain et l'extension urbaine.

macroéconomique a tôt fait de transformer ces visions d'avenir en utopie.

Les difficultés résultant de la mise sous tutelle des pays africains par le Fonds Monétaire International (FMI) et la Banque Mondiale (BM) ont engendré des malaises multiformes qui se traduisent par une accentuation de l'exode rural, la fermeture de nombreuses entreprises publiques et privées et les tensions sociales (Pigeaud, 2011). Ces différentes situations ont, d'une part, affecté de façon négative la physionomie des villes et, d'autre part, handicapé l'implémentation des politiques sociales en milieu urbain. Faute de planification sur le long terme et du fait de la mise en œuvre des rationalités plurielles des acteurs, les pays africains ont ainsi été confrontés à une urbanisation rapide et non maitrisée (Haeringer, 1972), donnant lieu à ce qu'il est convenu d'appeler une « inflation urbaine ». Celle-ci s'énonce et s'exemplifie à travers la fracture sociale qu'elle provoque. Il s'agit en l'occurrence, de l'écart social qu'elle engendre dans le paysage urbain à travers les inégalités dans la manière de se loger, de circuler, d'accéder à la sécurité urbaine et de stationner. La littérature disponible sur les faits urbains s'articule ainsi autour de grammaires diverses. L'on peut évoquer en l'occurrence, les trajectoires historiques des villes en Afrique (Ela, 1983 ; Coquery-Vidrovitch, 2006, 2008), les fonctions urbaines (habiter, se déplacer, se produire et se recréer) (Lefebvre, 1968 ; Stébé, 2002 ; Nzhie, Leka, 2018), les rationalités dialectiques (Balandier, 1985), les questions de gouvernance et de régulation urbaine (Dubresson, Jaglin, 2002 ; Simeu-Kamdem, Touna Mana, 2018) et le défi démographique en lien avec la question de l'accès aux services sociaux de base et aux ressources (Streint, 1993 ; OCDE/CSAO, 2020). Dans ces prolégomènes sur la ville en Afrique, nous privilégions trois perspectives : le registre dialectique, le registre corrélatif et le registre déterministe.

Le registre dialectique montre que l'urbanisation a toujours été abordée en corrélation avec l'exode rural, l'explosion démographique, les inégalités sociales et les difficultés d'accès aux services de base décents. Cette perspective binaire défend une vision catastrophiste qui radicalise le paradigme de l'opposition entre l'urbain et le rural dans l'appréhension du fait urbain. Celui-ci se réalise par le moyen d'une fracture sociale et économique entre deux espaces sociaux aux modes de vie et de production spécifiques (Mongo Béti, 1954). Dans la décennie 1980-1990, correspondant à la période de démocratisation, l'on assiste à l'établissement d'un pont entre « ville et campagne » à travers l'éclatement des villes, leur extension, l'avènement des villes moyennes et intermédiaires et la création des circonscriptions administratives et des communes.

Les études récentes se sont saisies de cette mutation paradigmatique pour démontrer qu'il n'existe pas de véritables frontières rigides entre les milieux urbain et rural. Si des nuances peuvent être trouvées du point de vue des modes de vie, la démarcation entre les deux mondes relève davantage des modalités spatiales traitant de la délimitation géographique (Tassou, 2015). Ce qui veut dire qu'on peut être géographiquement dans un espace urbain, mais disposer d'une culture paysanne ou rurale et vice-versa (Ela, 1983). En plus, la ville voit de plus en plus émerger et ré-émerger une agriculture urbaine, les villes anciennes et les caveaux familiaux. Jean-Marc Ela (1983) parle à cet effet des citadins qui sont de plus en plus des ruraux de cœur puisque du fait de l'extension et de l'étalement des villes, de nombreux citadins résident en milieu rural, mais pratiquent leurs activités socio-professionnelles dans le milieu urbain où ils passent la plupart de leur temps. Stébé et Marchal (2010) estiment à propos que l'urbanité constitue une culture où à l'ère de la mondialisation, les résidents (ruraux et urbains), partagent des types de conduites homogénéisés par l'utilisation des réseaux sociaux numériques. Dans un essai qu'il consacre à la ville, Armand Leka Essomba (2006 ; 2017) postule que la saisie des identités se fabriquent à travers les multiples arts de circuler en ville, mais aussi par les régimes de civilité, les modes de présentation de soi dans l'espace public ainsi que les interactions sociales qui en découlent.

Le deuxième registre d'analyse est corrélatif et révèle une attention rigoureuse et émotive sur la relation entre urbanisation et problèmes sociaux en Afrique. Il s'agit généralement des problématiques migratoires privilégiant le sens rural *vs* urbain, où les villes sont considérées comme des espaces où « il fait bon vivre » en termes de facilités d'accès à un certain nombre de services (Vincent, 1984 ; Antoine, 1997 ; Veron, 2018). Les phénomènes d'inégalités sociales, d'inégalités dans l'habitat avec la naissance des bidonvilles et des taudis, l'avènement de l'insalubrité et des ségrégations résidentielles ne sont pas en reste de cette litanie des problèmes engendrés par l'urbanisation. Cette perspective de lecture du phénomène en Afrique épouse une vision misérabiliste (Ela, 1994) qui cache l'inventivité et l'originalité avec laquelle les acteurs adressent leurs vies quotidiennes. La perspective corrélative épouse, de ce fait, les politiques publiques de gouvernance urbaine qui établissent un lien de causalité au forceps entre problèmes sociaux et émergence des territoires urbains. Ces maux ne sont pas forcément nocifs pour le développement des villes. Ils constituent des réalités, qui, lorsqu'elles sont domptées et prises en compte, pourraient aider à mieux adresser les dynamiques de gestation de l'aménagement et de la planification urbaine. Une telle approche de recherche nécessite un regard renouvelé. Ce regard doit rejoindre les interactions sociales à travers les turbulences qui éprouvent les systèmes, les normes et les logiques urbanistiques.

Le troisième registre d'analyse qui est déterministe établit un lien inébranlable entre le phénomène urbain et la croissance démographique (Vennetier, 1969) et reste enfermé dans les chiffres et les statistiques qui, dans un contexte où prévaut à outrance l'informalité, ne veulent pas dire grande chose. Ladite perspective tombe dans le piège du quantitatif et se réfugie dans les données contenues dans une littérature afro-pessimiste qui évalue les villes en Afrique à partir des indices de développement humain qui sont parfois étrangers aux contextes des sociétés africaines (Saïd, 2005 ; Olivier de Sardan, 2021). La perspective déterministe se résume très généralement au nombre de personnes ayant accès à tel ou tel service, négligeant le caractère informel et parfois non mesurable ou qualitatif des interactions sociales et économiques des acteurs au quotidien. En d'autres termes, ces rationalités hégémonistes africanistes sont devenues des dogmes de développement urbain et des prêts à penser, ne rendent pas toujours compte des « vrais débats de la rationalité démographique ». L'on comprend pourquoi Jean-Marc Ela (1998 : 351) établit que l'Occident exprime, à travers ces modalités hégémoniques de domination du sujet africain,

> la peur de voir les ¾ de la population mondiale, parmi lesquels l'Afrique compterait un milliard d'êtres humains dans les décennies qui viennent, prendre toute la place [...] comment survivre sans heurts la modification radicale des rapports entre le Nord et le Sud au sein des déséquilibres démographiques d'aujourd'hui et de demain ?

Le défi du nombre véhicule une incapacité à envisager une évolution des villes adossée à la rationalité démographique en Afrique[3]. Ce qui veut dire que la rationalité développementiste devrait plutôt rejoindre ces réalités, et surtout, maitriser le défi du grand nombre au lieu d'y entrevoir forcément un problème comme le révèlent les phénomènes d'urbanisation statistique et les indices de développement. À ce moment, l'objectif serait donc, au sens d'Achille Mbembe (1993), de cesser « d'écrire l'Afrique à partir d'une faille », partant d'une vision monolithique.

---

[3] La rationalité démographique en Afrique révèle un défi de la croissance de la population. Les modèles de développement devraient plutôt essayer de rejoindre l'Afrique dans ses réalités, et surtout maitriser le défi du grand nombre au lieu d'y voir forcément un problème avec les phénomènes d'urbanisation statistique et les indices de développement urbain hégémonique. Pourquoi pas penser comme Edward W. Saïd (2005) et plus tard, F. Braudel (1979) qui soulignait que l'Afrique « ne pourra réaliser de progrès qu'en détruisant d'une manière ou d'une autre l'ordre actuel du monde ».

Ainsi, il serait utile d'aller puiser dans les « bas-fonds », « les bidonvilles » et « les bruits »[4], desquels sont engendrées les réalités urbaines. Ce qui permettrait de les convertir en opportunités développementistes pour atténuer leurs faiblesses et leurs menaces. C'est dire qu'avec les projections démographiques en Afrique estiment la population urbaine à plus de 50 % en 2009 et 80 % en 2030. L'Afrique va abriter les deux tiers de l'humanité et elle concentre la plus grande partie des richesses mondiales (Cattarruza et Sintès, 2016 : 175). Étant ce continent d'avenir, il est plus qu'important de discuter autour des défis majeurs pour anticiper sur les problèmes potentiels afin d'optimiser les forces et de saisir les éventuelles opportunités. Appréhender le défi du nombre est important du moment où il sert d'étrier pour examiner les logiques de refoulement social des politiques urbaines afin de les réhabiliter. L'on comprend dès lors l'intérêt de certains auteurs dont les travaux ont porté sur l'impact de l'explosion démographique sur la répartition spatiale des populations et sur la fabrique des inégalités (Ongo Nkoa, Song, 2019), les tensions sociales et les « mélanges choquants », les « lieux de brassages des acteurs issus d'horizons divers ». D'autres auteurs ont mis en exergue les questions quotidiennes des villes en Afrique (Coquery, 1990) pour adresser les défis à relever (Gapyisi, 1989). L'avènement de la décentralisation en l'occurrence, a permis de mettre un point d'orgue sur les problématiques de gestion urbaine dont la compétence incombe désormais aux collectivités territoriales afin de mieux repenser le lien entre décentralisation et développement urbain (Jaglin, Dubresson, 1993 ; Dubresson, Fauré, 2005 ; Manga, 2019). L'on peut observer grâce à cette réforme la rurbanisation et l'extension des territoires locaux, avec le vent de la communalisation, donnant lieu à des villes intermédiaires et moyennes (Fanchette, 2017). Ce qui relativise l'hypothèse de la forte urbanisation irréversible dans les grandes métropoles à fort potentiel démographique comme l'opposent bien Jean-Marc Stebé et Hervé Marchal (2010 : 3),

> il reste que la croissance démographique urbaine mondiale se produira dans une large mesure au sein de petites villes. Il faut donc plus que croire en les capacités d'adaptation, de planification et d'organisation des villes petites et moyennes étant donné qu'il leur incombe de plus en plus de responsabilités en matière de gouvernance suite aux processus de décentralisation mis en œuvre par les pouvoirs gouvernementaux.

[4] Depuis la conférence de presse tenue à l'occasion de la visite officielle du président français au Cameroun les 25 et 26 juillet 2022, le concept de « bruit » est entré dans les usages linguistiques. Il fait référence à cette difficulté qu'a eue le président camerounais à suivre les questions des journalistes français. L'usage de ce terme par le sens commun signifie tout simplement être dans l'ambiance, les festivités et les activités nocturnes où prévalent les pollutions sonores.

Ce petit tour d'horizon met en exergue un mouvement de saisie du fait urbain à travers les grilles d'appréhension adaptées à un contexte spécifique d'une ville née à partir du phénomène industriel (Weber, 2014), qui semble étranger à l'Afrique des villages (Saïd, 2005 ; Ela, 1982). En effet, la ville constitue un laboratoire des dynamiques sociales bien que certains auteurs ont essentiellement mis en avant les études migratoires axées sur la capacité d'accès aux services et équipements socio-collectifs. D'autres auteurs adoptent l'approche des villes par les critères d'ordre politique, administratif, économique, démographique et géographique qui permettent de mieux articuler les fonctions urbaines. Quoi qu'il en soit, le phénomène urbain en Afrique remonte à la période précoloniale (Coquery Vidrovitch, 2006 ; 2008) et ne saurait se réduire au mouvement industriel, conséquence des progrès scientifiques et techniques, ni au mouvement du capital comme le défend Henri Lefebvre (1968). Le fait urbain est issu des phénomènes plus complexes dont les plus évidents, sont le commerce transsaharien, les échanges commerciaux, les conquêtes islamiques et occidentales. Dès lors, il est difficile de mesurer le fait urbain en Afrique et, au Cameroun notamment, à partir des instruments d'aménagement et de planification urbaine comme les plans d'occupation des sols, les plans sommaires d'urbanisme et les plans directeurs d'urbanisme. Ces documents, pour autant qu'ils soient importants, ne coïncident pas toujours avec les réalités vécues par les acteurs sociaux qui vivent en grande partie dans l'informalité dont il est laborieux de mesurer rigoureusement. C'est le piège dans lequel tombent généralement les techniques et les méthodes d'élaboration des documents de planification. Une fois ces documents validés, ils peinent à être appliqués dans un environnement qui est en déphasage avec les normes véhiculées par ces documents : il s'agit donc là du refoulement urbain par les acteurs.

Cette observation dévoile une invalidation des thèses qui mettent en avant le caractère global, uniforme et standard de la ville en Afrique. De nombreux travaux traitent le fait urbain sans toutefois prendre en compte les spécificités des contextes (Olivier de Sardan, 2021) car l'urbain est « fondamentalement le pendant, certes incertain, de la ville. Il en est l'extension même, i.e. la déclinaison concrète à une échelle globale. Les valeurs et les usages urbains expriment un style de vie : celui-là même des villes » (Stébé, Marchal, 2010). Il s'agit alors de tropicaliser la démarche de travail sur le fait urbain dans son essence même, voire de procéder à une « désobéissance épistémique » (Mignolo, 2015) puisque les réalités échappent parfois à l'analyse et à la logique du terrain « spontané et rapide » du chercheur opportuniste. Felwine Saar (2006 : 19-20) traduit bien ce paradoxe et la complexité du fait urbain en Afrique :

> Marcher dans une ville africaine : Lagos, Abidjan, Le Caire ou Dakar, est une expérience sensible et cognitive première. Vous êtes immédiatement saisi par son rythme. Vitalité, créativité et énergie déferlent dans les rues, chaos et ordre se disputent l'espace ; passé et présent et linéaments du futur y cohabitent. Instinctivement, l'on ressent ce que les indicateurs fondés sur la valeur ajoutée additionnelle annuelle produite par an (le PIB), ainsi que les classements et les ordonnancements des niveaux de richesse relatifs des pays ont d'inopérant, d'abstrait et de limité. La vie, le pouls de la société, l'intensité des interactions sociales, les rapports que l'on entretient avec environnement, le fait de s'y sentir bien ou pas, le sentiment de plénitude ne se laissent pas capturer par ces statistiques-là.

La précédente pensée donne une image furtive des villes en Afrique. Elle constitue une sorte d'objet insaisissable qui déroute la police des disciplines. Comment donc la penser autrement qu'à travers une perspective pluridisciplinaire ? Comment saisir le phénomène urbain aujourd'hui à l'ère des mutations et des dynamiques cumulatives ? Comment appréhender l'objet urbain dans sa complexité comme lieu de rencontre de temporalités multiples, de créativités, des multiples arts de faire, de luttes et d'inégalités sociales, comme espace où se trament les enjeux du futur ? Quelle démarche actuelle et névralgique adoptée pour saisir l'acteur et le système urbain dans leurs dimensions spécifiques ?

Panoplie des pratiques urbaines

Une perspective sociographique de la ville au Cameroun révèle un affront systématique avec la poussière, les nids de poule, les câbles qui pendent, les constructions démolies parce que situées sur les emprises, les marchands négociant la chaussée avec les automobilistes et les vendeurs ambulants qui appellent sans cesse l'attention sur leur commerce. Tel est le décor auquel se confronte tout citadin qui circule dans les villes au Cameroun, qu'il s'agisse des chefs-lieux d'arrondissement ou de commune[5], de département et de région ou qu'il s'agisse des grandes métropoles. Ce décor est celui d'un pays en chantier depuis l'entrée dans les grandes réalisations en 2011. Les grands chantiers (constructions de routes, réhabilitation des immeubles, aménagement de la voirie) côtoient le phénomène de désordre urbain (Tassou, 2018 ; Onana, 2019). Les pratiques urbaines mettent également en tension d'un côté, la prolifération des petits métiers de rue qui s'accentuent avec le phénomène de déplacés internes et de réfugiés (Manga, Mforteh, 2021) ; et de l'autre, la prolifération des centres commerciaux au gré de l'extension des villes. Ledit phénomène draine avec lui les problèmes d'emplois spontanés. Avec l'effervescence des compétitions internationales (le Championnat d'Afrique des Nations et

[5] Au Cameroun, un arrondissement abrite une commune, collectivité territoriale dont le siège est généralement dénommé « Hôtel de ville ».

la Coupe d'Afrique des Nations), les industries du loisir se sont démultipliées et elles engendrent des dynamiques nocturnes qui donnent naissance à l'insécurité urbaine (délinquance sociale, déviance, accidents de la voie publique, viol, vol et agression). Les pratiques urbaines se théâtralisent avec les mobilités quotidiennes qui dévoilent les violences dans la circulation.

La naissance des ponts entre le rural et l'urbain se matérialise avec l'accélération de la création des communes et des circonscriptions administratives qui conduisent à une inversion du phénomène urbain : la migration des citadins vers les zones périphériques à la recherche des parcelles de terrain pour se construire. Pendant que les grandes villes comme Yaoundé, Douala, Garoua et Maroua s'étalent vers les zones les moins urbanisées, donnant lieu à l'effacement des frontières entre la périphérie et la ville, les villages, sont devenus des collectivités territoriales. Ce qui participe à leur impulser des styles de vie urbaine à partir de l'importance des services et des infrastructures qui y sont aménagés pour leur donner un statut de centre politico-administratif. Il se crée de nouvelles polarités et centralités que les plans d'occupation des sols, les plans secteurs et les plans sommaires d'urbanisme permettent de matérialiser à partir de nouveaux aménagements. Le développement de nouvelles centralités rime avec la question de la gestion du foncier et de l'habitat avec comme conséquence, l'étalement urbain, les compétitions violentes autour de l'accès à la terre à l'effet de se bâtir un abri durable. Le phénomène d'extension et d'étalement urbain provoque des problèmes environnementaux avec la pression sur les ressources. Il ordonne aussi des nouveaux défis aux acteurs de la gestion urbaine.

Défis urbains au Cameroun

Le boom démographique projeté d'ici 2050 doit se lire en parallèle avec de nombreux objectifs et défis, notamment la planification des ressources et des besoins des populations. Cette planification appelle la poursuite des objectifs de sécurité et de protection sociale, d'accès aux services sociaux de base et de justice sociale.

Depuis l'institutionnalisation de la décentralisation, « la politique de la ville »[6] semble de plus en plus prendre de l'importance grâce à deux facteurs : l'implémentation du développement durable et l'explosion du

[6] La politique de la ville est une politique de cohésion urbaine et de solidarité, nationale et locale, envers les quartiers défavorisés et leurs habitants. Elle se déploie sur des territoires infra-urbains appelés « quartiers prioritaires de la politique de la ville », caractérisés par un écart de développement économique et social important avec le reste des agglomérations dans lesquelles ils sont situés (Source: https://www.insee.fr/fr/metadonnees/definition/c2097).

numérique. Si le premier facteur a généré les projets, programmes et plans de développement, le second facteur, a laissé émerger l'idée d'une ville intelligente (Trommenschlager, 2021), qui a instruit à la ville une culture virtuelle qui n'est pas à la portée des villes camerounaises. Ces villes font encore face à la question de l'accès aux services sociaux de base (eau, électricité, santé, habitat, nutrition, éducation, protection sociale et justice sociale). Le rapport à la connectivité n'est pas vécu de la même façon dans toutes les villes du Cameroun. Pendant que dans les capitales régionales comme Yaoundé, Douala, Maroua, Garoua et Ngaoundéré, Bamenda, Buea, Ebolowa, Bertoua et Bafoussam, les citoyens ont un accès quasi-exclusif à internet, les chefs-lieux de département et d'arrondissement connaissent un accès quasi-restreint. En fait, certaines localités disposent carrément des « centres de connexion » qui se résument à « grimper sur une montagne, sur un arbre ou aller dans un endroit spécifique situé en altitude » pour avoir une couverture réseau. La connectivité est aussi mauvaise sur le plan territorial où le réseau routier est très défectueux et faiblement bitumé avec 7 252,5 km de route bitumée contre 121 501,5 km de route non bitumées, soit 4 570 km pour les routes nationales et 1 042 km pour les routes régionales[7].

L'on concéder un paradoxe d'une urbanisation à tout prix où la ville semble se construire en marge des normes et des règles qui organisent les activités sociales. Et le présent ouvrage pose le diagnostic à l'effet d'impenser l'urbain dans une perspective épistémologique. Il n'est pas question dans cet ouvrage de revisiter l'ensemble des hypothèses sur le phénomène urbain. Il s'agit plutôt d'un effort épistémologique qui vise dans une logique développée par Immanuel Wallersten (1991), à repenser dans une perspective continue le phénomène urbain. Il s'agit aussi de se défaire des grilles idéologiques habituelles utilisées pour lire le phénomène urbain. Ce qui veut dire que,

> pour l'essentiel, les présupposés - hypothèses à mon sens trompeuses et restrictives - ont encore sur nos mentalités une bien trop forte emprise. Ces présupposés, on y vit un temps une libération pour l'esprit, mais aujourd'hui ils constituent l'obstacle théorique majeur à une analyse vraiment féconde du monde social (Wallerstein, 1991 : 10).

La pertinence d'un tel ouvrage consiste à aborder les nouvelles approches de décryptage des pratiques urbaines, lesquelles donnent à voir des conflits, des coercitions et des difficultés concrètes des acteurs dans l'espace urbain. Il s'agit aussi et surtout d'un renouvellement du regard sur les questions urbaines, un renouvellement qui se veut à la fois épistémologique et méthodologique. Dans cette perspective,

---

[7] Source : Division de la Planification de la programmation des normes/ministère des travaux publics, Rapport annuel 2020.

l'urbain devrait être inscrit dans une « auto-analyse » et une « réflexivité » afin de s'ouvrir aux nouvelles problématiques qui émergent (Bourdieu, 1992). Il est question de révéler les nouvelles problématiques tout en les considérant comme des choses en pénétrant dans les « misères du monde » urbain (Bourdieu, 1993).

Quelques pistes de recherche sur l'objet urbain

Fort de la diversité des réalités et de l'actualité scientifique du phénomène urbain, les chapitres d'ouvrages réunis indiquent quatre grandes pistes de recherche. La première piste aborde la gouvernance des services publics locaux, la deuxième traite de la gestion durable des villes, la troisième met en dialogue les phénomènes urbains et le religieux, la quatrième piste discute les questions de mobilités, de connectivité territoriale et numérique et la cinquième piste de recherche présente les identités socio-linguistiques en œuvre dans l'espace urbain.

José Donadoni Manga Kalniga interpelle les pouvoirs publics sur les dangers d'une démarche de décentralisation qui s'articule autour d'une différenciation fonctionnelle ignorant la différenciation structurelle qui a prévalu au Nord-Cameroun depuis l'institution de la première commune-mixte urbaine à Garoua en 1951 jusqu'en 2004. Mais, la levée de la différenciation structurelle harmonise le ressort territorial communal et amène l'institution communale à assurer ses compétences autant dans l'espace urbain que dans l'espace rural. Ce qui crée une discrimination dans l'offre des services publics locaux. Ainsi, la migration vers une forme de gouvernance écologique de l'espace territorial permettrait aux collectivités territoriales de prendre en compte leur contexte en capitalisant les potentialités économiques dont regorgent les territoires périphériques. Ce qui les amènerait aussi à prendre à bras le corps, les questions de l'accès à la propriété du logement qui se pose avec acuité dans les grandes villes exposées à l'extension et à la croissance. L'étude des trajectoires de logement par Samba Dembélé, Daniel Georges Nana Komey et Soumaré Mamy permet de comprendre que l'accès à la propriété et au logement dépend des trajectoires socio-anthropologiques, économiques et citoyennes précises qui se structurent autour des représentations et des statuts sociaux des habitants. La convergence des ménages vers la périphérie se justifie par l'accessibilité des coûts d'achat des espaces ou des prix locatifs abordables. Elle favorise l'extension de la ville et décongestionne les centres de décision. Cela pose la question de l'« habiter social » qui annonce en contexte camerounais, un service public en situation de privatisation et de monopole par certains acteurs. D'où la nécessité d'engager un regard réflexif sur la juridicité de « l'habiter social » avec

Laure Marguerite Mbilongo Eleme. Ce regard révèle un système juridique camerounais traversé par un pluralisme à la fois national et subjectiviste, permettant d'envisager le droit d'accès au logement social comme un ordre normatif à part.

La particularité des ordres normatifs peut être saisie également dans la contribution de Patrick Achille Ond Ond qui s'appesantit sur les relations de voisinage entre la propriété administrative et le fond riverain qui connaissent une nette évolution dans le droit positif camerounais. Il apparaît que, face à la propriété administrative notamment routière, les propriétaires riverains peuvent prétendre à un ensemble de droits s'analysant en aisance de voirie, desquelles découlent quelques obligations à la charge de l'administration. Et l'on comprend que pour sortir de ces entraves, il faille mener une approche prospective de la gouvernance des collectivités territoriales avec Troie Thiery Tagne et Bertrand-Michel Mahini. Ils établissent que les mairies peuvent se saisir des enjeux de la coopération décentralisée pour booster la coordination et la régulation de la gouvernance des villes au constat des balbutiements observés dans l'opérationnalisation de cet instrument d'action publique.

En dehors des actions ponctuelles pour sortir de l'imbroglio de la gouvernance urbaine, Claude Céleste Coumaye questionne les modalités d'une meilleure appropriation du modèle de développement durable au Cameroun à partir du cas de la ville de Douala. Partant des défis démographiques et d'accès aux services sociaux de base pour améliorer le cadre et les conditions de vie des populations urbaines, l'auteur souligne la nécessité de repenser la ville dans une perspective de durabilité qui ne devrait pas se limiter à sa phase normative avec l'adoption des politiques publiques, mais aussi suivre avec la réalisation des actions opérationnelles fondées sur la prise en compte des dimensions du développement durable. Les données obtenues sur le terrain révèlent l'inefficacité des mesures et l'inadaptabilité de la démarche adoptée pour la prise en compte des défis de durabilité dans les villes camerounaises, ce qui n'est pas sans déteindre sur la qualité de vie des populations. Dans cette perspective, pour penser la durabilité des villes, il faudrait sans doute repenser déjà le système de transport urbain à Yaoundé (Ibrahimou Hamidou) d'un côté, et de l'autre, le modèle de collecte des ordures sur le plan technique et politique. Du point de vue technique, Aboubakar El Boukar et Junior Morel Angouah Massaga font des Technologies de l'Information et de la Communication, dont l'usage est ancré dans les mœurs des citadins, des supports et des moyens déterminants pour réduire le phénomène de pollution dans la ville de Yaoundé notamment. Cela est possible à travers l'intelligence artificielle par la méthode de « computer vision » qui vise à concevoir et à proposer un système permettant d'améliorer le ramassage des ordures ménagères. Du point de vue politique, il est nécessaire de se fier aux recommandations de Fatimatou Njimboket Mgbiepit, Nicole Gérardine Mambo Tamnou et Protais Brice Nkengue Abega qui abordent la problématique de la gestion des ordures ménagères en corrélation avec la croissance urbaine à Yaoundé. Face à la gestion inefficace des ordures, ajoutée aux problèmes d'extension urbaine et de constructions anarchiques, les auteurs discutent le monopole de l'entreprise HYSACAM qui est en charge de la gestion des ordures dans les communautés urbaines au Cameroun depuis 1969. Cette gestion exclusive des déchets inhibe l'effort des services d'hygiène et d'assainissement des communes d'arrondissement, qui, à l'ère de l'élargissement de leur capacité locale, pourrait atténuer les problèmes de gestion des déchets. D'où l'appel à un décentrement de la gestion des ordures et la formalisation et l'aménagement d'une responsabilité de pré-collecte reconnue à d'autres acteurs, notamment les ménages et les organisations communautaires ou de quartiers.

Les transformations urbaines les plus significatives et les formes nouvelles prises par le fait religieux dans l'espace urbain » à Yaoundé et à Douala constituent aussi l'une des pistes de recherche féconde. Alain-Hugues Obame note que le sujet est peu développé dans le champ des études urbaines. Il établit que la planification de la ville durable devrait activement intégrer une vision multidimensionnelle de la « soutenabilité », notamment en complétant l'option gouvernementale d'une gouvernance invisible des religions par des accommodements raisonnables et des arrangements informels entre État, municipalités, populations et acteurs religieux. Cette idée offre donc une lecture sur la question de la ville post-séculière. Cette ville souhaitée est davantage une nécessité lorsqu'on se fie au texte d'Edmond VII Mballa Elanga qui travaille sur le pentecôtisme comme monde religieux au Cameroun. Ce courant religieux participe à la reconstruction d'un « ordre traditionnel » au sein de certaines sociétés qui connaissent une urbanisation accélérée et un délitement des liens sociaux. En interrogeant les pratiques cultuelles pentecôtistes, elles semblent déconstruire l'« ordre traditionnel » dans le champ urbain ou participer à sa résurgence. C'est le constat qui permet de comprendre que les églises pentecôtistes inscrivent davantage leurs fidèles dans des rituels qui les conduisent à se désolidariser des croyances qui régissent le schéma cosmologique des sociétés traditionnelles camerounaises et à s'engager sur la voie de la modernité, entendu ici comme une occidentalisation du monde. Mais, en plongeant dans les paliers plus en profondeurs du champ religieux, l'on se rend compte avec Bayie Kamanda Anyi Mukep Massa que les conflits ne sont pas inhérents exclusivement à une forme de religion donnée car, tout dépend des formes de négociation et de médiation qui concourent à maintenir la stabilité dans la foi.

Cela est vrai puisque le processus de construction des identités urbaines est pluriel et peut partir d'une approche sociolinguistique de la ville (Moïse Mbey Makang). L'auteur interroge l'identité linguistique, une sorte de poly-ethnicité pratique du français approximatif dans la ville de Ngaoundéré. Il constate qu'il se dégage une pratique linguistique qui recourt aux procédés la structure phraséologique des locuteurs de Ngaoundéré, influencés par le fulfulde et les autres ethostylèmes locaux, fondement d'une typologie très distincte du français standard. Ce qui invite à repenser les usages des langues dites « officielles » dans un contexte urbain homogène et mondialisé. Le problème d'extinction des langues Baka, Bagyeli, Badzang et Bakola au Cameroun devient donc un problème légitime. D'où l'importance d'interroger avec Gaston Bessala et Leonnelle Nguinta Heugang les facteurs qui contribuent à l'extinction des langues B4 (marginalisation, accaparement des terres et extension urbaine) afin d'apporter des mesures palliatives.

Le phénomène urbain s'offre comme cadre d'analyse à partir de la mondialisation. En effet, depuis plus d'une trentaine d'années aujourd'hui, le monde est devenu un village globalisé qui tend à homogénéiser les types de conduites des acteurs sociaux. Cette expérience de l'« urbain mondialisé » est restituée ici à travers la prostitution virtuelle où se déploient les pairs éducateurs à travers l'intervention en santé sur les réseaux sociaux numériques. Chimène Mangwa, l'auteure, met en exergue, grâce à une approche à la fois ethnographique et *netnographique*, les manières dont les pairs-éducateurs adoptent les exigences de la prostitution virtuelle dans l'exercice de leurs fonctions. L'intervention en santé dans la sphère virtuelle de la prostitution nécessite un socle de compétences plus que dans la sphère en présentiel. Les retombées de l'intervention s'étendent au-delà des circonscriptions géographiques ordinaires car les bénéficiaires de l'intervention sont difficiles à contrôler. La relation de pouvoir qui existe entre intervenants et *prostituants* se complexifie et donne lieu à une double domination : une scène où le pouvoir se caractérise par la maîtrise des codes de communication. Cette connectivité n'est pas essentiellement virtuelle, mais aussi territoriale et Hyacinthe Atangana Bamela propose, à cet effet, de discuter de la connectivité territoriale à partir du cas des villes intermédiaires du Cameroun. Ce faisant, c'est un texte de facture classique tant sur la thématique (hiérarchie et classement des villes) que dans sa structure (élaboration d'une typologie). L'auteur établit que les villes intermédiaires alimentent une anisotropie spatiale due au dysfonctionnement du système de transport entre elles et les petites villes. Les villes intermédiaires se retrouvent alors polarisées, soit par les grandes villes, soit par les métropoles étrangères. La nature de cette connectivité a des impacts sur la fonction de transmission entre les petites et grandes villes. D'où la nécessité de repenser la politique publique urbaine en matière de transport interurbain. Arthur Fokou essaie de proposer un modèle d'implémentation culturelle des politiques urbaines à partir de l'œuvre de Djaïli Amadou Amal. L'auteur présente une culture hybride, pré/post colonial, et invite à faire sien l'héritage de la colonisation en vue d'un meilleur développement sans pour autant oblitérer la culture d'origine (peule). Il réussit à dégager l'hybridité rencontrée dans la ville de Maroua au travers des extraits de l'œuvre qu'il utilise pour étayer son argumentation. Sous le prisme d'une vision à cheval sur deux mondes qui s'opposent (tradition et modernité), Maroua se construit dans l'entre-deux, dans la visée non pas de les opposer, sinon de les employer dans un *melting-pot* culturel qui donnerait une tonalité hybride et plus attractive à la ville de demain. Ainsi, moyennant une sociocritique de l'espace littéraire, il met en surbrillance l'influence positive de la « Modernité » dans l'implémentation des politiques urbaines futures.

Les différentes contributions partent des pratiques quotidiennes des acteurs sociaux et des régulateurs du jeu urbain en privilégiant des approches pluridisciplinaires. Il s'agit dans ce sens, de questionner les stratégies d'appropriation de l'urbain, ses modes médiation et de régulation, les multi-rationalités en jeu, les logiques de gouvernance et les calculs actanciels qui ne poursuivre qu'un but : survivre dans un environnement désormais compétitif et confronté aux dynamiques plurielles et aux logiques rebelles (Harvey, 2015). Tout comme le recommande Henri Lefebvre (1968), « la science de la ville devrait permettre d'appréhender la ville dans toute sa complexité afin d'en dégager des moyens d'action efficaces ».

Bibliographie

Aguilera T., Bouillon F., Lamotte M., 2018, « Politiques de l'expulsion : acteurs, enjeux et effets », *L'Année sociologique,* vol. 68, pp. 11-38.

Aguilera T., 2018, « Reloger, mettre en attente et expulser les bidonvilles de Madrid : quand les politiques de résorption produisent de l'expulsion », *L'Année sociologique,* vol. 68, pp. 101-134.

Antoine P., 1997, « L'urbanisation en Afrique et ses perspectives », *Revue des Aliments dans les Villes,* DT/12-97F, 22p.

Balandier G., 1985, *Sociologie des Brazzavilles noires,* Paris, Presses de Sciences Po.

Bourdieu P. (dir.), 1993, *La misère du monde,* Paris, Seuil.

Bourdieu, P., 1992, *Réponses,* Paris, Seuil.

Braudel F., 1979, *Civilisation matérielle, économie et capitalisme. Tome 3 : le temps du monde,* Paris, A.C.

Cattarruza A. et Sintès P., 2016, *Géopolitique des conflits*, Paris, Bréal.

Coquery M., 1990, « Crise et perspective de développement Urbain en Afrique du Sud du Sahara : Recherches Actuelles et questions en Suspens », *Cahier du GEMDEV,* n°17, pp. 159-183.

Coquery-Vidrovitch C., 2006, « De la ville en Afrique noire », *Annales. Histoire, Sciences Sociales*, n°5, 61e année pp. 1087-1119.

Coquery-Vidrovitch C., 2008, *Histoire urbaine africaine : un bilan,* New York, Cambridge University Press.

Denis J-S., 1958, *Le phénomène urbain en Afrique,* Bruxelles, mémoires.

Dubresson A., Jaglin S., 2002, « La gouvernance urbaine en Afrique sub-saharienne. Pour une géographie de la régulation » in Bart, F. et al., *Regards sur l'Afrique,* (Union Géographique International/Comité National Français de Géographie/IRD, pp. 67-75.

Dubresson A., Fauré Y-A., 2005, « Décentralisation et développement local : un lien à repenser », Revue Tiers Monde, n° 181, p. 7-20.

Ela J-M., 1982, *L'Afrique des villages,* Paris, Karthala.

Ela J-M., 1983, *La ville en Afrique noire,* Paris, Karthala.

Ela J-M., 1998, *Innovations sociales et renaissance de l'Afrique noire : les défis du monde d'en bas,* Paris, L'Harmattan.

Ela J-M., Zoa S. A., 2006, *Fécondité et migrations africaines : les nouveaux enjeux,* Paris, L'Harmattan.

Fanchette S., 2017, « Urbanisation administrative, *in situ* et métropolitaine : les Contradictions spatiales de la gouvernance territoriale au Vietnam », Revue internationale des études du développement, n°231, 91-121.

Gapyisi E., 1989, *Le défi urbain en Afrique*, Paris, L'Harmattan.

Haeringer Ph., 1972, « L'urbanisation de masse en question : Quatre villes d'Afrique Noire », Paris, CNRS, Actes du colloque *La Croissance Urbaine en Afrique Noire et à Madagascar*, Bordeaux, Talence (FRA), 1970/09/29-10/20, pp. 625-651.

Harvey D., 2015, *Villes rebelles. Du droit à la ville à la révolution urbaine,* Paris, Buchet Chastel.

Jaglin S., Dubresson A., 1993, *Pouvoirs et cités d'Afrique Noire : Décentralisation en Question,* Paris, Karthala.

Lefebvre H., 1968, *Le droit à la ville,* Paris, Anthropos.

Lefebvre H., 1970, *La révolution urbaine,* Paris, Gallimard.

Leka A., 2017, *Mobilités quotidiennes et identité urbaine au Cameroun. Introduction à une sociologie de la circulation,* Paris, Connaissances et Savoirs.

Leka Essomba A., 2017, *Mobilités quotidiennes et identité urbaine au Cameroun : Une introduction à la sociologie de la circulation*, Paris, Connaissances & Savoirs.

Leka Essomba, A., 2006, « Civilité publique et identité sexuelles dans les rues de Yaounde », *Polis/R.C.S.P./C.P.S.R.,* Vol. 13, Numéros 1 - 2, pp. 103-117.

Maesschalk M., 2015, « Préface : la désobéissance épistémique comme "contre-poétique" décoloniale », in Mignolo W., *La désobéissance épistémique : Rhétorique de la modernité, logique de la colonialité et grammaire de la décolonialité,* Bruxelles, Peter Lang, pp. 9-22.

Manga Kalniga J. D., 2019, « Processus de décentralisation et dynamiques sociopolitiques au Nord-Cameroun : systèmes et acteurs dans le champ local », Thèse de Doctorat/PhD, sociologie, Université de Maroua.

Manga Kalniga J. D., Mforteh S. Ambe (dir.), 2021, *Réfugiés et déplacés internes au Cameroun : normes et pratiques de réhabilitation,* Paris, Connaissances et savoirs.

Mbembe A., 1993, « Ecrire l'Afrique à partir d'une faille », *Politique africaine,* n°51, p. 69-97.

Mignolo W., 2015, *La désobéissance épistémique : Rhétorique de la modernité, logique de la colonialité et grammaire de la décolonialité,* Bruxelles, Peter Lang.

Mongo Béti, 1954, *Ville cruelle*, Paris, Présence africaine.

Nzhie Engono J., Leka Essomba A. (dir.), 2018, *Vivre en ville aujourd'hui. Métropolisation et changements sociaux au Cameroun,* Paris, Connaissances et savoirs.

OCDE/CSAO (2020), *Dynamiques de l'urbanisation africaine 2020 : Africapolis, une nouvelle géographie urbaine, Cahiers de l'Afrique de l'Ouest,* Paris, Les éditions de l'OCDE.

Onana J.(dir.), 2019, *Gouverner le désordre urbain. Sortir de la tragique impuissance de la puissance publique au Cameroun*, Yaoundé, L'Harmattan-Cameroun.

Ongo Nkoa B. E., Song J. S., 2019, « Urbanisation et inégalités en Afrique : une étude à partir des indices désagrégés », *Revue d'économie Régionale et Urbaine*, n°3, pp. 447-484.

Pigeaud F., 2011, *Au Cameroun de Paul Biya*, Paris, Karthala.

Saar F., 2006, *Afrotopia*, Paris, Philippe Rey.

Saïd W. E., 2005, *L'Orientalisme. L'Orient créé par l'Occident*, Paris, Seuil.

Simeu-Kamdem M., Touna Mama (dir.), 2018, *Les politiques de la ville en question : à la recherche d'une meilleure gouvernance urbaine en Afrique subsaharienne*, Paris, L'Harmattan-Cameroun.

Stébé J-M., 2002, *La crise des banlieues*, Paris, PUF.

Stébé J-M., Marchal H., 2010, *La sociologie urbaine*, Paris, PUF.

Strein R. E. (éd.), 1993, *Villes africaines en crise : gérer la croissance urbaine au sud du sahara*, Patis, L'Harmattan.

Tassou A., 2015, *Urbains et ruraux au Nord du Cameroun. Deux mondes, une vie*, Yaoundé, CLE.

Tassou A., 2018, *Désordre urbain et insécurités au Cameroun : évaluation et plaidoyer pour une gouvernance urbaine rationnelle*, Yaoundé, Ifrikiya.

Trommenschlager M., 2021, *La ville intelligente. Entre utopies numériques et réalités*, Paris, L'Harmattan.

Vennetier P., 1969, « Le développement urbain en Afrique tropicale. Considérations générales », Cahiers d'outre-mer, n° 85 - 22e année, pp. 5-62 ;

Véron J., 2018, « Les défis de l'urbanisation dans les pays du Sud », *Revue internationale et stratégique*, n°112, pp. 119-127.

Vincent M., 1984, « Urbanisation et développement au Cameroun », *Tiers-Monde*, tome 25, n°98, pp. 427-436 ;

Wallerstein I., 1991, *Impenser la science sociale. Pour sortir du XIXe siècle*, Paris, PUF.

Weber M., 2014, *La ville*, Paris, La Découverte, traduit de l'allemand et introduit par Aurélien Berlan.

Première partie : Décentralisation et services publics locaux au Cameroun

Chapitre 1 : Réformes communales et gestion du ressort territorial au Nord-Cameroun : service municipal, marginalité et développement

José Donadoni Manga Kalniga

Résumé

L'avènement de la communalisation au Cameroun oriental en 1941 a façonné deux territoires : l'urbain et le rural. Chaque territoire, du fait de ses spécificités, dispose d'une municipalité aux compétences lui permettant d'agir efficacement sur les besoins des populations. Mais, la réforme communale de 2004, en supprimant cette différenciation, crée des marginalités spatiales dans la prise en charge des affaires locales, car les centres urbains bénéficient plus d'attention en termes d'offre de services municipaux que les milieux ruraux. Le déficit de couverture des besoins citoyens dans le ressort territorial est lié à l'élargissement des compétences communales et à la faiblesse des ressources financières disponibles. La gestion marginale du ressort territorial, avec une ascendance de l'urbain, fait du rural un espace « inéligible » aux actions municipales. Ce modèle de gouvernance locale neutralise les opportunités de développement qui existent dans les espaces ruraux, niches de potentialités économiques. Il est donc utile de migrer vers une écologie municipale.

Mots-clés : communes, rural, urbain, incapacités, inappropriation, service public.

Abstract

The advent of communalization in Eastern Cameroon in 1941 shaped two territories: The urban and the rural. Each territory, because of its specificities, had a municipality with competences enabling it to act effectively on the needs of the populations. But the 2004 municipal reform, by removing this differentiation, creates spatial marginalities in the management of local affairs, since urban centres receive more attention in terms of the provision of municipal services than in rural areas. The lack of coverage of citizens' needs in the territorial area is linked to the widening of communal powers and the lack of available financial resources. The marginal management of territorial jurisdiction, with urban ancestry, makes rural a "ineligible" area for municipal action. This model of local governance neutralizes the development opportunities that exist in rural areas, niches of economic potential. It is therefore useful to migrate towards a municipal ecology.

Keywords *: municipalities, rural, urban, disabilities, inappropriation, public service.*

Introduction

Le présent article pose la problématique du développement local à partir des potentiels économiques des ruralités faisant partie intégrante des collectivités territoriales au Nord-Cameroun. Il postule que le déficit de captation des opportunités développementistes est lié d'une part, à la philosophie de construction du système municipal, caractérisée par une spécificité territoriale, adossée sur un attribut géo-spatial[1], levée en 2004 par la loi d'orientation de la décentralisation[2] et renforcée par le code général des Collectivités Territoriales Décentralisées en 2019[3]. Cette rupture, conduisant à l'harmonisation du système municipal autour de la commune, a créé une marginalité de l'espace rural. D'autre part, les réformes communales qui sont intervenues depuis 2004, ont contribué à instruire aux exécutifs et conseils municipaux un autisme des espaces ruraux, faisant pourtant partie des ressorts territoriaux des communes au même titre que les centres urbains[4]. Pour mieux asseoir cette perspective d'analyse, il est important de la connecter au débat actuel sur la problématique du développement local.

La littérature scientifique disponible sur la problématique du développement territorial inégal est abondante et reste focalisée sur les secteurs productifs. Mais, les études les plus pertinentes et qui confrontent les logiques des réformes et les logiques des contextes sont celles de Charles Nach Mback (2003), Jean-Marie Pontier (2015) et Jean-Pierre Olivier de Sardan (2021). En effet, Jean-Marie Pontier (2015) met en exergue les difficultés que revêtent les réformes territoriales en France ayant conduit à une harmonisation du système municipal. Ses travaux l'amènent à plaider pour un retour à une spécialisation communale pour la simple raison que l'harmonisation municipale provoque des marginalités politiques dans ce sens que certains secteurs ne bénéficient que peu d'attention des exécutifs et conseils municipaux. Pour sortir de ce schéma classique urbain *vs* rural, Charles Nach Mback (2003) a mené une étude comparée entre les systèmes de décentralisation en Afrique subsaharienne et parvient à démontrer que

[1] De cette catégorisation, « la commune est urbaine ou rurale ». Par conséquent, est dite commune urbaine, cette collectivité locale dont le ressort territorial correspond à une agglomération urbanisée. Et la commune rurale quant à elle, dispose d'un territoire local qui regroupe des agglomérations urbanisées ou non et des zones rurales (source : Article 2 de la loi n°74 – 23 du 5 décembre 1974 portant organisation communale).

[2] Article 3 (1) de la loi n°2004/017 portant orientation de la décentralisation.

[3] Loi n°2019/024 du 19 décembre 2019 portant Code Général des Collectivités Territoriales Décentralisées au Cameroun.

[4] L'espace rural est de plus en plus réduit seulement aux efforts municipaux conjoncturels tels que l'adduction en eau potable, les campagnes de vaccination et de sensibilisation.

l'évolution du processus est émaillée d'une « incroyable indigence de l'épistémologie endogène en matière d'ingénierie institutionnelle. La tendance à reproduction du système français témoigne de la défaillance de l'inventivité juridique » (Mback, 2003). Il propose que l'Afrique prenne en compte les contextes afin d'inspirer les textes de lois qui gouvernent les sociétés ainsi que les mœurs. C'est dans cette même veine qu'abonde Jean-Pierre Olivier de Sardan (2021) lorsqu'il constate la faillite des modèles voyageurs face aux revanches des contextes spécifiques auxquels sont appliquées les différentes réformes institutionnelles.

La pertinence de la présente contribution scientifique est qu'elle s'inscrit dans une sociologie institutionnelle interrogeant l'esprit des réformes en cours au Cameroun dans un contexte où il se donne à voir des appels généralisés, menés consciemment ou inconsciemment, pour un approfondissement et une accélération de la décentralisation par les parlementaires et les natifs du Nord-Ouest et du Sud-Ouest en l'occurrence. Il s'agit surtout de questionner l'avenir d'une réforme – la suppression de la spécificité communale sur la base géo-spatial – qui semble en déphasage avec les contextes de son implémentation, notamment au Nord-Cameroun où il se donne à voir d'importantes disparités entre les territoires locaux. C'est aussi rejoindre et questionner avec la sociologie de la transgression propre à Jean-Marc Ela (1980 ; 1985, 2007), le cri des ruraux et l'irruption de ces laissés pour compte de la décentralisation. La logique sociologique réactualise le débat sur l'avenir des gens de la brousse en posant la problématique de l'égalité territoriale entre l'espace urbain et l'espace rural. En effet, depuis l'harmonisation communale avec la rupture de la distinction rurale *vs* urbaine, il se décline une distance de la municipalité, implantée en centre urbain, avec la brousse. Désormais, les rapports qui lient les gens de la brousse à l'hôtel de ville sont des interactions « gouvernants *vs* gouvernés » où les gens de la brousse sont

> Le cul du monde. Personne ne fait attention à ce que nous disons. On ne nous écoute pas. Nous sommes bons à attendre devant leur porte. Eux, ceux qui ont le « papier », passe devant. Eux, sont soignés, trouvent des places à l'école et dans l'administration. Pour nous, rien (Ela, 1982).

Ce constat réintroduit la question du rapport de la commune à l'ensemble de son ressort territorial et de façon subsidiaire, la problématique du développement des localités périphériques à travers la multitude des potentialités économiques disponibles. À partir de ces éléments de constats, on peut alors se demander si l'harmonisation et l'unification des régimes des collectivités territoriales ont favorisé l'inclusion de la ruralité et de l'urbanité dans le système municipal au Nord-Cameroun. Quelle est la tentation que la commune ne reste pas une propriété urbaine ? Les gens du village se sentent-ils aussi inclus dans la commune dont le siège est de plus en plus implanté dans le centre urbain ? Du point de vue de la mutation politique, l'harmonisation a-t-elle provoqué, au-delà de la mutation territoriale un changement social, du point de vue des mentalités des acteurs, de la tutelle et des populations ? Finalement, la commune ne reproduit-elle pas les mêmes maux reprochables et reprochés à l'administration centrale, ceux liés à l'exclusion des gens de la brousse, à la standardisation des actions de développement orientées vers la brousse ? Ces questionnements ont pour vocation de décrire, délimiter et de construire la commune au sens sociologique et géographique du terme à partir du site d'observation qu'est la région du Nord-Cameroun.

Inspiré des travaux de terrain menés durant la période de 2015 à 2021, les données ont été collectées grâce à l'observation directe, l'entretien semi-directif et l'exploitation documentaire. Les entretiens ont privilégié les élus locaux (05), les citoyens municipaux (10) et les agents du service de développement local (03) des préfectures du Nord. Ils ont porté globalement sur les métiers locaux, les enjeux de développement local et la citoyenneté fiscale. La grille d'observation a été orientée sur l'architecture des espaces urbains et ruraux et sur les différentes activités qui meublent les espaces dans les ressorts territoriaux des communes.

Le paradigme du système local d'Albert Mabileau (1991) mobilisé ici sert à démontrer que le processus de création des communes au Cameroun n'a pas conduit à la mise en place d'un véritable système local. Cela se justifie par le fait que la commune, comme entité territoriale, *discrimine* le milieu rural car ses actions de développement se focalisent essentiellement sur l'espace urbain. D'où, la nécessité de la comprendre aussi du point de vue des mentalités politiques des acteurs (celles des élus chargés de promouvoir son essor sur les différents espaces, aussi bien ruraux qu'urbains). Cela dit, l'idée selon laquelle la commune restitue dans cette perspective une vieille opposition « ville-campagne » où le centre urbain bénéficie des actions quotidiennes de développement[5] ; et la périphérie, est captée par le paiement des impôts

[5] Cette idée a semblé se réduire avec le phénomène que les géographes camerounais ont appelé la rurbanisation des campagnes dans les premières années de la décennie 2000. Celle-ci, eu égard au développement des grandes bâtisses dans l'Ouest du pays notamment et, la volonté des urbains de revenir construire des cases somme toute honorable dans les villages pour y passer leurs retraites, ou tout simplement au regard de la compétition villageoise fondée sur la promotion des comités de développement, affirmait que le gap entre le village et la ville se réduirait rapidement dans un horizon relativement moyen. Ce qui n'est toujours pas le cas aujourd'hui où, l'inégalité persiste et semble même se creuser davantage.

et taxes sur les activités de production et ne bénéficie pas toujours des actions de développement. L'opposition entre la ruralité et l'urbanité pose donc la question de l'appropriation de l'espace territorial par l'institution communale aujourd'hui et réactualise un débat fort entretenu dans les décennies 1980 et 1990 qui dessine deux tendances : la di-formation et l'uniformité du système local.

1. Régimes de la communalisation au Nord-Cameroun

« Hôtel de Ville » ou « mairie » constitue la nomenclature des communes dans l'ensemble du territoire camerounais et surtout au Nord-Cameroun, faisant ainsi de la commune un espace urbain, aux marges de la brousse ou du rural. Cela s'illustre très bien durant les jours de marché périodiques où les « gens de la brousse » (Ela, 1990) font siège devant le bâtiment abritant les institutions municipales pour attendre l'audience du maire. Et en tant que tel, la mairie, comme bâtiment devient un espace où les jours de marché, s'agglutinent les paysans, en rang attendant d'avoir une audience avec le maire, reposant de cette manière les logiques de spatialisation : urbain *vs* rural dans l'organisation et l'agencement de la citoyenneté communale. En fait, la réforme communale de 2007, a ceci de particulier qu'elle fixe les sièges de certaines communes dans les ex-enclaves de certaines localités villageoises et cela entraine, une rurbanisation rapide de la zone. Les effets directs ont été effectivement le changement brusque, notamment sur le coût de la vie, le prix du terrain, du logement et les styles de vie des habitants. Il y a là une opportunité de provoquer des perspectives pour une politique foncière rurale, une politique de développement maitrisée des mentalités commerciales dans les changements que le rural est en train de connaitre. L'on comprend donc que l'aménagement d'un nouveau bâtiment provoque le développement urbain et l'afflux des populations (Le Bris, 1999, pp. 6-12). Même si la commune est considérée comme une invention coloniale (Mercier, 1959 ; Biwole, 1978 ; Finken, 1996 ; Owona, 2011), force est de constater que pour avoir longtemps existé dans les mœurs des citoyens au Nord-Cameroun, elle prend une signification qui ne peut être présentée en dehors de l'imaginaire et du réel du social de cette région.

1.1. Institutionnalisation des échelons urbain et rural : logique de différenciation structurelle

Emprunté au vocabulaire juridique, le concept de différenciation structurelle concerne un processus d'adaptation des communes suivant leur spécificité et leur écologie. La présente articulation montre que l'évolution de l'institution communale révèle la gestation d'une institution véhiculant un modèle de collectivité attaché à une différenciation structurelle d'origine géo-spatial dans la période 1951-2004. En effet, l'émergence des communes s'appuie sur une différenciation structurelle basée sur un critère géo-spatial (rural *vs* urbain). Cela s'est illustré d'abord avec l'expérience allemande qui institua des districts administratifs à Kousseri (Résidence du Tchad) et à Garoua (Capitale de la résidence impériale de l'Adamawa) en 1903 (Abdouraman, 2007). Les centres urbains constituaient des capitales de commandement. C'est véritablement durant la période française (1941-1958) qu'émerge une tradition communale au Nord-Cameroun[6]. Mais, tout au début, la communalisation correspondait plutôt à une sorte de villagisation dont l'objectif est l'apaisement des antagonismes internes, du sentiment de marginalisation et de dépendance vis-à-vis de l'ancienne capitale de l'Émirat du Fombina sous la domination islamique entre 1804-1899 avant l'installation des Allemands dans l'arrière-pays.

Une véritable communalisation débute avec la création de la première commune mixte-urbaine à Garoua en 1951[7]. Cette réforme communale qui débute en 1950[8], vient conforter certaines localités qui avaient déjà les allures de grands centres urbains durant les périodes de conquêtes islamiques sus-évoquées et étaient érigées en « véritables courroies de transmission entre l'administration centrale allemande et la population locale » (Tassou, 2013 : 22). La création de cette commune-mixte succédait à la délimitation du périmètre du centre urbain de Garoua[9]. C'est sur cette base que l'on décide de l'ériger en

[6] Le Nord-Cameroun renvoie à la région ayant pour chef-lieu la ville de Garoua, depuis la réorganisation administrative à la faveur du décret n°2008/376 du 12 novembre 2008 portant organisation administrative de la République du Cameroun. Ce territoire, composé des départements du Mayo-Louti, Mayo-Rey, Faro et Bénoué, faisait partie de l'ancien Émirat Peul de l'Adamawa ainsi que du Cameroun Oriental sous administration française dès la perte de la guerre par l'Allemagne entre 1914-1916 jusqu'à l'accession à l'autonomie interne du Cameroun en 1958. Cette partie du Cameroun constitue par ailleurs le site d'observation qui a servi à la production des faits sociaux nécessaires à l'analyse sociologique dans cet article.

[7] Arrêté n°618 du 31 octobre 1951 portant création d'une commune-mixte urbaine à Garoua. Elle sera transformée en commune rurale et urbaine de moyen exercice de Garoua par la loi du 31 décembre 1960. La commune-mixte urbaine était dirigée par un administrateur-maire qui était le chef de région de la Bénoué, nommé par le Haut-commissaire (Source : article 3 de l'arrêté n°618 du 31 octobre 1951 portant création d'une commune-mixte à Garoua). Ce qui présage donc un fort contrôle sur les affaires du centre urbain.

[8] Arrêté n°431 du 31 août 1950 portant création des communes-mixtes de Kribi, Edéa, Ebolowa, M'Balmayo et Nkongsamba.

[9] Arrêté n°445 du 26 janvier 1951 fixant les limites du périmètre du centre-urbain de Garoua.

commune. La communalisation de la décennie 1950 qui est intervenue un peu au forceps est liée à la pression des anticolonialistes à l'ONU (Organisation des Nations Unies), notamment les USA (United States of America) et l'URSS (Union des Républiques Soviétiques et Socialistes) qui considéraient que les puissances colonisatrices vaincues pendant la Seconde Guerre mondiale comme la France devraient accélérer le processus de conduite vers l'autonomisation des territoires sous leur contrôle. Ces supers grands ont insisté pour que des missions de visite surveillent les progrès accomplis dans les colonies. C'est ce qui justifie pour une grande part, l'érection systématique des chefs-lieux de région en communes en 1951, 1952 et 1955 et dans plusieurs régions des chefs-lieux de subdivision qui présentaient un certain dynamisme sur le plan économique et social (Bertoua, Bétaré-Oya, Sangmélima dans la région du Sud, au Cameroun sont des exemples éloquents dans ce sens).

Un autre tournant est amorcé, dès 1952, avec la création des communes-mixtes rurales dont le ressort territorial correspond aux compagnes ou aux zones rurales[10]. C'est le cas des communes-mixtes rurales[11] de Rey-Bouba, Guider et Poli, régies par la loi de 1959[12]. Ces localités étaient pour leur majorité connues comme des centres stratégiques soit pendant la période de conquête islamique, soit pendant la période de colonisation allemande ou française (Lestringant, 1964 ; Loubet, 1972 ; Finken, 1996).

En effet, le rôle dévolu à chaque commune évoluait suivant sa typification. Les communes-mixtes urbaines étaient essentiellement compétentes sur les dépenses d'intérêt social, car le caractère politique leur était nié et il relevait de la prépondérance du chef de subdivision qui était administrateur-maire, assisté d'une commission municipale composée des citoyens de l'Union Française[13]. Les communes-mixtes urbaines avaient une voix délibérative à la commission municipale et la subdivision détenait les pouvoirs plus étendus de nature politique et économique. Son personnel politique est élu par un collège unique et un indigène assumait la fonction d'adjoint au maire[14]. Pendant ce temps, dans les communes-mixtes rurales, la composition de la commission municipale était quelque peu démocratique puisque les membres du

[10] Arrêté n°537 du 21 août 1952 instituant au Cameroun des communes-mixtes rurales.

[11] Ces communes sont dites mixtes parce qu'elles revêtent deux systèmes politiques, l'un dans la désignation autoritaire du maire, et l'autre, par le choix démocratique des membres du conseil municipal.

[12] Loi n°59-44 du 17 juin 1959 régissant les communes-mixtes rurales.

[13] Arrêté n°431 du 31 août 1950 portant création des communes-mixtes de Kribi, Edéa, Ebolowa, M'Balmayo et N'Kongsamba.

[14] Cette thèse discute l'idée que Charles Nach Mback (2004) a de la commune. Il l'appréhende systématiquement comme une institution de contrôle des territoires locaux.

conseil municipal étaient élus, mais le maire était nommé sur proposition d'une liste de trois noms par le conseil municipal choisi par les élus locaux sachant lire et écrire le français[15]. Leurs pouvoirs étaient étendus aux compétences politiques, économiques et sociales. Elles ont une particularité, à savoir qu'elles disposent des commissions municipales qui regroupent des conseillers municipaux composés de 16 à 40 membres. Ils sont élus pour un mandat de 6 ans parmi les citoyens de la subdivision[16]. Jusqu'à ce stade de la communalisation, le système municipal revêt deux formes, le système urbain et le système rural, avec une forte centralisation du processus de désignation des membres des commissions municipales dans les communes-mixtes urbaines comme le remarque Martin Finken (1996 : 45) : « plus la commune est importante, plus la désignation de l'organe délibérant est contrôlée ».

Dans cette perspective, la loi n°55-1489 du 18 novembre 1955 portant réorganisation municipale en Afrique Occidentale Française, en Afrique Équatoriale Française au Togo, au Cameroun et à Madagascar systématise la différenciation structurelle à variante géo-spatiale de la collectivité locale. La loi cadre de Gaston Defferre[17] consolide ladite perspective législative avec la loi n°56-619 du 23 juin 1956 autorisant le gouvernement français à mettre en œuvre les réformes et à prendre les mesures à assurer l'évolution des territoires relevant du ministère de la France d'Outre-Mer. Cette réforme conduit à la création dans les territoires des assemblées locales dans lesquelles les populations siégeaient désormais au bénéfice d'un mandat électif. En effet,

> le Gouvernement, conscient de la nécessité de ne pas se laisser devancer et dominer par les événements, a soumis à l'approbation de la Chambre des députés et du Sénat un projet de loi tendant à faire participer étroitement les originaires des pays d'Outre-mer à la gestion de leurs propres affaires (Defferre, 1956 : 10).

Elles disposaient des conseils municipaux qui étaient recrutés à partir du conseil de la subdivision et de la région par ethnie pour donner une coloration tribale reflétant la socio-anthropologie du milieu, mais aussi dans le milieu des affaires (européens : commerçants et planteurs), parmi les commerçants et les notables indigènes qui se distinguaient particulièrement aux yeux de l'administration.

---

[15] Loi n°66/5/COR du 7 juillet 1966 modifiant la loi N°59-44 du 17 juin 1959 régissant les communes-mixtes rurales.

[16] Arrêté n°537, op.cit.

[17] En effet, la loi-cadre de Gaston Deferre (Loi n°56-619 du 23 juin 1956) autorise la France à assurer le développement des territoires d'Outre-Mer avec comme conséquence, la création des conseils de gouvernement composés des notables traditionnels.

Dès 1962, avec notamment le passage du Cameroun au statut d'État indépendant, la communalisation évolue vers le régime de plein exercice et de moyen exercice. Y accédaient les communes ayant une capacité financière leur permettant de se prendre en charge. Il s'agissait dans ce régime de collectivité locale de stimuler le développement endogène puisque la loi prédisposait que la gestion équilibrée d'une commune de moyen exercice pouvait lui valoir de passer au stade de commune de plein exercice au bout de deux ans. Dans la région du Nord-Cameroun, Garoua rural, Guider, Tchollíré (Rey-Bouba) et Poli, zones rurales, sont érigées en communes rurales de moyen exercice et Garoua-urbain garde le statut de commune de plein exercice[18].

En 1974[19], lorsqu'intervient la véritable réforme communale sous l'État indépendant, l'appellation de « plein et de moyen exercice » disparait et la loi adopte trois types de communes en République Unie du Cameroun, suivant le degré d'urbanisation ou l'importance économique : la commune rurale, la commune urbaine et la commune urbaine à régime spécial. En 1987, la rupture se matérialise par l'introduction des communes à régime spécial, à Garoua-urbain notamment[20] qui fait partie en réalité des communes urbaines issues de la réforme communale de 1974 qui avaient une capacité de mobilisation financière dans un contexte de crise et de rareté financière croissantes. La réforme poursuit une ambition de positionnement et de nomination des exécutifs municipaux en centre-urbain comme durant la période coloniale et prolonge une forme de communauté urbaine telle que vécue aujourd'hui. Il s'agit d'une rupture processuelle qui indique la volonté des autorités politiques après l'instauration de l'État unitaire de reprendre en main l'initiative de développement et de planification du sommet à la base en dessinant un avenir aux populations hors des carcans coloniaux. C'est aussi à l'issue de cette réforme que sont créées les communes rurales de Figuil et Mayo-Oulo en 1982, Tchollíré, Pitoa et Béka en 1992, Bibémi, Baschéo, Dembo, Gaschiga, Lagdo, Ngong et Touroua en 1993, et enfin Touboro et Madingring en 1995.

1.2. Uniformité territoriale et différenciation fonctionnelle : marginalité des zones rurales au Nord-Cameroun

La réforme communale qui adopte la différenciation fonctionnelle correspond à l'institutionnalisation et la mise en œuvre effective de la décentralisation avec la loi d'orientation de 2004 qui dispose que « les

[18] Journal Officiel de l'État Fédéré du Cameroun Oriental, 7e année, n°12 du 15 juin 1967, pp.548-549.

[19] Loi n°74-23, op.cit.

[20] Loi n°015 du 15 juillet 1987 portant création des communautés urbaines.

collectivités territoriales de la République sont les régions et les communes »[21]. Elle est reprise par le Code Général des Collectivités Territoriales Décentralisées en 2019[22]. L'une des originalités de cette réforme est qu'elle introduit une différenciation fonctionnelle[23] et rétablit la communauté urbaine de Garoua[24] qui est, cette fois, constituée des communes d'arrondissement[25]. Ces deux dispositions législatives engendrent une commune fondée sur l'unité statutaire et l'uniformité du statut des collectivités territoriales avec un impact également sur l'action publique locale sur le ressort territorial. L'unité statutaire est cohérente avec la différenciation fonctionnelle qui renvoie au domaine d'intervention par blocs de compétences réparties entre l'État et les communes[26]. La principale conséquence est la mise en exergue du principe d'égalité des communes. Or, elles ne disposent pas des mêmes capacités financières parce qu'elles ont des niches fiscales ou des impôts spécifiques aux potentiels économiques de leur ressort territorial : les communes traversées par des cours d'eau (Garoua, Mayo-Oulo et Figuil), les communes transfrontalières (Touboro et Béka) et les communes à fort potentiel de bétail notamment Lagdo bénéficient respectivement des niches fiscales telles que les produits de pêches, les échanges commerciaux et les produits pastoraux. De ce point de vue, les collectivités territoriales ne peuvent donc pas avoir les mêmes recettes et par conséquent, elles ne peuvent avoir non plus la capacité de répondre aux besoins de leurs populations de façon équivalente (Pontier, 2015 : 996). Cela peut se lire dans la figure ci-dessous :

---

[21] Article 3 (1) de la loi n°2004/018 du 22 juillet 2004 fixant les règles applicables aux communes.

[22] Article 2 (1) de la loi n°2019/024 du 19 décembre 2019 portant Code Général des CTD.

[23] En effet, sur cette base, « l'État transfère aux collectivités territoriales les compétences nécessaires à leur développement économique, social, sanitaire, éducatif, culturel et sportif » (Source : Article 17 de la loi n°2019/024, op.cit.).

[24] Décret n° 2008/020 du 17 janvier 2008 Création de la communauté Urbaine de Garoua.

[25] Article 109 (4) de la loi n°2004/018 du 22 juillet 2004 fixant les règles applicables aux communes.

[26] Il s'agit de : l'action économique, l'environnement et gestion des ressources naturelles, la planification et l'aménagement du territoire, l'urbanisme et l'habitat, la santé, la population et l'action sociale, l'éducation, l'alphabétisation et la formation professionnelle, la jeunesse, les sports et les loisirs, la culture et la promotion des langues nationales (Source : Articles 156-163 de la loi n°2019/024, op.cit.).

Figure n°1 : estimation de la capacité communale à l'investissement au Nord-Cameroun (2016)

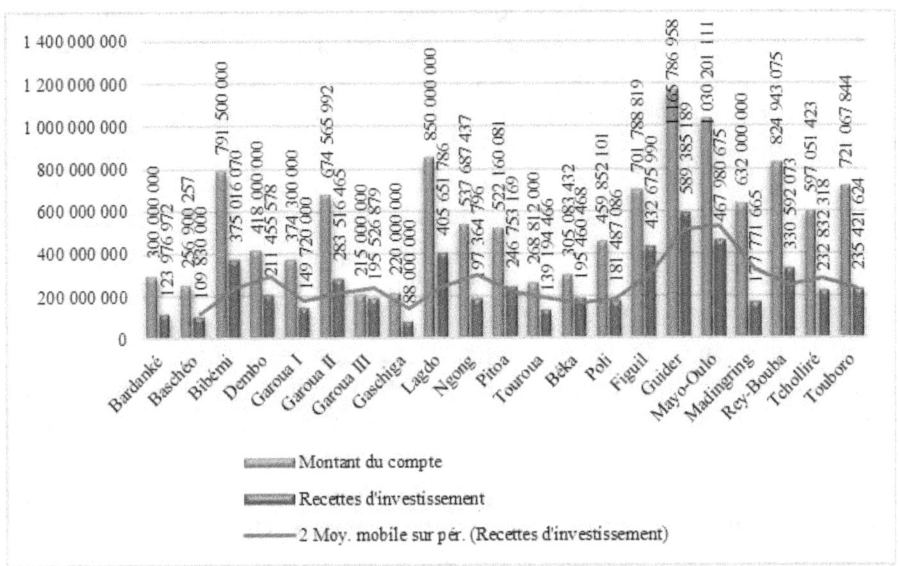

Ce graphique renseigne d'un côté, sur la part des dépenses d'investissement par rapport au compte administratif[27] des communes et d'un autre côté, sur les contrastes des capacités d'investissement des communes du Nord-Cameroun. Il ressort que les communes de Bardanké, Baschéo, Dembo, Garoua (I & III), Gaschiga, Ngong, Touroua, Béka, Poli et Madingring disposent d'un faible niveau d'investissement (moins de deux cent millions) contrairement aux communes de Garoua II, Lagdo, Pitoa, Figuil Mayo-Oulo, Guider, Tchollíré, Rey-Bouba et Touboro, etc. dont les parts du budget consacrées à l'investissement vont au-delà de 200 millions[28]. Les premières, regroupent l'ensemble des communes dont le territoire, la population et les atouts sont faibles et pourraient au vu de ces éléments être considérées comme des petites communes dites du « renouveau », dont les facteurs de création sont liés plus à une logique politicienne (Manga, 2019). Par conséquent, elles disposent de moyens réduits d'investissement. Ces observations

[27] Le compte administratif est un document qui retrace l'état de l'exécution des recettes et des dépenses d'une commune au courant d'une année. Mais, généralement, ce document, à cause de la mal-gouvernance qui fait figure dans les communes au Nord-Cameroun, il n'est produit dans l'année suivante et parfois même au-delà (Source : Entretien avec le Chef service du Développement local – Bénoué, le 13 décembre 2016).

[28] À l'analyse de l'exécution des crédits transférés, ces fonds consacrés à l'investissement connaissent généralement un faible taux d'exécution voire de réalisation des projets de développement par les communes (voir section III (3) et chapitre VI (section III).

amènent à établir que les communes rurales et celles nouvellement créées ne pourraient donc pas avoir les mêmes capacités de financement des compétences transférées et du développement parce que n'ayant pas les mêmes niveaux de financement des services sociaux.

Les données ci-dessus font de la différence de recettes d'investissement un facteur de compréhension de la discrimination dans l'action publique locale. En effet, la commune, sur la base d'une différenciation fonctionnelle basée sur un transfert des compétences selon les secteurs, se trouve face au dilemme entre la modicité de ses moyens et la pléthore des besoins des populations à satisfaire. Le résultat qui en découle est l'inégale offre de service public puisque l'institution municipale se retrouve dans une situation d'incapacité à couvrir l'ensemble des besoins spécifiques des populations situées à la fois en zone urbaine et en zone rurale. Bien qu'il existe des critères de répartition des investissements publics (légalité et l'équité territoriale), il s'avère que les exigences de la commune dont le chef-lieu fait figure d'un centre politico-administratif, nécessite l'aménagement d'un ensemble d'infrastructures et d'équipements socio-collectifs qui lui permettent d'acquérir un poids politique important et « on assiste à une différentiation croissante entre système local urbain et système local rural » (Le Galès, 1995 : 64).

Dans cette perspective, l'appréciation du caractère discriminatoire de l'attention des institutions peut se faire au moyen des redevances fiscales et l'offre des services municipaux. Elles constituent des éléments fondamentaux de mesure des inégalités socio-résidentielles et territoriales au Nord-Cameroun. En effet, la taxe se définit comme les prélèvements pécuniaires que la loi autorise une commune à opérer sur les citoyens en vue de la couverture des charges publiques locales avec une contrepartie. La loi dispose que :

> Cette taxe est perçue en contrepartie des services de base et des prestations rendus aux populations, notamment l'éclairage public, l'assainissement, l'enlèvement des ordures ménagères, le fonctionnement de ambulances, l'adduction d'eau, l'électrification (...) Le produit de la taxe de développement local est consacré en priorité au financement des infrastructures visées à l'alinéa ci-dessus[29].

Ces dispositions fiscales montrent véritablement que tout habitant d'une commune est astreint à participer à la fiscalité locale en vertu des prescriptions prévues par la loi. En fait, « chaque année, les paysans paient l'impôt pour l'eau, l'électricité ou la voirie urbaine qu'on ne voit nulle part dans les villages livrés à la pauvreté absolue » (Ela, 1983 : 32).

---

[29] Article C57 du Code général des impôts, livre troisième, titre IV : Des taxes communales, Chapitre I : De la taxe de développement local.

Les inégalités au niveau de l'offre des services publics entre les zones urbaines et rurales se déclinent dans tous les secteurs de la vie sociale (*Cameroun Tribune*, 25 octobre 2013 : 9). À titre d'illustration, l'on note une faible attention des exécutifs municipaux à certains services comme l'éclairage public et les pompes à motricité humaine. À Ngong par exemple, les panneaux solaires se limitent le long de la route Nationale n°1. À Guider, ces panneaux jonchent les différents quartiers de la ville avec une extension sporadique à la périphérie. Dans la commune de Touboro, ils sont en milieu urbain et rarement en milieu rural. À Garoua, l'on constate évidemment ce déséquilibre dans l'entretien du réseau d'éclairage public. Les quartiers situés en centre-ville tels que Plateau, Poumpoumré et Foulbéré bénéficient d'un éclairage régulier tandis que Djamboutou, Laindé et Doualaré souffrent de ce problème.

La variation de l'offre d'éclairage public en zone rurale et urbaine se comprend par une attention focalisée en zone urbaine du fait d'une importante activité urbaine et une présence d'élites administratives. Mais, en milieu rural, « nous faisons face à un problème criard de routes. Nos récoltes parfois périssent à cause du mauvais état de la route. Nous profitons souvent pendant la campagne cotonnière lorsque la Sodecoton[30] profile les routes. Parfois aussi, ce sont les jours de marché »[31]. Cette faible offre de service public est lié à « la catégorisation des agglomérations en urbain/rural [qui] s'accompagne d'une attribution très inégale en services de base aux populations. L'accès à ceux-ci varie en fonction de la taille des agglomérations et de leur statut (urbain ou rural) » (Fanchette, 2017 : 110-111). Dans certains villages, « l'on est obligé de chercher un grand arbre, de grimper sur une montagne pour capter le réseau »[32]. Et ailleurs, « lorsqu'il pleut, surtout les jours de marché, les paysans ont des difficultés pour le transport de leurs marchandises en centre-urbain où généralement sont aménagés les équipements marchands et où la demande est importante »[33]. Ces cas de figure illustrent ainsi cette inclinaison de la commune comme espace urbain dans le réel et l'imaginaire des élites municipales au Nord-Cameroun.

Ainsi, le mode de management des services publics locaux accrédite une mentalité urbaine qui réduit de plus en plus, la périphérie au rang de lieu d'expérimentation des projets de développement, d'approvisionnement en vivres et d'intentionnalité politique pendant les

---

30 Société de développement du coton créée en 1950 dont le siège est à Garoua.

31 Source : entretien réalisé avec un paysan dans la commune de Madingring courant juillet 2017.

32 Source : entretien réalisé avec un enseignant de sports courant juin 2017 à Touroua.

33 Source : entretien réalisé avec le chef service de développement local de la préfecture du Mayo-Rey courant mai 2017 à Tcholliré.

joutes électorales. La ruralité est même, suivant une socio-anthropologie du développement propre à Jean-Pierre Olivier de Sardan (2000), un espace d'implémentation des opérations de développement utilisant les courtiers comme médiateurs entre les villages, les décideurs et les bailleurs de fonds d'une part, et les techniciens d'autre part. Cela veut dire qu'il n'existe pas véritablement une relation permanente et régulière entre les municipalités et les villages, ce d'autant plus que cela est fait à travers les interfaces ou plateformes aménagées pendant ces opérations de développement ou de consultation, notamment l'élaboration des documents de planification[34]. Cette gouvernance déléguée et par personne interposée s'effectue par le biais des organismes d'appui local, des groupements d'initiative locale, des groupements d'intérêt économique et des comités de concertation. La gouvernance déléguée justifie le peu d'attention des élites municipales sur la question des actions publiques locales de valorisation des potentialités disponibles en milieu rural.

La distance municipale de la périphérie s'explique par deux arguments : le premier se rapporte à la qualité des ressources humaines communales et le second, à l'environnement sociopolitique. En ce qui concerne l'environnement sociopolitique, il faut relever une certaine addiction dans le mécanisme d'action publique. En effet, l'administration reste cantonnée à une réalité contenue dans ce qu'il convient d'appeler « les hautes instructions du président de la République ». L'addiction à la hiérarchie, propre d'un régime fortement centralisé, continue de planer sur l'esprit des élites politiques, même en contexte de décentralisation où les conseillers municipaux sont des élus locaux et par conséquent, répondant de leur électorat. Ce qui démontre qu'il s'agit davantage d'une élite consommatrice (Ela, 1990) et prédatrice (Ateba Eyene, 2006), préoccupée par le ventre (Bayart, 1989) et la station politique (Daloz, 1999; Eboko, Awondo, 2018). L'environnement scolaire marqué par une fonctionnarisation à outrance conforte cet esprit de laxisme et de manque de créativité.

Le second argument met en avant la qualité des ressources humaines nécessaires pour implémenter les documents de planification (PCD, POS et PSU) adoptés au niveau communal. En fait, les collectivités territoriales sont confrontées à la question de l'ingénierie sociale (Olivier de Sardan, 2021). Les élus locaux ne disposent pas d'un capital culturel nécessaire pour capter les opportunités de coopération

---

[34] Il s'agit du Plan Communal de Développement (PCD), du Plan Sommaire d'Urbanisme (PSU) et du Plan d'Occupation des Sols (POS). Ces documents imposent que les populations locales soient consultées à travers des opérations d'enquête par questionnaire et par des guides d'entretiens individuels et collectifs auprès des ménages.

intercommunale à l'échelle nationale et internationale. Ils parviennent très généralement aux fonctions municipales avec un déficit d'expérience managériale et entrepreneuriale. 59,22 % disposent d'un niveau de formation scolaire primaire ; 32,75 % disposent d'un niveau de formation secondaire et 8 % ont un niveau de formation universitaire. Du point de vue professionnel, la qualité des conseillers municipaux est acquise à la profession notabiliaire, cheffale, agricole[35], domestiques et quelques fonctionnaires qui sont en majorité à la retraite[36]. Il en est de même des personnels communaux dont l'effectif est pléthorique et sans capacité technique (Manga, 2019). Le déficit de capital culturel et dans une certaine mesure de culture politique, fait que ces élus, portés à la tête des institutions locales, soient généralement moins préoccupants des questions de développement (environnement, migration, urbanisation et aménagement territorial) d'une part, parce qu'elles sont *ignorantes* des mécanismes et stratégies de captation des rentes de la coopération décentralisée ; et d'autre part, parce qu'« elles ont cet attrait de l'argent frais et ne se lancent que rarement dans des investissements procéduraux [...] dont les résultats sont dans la durée »[37]. L'on peut donc comprendre ici que le déficit capacitaire et élitaire est d'ordre culturel, politique, technique et parfois même administratif[38]. Par conséquent, la combinaison de ces écueils conduit à une faible compréhension et difficile captation des enjeux de la décentralisation par les élites municipales. Cependant, même si les séminaires de formation sont parfois organisés par l'administration territoriale et les partenaires de la décentralisation, ces efforts se heurtent à un déficit de capitalisation et de vulgarisation parce que les participants font de ces séminaires des occasions de captation des primes de présence et des indemnités de mission[39].

En substance, les élus locaux sont pour ainsi dire préoccupés par les rétributions et la garantie des intérêts partisans, la conquête et la

---

35 Ceci est relatif à deux raisons. La première est que les communes de la région du Nord en grande partie paysannes et où prospèrent les activités à caractère rural notamment l'agriculture, l'élevage et la pêche. Et justement, c'est ce qui explique que la plupart des populations vivent en milieu rural (environ 70 % - source : DR-MINEPAT, 2017). La seconde est liée au taux de scolarisation qui est en deçà de la moyenne (46 % en moyenne – source : DR- MINESEC/MINEDUB, 2017)

36 Source : Manga Kalniga (2019).

37 Source : entretien réalisé avec le chef d'agence régionale du FEICOM courant mai 2017.

38 Il s'agit des modalités d'obtention du passeport, des visas ainsi que des différentes autorisations de sortie du pays. Il faut aussi noter qu'elles ne sont pas aussi évidentes en considération des expériences personnelles observées sur cette question.

39 Source : entretien réalisé avec le coordonnateur de la cellule régionale du PNDP pour le Nord courant mai 2017 à Garoua.

conservation du pouvoir municipal ainsi que des rapports d'allégeance et de révérence qui maintiennent au final les communes dans l'inertie et l'autisme des opportunités de développement adaptés aux potentialités économiques locales.

2. Spécificités territoriales, potentiels économiques et défi de développement local : promouvoir une écologie municipale au Nord-Cameroun ?

Le phénomène d'uniformité de l'institution communale, avec pour corolaire l'adhésion au principe d'égalité des collectivités territoriales décentralisées, a construit une distance de l'institution municipale avec les citoyens de la périphérie. Elle s'est matérialisée à travers la discrimination dans l'aménagement des équipements socio-collectifs en zone urbaine et en zone rurale. Pourtant, les milieux ruraux disposent des niches fiscales à travers leurs potentiels économiques nécessaires pour ériger les communes en des « axes fondamentaux de développement local »[40].

2.1. Zones rurales : potentiels économiques pour le développement local au Nord-Cameroun

La mise en place d'un gouvernement local avec les politiques de décentralisation institue à côté du système urbain, un système rural. Les deux systèmes cohabitent dans la commune, prise comme collectivité locale. En effet, dans la configuration du ressort territorial des communes au Cameroun, la loi dispose qu'elles sont des entités territoriales qui regroupent plusieurs villages, constituant des Unités de Planification Participatives (UPP). Les UPP se définissent par leur caractère rural, c'est-à-dire concentrant pour la plupart, des activités relevant du ressort de la paysannerie comme l'agriculture, l'élevage, la pêche, la sculpture et le scripte. En d'autres termes, les structures sociales de l'économie dans lesdites communes reposent sur les métiers paysans, tendant à inscrire une vocation rurale à l'institution communale. Et très généralement, le siège de la commune est institué au petit centre urbain qui côtoie le centre commercial. De ce point de vue, les communes ont d'urbain que le centre-ville, mieux, le siège des institutions administratives et municipales, des entreprises comme la Sodecoton, la Camerounaise des eaux et des églises. C'est à titre d'illustration le cas de Madingring, Béka, Touroua et Bardanké. L'on dénote une faible prise en compte du pastoralisme, de l'agriculture, de la

---

[40] Article 5 (2) de la loi n°2019/024, op.cit.

pêche, de la chasse et de l'artisanat dans les politiques et les stratégies de développement local (Camara, 2018 : 92).

Pourtant, les territoires ruraux regorgent tout d'abord des potentiels agricoles organisés autour des cultures comme les céréales et les tubercules pratiqués sur la vallée supérieure de la Bénoué, à Mayo-Oulo et à Touboro. Les produits maraîchers existent en quantité industrielle à Tchontchi-Golombé (Baïla). La culture du coton draine encore une importante population paysanne constituée en organisations de producteurs (OP). Ensuite, l'on note d'importantes activités pastorales dans les communes de Bibémi, Garoua 3e, Baschéo, Touboro (Mbaimboum). Puis, les activités de la débrouille et du bricolage (Bastide, 1970 ; Ela, 1998 ; Schehr, 1999) constituent les potentiels économiques dans la région du Nord-Cameroun. Il s'agit des activités artisanales qui reflètent une division sociale et genrée du travail ancien, notamment la vannerie, la forge (pour les outils domestiques et agricoles), la poterie (dans laquelle se recrutent les femmes qui fabriquent les canaris) et la sculpture. Il s'agit des « *pratiques polymorphes* » (Schehr, 1999) qui relèvent la créativité et les formes de résilience des populations locales face aux différentes crises du système de production locale[41]. Aussi, les activités piscicoles constituent-elles un révélateur de potentiel économique. Elles sont pratiquées à Figuil (Bissoli, Badadji, etc.), Garoua (Fleuve Bénoué), Lagdo, Bardanké (Mayo-Hourna, lac Nguerkoumo et Mayo-Tchiel), Touboro (Mbéré, Mayo-Bini et Mayo-Wa'a), Tcholliré (Mayo-Galké, Mayo Lasséré et Mayo Bawan). Enfin, les activités de la chasse ponctuent les activités paysannes dans les communes du Mayo-Rey (avec le parc de Bouba-Ndjidda) et les communes du Faro (avec le parc National du Faro). Ces communes ont d'une importante ressource forestière, ligneuse et faunique. Mais, le type de chasse mené est sportive ou conventionnelle et se fait en parallèle avec le braconnage. Les différents produits économiques font l'objet de commercialisation les jours de marché qui constituent des espaces publics d'échange – social, économique, culturel et même de marketing politique – en milieu rural et rendent compte de la dimension plurielle et actuelle des sociétés rurales (Balandier, 1971, 1992 ; Terray, 1986).

---

41 La crise est une « crise des processus de développement au Sud, mais aussi dans un monde dont les interdépendances sont multiples et devenues incontournables ; Crise des modèles de développement et des idéologies qui sous-tendent les politiques et les structures des États ; Crise des savoirs engendrés par l'éclatement des champs du développement et les décalages de la théorie face à des réalités mal analysées » (Ela, 1998).

Cependant, ces métiers ruraux sont confrontés au problème d'écoulement des produits locaux à cause de l'enclavement territorial. C'est le cas de Béka, Poli et Madingring. Les communes de la région du Nord sont reliées entre elles par des routes non bitumées et parfois rocailleuses comme celles de Béka et Poli (Faro), Tchollíré, Madingring, Rey-Bouba (dans le Mayo-Rey, mis à part Ngaoundéré – Touboro), qui sont parfois impraticables, sinon, envahies par la rivière qui y fait son lit[42]. La mauvaise qualité des voies de communication constitue un handicap déterminant dans l'écoulement des produits agricoles parce qu'elle rehausse le coût de transport[43]. Les communes sont enclavées et ces routes deviennent le théâtre des accidents de la voie publique lors des saisons pluvieuses. Malgré l'entretien que s'évertuent à effectuer les autorités municipales et la Sodecoton, ces routes sont impraticables. Malgré ces difficultés, les marchés de consommation au niveau national et international (Nigéria, Tchad et République Centrafricaine) parviennent à être desservis. Ainsi, les communes regorgent des potentiels économiques qui peuvent générer des métiers ruraux nécessaires à la résorption du chômage et relancer l'économie locale dans un contexte marqué par l'insécurité et la pandémie du coronavirus.

Si le milieu rural est animé par des dynamiques de production (agriculture, élevage, pêche, activités de production du secteur primaire), caractérisées par une propriété terrienne, une propriété de l'habitat et une autosuffisance alimentaire à partir des activités agropastorales, au centre, les activités de production primaire ne sont plus *acceptées*, laissant place aux activités de transformation, de fourniture de service, bref, aux activités du secteur secondaire et tertiaire. De ce point de vue, une classification communale est possible au Nord-Cameroun : la commune essentiellement urbaine, Garoua, est le produit de la colonisation française. Elle s'est développée au gré des mutations sociopolitiques d'abord avec l'administration allemande qui voulait en faire un centre de commandement de l'ancien Émirat de l'Adamawa, en remplacement de Yola. Ensuite, la France a continué ce projet politique que l'ancien président de la République Ahmadou Ahidjo a pérennisé à travers le projet hégémonique du Grand Nord historique (Njeuma, 2016). La deuxième catégorie de commune est une commune moyenne comme Guider, Poli et Tchollíré dont le niveau d'évolution socioéconomique tend à concilier les attributs

---

[42] Sources : observations de terrain courant mois de mai-juin 2017 dans le département du Mayo-Rey.

[43] Carrefour Guidjiba – Tchollíré (90 km) = 2 000 F cfa ; Tchollíré – Madingring (98 km) = 5 000 F cfa (Véhicule)/12 000 (à dos de moto) ; Madingring – Touboro (111 km) = 9 000 f cfa (à dos de moto) ; Touboro – Tchollíré (224 km) = 15 000 à 20 000 f cfa (à dos de moto). Le recours aux mototaxis s'explique donc par la qualité de la route.

urbains et ruraux. La troisième catégorie de communes émerge avec la période de la politique du libéralisme communautaire sous Paul Biya (Biya, 1986). Elle a pour vocation de démultiplier les postes politiques afin d'atténuer les velléités émancipatrices et les revendications ethno-identitaires vers la fin de la décennie 80 et début décennie 90 et coïncide également avec la question démocratique. Il s'agit des communes essentiellement rurales du fait de la nature des activités primaires qui y sont pratiquées. C'est le cas de Figuil, Béka et Pitoa, Lagdo, Ngong, Touroua, Bibémi, Gaschiga, Baschéo et Dembo, Madingring, Touboro et Bardanké. Elles n'ont de statut d'urbain qu'une attribution politique, en vertu du poids démographique, de la densité des habitants et des infrastructures administratives dont elles disposent (Fanchette, 2017). C'est donc à se demander s'il n'est pas opportun de refonder l'institution municipale de manière à aller vers une spécialisation territoriale ?

2.2. Écologie municipale et refondation de la commune au Cameroun

Les constats faits par le biais des analyses ci-dessus établissent que l'harmonisation communale a conduit à la gestation d'un système de gouvernance discriminatoire où les zones rurales constituent le parent pauvre en matière d'investissement public local. Cette différenciation fonctionnelle basée sur le transfert des compétences a des limites puisqu'au final, les communes sont face à une insuffisance de moyens et sont englouties par les besoins citoyens de plus en plus nombreux. Ces constats interpellent et plaident en faveur « d'une différenciation structurelle » (Pontier, 2015 : 1003) qui souscrit à une écologie de la gouvernance municipale en ce sens que les richesses et les potentialités locales soient prises en compte. Elle nie aussi « l'unité statutaire » et « l'uniformité statutaire » des communes qui n'est pas cohérente avec les enjeux de la décentralisation et du développement[44]. Ce qui invite à repenser ce lien de causalité quasi-mécanique établi depuis plus de deux décennies par les théoriciens de la décentralisation (Dubresson, Fauré, 2005). La commune, est devenue, tout comme l'État durant la période post-indépendance (1960-1980), « une commune providence qui intervenait, sinon dans tous les domaines, du moins dans beaucoup. Une autre histoire a commencé, dans laquelle la reconfiguration et la redistribution des compétences dessinent une nouvelle commune » (Pontier, 2015 : 1003).

---

[44] Sur cette base, les principes d'égalité des collectivités territoriales décentralisées devraient donc être revus pour ouvrir la voie à la différenciation communale.

Le présent argument a l'avantage de sortir les collectivités territoriales de l'inertie qui se révèle à travers le maintien d'une assiette fiscale basée sur les impôts et taxes ressortant exclusivement des activités de production. Or, à l'ère de la pandémie du coronavirus et de l'insécurité, des métiers d'ingénierie sociale et d'autres types d'activités se sont révélés et ils ne sont pas forcément appréhendés pour être fiscalisés. C'est le cas des métiers diététiques, sportifs et du numérique. L'organisation des Jeicom (journées économiques internationales des communes du Cameroun) offrent un cadre pour capter les opportunités de financement des projets générateurs de valeur ajoutée[45].

En fait, les activités paysannes sont productrices de richesses et contribuent à 1/3 du PIB avec les cultures comme le coton, l'anacarde et la gomme arabique, pour ne citer que celles qui sont pratiquées au Nord-Cameroun[46]. Cela devrait stimuler les politiques publiques locales et dévoiler le potentiel économique. Il est d'autant plus important car il s'agit, de sortir du schéma classique de spécialisation internationale où le Sud pourvoit aux matières premières et le Nord les transforme. Les opportunités du secteur productif existent : la transformation des produits agricoles, la fabrication des produits laitiers et l'industrie meunière, la promotion des industries touristiques. Il faudrait dénicher des financements utilisables de manière efficiente dans le cadre des conventions de partenariat susceptibles de déboucher sur la création des zones économiques[47].

Les ressources naturelles existantes sont en proportion faiblement exploitées. C'est le cas du parc national de Bouba Ndjidda, de la Bénoué, des Gorges de Kola, les grottes de Ndjola, les grottes d'Ouro Gaou, les peintures rupestres sur le Mont Fandou à Baroumé, le Campement de la ZIC 14 à Mapto, les pics des Monts Hosséré kilbou, le Mont Keïni, et le Mont Wouro Souka (Ngong). La proximité de certaines communes comme celle de Touroua, Béka, Gaschiga, Mayo-Oulo, Baschéo et Bardanké d'une part et d'autre part, Rey-Bouba, Madinring, Touboro et Figuil avec les pays frontaliers comme le Nigéria, le Tchad et la RCA constituent des potentialités pour les communes dans leur coopération bilatérale ou intercommunale. Toutefois, les conjonctures sécuritaires et

---

45 Elles se sont déroulées du 03 au 05 décembre 2021 à Yaoundé (Cameroun).

46 Ministère de l'Économie, de la Planification et de l'Aménagement du territoire, 2021, « Le potentiel économique du Cameroun », document de travail.

47 Au sens de l'article 2 (3) de la loi n°2013/011 du 16 décembre 2021 régissant les zones économiques au Cameroun dispose que « une zone économique est un espace constitué d'une ou de plusieurs aires géographiques viabilisées, des entreprises de services, des pépinières ou des incubateurs d'entreprises, des pôles scientifiques et technologiques, des technopoles et/ou des agropoles ».

épidémiologiques entravent depuis la fin de l'année 2013, les activités touristiques autant sur le plan du tourisme national qu'international. Ces contextes spécifiques freinent la mise en place des projets de valorisation touristiques dont l'incidence aurait pu bénéficier à l'amélioration des conditions de vie des populations. À côté des contextes sociopolitiques, l'on peut relever la faible capacité de projection des édiles des communes qui sont de plus en plus prisonniers du cadre légal et règlementaire national qui souscrit à la logique de la révérence qui héberge une vision inadaptée aux conjonctures sociales.

Les gisements d'or dont la caractéristique principale est l'exploitation anarchique, artisanale et même clandestine avec une absence de règlementation à Béka (Laro) et à Bibémi (Dorba), méritent d'être encadrés[48].

> L'extraction des minerais apporte parfois plus de problèmes qu'elle n'en résout. Les gens s'entredéchirent au point d'en arriver à la guerre. Pour le cas précis de Bibémi, l'activité se passe dans la clandestinité. Vous avez raison d'y voir une aubaine pour notre commune. Ça aurait été le cas si le gouvernement avait autorisé cette activité. Mais comme il s'agit d'une exploitation sauvage, le magistrat municipal que je suis et mon équipe ne peuvent rien tirer comme dividende pour notre commune (*L'œil du Sahel*, 2013, p. 7).

Tout ceci révèle les hésitations au niveau stratégique (national) sur l'adoption d'un code minier depuis 2005, malgré la création du CAPAM (Cadre d'Appui et de Promotion à l'Artisanat Minier) et du PRECASEM (Projet de Renforcement des Capacités du Secteur Minier) qui sont des épines dans l'amélioration du cadre de vie. En plus, le Code Général des CTD et la naissance de la SONAMINES (Société Nationale des Mines) constituent des réponses gouvernementales, qui, toutefois regorgent des embûches comme l'absence de décrets d'application. Il faudrait à ce niveau, déployer un dialogue inclusif et social permanent pour la gestion des ressources minières au Cameroun.

Du point de vue hydrographique, les communes du Nord-Cameroun sont pour la plupart traversées par des fleuves, des cours d'eau et des rivières, ce qui constitue par ailleurs d'importantes ressources : halieutiques et sableuses. C'est le cas des bassins hydrographiques de la Bénoué, le Mayo-Louti, le barrage de retenue d'eau de Lagdo, etc. Les communes du Faro (Béka, Poli) et du Mayo-Rey (Madingring) disposent des massifs montagneux (Mont Kouloumbou à Madingring par exemple) et des latérites nécessaires pour les travaux de construction des bâtiments et des routes. Ils peuvent aussi servir pour des destinations

[48] Source : entretien réalisé avec un agent de l'État à Bibémi le 14 juin 2017.

touristiques[49]. Ces massifs montagneux sont enclavés, ce qui ne favorise pas un accès facile aux populations locales. Les communes pourraient promouvoir ces ressources à travers leur numérisation, étant donné que ce moyen permet d'exister sur le plan mondial à travers une large communication.

Le registre écotouristique peut être davantage boosté avec la réhabilitation des palais présidentiels (Garoua et Mayo-Oulo). Potentiels sites écotouristiques, de tels joyaux architecturaux constituent une opportunité pour la réécriture de l'histoire politique du Cameroun à travers les rapports particuliers que l'ancien président de la République, Ahmadou Ahidjo (1958-1982) entretenait avec les villes de Garoua et de Mayo-Oulo. La réflexion sur cette problématique peut intéresser les questions de savoirs mémoriels avec des études biographiques approfondies sur les personnalités politiques de ladite période. Elle peut également restituer une part de l'histoire des sociétés du Nord-Cameroun[50]. Cet entretien riche de données, rappelle ce qui suit :

> Sous le règne d'Ahmadou Ahidjo, Mayo-Oulo était devenu un fief à partir duquel il planifiait certaines de ses activités à caractère politique. Pour l'occasion, chaque jour, durant le séjour du Président dans ledit Lamidat, l'on voyait des hommes du gouvernement qui atterrissaient par hélicoptère. Et après quelques moments de travail, l'on voyait comment ils repartaient à bord de leur hélicoptère[51].

De tels héritages peuvent à bien des égards constituer des sources orales fondamentales dans la lecture de la construction sociopolitique au Nord-Cameroun puisque « beaucoup de gens racontent des contre-vérités pour s'assurer des faveurs politiques, ce qui n'est pas bon pour la compréhension de notre histoire »[52]. Et c'est à ce niveau qu'intervient le rôle des sites écotouristiques dans l'organisation des rendez-vous historiques, culturels et traditionnels dont le but est de témoigner des richesses artistiques, culturelles et historiques locales. À ce sujet, la mairie de Guider organise tous les deux ans aux gorges de Kola, des « *Festi-Guider* » dont l'ampleur est régionale, sous-régionale et même internationale.

Pour que de tels potentiels soient exploités, il faudrait d'un côté, résoudre le problème de compétence locale puisque l'État est le seul détenteur des ressources du sol et du sous-sol dans le domaine

---

[49] L'Arrêté n°12/A/MINTOUL du 1er mars 2011 précise les cahiers de charges pour la mise en valeur des sites touristiques.

[50] Source : entretien réalisé avec Zouga Garoua Mohamadou, ancien député/Agent topographique et notable au lamidat de Mayo-Oulo durant la période de l'après-indépendance le 27 octobre 2015 à Guider.

[51] Source : entretien réalisé avec Zouga Garoua Mohamadou, op.cit.

[52] Source : entretien réalisé avec Zouga Garoua Mohamadou, op.cit.

national[53], bien qu'il puisse céder aux communes tout ou partie des biens, meubles et immeubles, soit par l'initiative de la commune ou de l'État[54]. De l'autre, les communes sont inertes à l'initiative des démarches visant à obtenir l'utilisation de certaines ressources naturelles (or, site touristique, etc.). C'est ainsi que d'importantes taxes échappent à l'imposition fiscale et rallongent de plus en plus les chemins de leur autonomisation. La valorisation des potentiels économiques passe aussi par l'atténuation du mouvement d'exode rural vers les grandes villes en créant des technopoles de développement, qui peuvent stimuler l'économie informelle et de la débrouille ainsi que la mise en place des clusters artisanaux pour relancer les métiers locaux.

En somme, le milieu rural regorge d'importants potentiels qui ne bénéficient pas de l'encadrement requis de la part des collectivités territoriales[55]. Cela ne va pas davantage s'arranger parce que l'approfondissement du processus de décentralisation considère l'urbanisation comme un objectif fondamental de développement. Or, l'urbanisation à tout prix peut consacrer la fin des activités paysannes qui supportent l'économie locale parce que l'établissement des structures municipales s'accompagne d'une expropriation par le capital, c'est-à-dire la vente ou l'achat des terres du centre, faisant ainsi des paysans sans terre, obligés de se replier en périphérie pour la simple raison que leurs codes, valeurs, capacités ou capitaux culturel et économique ne leur permettent pas de vivre aisément dans le centre urbain. Et avec le phénomène d'importation de l'élite rurale des centres urbains, la marginalité des citoyens de la brousse s'accentue parce que l'élite municipale *importée* est déconnectée des réalités parce qu'elle ne réside pas sur le territoire communal[56].

---

[53] Voir l'article 1er de l'ordonnance n°74-1 du 6 juillet 1974 et l'article 3 de l'ordonnance n°72-2 du 6 juillet 1974 fixant le régime domanial au Cameroun.

[54] Code Général des CTD.

[55] En effet, dans la structuration des budgets communaux, les activités de production agricole, pastorale, piscicole représentent 10 à 15 % des ressources communales après les CAC, les transferts de crédits et les subventions diverses.

[56] Cela se passe malgré qu'il y ait une disposition légale qui impose que les exécutifs communaux résident effectivement sur le territoire communal même si, elle peine à être appliquée (Source : article 142 de la loi n°2019/024 du 24 décembre 2019 portant code général des collectivités territoriales décentralisées au Cameroun).

Conclusion

La dualité du système local au Nord-Cameroun met l'espace rural en minorité et enhardi un abandon des secteurs productifs lié à un faible interventionnisme municipal. Pour y remédier, les populations impulsent des solutions de substitution en creusant elles-mêmes des puits, des forages et parfois, cela est l'œuvre des grands bailleurs de fonds, de quelques élites politiques en dehors des élites municipales. Le modèle d'administration municipale, né de l'institutionnalisation de la décentralisation, a créé une commune providence, qui s'occupe *a priori* de tous les problèmes de développement de son ressort territorial. Mais, il se trouve qu'elle est impuissante parce que toutes les collectivités territoriales ne disposent pas d'égales capacités de recettes fiscales, et ceci, malgré la péréquation dont fait montre le FEICOM (fonds spécial d'équipement et d'intervention communale). La conséquence, c'est la discrimination de l'offre de service public puisque le milieu urbain, nécessitant plus d'attention, finit par déboucher une bonne partie des recettes d'investissement municipal. Le déficit d'attention sur les milieux ruraux détient aussi sur la capacité locale à saisir les opportunités qu'offrent les potentiels économiques des ressorts ruraux. La réalité de l'implémentation des compétences communales s'avèrent différents des contextes que l'on retrouve sur le terrain. Ces difficultés appellent les collectivités territoriales à la saisie des opportunités de développement en révélant les potentiels économiques de leurs terroirs. Elles interpellent également le législateur sur la nécessité de revenir à une révision du statut des collectivités territoriales de façon à migrer vers une différenciation structurelle à caractère géo-spatial, pourquoi pas thématique ? D'où l'idée pour les communes d'intervenir dans les domaines qui concernent les affaires d'intérêt local connectées à leur contexte.

Bibliographie

Documents scientifiques

Abdouraman H., 2007, « Frontières et découpages territoriaux dans l'Extrême-Nord du Cameroun : enjeux et implications (XIVème-XXème siècle) », Thèse de doctorat/PhD, Histoire, Université de Ngaoundéré.

Ateba Eyene C., 2006, *Le paradoxe du pays organisateur.*

Balandier G., (3e édition) 1971, *Sociologie actuelle de l'Afrique noire (dynamique sociale en Afrique centrale)*, Paris, PUF.

Balandier G., 1992, « Culture plurielle, culture en mouvement », in Mercure Daniel (coord.), *La culture en mouvement. Nouvelles valeurs et organisations*, Québec, Les Presses de l'Université Laval, pp. 35-50.

Bayart J-F., 1989, *L'État en Afrique. La politique du ventre*, Paris, Fayard.

Biwole G., 1978, *L'institution communale au Cameroun,* Yaoundé, SOPECAM.

Biya P., 1986, *Pour le libéralisme communautaire,* Paris, Pierre-Marcel Favre.

Camara, 2018, *Les acteurs, ces oubliés de la décentralisation,* Paris, L'Harmattan.

Cameroun Tribune, 25 octobre 2013, p. 9.

Daloz J-P. (dir.), 1999, Le non-renouvellement des élites en Afrique subsaharienne, Bordeaux, CEAN.

Defferre G, 1956, « Une ère nouvelle dans les rapports entre la Métropole et les territoires d'Outre-mer », in *Cahiers français,* Paris, la Documentation française, N°, 4, p. 10.

Dubresson A., Fauré Y-A., 2005, « Décentralisation et développement local : un lien à repenser », Revue Tiers Monde, n° 181, pp. 7-20.

Eboko F., Awondo P., 2018, « Cameroun : l'Etat stationnaire ? », *Politique africaine,* n°150, p. 5-27.

Ela J-M., 1980, *Le cri de l'homme africain : questions aux chrétiens et églises d'Afrique,* Paris, L'Harmattan.

Ela J-M., 1982, *L'Afrique des villages,* Paris, Karthala.

Ela J-M., 1983, *La ville en Afrique noire,* Paris, Karthala.

Ela J-M., 1985, *Restituer l'histoire aux sociétés africaines. Promouvoir les sciences sociales en Afrique noire,* Paris, L'Harmattan

Ela J-M., 1990, *Quand l'État pénètre en brousse. Les ripostes paysannes à la crise...,* Paris, Karthala.

Ela J-M., 1998, « Refus du développement ou échec de l'occidentalisation ? Les voies de l'afro-renaissance », in *Le Monde diplomatique,* octobre 1998, page 3.

Ela J-M., 2007, *L'Afrique à l'ère du savoir : science, société et pouvoir*, Paris, L'Harmattan.

Fanchette S., 2017, « Urbanisation administrative, *in situ* et métropolitaine : les Contradictions spatiales de la gouvernance territoriale au Vietnam », Revue internationale des études du développement, n°231, 91-121.

Finken M., 1996, *Communes et gestion municipale au Cameroun*, Paris, Les Presses du Groupe Saint-François.

Journal Officiel de l'État Fédéré du Cameroun Oriental, 7e année, n°12 du 15 juin 1967, pp.548-549.

L'œil du Sahel, 2013, p. 7.

Le Bris É., 1999, « La construction municipale en Afrique. La laborieuse gestation d'un nouvel espace public », *Politique africaine*, n°74, pp. 6-12.

Le Galès P., 1995, « Du gouvernement des villes à la gouvernance urbaine », in *Revue française de science politique*, n°1, pp. 63-75.

Lestringant J., 1964, *Les pays de Guider : essai d'histoire régionale*, Versailles, Saint-Symphorien.

Loubet J., 1972, *Les pays de la Bénoué*, Yaoundé, ORSTOM.

Mabileau A., 1991, *Le système local*, Paris, Montchrestien.

Manga Kalniga J. D., 2019, « Processus de décentralisation et dynamiques sociopolitiques au Nord-Cameroun : systèmes et acteurs dans le champ local », Thèse de doctorat/PhD, Sociologie, Université de Maroua.

Mercier P., 1959, « La vie politique dans les centres urbains du Sénégal. Étude d'une période de transition », *Cahiers internationaux de sociologie*, vol. XXVII, pp. 55-84 ;

Nach Mback C., 2003, *Démocratisation et décentralisation. Genèse et dynamiques comparés des processus de décentralisation en Afrique subsaharienne*, Paris, Éditions Karthala et PDM.

Nach Mback C., 2004, « Un siècle de communalisation au Cameroun : les misères de la démocratie urbaine », in communication au *Colloque WWICS-IGU*, Dakar, décembre 2004.

NJEUMA M. Z., 2016, « Regionalisation and creation of a "Northern Cameroon" Identity », in Adama H., *Patrimoine et sources de l'histoire du Nord-Cameroun*, Paris, L'Harmattan, pp. 13-44.

Olivier de Sardan J-P., 2000, *Courtiers en développement. Les villages africains en quête de projets*, Paris, APAD-Karthala.

Olivier de Sardan J-P., 2021, *La revanche des contextes. Les mésaventures de l'ingénierie sociale en Afrique et au-delà*, Paris, Karthala.

Owona J., 2011, *La décentralisation camerounaise*, Paris, L'Harmattan.

Pontier J-M., 2015, « Quelles compétences pour quelles communes ? », Revue française d'administration publique, N° 156, pp. 989-1004.

Tassou A., 2013, Urbanisation et décentralisation au Cameroun. Essai d'analyse historique de la gestion urbaine (1900-2012), Paris, L'Harmattan/Études Africaines.

Terray E. (éd.), 1986, *Afrique plurielle, Afrique actuelle. Hommage à Georges Balandier,* Paris, Karthala.

Lois, décrets et arrêtés

Arrêté n°12/A/MINTOUL du 1er mars 2011 précise les cahiers de charges pour la mise en valeurs des sites touristiques.

Arrêté n°431 du 31 août 1950 portant création des communes-mixtes de Kribi, Edéa, Ebolowa, M'Balmayo et Nkongsamba.

Arrêté n°445 du 26 janvier 1951 fixant les limites du périmètre du centre-urbain de Garoua.

Arrêté n°537 du 21 août 1952 instituant au Cameroun des communes-mixtes rurales.

Arrêté n°618 du 31 octobre 1951 portant création d'une commune-mixte à Garoua

Code général des impôts, 2013.

Décret n° 2008/020 du 17 janvier 2008 Création de la communauté Urbaine de Garoua.

Décret n°2008/376 du 12 novembre 2008 portant organisation administrative de la République du Cameroun.

Loi n°2004/017du 22 juillet 2004 portant orientation de la décentralisation.

Loi n°87/015 du 15 juillet 1987 portant création des communautés urbaines.

Loi n°2004/018 du 22 juillet 2004 fixant les règles applicables aux communes.

Loi n°2013/011 du 16 décembre 2021 régissant les zones économiques au Cameroun

Loi n°2019/024 du 19 décembre 2019 portant Code Général des Collectivité s Territoriales Décentralisées au Cameroun.

Loi n°56-619 du 23 juin 1956 autorisant le gouvernement français à mettre en œuvre les réformes et à prendre les mesures à assurer l'évolution des territoires relevant du ministère de la France d'Outre-Mer.

Loi n°59-44 du 17 juin 1959 régissant les communes-mixtes rurales.

Loi n°66/5/COR du 7 juillet 1966 modifiant la loi N°59-44 du 17 juin 1959 régissant les communes-mixtes rurales.

Loi n°74-23 du 5 décembre 1974 portant Organisation Communale en République Unie du Cameroun.

Ordonnance n°74-1 du 6 juillet 1974 et l'article 3 de l'ordonnance n°72-2 du 6 juillet 1974 fixant le régime domanial au Cameroun.

Chapitre 2 : De l'accès des ménages à la propriété foncière et au logement à Bamako (Mali) et à Maroua (Cameroun) : contraintes et stratégies de contournements

Samba Dembele, Daniel Georges Nana Komey & Soumare Mamy

Résumé

Des enquêtes ménages de type quali-quantitatif conduites à Bamako et à Maroua révèlent l'acuité de l'accès à la propriété du logement. À Bamako, les ménages enquêtés changent de résidence en moyenne trois fois avant de devenir propriétaire, avec une trajectoire « centrifuge » qui commence par le centre-ville ou le péricentre pour se terminer en périphérie. Tandis qu'à Maroua, la majorité des résidents se constituent des sédentaires qui ne connaissent pas le phénomène de changement de résidence. Ces trajectoires de la fréquence dans le logement dépendent des trajectoires socio-anthropologiques, économiques et citoyennes précises qui se structurent autour des représentations et des statuts sociaux qui caractérisent les habitants de la ville. La convergence des ménages vers la périphérie se justifie par l'accessibilité des coûts d'achat des espaces ou des prix locatifs abordables et favorise l'extension de la ville et par conséquent, une décongestion des centres de décisions qui empruntent les sillages de la décentralisation territoriale et administrative.

Mots-clés : Trajectoire résidentielle, logement, ménage, ville.

Abstract

Qualitative and quantitative household surveys conducted in Bamako and Maroua reveal the acuteness of access to housing ownership. In Bamako, surveyed households change residence on average three times before they become homeowners, with a "centrifugal" trajectory that begins in the city centre or pericentre and ends in the periphery. While in Maroua, the majority of residents are sedentary who do not know the phenomenon of change of residence. These trajectories of frequency in housing depend on the specific socio-anthropological, economic and civic trajectories that are structured around the representations and social status that characterize the inhabitants of the city. The convergence of households towards the periphery is justified by the accessibility of the costs of purchasing space or affordable rental prices and promotes the extension of the city and therefore, decongestion of decision-making centres that follow the trail of territorial and administrative decentralisation

Keywords*: Residential trajectory, housing, household, city.*

Introduction

1. Contexte

Les villes africaines font face à une croissance urbaine accélérée avec une population estimée à 40 % en 2010 (Fofiri Nzossié et *al.*, 2008 ; Bosredon, 2010 ; Watang, 2014 ; Bouba et *al.*, 2014). Les villes comme Bamako, qui est la centralité principale du Mali ou encore Maroua, capitale de la région administrative de l'Extrême-Nord, n'échappent pas à cette réalité. Bamako accueille la moitié (55,3 %) de la population urbaine globale du Mali selon une estimation datant de 2009 alors que Maroua concentre sur la même période 415 251 sur les 23 799 022 habitants que compte le Cameroun où le pourcentage total des citadins s'élève à 49,8 % (INSTAT, 2009 ; INS, 2014, PNUD, 2015, ONU Habitat, 2016). Dans ce contexte d'urbanisation accéléré et d'instabilité de l'environnement économique, l'accès à un logement décent constitue un défi majeur (PNUD, 2015 ; Dembélé, 2017 ; Tabutin et Shoumaker, 2020). Ce qui pose des défis considérables aux systèmes sociaux africains, ceux-ci sont notamment liés à la qualité de l'environnement urbain (écologie), au bien-être des citoyens, à la sécurité et surtout en terme infrastructurel. Cette pression sur la question de la décence de l'habitat fait qu'au Cameroun par exemple, une estimation de 2011, situe globalement à 48,3 % le chiffre de la population ne sentant pas en sécurité dans son logement (PNUD, 2015). Alors que dans l'idéal, le logement devrait être pour tous un lieu sûr, confortable, abordable financièrement pour toutes les strates de la société avec un accès aisé aux services et équipements urbains (Watson, 1999). Cette vision est loin d'être une réalité dans les villes africaines. Selon la Banque Mondiale (2017), les ménages africains consacrent l'essentiel de leurs dépenses au logement, soit 55 % de plus que dans d'autres régions du monde.

À l'instar de la plupart des villes africaines, à Bamako comme à Maroua, le secteur du logement est loin d'être maîtrisé (Belinga, 2008). Si le Cameroun est depuis 2008, engagé dans un processus de construction de logements collectifs communément appelés les camps sic dans les principales métropoles du pays ou de renforcement des capacités des structures en charge du logement (SIC[1], MAETUR[2], MINHDU[3], MINDCAF[4], CFC[5], modernisation du cadastre à travers le

[1] Société Immobilière du Cameroun.

[2] Mission d'Aménagement et d'Équipement des Territoires Urbains et Ruraux.

[3] Ministère de l'Habitat et du Développement Urbain.

[4] Ministère des Domaines, du Cadastre et des Affaires Foncières.

projet d'appui à la modernisation du cadastre et au climat des affaires PAMOCCA[6], ouverture du secteur à des promoteurs immobiliers de plus en plus en accentué à travers la création des sociétés civiles immobilières (SCI) et la signature de conventions en *joint-venture* entre acteurs publics et privés, etc.), la forte concentration des populations en milieu urbain reste l'un des défis majeurs de son émergence projeté à l'horizon 2035 (FAD, 2010). Dans les stratégies d'émergence, orientation politique et idéologique de la vision de développement partagée entre les pays d'Afrique francophone, l'ambition de réduire les inégalités sociales et notamment, foncières dans ces pays dans un terme oscillant entre dix et vingt-cinq ans est clairement l'un des objectifs à atteindre. Ce qui semble s'inscrire dans une volonté politique générale d'accompagnement des citoyens à accéder à la propriété foncière, dont le corollaire le plus immédiat est l'acquisition d'un habitat décent, fiable et sécure.

Mais, en l'état en actuel, les différentes enquêtes montrent que les systèmes de location sont moins bien encadrés juridiquement. Cette anomie constitue un dysfonctionnement qui laisse libre cours à la spéculation. Car, les prix des logements sont fonction de la volonté des propriétaires d'immeubles (Ela, 1983). Cette situation qui est une conséquence lointaine de l'entrée à marche forcée de l'Afrique dans le fâcheux système néolibéral établi par le consensus de Washington en 1992, a entrainé une dérégulation progressive de la norme sociale dans les pays en voie de développement et favorisé le recours à la culture de la propriété privée du logement dans les villes africaines (Uzunidis, 2001 ; Bafoil, 2006 ; Tiberghein, 2012). D'après Bertrand (2003) : « la variété des droits du sol, des productions immobilières et des filières d'accès au logement, met la propriété en exergue avec une certaine stabilité à l'opposé des difficultés de la location ». Ce qui crée en quelque sorte une forme d'instabilité résidentielle chez les ménages à revenu modeste qui passent de location en location à travers la ville avant d'accéder, au meilleur des cas, à la propriété privée du logement, et quelques fois, sans jamais pouvoir le faire. À Bamako, le coût de la location grimpe de jour à jour créant ainsi une forme d'exclusion sociale dans l'accès au logement pour les ménages à revenu modeste (Touré, 2014). La même situation est vécue à Maroua, où, depuis 2008, la création d'une université d'État dans ce centre urbain s'est accompagnée d'un boom démographique que les progrès infrastructurels publics peinent à suivre. Quelques effets pervers de cette dynamique sont la spéculation entretenue sur les prix des

[5] Crédit Foncier du Cameroun.
[6] Projet d'Appui à la Modernisation du Cadastre et du Climat des Affaires.

habitations ainsi que la pression foncière (DD-MINDCAF, 2020). En conséquence, les couches les moins nanties de la population se voient dans l'obligation de s'installer dans la couronne périurbaine des villes ou dans les endroits considérés comme insalubres, où le coût de la location est supportable. Posant ainsi la problématique lancinante depuis la décennie 90, du droit de résidence, du droit à la ville et des mécanismes d'accès à la propriété foncière dans ces deux villes. Voilà pourquoi, cet article revêt un double objectif, celui d'étudier la stratégie d'installation des ménages dans les agglomérations de Bamako et de Maroua, et puis, d'analyser l'impact de ces stratégies sur l'évolution sociale et spatiale de ces villes.

Stratégie d'installation des ménages renvoie aux pratiques adoptées par les citoyens considérées comme des chefs de ménage pour avoir un « chez-soi » dans les espaces urbains et péri-urbains de plus en plus prisés, et où, y résider est considéré comme un prestige et donne un certain ascendant psychosocial sur les habitants de l'arrière-pays relégués à la ruralité (Ela, 1994 ; Touré, 2014). Pour analyser ces pratiques des ménages, il est important de faire un examen rétrospectif qui dessine, en quelque sorte, le parcours résidentiel des ménages en ville. Cela sous-entend la mobilité des ménages d'une résidence à une autre. Cette mobilité résidentielle est appréhendée dans le texte sous le prisme spatial, dans une perspective géographique qui la sous-entend dans le cadre de l'occurrence des changements de domicile opéré dans un temps précis (Cabanne et *al.,* 1992). Plusieurs facteurs influencent la mobilité résidentielle d'un ménage, notamment, l'accès à l'emploi, au logement, aux divers services et équipements sociaux de base et, enfin, au facteur sociodémographique (Gobillon, 2001). Il faut noter que ces réalités diffèrent d'un pays à un autre ou même d'un continent à un autre. Pour le cas des villes du type de Bamako et de Maroua, organisées en plusieurs communes ou en de nombreux districts suivant l'appellation administrative en vigueur dans chaque pays, l'offre de logement est l'un des facteurs les plus déterminants de la mobilité résidentielle des ménages. Dans ces deux villes, bien sûr à des degrés divers, et au vu de la situation socioéconomique respective des habitants de chacune d'elle, les difficultés d'accès au logement ont fait que le marché locatif oriente de plus en plus la mobilité des ménages dans l'agglomération (Bertrand, 1999). Cette tendance se confirme également dans la région du grand Accra au Ghana, où les ménages locataires sont les premiers concernés par la mobilité résidentielle (Bertrand, 2003). Ce qui fait comprendre que, ce phénomène touche toutes les villes africaines en fonction du niveau social général du pays, du niveau de scolarisation, du statut économique, du statut social des résidents, de la culture de ces derniers et du degré de leur connaissance des procédures administratives, foncières et domaniales.

Selon Debrand et Taffin (2005), plus le diplôme est élevé, plus les revenus sont élevés et les choix possibles en termes de logement sont importants. Si cette observation est pertinente pour les produits du système de formation ayant acquis un emploi dans les secteurs public et privé, formalisés à partir d'un certain nombre de canons juridico-administratifs, leur garantissant une rémunération fixe, elle demeure cependant limitée au regard du contexte social caractérisé par l'inadéquation entre les systèmes de formation et les opportunités de travail. Ce qui conduit à la précarité des jeunes diplômés qui peinent à s'insérer directement après leur formation sur le marché du travail. La présente étude prend, à cet effet, en compte, le passé résidentiel des ménages ainsi que les principales motivations ayant abouti à la résidence actuelle. Comme le souligne Ortar (2005), la mobilité résidentielle ne peut être perçue uniquement sous l'angle des changements de résidence au risque de marginaliser plusieurs de ses pans tout aussi intéressants pour comprendre les trajectoires socio-humaines et géographiques des ménages. Car, l'expression prend également sa signification de l'ensemble des lieux de vie pouvant donner sens pour un individu. Elle fait aussi appel à la mémoire sociale du parcours résidentiel, ce qui l'inscrit inéluctablement, à ce moment, dans une dimension psycho-historique et socio-anthropologie bien féconde pour cette étude de cas.

La mobilité peut également être approchée dans une perspective géoéconomique comme c'est le cas si l'on se penche vers l'étude de l'équilibre ou de l'adéquation entre les moyens financiers et l'accession à une parcelle de terrain située dans un espace fort convoitée ou pour un logement décent réalisée à partir des matériaux à la pointe de la technologie. Cela sous-entend la prise en compte d'une dimension plus élargie de la trajectoire résidentielle. Lévy (1999) la présente ainsi comme la direction du parcours résidentiel du ménage orienté par une succession de séquences qui se distingue les unes des autres par un changement de résidence ou des caractéristiques d'occupation d'une même résidence. Autrement dit, la trajectoire résidentielle se dissèque en une succession d'étapes à travers l'espace-temps qui peuvent traduire le passage d'une situation à une autre, ou alors par le maintien d'une situation sociale stable ou de niveau approximativement équivalent (Lelevier, 2007). Cette auteure fait état des changements de résidence observés chez un individu depuis sa naissance jusqu'à la date de l'enquête (Lessault et Imbert, 2013). Pour le cas présent, il s'agit des changements de résidence observés chez un ménage au sein de l'agglomération.

L'accès au logement a toujours été présent dans les agendas politiques des différents régimes maliens et camerounais depuis leurs libérations respectives du joug colonial en 1960. Que ce soit sur les plans institutionnel ou opérationnel, les pouvoirs publics camerounais et maliens ont élaboré un cadre juridique y relatif, créé des institutions au niveau ministériel et des organismes publics pour résorber la question du logement. Au Mali par exemple, des organismes dédiés à l'accès au crédit immobilier comme la BDM (Banque de Développement du Mali), la SEMA (Société d'Équipement du Mali) avec ses multiples réalisations et l'initiative des logements sociaux de masse (Attbougou), existent depuis lors. Au Cameroun, dès 1952, mais surtout entre les décennies soixante-dix et quatre-vingt, les parturitions successives de la Société Immobilière du Cameroun (SIC en 1952), des Ministères de l'équipement, puis de la ville ou de l'urbanisme et de l'habitat, ainsi que de la Mission d'équipement et d'aménagement des terrains urbains et ruraux et du Crédit foncier du Cameroun en 1977, au terme du quatrième plan quinquennal de développement économique et social (1976-1981), démontrent le souci de l'État de garantir un accès efficient et satisfaisant des citoyens à la propriété foncière et au logement décent (PQDES V, 1981-1986). Malgré toutes ces initiatives et tous ces efforts aussi louables soient-ils, force est de constater que dans ces deux pays, les propriétés administratives sont loin de répondre aux besoins, sans cesse croissant, des villes. Cette situation est la résultante, pour une part, de la mise, sous coupe réglée, des économies africaines entre les décennies quatre-vingt et deux mille dix par les institutions internationales du fait des fortes crises économiques et sociales qui les ont ébranlées. Et d'autre part, de la performance très mesurée de ces institutions spécialisées, des outils statistiques, de l'inefficience et parfois même, l'inefficacité des politiques de planification et d'aménagement du territoire.

Ce qui fait que, malgré son ouverture tardive au secteur privé, le secteur du logement est l'objet d'une âpre concurrence entre acteurs publics et privés, d'une grande spéculation du fait de la faiblesse des normes de régulation des prix de l'immobilier, et surtout du marché important qu'il représente. Ce secteur attrayant voit arriver de nouveaux acteurs sociaux sous le prisme de la société civile qui se constituent en sociétés civiles immobilières, dont l'organisation et la structuration souffrent parfois d'une grande opacité. Sur le marché de l'immobilier bamakois, plusieurs structures de ce type se disputent la vedette. Il s'agit, entre autres, de la SIFMA.SA (Société d'Équipement du Mali) et Rose immobilière. Cette situation n'est pas étrangère à Maroua où des promoteurs immobiliers investissent l'espace public urbain avec des offres destinées majoritairement aux classes moyennes en plein essor au Cameroun, qui représente un échantillon de consommateurs prisés. Cet échantillonnage très sélectif, cette catégorisation au regard du porte-monnaie est là encore, problématique dans le cadre urbain où la recherche des espaces pousse les moins nantis à émigrer vers des zones où habiter s'accompagne d'un risque potentiel (aux abords des cours d'eau ou dans les plaines inondables des cours d'eau ou rivières appelés mayo ou sur des montagnes). C'est une conséquence de la gentrification des espaces qui fait que le coût des logements proposés par ces opérateurs privés n'est pas à la portée d'une frange considérable sinon majoritaire, des citadins de ces deux villes. Face à cette situation, l'on constate la mise à rude épreuve du domaine foncier urbain et de multiples tensions foncières du fait du prestige et de la nécessité que revêtent les lotissements fonciers. Une dynamique concurrentielle, parfois tacite, parfois forte marquée, existe en conséquence dans les agglomérations de Bamako et Maroua pour l'accès au logement et à la terre, favorisant la spéculation foncière à toutes les échelles (Keita, 2013).

2. Présentation de la zone d'étude : regard croisé sur Bamako (Mali) et Maroua (Cameroun)

Cette étude a été menée principalement à Bamako et dans trois communes environnantes du cercle de Kati (Figure 1). La capitale malienne est située sur le 7° 59' -1" -1" de longitude Ouest et le 12° 40' -1" -1" de latitude Nord. Elle est bâtie sur une superficie de 24 000 ha de part et d'autre du fleuve Niger. À cause de l'urbanisation grandissante, elle s'étale sur les communes environnantes qui, à leurs tours, commencent à s'urbaniser. En plus du District de Bamako, le choix des trois communes du cercle de Kati (Kalabancoro, Baguinéda et Mountougoula) s'explique dans un premier temps par la continuité spatiale et dans un second par la diversité en termes de standing d'habitat et de catégorie socioprofessionnelle. Cette zone a également la particularité d'avoir abrité les dernières réserves foncières importantes de la ville (CVI), et dont l'extension continue sur Kalabancoro, Baguinéda et Mountougoula. Elle est desservie par la RN6 et la RN7 qui sont deux axes très importants du pays.

Figure 1 : Carte administrative de l'agglomération Bamakoise

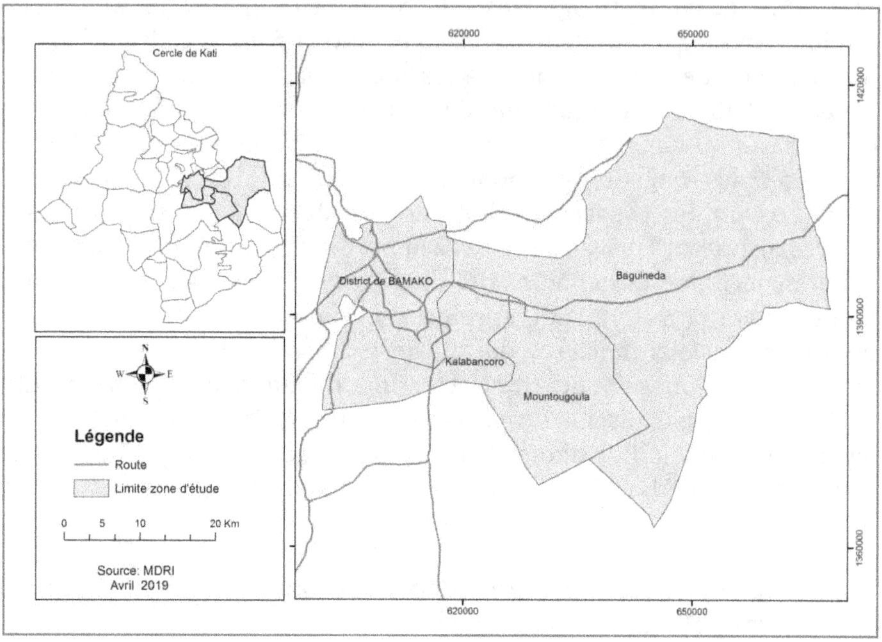

Source : MDRI, 2019.

Maroua pour sa part, est issu d'un processus complexe de résistances et des mémoires conflictuelles entre Guiziga et Peuls qui a donné naissance à un lamidat à tendance islamo-peule, bâti vers 1890 autour des quartiers Est de la ville actuelle que sont Zokok, Kakataré, Domayo et Zulum (Boutrais, 1973 ; Nkili 1987 ; Seignobos et Iyébi-Mandjeck, 2005 ; PNDU, 2015, Tassou, 2013). Ville d'essence syncrétique, mais dont l'apparence musulmane semble dominante à première vue, elle est située dans le département du Diamaré, dans l'Extrême-Nord du Cameroun, une division administrative créée en 1983 de la dissection de l'ancienne province du Nord qui regroupait tout le septentrion depuis Bankim jusqu'à Kousséri. La région de l'Extrême-Nord tire l'hétérogénéité de sa population de plusieurs facteurs endogènes et exogènes confluents, qui sont à la fois, historiques, socio-anthropologiques, économiques, sécuritaires et géostratégiques. En gros, elle est frontalière du Nigéria et du Tchad, deux pays avec lesquels le Cameroun entretient des relations de longue date.

La ville de Maroua occupe une position centrale dans la plaine du Diamaré, qui oscille d'Ouest en Est, sur les Monts Mandara (1700 m) en descendant en pente douce vers la cuvette du Tchad (PDU, 2015). Le contexte climatique de la zone, de type soudanien à nuance sèche, est assez défavorable aux cultures et au cheptel à cause des fortes températures, outre les dégâts importants causés par les précipitations. Démographiquement, la ville de Maroua occupe une superficie de 11 368 km^2 avec près de 350 000 habitants. Elle fait partie des cinq villes les plus peuplées du Cameroun après Douala, Yaoundé, Bafoussam, Bamenda et Garoua (RGPH, 2005). Elle regroupe 10 % de la population de la région de l'Extrême-nord et se distingue par une croissance naturelle importante (taux de natalité élevé, familles polygamiques de grande taille, etc.), mais aussi par un fort taux de migrants liés à l'exode rural, aux problèmes sécuritaires (déplacés internes) et à l'immigration des ressortissants des pays voisins (Tchad et Nigéria) pour des causes diverses comme le réchauffement climatique, le terrorisme et leurs différentes conséquences sociopolitiques et économiques. Cette forte croissance démographique (2,7 % entre 1987 et 2005) s'accompagne d'une pauvreté persistante avec le taux de pauvreté le plus élevé à l'échelle nationale (65,9 % selon l'INS 2008 pour la région de l'Extrême Nord) (PNDU, 2015).

Sur le plan administratif, Maroua se compose de trois communes dont les appellations et les ressorts territoriaux sont les suivants : Maroua I (Pitoaré, Ouro Tchédé, Modibo Razil, Djarengol, Harde Malaha, Ziling 2, Djarma, Palar II, Harde Patchiguiari, Domayo Bongor, Baoliwol, Makabaye, Zokok), Maroua II (couvre les lawanats de Gayar, Kossewa, Papmata et Dogba ainsi que sur les quartiers et localités ci-après : Missinguiléo 1, Djoudandou, Koutbao, Lopere, Zouloum, Mayel Ibbe, Dirgiwo, Lowol Diga, Founangue, Wourde 1, Doualare, Wourde II, Mbalgare[7]. Cette configuration détermine ainsi l'organisation sociale qui repose sur le commandement traditionnel, notamment les lawanats et les djaourats) et Maroua III (Son territoire s'étend sur le canton de Balaza Lamido, les lawanats de Belazo Lawane ; Kodek, Kongola Said, Djolawo, Djoddéo et Djoulgouf ainsi que sur les localités de Douggoi, Louguéo, Ouro Lopé et Doursoungo).

[7] Décret N° 2007/115 du 23 avril 2007 portant création de nouveaux arrondissements au sein de certains départements.

Figure 2 : Carte administrative de la ville de Maroua

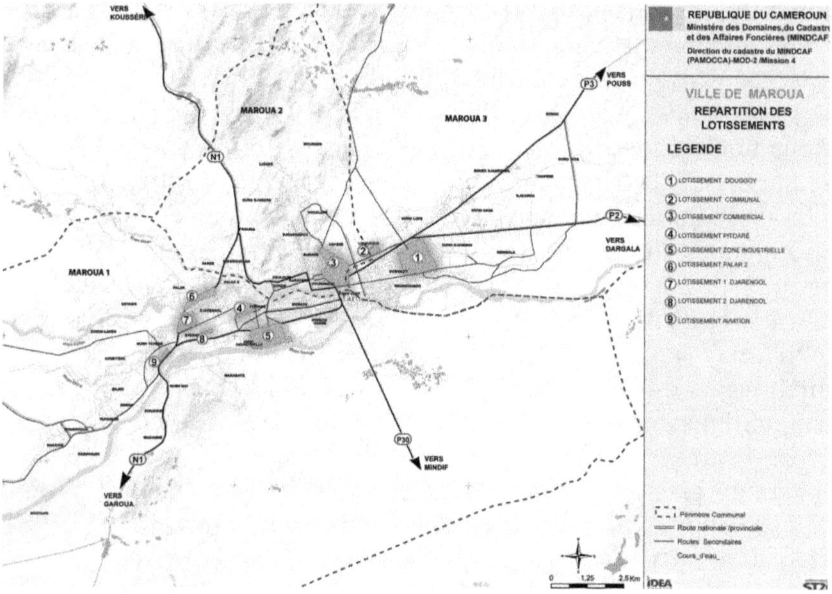

Source : MINDCAF-Cameroun, 2015.

3. Matériel et méthode

3.1. Matériel

Dans le cadre de cette étude, la méthode de collecte de données par questionnaire a été choisie. C'est une méthode de recueil d'information mise en place afin d'expliquer et de comprendre des faits (Toumert, 2017). C'est le chef de ménage qui est ciblé par l'enquête. Ce qui suppose qu'il est la personne la mieux placée pour fournir des informations crédibles sur la vie du ménage. Le questionnaire visait à collecter des informations sur les thématiques suivantes : La localisation des ménages, les caractéristiques sociodémographiques, la trajectoire résidentielle et la stratégie foncière des ménages.

Pour y parvenir, un échantillonnage spatial a été fait à partir de l'outil *« Sampling Design Tool »* pour *Arc gis de NOAA'S Biogeography Branch*. Il permet de sélectionner une population qu'elle soit des personnes, des animaux, des objets ou des processus dans un environnement de système d'information géographique (Buja et Menza, 2013). La taille de l'échantillon est de 433 ménages à Bamako et 1 140 à Maroua. Ce choix est purement raisonné, au vu du type d'informations recherchées et de la nature quali-quantitative de l'étude, afin de recueillir la variété de points de vue des différents ménages enquêtés. L'observation des trajectoires est faite à partir de trois paramètres que sont : le statut d'occupant (propriétaire ou locataire), le temps passé en location avant d'être propriétaire, les différents quartiers fréquentés, le motif du choix de ces résidences et les perspectives de déménagement. Cette démarche est assez similaire de celle utilisée par Touré (2014). Elle n'est pas focalisée sur la trajectoire en prenant en compte la typologie des quartiers proprement dite comme le font Lessault et Imbert (2013). En ce qui concerne la stratégie foncière des ménages, elle est étudiée à partir de trois variables, à savoir la source d'approvisionnement de la parcelle, le statut juridique de la parcelle et le niveau de viabilisation. Ces variables ont été également mobilisées par Durand Lasserve et *al.*, (2015) dans le cadre d'un travail sur le système d'approvisionnement en terres dans les villes d'Afrique de l'Ouest, en prenant la cité de Bamako comme prototype. L'article scrute en dernière analyse, l'impact des stratégies d'installation des ménages sur l'évolution de la ville est analysé à partir des six (06) variables, à savoir la catégorie socioprofessionnelle des ménages, le revenu, le statut d'occupant, le niveau de viabilisation et le standing de la maison et l'aide au logement.

3.2. Méthode

Elle consiste à étudier la stratégie d'installation des ménages qui apparaît comme une tâche complexe du fait de l'hétérogénéité de leurs origines ethniques, de leurs trajectoires sociales, de leur niveau de revenu, de connaissance des procédures domaniales et foncières ou de scolarisation, nécessitant une analyse approfondie. Pour ce faire, la démarche couplée mobilisée ici combine, démographique, statistique et système d'information géographique. La trajectoire résidentielle des ménages est décrite à partir d'une cartographie basée sur les analyses statistiques descriptives et spatiales. Elle a été couplée avec la stratégie foncière des ménages à partir des informations complémentaires issues du statut de l'occupant et de la catégorie socioprofessionnelle. Pour déterminer l'impact des stratégies d'installation des ménages sur l'évolution de la ville, une analyse à composante multiple (ACM) a été faite. Cette méthode a été utilisée par différents auteurs comme Dembélé (2017), Le Lan (2003), Sangly et Henry (2006) pour la prise en compte de la dimension multivariée. Elle a été suivie d'une cartographie de la distribution spatiale des ménages.

4. Résultats

4.1. Contexte spatial de la mobilité résidentielle dans les villes Bamako et de Maroua

4.1.1. Mobilité résidentielle, préalable à l'accès à la propriété du logement à Bamako

À Bamako, les ménages passent généralement par plusieurs logements en location avant d'être propriétaires. Dans le cadre de cette étude, le parcours des ménages propriétaires et locataires a été retracé. Il ressort que les ménages passent en moyenne par trois résidences avant de s'installer définitivement chez eux. Ce parcours commence généralement dans les anciens quartiers comme évoqués antérieurement. Quel que soit le statut d'occupant à Bamako (propriétaire ou locataire), le parcours de la plupart des ménages démarre dans les anciens quartiers. Pour le cas présent, 71 % des ménages actuellement propriétaire de logement, sont passés par les quartiers centraux. Il s'agit de Bozola, Niarela, Bagadadji, Missira et Bamako-coura.

À Bamako, la distribution des ménages dans l'espace, après leurs passages au centre-ville et dans la couronne intermédiaire indique une orientation vers les quartiers périphériques de la ville où ils acquièrent des propriétés. L'enquête indique que 57 % des ménages propriétaires ont suivi l'itinéraire suivant : Kalaban-coura, Faladjé, Baco-djicoroni, Niamakoro ou Yirimadio. Ces quartiers forment en quelque sorte la couronne périphérique Sud de Bamako délimitée par la zone aéroportuaire et la commune de Kalabancoro. En ce qui concerne les ménages locataires, ils sont majoritairement (46 %) passés par les quartiers résidentiels intermédiaires, qui étaient des quartiers périphériques des années quatre-vingt (Figure 2). Il s'agit de Lafiabougou, Badalabougou, Djélibougou, Sogoninko, Djicoroni-para etc. Ces quartiers sont plus récents que les premières cités plus hautes. Cependant, 43 % des ménages locataires sont passés par le centre-ville également avant de s'installer dans les quartiers périphériques.

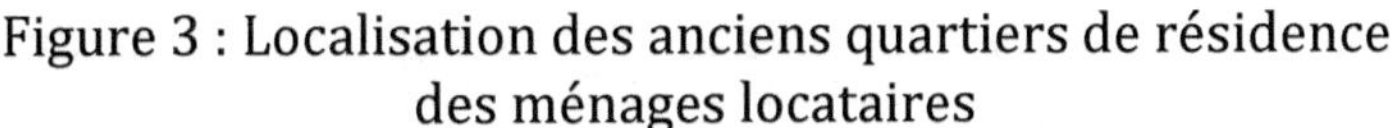

Figure 3 : Localisation des anciens quartiers de résidence des ménages locataires

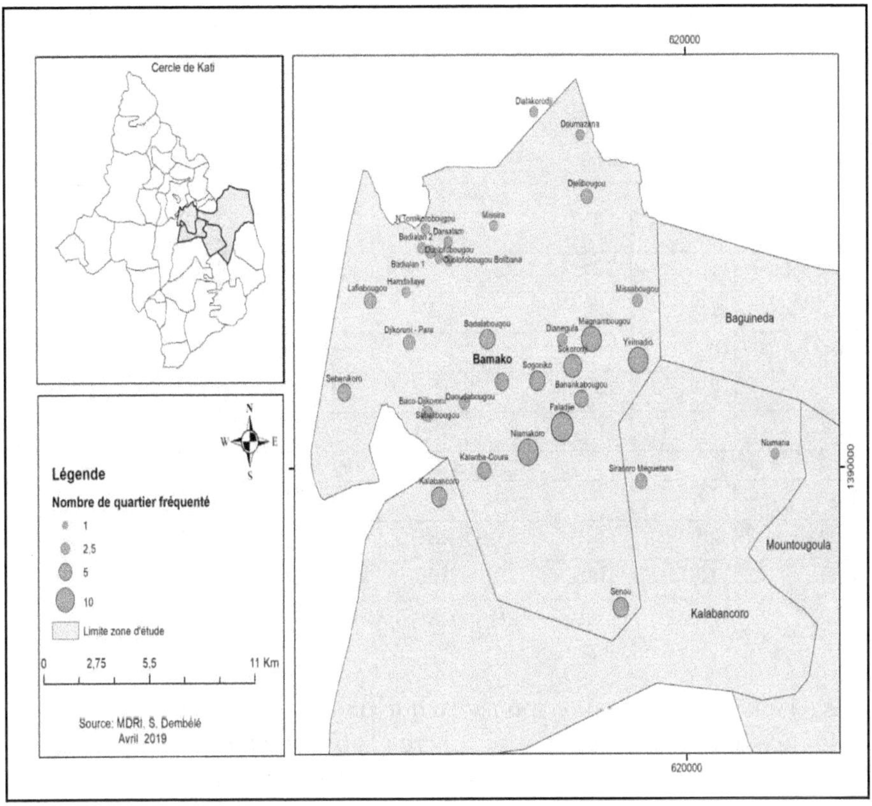

Globalement, à Bamako comme à Maroua, les trajectoires des ménages enquêtés sont « centrifuges ». À l'échelle de la ville, il apparaît clairement que les ménagers ont tendance à quitter le centre vers la périphérie (Figure 3). Ceci s'explique globalement par deux facteurs. Le premier facteur est le coût du loyer. Il a été démontré par plusieurs recherches que plus on s'éloigne du centre et plus le coût du loyer devient abordable (Dembélé, 2017 ; Touré, 2014 ; Lessault et Imbert, 2013 ; Cavailhès, 2009 ; Bertrand, 1999 ; Vennetier, 1989). Le coût du loyer rend ces quartiers attrayants surtout pour les ménages à revenu modeste qui cherchent à s'insérer en ville. Ces quartiers enregistrent une densité de population très importante qui fait de la rive droite la plus peuplée de Bamako. Le second facteur important est que cette zone a abrité les dernières réserves foncières de la ville en plus des sites de logements sociaux réalisés à Bamako intramuros. Cela a motivé beaucoup de ménages dans le temps à s'installer dans cette partie de la ville, en espérant avoir un lopin de terre.

Tableau 1 : Trajectoire des ménages dans l'agglomération Bamakoise

Sexe	Centre-ville	Zone intermédiaire	Périphérie	Hors Bamako	Ensemble	Effectifs
Hommes	82	87	93	97	89	348
Femmes	18	13	7	3	11	43
Total	100	100	100	100	100	391
Durée de résidence à Bamako						
0 - 10 ans	15	19	23	26	20	79
10 - 20 ans	15	32	35	45	31	121
20 - 30 ans	10	19	13	10	15	57
Plus 30 ans	31	16	14	6	17	67
Natif	29	15	15	13	17	67
Total	100	100	100	100	100	391
Statut d'occupation						
Propriétaire	71	54	57	42	57	222
Locataire	29	46	43	58	43	169
Total	100	100	100	100	100	391

Source : Dembélé Samba (2017)

À Bamako ce sont les ménages qui ont une longue expérience de résidence qui sont passés par le centre (Tableau 2). Par contre, ceux qui ont moins de 20 ans de résidence à Bamako sont passés par les quartiers périphériques et les environnants de Bamako. Par ailleurs, les femmes-chefs de ménage sont majoritairement passées par le centre-ville avant de s'installer en périphérie. La forte mobilité résidentielle des ménages à Bamako étant fortement liées au marché du loyer et l'accès à la propriété du logement (Dembélé, 2017), une analyse des pratiques et stratégies d'accès à la propriété paraissait nécessaire.

4.1.2. Maroua, une ville de propriétaire : sédentarité résidentielle

Les résultats de l'enquête montrent qu'en raison de la prégnance du mode traditionnel de transmission héréditaire et générationnel de la terre, 65,8 % des propriétaires enquêtés affirment n'avoir jamais changé de logement alors que 25,6 % estiment l'avoir fait dans la même direction qu'à Bamako, au moins une à trois fois. À Maroua III, 52,7 % déclarent n'avoir jamais quitté leur logement, 40 % affirment l'avoir fait une à trois fois, 4 % quatre à six fois et 1 % plus de six fois. Ce qui révèle une trajectoire résidentielle des enquêtés à la fois divergente et convergente avec celle des enquêtés résidant dans la cité bamakoise.

Divergente dans la mesure où, dans cette ancienne commune mixte rurale créée le 7 juin 1955 (JOCF, 1955) et qui en 1977 a été réorganisée en commune urbaine et commune rurale et ce jusqu'en 2007 (JORFC, 1977 ; *Cameroon Tribune*, 2007), la plus grande proportion de la population de cet espace très urbain a une relation marquée avec le territoire qui s'inscrit dans une longue histoire. Cette prégnance des résidents qui n'ont pas connu d'itinérance avant d'accéder à la propriété du logement ou foncière peut s'expliquer par des rationalités à la fois juridique et socio-anthropologique si l'on convoque ici la notion d'héritage ou de legs. Celle-ci, jumelée à la question ethno-identitaire dans la plupart des cas, fait appel à ceux des enquêtés qui se revendiquent des droits leur conférant la qualité d'autochtone. Dans le cadre de l'enquête, il s'agit des descendants de première, de deuxième ou de troisième génération. Et si l'on suit la date d'acquisition de la parcelle en l'insérant dans son environnement historique, social et politique, on remonte là, aux différentes mesures de gestion de l'espace mises sur pied par l'État colonial entre les décennies 1920 et 1940, et aussi, aux rationalités camerounaises destinées à la maîtrise du foncier qui ont eu cours entre 1960 et 1974, avant la promulgation de l'ordonnance n° 74-1 du 06 juillet 1974 fixant le régime foncier dans un contexte de grand boom économique qui s'est étendue jusqu'au début de la récession en 1986. Le 23 avril 2007, un décret présidentiel intervenu à l'avant-veille des élections législatives et municipales au Cameroun, redéfinissait le périmètre urbain de la ville de Maroua en scindant les deux communes existantes depuis 1977 (urbaine et rurale) en trois nouvelles entités qui prirent la dénomination communes d'arrondissements. Celles-ci seront réunies en 2008 par le décret n°2008/025 du 17 janvier 2008, en une agglomération de communes sous l'appellation Communauté urbaine de Maroua qui se constituent territorialement comme il suit : Maroua I (365 km^2), Maroua II (454 km^2) et Maroua III (726 km^2) (*Cameroon Tribune* 2007 ; 2009). La poursuite de la réforme communale va s'effectuer par le décret n° 2019/024 du 24 décembre 2019 portant Code des Collectivités territoriales décentralisées qui accroît les compétences des communes sur de nombreuses matières notamment dans le domaine de l'aménagement urbain.

Tableau 2 : Trajectoire des ménages dans la ville de Maroua

Sexe	Maroua I	Maroua II	Maroua III	Effectifs
Hommes	1958	1203	1131	5495
Femmes	1861	1181	1124	4166
Total	3819	2384	2255	8455
Durée de résidence à Maroua				
0 - 5 ans	65	36	53	154
5 - 10 ans	57	67	53	177
10 - 20 ans	64	118	48	230
Plus 20 ans	312	221	146	679
Sans réponse	2	36	-	38
Total	500	478	300	1278
Statut d'occupation				
Absence de réponse	13	10	1	24
Hébergé par un tiers	15	15	9	39
Propriétaire sans titre	169	180	114	369
Propriétaire avec titre	171	150	94	415
Locataire	127	100	76	303
Total	495	455	294	879

Source : Enquête ménages : Maroua, août 2020.

Les résultats des enquêtes ménages menées dans chacune des entités citées plus haut, présentent des similitudes et des divergences avec Bamako. Ce qui induit que, bien que ces deux agglomérations soient en quelque sorte soumises aux mêmes aléas, des facteurs socio-historiques, anthropologiques, culturels, politiques et économiques pèsent sur le comportement respectif des citoyens qui les habitent. On s'aperçoit que la convergence tient du fait qu'une proportion non moins représentative des propriétaires de Maroua I et III, qui s'évalue respectivement à 25,6 % et 45 %, ont connu une expérience de la mobilité résidentielle (occurrence une à trois) semblable à celle de Bamako où la moyenne est d'environ trois locations par ménage, avant d'accéder à la propriété foncière et par ricochet à celle du logement (Cf. tableau 1). On peut expliquer cette situation par le fait que Maroua constitue un pôle de développement national et sous régional qui prend de l'importance en Afrique centrale. Cette dynamique est tirée par le fait que cette cité septentrionale non loin du Tchad et du Nigéria, par ses fonctions administratives, universitaires et économiques offre des possibilités d'épanouissements à diverses catégories sociales et connait un accroissement de sa population, qui affecte et sa physionomie, sa morphologie et l'état d'esprit de ses habitants. Maroua I a, par exemple, à l'issue de la réforme du 23 avril 2007, hérité du centre urbain de l'ancienne commune urbaine de Maroua. Cette ville traversée par deux éléments majeurs du bassin hydrographique de l'Extrême-Nord, les mayos Tsanaga et Kaliao, est du fait de la pression foncière sujette à des tensions qui se caractérisent par le rétrécissement du lit de cette rivière, une érosion constante des zones d'habitation, et de nombreuses transactions foncières irrégulières (Entretiens DD-MINEPDED et DD-MINDCAF, 2020).

Le secteur de Salak dans la zone aéroportuaire et militaire constitue de par les différentes possibilités agropastorales qu'il offre, un secteur des plus convoités de cette commune. Tout comme les quartiers comme Pitoaré et Ouro-Tchédé qui abritent des sites universitaires subissent les assauts des promoteurs privés du logement universitaire et chefs de ménage en quête de lotissements. Djarengol se situe également dans cette dynamique. L'extension de Dougoy qui apparaît comme une jointure entre Maroua I et Maroua III, manifeste également les dynamiques de la gentrification car dans ce quartier, en dépit des problèmes en équipements sociaux de base (le problème de l'eau notamment est le plus préoccupant), les classes moyenne et moyenne supérieure, investissent ce secteur par la construction de villas. De même, dans les communes de Maroua II et III, nées du démantèlement de l'ex-commune rurale de Maroua, qui comme son nom l'indique avait comme champ d'action prioritaire le secteur rural, qui possèdent de plus grands espaces à usage diversifié (agropastoralisme et commerce) adjacents au noyau administratif, cette pression foncière s'exerce aussi. À Maroua II, des quartiers comme Missingléo et Kodola font figure de foyers d'urbanisation accélérée. À Maroua III, cette répartition communale à l'échelle globale de la ville fait que les dynamiques de déplacement depuis lors convergent majoritairement vers les communes de Maroua II et III, qui subissent en conséquence une forte pression foncière, même si l'offre en logements demeure précaire (Entretien Sous-préfecture Maroua II et III et communes Maroua II et III). Des quartiers comme Zokok, Laindé, Hosséré situés sur les flancs des montagnes se développent à une vitesse mal maîtrisée et sont exposées à des risques naturels potentiels.

4.2. Pratiques et stratégies d'accès à la propriété du logement

Les pratiques et les stratégies d'accès à la propriété du logement sont basées sur une politique immobilière au Cameroun où il se donne à voir des compétitions entre les différents acteurs alors qu'au Mali, il n'existe même pas de politique immobilière, amenant les ménages à s'inventer des stratégies suivant leur catégorie et leur niveau de revenu.

4.2.1. Bamako et stratégies de résidence basée sur l'initiative des ménages

À Bamako, il n'y a pas de politique immobilière qui favorise l'accès à un logement décent pour la majorité de la population. À cet effet, les ménages ont développé leurs propres stratégies pour devenir propriétaires. La démarche la plus courante est la construction après l'acquisition d'une parcelle ce qui est le cas pour 73 % des ménages enquêtés. Ils affirment avoir accédé à la propriété après l'acquisition d'une parcelle. Il y a environ 10 % d'entre eux qui ont hérité de leurs logements. Par contre, les ménages qui ont accédé à la propriété d'une maison déjà construite sont minoritaires. Il s'agit généralement des bénéficiaires de logements sociaux qui représentent 6 % et quelques hauts cadres qui ont acheté des logements avec les privés représentant 7 %. Le seul programme en plein essor reste la réalisation des logements sociaux menée par le gouvernement. Ces programmes de logements sociaux ne favorisent guère l'accès à une majorité de la population à cause de l'offre insignifiante par rapport à la demande et les conditions d'accès (Dembélé, 2017). En plus de la caution et l'apport personnel obligatoire, la majorité des Bamakois ne peuvent pas payer environ 45 000 FCFA comme frais de loyer mensuel. Ce montant est valable pour le loyer du logement le moins cher. Alors que l'esprit des logements sociaux était à l'initial de faciliter l'accès à un logement pour les ménages à faibles revenus en République du Mali. Cela veut dire qu'il n'y a pas de cohérence entre les discours politiques et les réalisations. En ce qui concerne les ménages locataires, ils s'inspirent généralement du modèle des locataires, dont la plupart ont construit après l'acquisition d'une parcelle. Au moment de l'enquête, 39 % des ménages avaient déjà acquis une parcelle. Compte tenu de la sensibilité de la question foncière, beaucoup de ménages n'ont pas voulu préciser s'ils ont acquis ou pas une parcelle. Les locataires qui n'ont pas de parcelle jusqu'à présent sont généralement des jeunes ménages et ceux qui ont un revenu très modeste.

La stratégie d'accès à la propriété à travers la construction après l'acquisition d'une parcelle passe par trois étapes essentielles (voir Figure ci-dessous) :

- La première est l'achat d'une parcelle. Les parcelles sont mises sur le marché suite à une opération de lotissement par les services d'État, des collectivités, des propriétaires coutumiers et des promoteurs immobiliers (société immobilière, particulier). À partir de ces sources, les ménages entament des démarches pour acquérir des parcelles en vue de s'y installer après construction. Généralement la vocation première de ces terres est agricole avant de devenir des parcelles d'habitation après lotissement.
- La deuxième étape qui est la plus difficile est la construction. Cette étape peut prendre plusieurs années et une grande mobilisation de fonds.
- Quant à la dernière étape, il s'agit de l'occupation du logement réalisé. Mais à chaque niveau il faut générer une certaine économie, surtout dans un pays où le revenu et le pouvoir d'achat sont moins importants.

Figure 4 : Stratégie financière d'accès à la propriété à Bamako

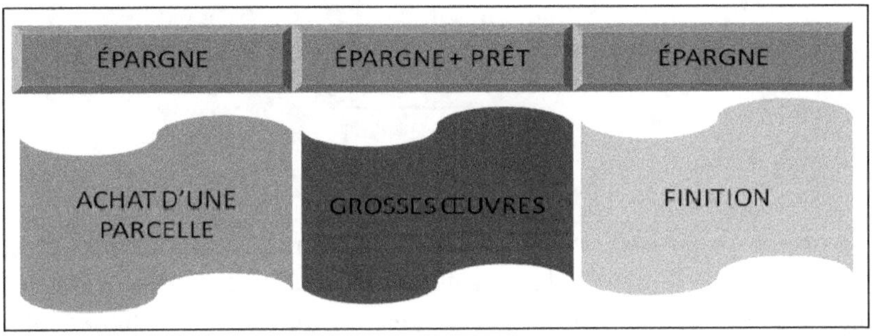

ÉPARGNE
ÉPARGNE + PRÊT
ÉPARGNE
ACHAT D'UNE PARCELLE
GROSSES ŒUVRES
FINITION

L'analyse de l'impact de la stratégie des ménages sur l'évolution paraissait une tâche complexe. Elle nécessite la confrontation de plusieurs variables dans le but de dégager des facteurs explicatifs. En observant la figure 4, le premier axe (F1) montre clairement une ségrégation sociale à Bamako en faisant apparaître deux grandes catégories. La première catégorie est composée des riches à droite et à gauche des ménages pauvres. Quant au second axe (F2), il met en évidence la hiérarchie des classes avec les deux extrêmes en haut et les deux classes proches de la moyenne en bas (figure 4).

Figure 5 : ACM : distribution des ménages

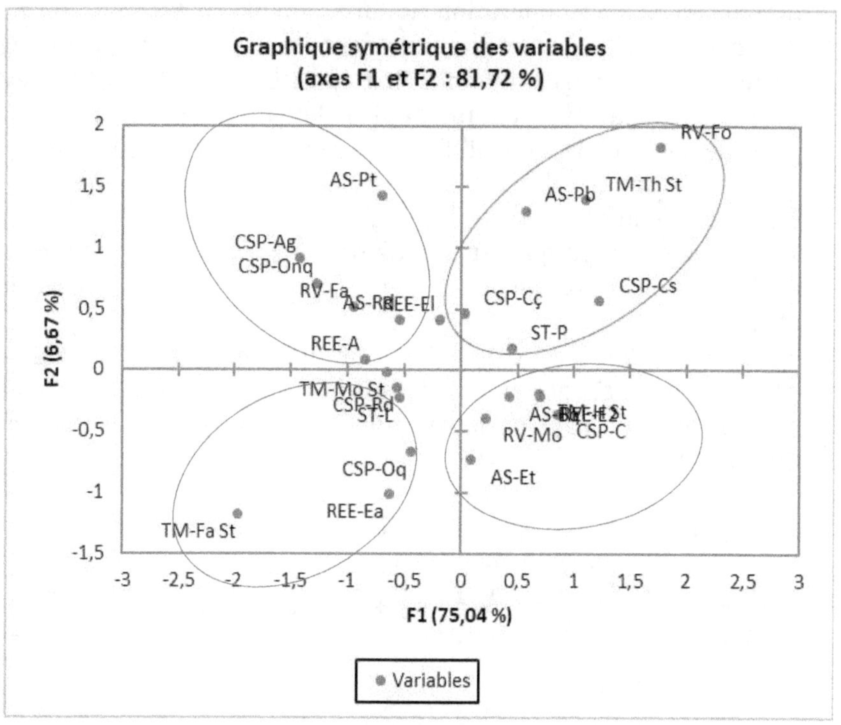

La première classe (en haut à droite) est composée uniquement de la catégorie des Cadres de professions intellectuelles supérieures (magistrat, ingénieur, chercheur, médecin, etc.). Cette couche apparaît comme la plus aisée, avec un revenu consistant. Ils sont généralement propriétaires de logements de très hauts standings desservis par tous les réseaux (eau et électricité). Compte tenu de leurs revenus, ils affirment n'avoir pas besoin d'aide pour accéder à la propriété d'un logement. Vu le cadre de vie de cette population, elle peut être qualifiée de « Classe Riche ».

Quant à la deuxième classe (en bas à droite), elle regroupe la catégorie des cadres et des commerçants. Les ménages de cette catégorie sont généralement propriétaire de logement de hauts standings desservis par les réseaux (eau et électricité) avec un revenu moins important que celui des riches. Pour accéder à la propriété du logement, les ménages de cette catégorie sollicitent généralement des prêts bancaires ou les logements sociaux. À partir du constat effectué sur le cadre de vie de cette catégorie, elle peut être considérée de « Classe Moyenne ».

En ce qui concerne la troisième classe (en bas à gauche), elle est composée en majorité des ouvriers qualifiés. Les ménages de cette catégorie ont un revenu moins important que la classe précédente et sont généralement en location dans des logements desservis généralement par aucun ou tout au plus un seul réseau (électricité). Cette catégorie n'a précisé aucune aide pour l'accession à la propriété du logement. Elle apparaît comme la classe intermédiaire entre la classe moyenne et la classe pauvre parce qu'elle partage des caractéristiques avec les deux autres (le revenu, le statut de locataire). De ce fait, elle peut être considérée comme une « Classe Pauvre ».

Enfin, la quatrième classe (en haut à gauche) est composée des agriculteurs et des ouvriers non qualifiés. Ceux-ci sont généralement en location dans un logement bas standing desservis par aucun réseau ou tout au plus un seul réseau (électricité). Ils ont un revenu faible et comptent généralement sur l'aide d'un parent ou une aide quelconque pour accéder à la propriété du logement. À cet effet, cette classe peut être qualifiée de « Classe très pauvre ».

Quant à la distribution spatiale des différentes classes, il peut être constaté que la classe moyenne et la classe pauvre sont les plus représentées contrairement à la classe riche et celle très pauvre (Figure 64). Un regroupement spatial apparaît dans la distribution des ménages très pauvres. Ce phénomène apparaît plus dans la partie Nord de la zone d'étude et plus précisément à Magnambougou tout comme à Niamana également dans le couloir restreint entre Bamako et la commune de Kalaban-coro et enfin le long de l'axe Bamako – Ségou. Ces points de concentration de la classe très pauvre se localisent généralement dans la périphérie. Il est rare de voir des zones où les riches et les très pauvres cohabitent. Ceci s'explique par la différence du coût des parcelles qui diffère d'un secteur à un autre. Compte tenu du niveau de revenu de la catégorie très pauvre, elle ne peut pas se loger au même secteur que les riches sauf exception. La tendance de regroupement apparaît pour la classe aisée aussi, notamment dans le centre de Banankabougou et Faladié et au sud de Niamana et Baguinéda.

Il est impératif de constater un fort mixage entre les deux autres classes, à savoir la classe moyenne et la classe pauvre. Sur toute l'étendue de la zone, les deux classes cohabitent ensemble, même s'il y a quelques points de regroupement de part et d'autre pour chacune des classes. Pour la classe moyenne, elles sont concentrées dans l'environnant du Stade du 26 mars de Bamako, vers ZRNY et ATTbougou dans le quartier de Yirimadio, ainsi qu'à Badalabougou. Pour la classe pauvre, des concentrations ont été localisées à Missabougou au Nord, et un peu plus à Yirimadio. Par ailleurs, nous remarquons que la classe riche, moyenne et pauvre cohabite ensemble dans beaucoup de secteurs. Pareil pour la classe très pauvre qui cohabite aussi avec la classe pauvre et la classe moyenne.

Figure 6 : Cartographie de la typologie des ménages (ACM) à Bamako

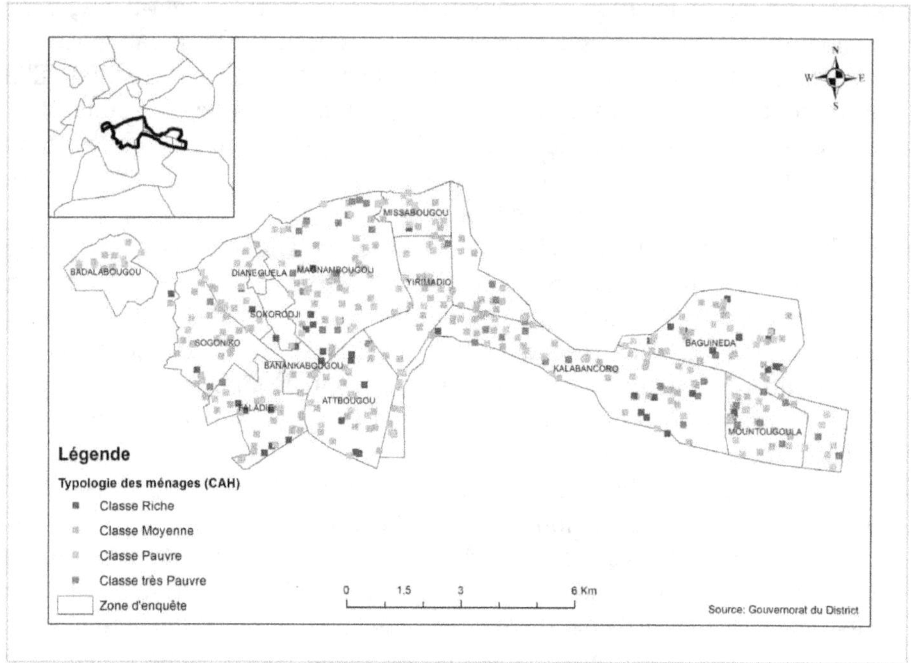

4.2.2. Maroua : stratégies de résidence institutionnelles et individuelles en compétition

Contrairement à Bamako, où il semble ne pas exister de politique d'accès au logement ou mieux qu'elle est si diffuse qu'elle apparait invisible, il en existe bel et bien une au Cameroun. Dans cette politique nationale globale du logement, chacune des entités territoriales s'y engouffre et définit sa vision propre de l'habitat. Ainsi dans les plans directeurs d'urbanisation (PDU) de la commune de la ville de Maroua de 2015, tout comme dans les plans communaux de développement (PCD) ainsi que dans les plans d'occupation des sols des sols des communes de Maroua I, II et III, l'accès à la propriété foncière et du logement est une préoccupation de ces entités (PDU, 2015 ; PCD, 2010). Mais si la volonté politique des édiles semble bien affirmée, la question de la modicité des ressources financières de ces territoires ainsi que la récurrence des problèmes fonciers constituent des écueils notables dans cette ambition de développement urbain. En outre, la politique publique d'accès au logement et à la propriété foncière au Cameroun demeure sous l'égide de trois institutions publiques principales, bien que celles-ci en raison de la libéralisation progressive de la scène nationale offre une place à des promoteurs privés (banques, SCI, microfinances, etc.), dont les procédures d'accès au financement pour l'acquisition d'un lotissement ou d'un logement sont peu connues du grand public.

Le financement ou l'appui public tout comme l'accès à un crédit immobilier ou bancaire privé est, le plus souvent, orienté vers des catégories spécifiques pour minimiser les risques d'insolvabilité des potentiels emprunteurs du fait de la conjoncture sociale qui fait qu'une partie très importante de la population camerounaise vit encore avec moins d'un dollar par jour, donc est confrontée à la pauvreté extrême (Investir au Cameroun, 2018). D'après Joël Eric Olinga Mebada, la catégorie la plus précaire avoisine les 37,5 % de la population en 2014 (Mebada, 2018). Le plus souvent vers les classes moyennes et moyennes supérieures constituées des cadres du secteur public et parapublic, du secteur privé, des riches commerçants et des transporteurs. D'après les résultats des enquêtes ménages menées en août et septembre 2020, dans les trois communes de l'agglomération Maroua, le pourcentage d'enquêtés appartenant à ces catégories à Maroua I s'élève à 20,4 % pour les agents de l'État, à 11 % pour les agents du secteur privé et parapublic alors que les cultivateurs, commerçants et éleveurs représentent respectivement 8 %, 17 %, 0,6 %. Les élèves/étudiants et sans-emplois se chiffrent à 8,6 % et 4,6 %. Ainsi, seuls 31,4 % des ménages enquêtés à Maroua I pourrait prétendre à l'accessibilité à un crédit immobilier. Dans un tel environnement socioéconomique, les institutions sont peu enclines à se prêter au jeu du financement des projets immobiliers de toutes les catégories même si elles sont, comme on le sait au Cameroun, en surliquidités depuis 2005.

Le financement est en conséquence soumis à des conditionnalités strictes voire drastiques pour les ménages les moins fortunés. Cette situation peut s'expliquer, au regard de l'histoire socioéconomique récente du pays, par la crainte des organismes de se retrouver avec des emprunts dits toxiques comme ce fut le cas lors de la crise des décennies 1986 à 2006 ou encore lors de la crise mondiale des *subprimes* aux États-Unis en 2008 mais dont le retentissement sur l'économie mondiale fut si durement ressenti par les pays en voie de développement (MINFI, 2009). La MAETUR, la SIC et le CFC sont des organismes publics en charge de l'opérationnalisation de la politique publique du logement en matière d'accès aux financements, aux espaces disponibles ou encore aux logements administratifs existants (DSCE, 2009 ; SND 30, 2020). Cette politique est depuis 2008, sous les rampes d'une évolution constante mais qui peine à satisfaire le déficit en logements en général et en logements décents en particulier qui caractérise l'environnement urbain camerounais (PRC, 2021). Elle a davantage été affirmée avec le plan d'urgence triennal spécial jeunes lancé en 2015, par le Chef de l'État pour *capaciter* cette catégorie qui subit de plein fouet la précarité économique et en faire un levier de croissance en l'orientant vers les secteurs porteurs de croissance comme l'agriculture, l'élevage, le numérique, etc. (PRC, 2019 ; 2021)

Voilà pourquoi, loin de se résigner à déguerpir la ville, les ménages enquêtés à Maroua, ont recours à plusieurs mesures ingénieuses pour financer leurs projets immobiliers (voir tableau 4 sur les estimations du coût global d'un logement). En dehors des catégories présentées plus haut pouvant aisément accéder à un logement administratif ou à un crédit non sans bien de difficultés de plusieurs ordres, les catégories les moins favorisées recourent à des systèmes d'épargne et de financement fondée à la fois sur la solidarité mécanique (entraide familiale) ou sur le mode de financement individualisée (épargne personnelle dans une microfinance) ou encore communautaire ou communautariste à travers le système dit des tontines (Champaud, 1995 ; Konings, 1995). Il ressort à cet effet de l'enquête ménage par exemple à Maroua III, que 38,7 % des ménages enquêtés ont obtenus leur parcelle ou leur logement par héritage, 5,7 % par donation d'un ami ou d'un parent alors 54,4 % l'ont eu par achat direct, et 1 % d'un mode d'acquisition non précisé. Les fortes proportions des acquisitions par legs ou par achat direct montre bien, les différents modes d'action mis en œuvre à Maroua III pour s'affranchir de la contrainte de se loger sans avoir à débourser un sous au titre de loyer. Ainsi, cette préférence des enquêtés pour le « chez soi », révèle bien que les ménages ne vivent pas leur situation économique et les contraintes administratives et financières comme une fatalité. Bien au contraire, ils forgent dans cet environnement des mécanismes de résilience pour persister à habiter en ville, quel que soit leur niveau d'instruction, de revenus économiques.

Tableau 4 : Catégorisation des logements suivant les superficies et les coûts de constructions

	Haut standing	Économique supérieur	économique	Super économique
T4 (superficie utile 100 m^2)	170.000/m^2 soit 17.000.000 FCFA	100.000/m^2 soit 10.000.000 FCFA	80.000/m^2 soit 8.000.000 FCFA	75.000/m^2 soit 7.500.000 FCFA
T5 (superficie utile 120 m^2)	170.000/m^2 soit 20.400.000 FCFA	85.000/m^2 soit 12.000.000 FCFA	80.000/m^2 soit 9.600.000 FCFA	75.000/m^2 soit 9.000.000 FCFA

Source : Gilles Roger Belinga, Le logement social en Afrique : un modèle camerounais ? Yaoundé, Ma'a Flo, 2008.

À Maroua II, malgré le fait que 43,7 % des ménages enquêtés affirment gagner moins de 50.000 FCFA mensuellement, 34,5 % entre 50.000 et 100.000, 8,6 % entre 100.000 et 150.000, 7,7 % entre 150.000 et 200.000 et 3,8 % plus de 200.000 ; seulement 5,6 % des ménages enquêtés affirment dépenser prioritairement pour s'acquitter du loyer. Ce qui prouve que malgré le niveau de revenu très modeste des populations au regard du contexte de baisse progressive du pouvoir d'achat, la proportion des locataires reste faible. La propension à « se caser chez soi » est donc, pour l'immense majorité des enquêtés, une nécessité quotidienne existentielle, qui les porte à plus d'épargne pour acquérir un lotissement où bâtir une habitation. Cette tendance est également observable à Maroua I, où, l'analyse des principales sources de dépenses des ménages relègue au loin, les frais de location qui sont pourtant, à cause des tensions fonciers et de l'envolée des prix de l'immobilier, en hausse constante au Cameroun. Si l'on se fie aux données d'une estimation du coût d'un logement datant de 2005, au Cameroun, on se rend compte qu'il est fort onéreux de se faire construire une maison comme le tableau 4 précédent le montre.

Conclusion

Les pratiques et les stratégies de la population pour accéder à la propriété foncière et du logement sont à la fois une cause et une conséquence du mode de développement urbain mal maîtrisé et accéléré à Bamako et à Maroua. Ces pratiques de la population sont un moyen d'adaptation face à la politique publique qui n'arrive pas à satisfaire le besoin de logement croissant de la population. Pour avoir un chez-soi, le ménage passe généralement par une longue phase d'épargne (pécule) pour l'achat de la parcelle et la construction du bâtiment. Pour certains ménages, c'est le projet de toute une vie. Pour cela, les ménages passent par plusieurs résidences avant d'avoir leurs propres toits. La trajectoire de ces mobilités est « centrifuge ». Les ménages quittent le centre et la zone intermédiaire pour s'installer dans la périphérie où le loyer coûte moins cher et les opportunités de propriété sont également élevées. Ces résultats vont dans le même sens que d'autres études menées dans les villes africaines (Diarra, 2015 ; Touré, 2014 ; Lessault et Imbert, 2013). En termes d'impact de la stratégie des ménages sur le développement de la ville, les ménages ont tendance à se regrouper par affinité socioprofessionnelle créant ainsi une ségrégation sociale. Les riches ont une très grande facilité d'accès à la propriété du logement et leurs parcelles sont desservies par tous les réseaux tandis que les pauvres ont du mal à avoir un logement et ceux qui y parviennent, sont confrontés au problème d'accès aux équipements socio-collectifs dans leur nouvel environnement. À Bamako comme à Maroua et ses environs, il est assez rare de voir des points de regroupement mixte composés des ménages riches et très pauvres. Ceci est le résultat de la faiblesse des systèmes urbains actuels.

Bibliographie

Bafoil, F., 2006, « Économie politique des privatisations », Critique internationale, vol. 3, n° 32, pp. 135-136.

Banque Mondiale, 2017. Urbanisation rapide en Afrique : l'exemple du Mali [WWW Document]. URL http://www.banquemondiale.org/fr/news/feature/2017/05/02/rapid-urbanization-in-africa-investing-in-the-development-of-africas-cities (accessed 4.12.19).

Bélinga, G.-R., 2008, *Le logement social en Afrique. Un modèle camerounais ?*, Yaoundé, Editions Ma'Flo.

Bertrand, M., 1999, « Bamako (Mali) : habitat de cour et mobilités résidentielles », *Espace Populations Sociétés*, n° 17, pp. 119–137. https://doi.org/10.3406/espos.1999.1874

Bertrand, M., 2003 b, « Métropole au microscope : cohabitation et composition résidentielle dans la région du Grand Accra (Ghana) », *Autrepart*, n° 25, pp. 69–85, https://doi.org/10.3917/autr.025.0069.

Bertrand, M., 2003a, « Du logement à la ville : nouvel agenda urbain et questionnements scientifiques », *Autrepart*, n° 25, pp. 5–19, https://doi.org/10.3917/autr.025.0005.

Bosredon, P., 2015, « Villes d'Afrique de l'Est en mutation », *Territoire en mouvement - Revue de géographie et aménagement*, [En ligne], 27-28 | 2015, mis en ligne le 02 novembre 2015, consulté le 10 mai 2022. URL : http://journals.openedition.org/tem/3209 ; DOI : https://doi.org/10.4000/tem.3209.

Bouba, D., et al., 2014, « Les influences de l'urbanisation sur la répartition régionale des plantes cultivées au Tchad et au Nord-Cameroun », *Les Cahiers d'Outre-Mer. Revue de Géographie de Bordeaux*, avril-juin, pp. 169-194.

Boutrais, J., 1973, *La colonisation des plaines par les montagnards au Nord Cameroun (les Monts Mandara)*, vol. 1, Paris, Éditions ORSTOM.

Buja, K., Menza, C., 2013, "Sampling design tool for ArcGIS", Monography, National Centers for Coastal Ocean Science, [En ligne], Silver Spring, MD, http://aquaticcommons.org/id/eprint/14676.

Cavailhès, J., 2009, « Le coût du logement selon sa localisation », *Informations sociales*, n° 155, pp. 38–46.

Champaud, J., 1995, *Villes et campagnes de l'Ouest Cameroun*, Paris, ORSTOM.

Communauté Urbaine de Maroua, 2015, Plan Directeur d'Urbanisation.

Debrand C. T., Taffin, C., 2005, « Les facteurs structurels et conjoncturels de la mobilité résidentielle depuis 20 ans », *Économie statistique*, n° 381-382, pp. 125-146.

Dembélé, S., Soumaré, M., 2016, « L'apport du SIG dans la gestion des espaces publics du District de Bamako », Syllabus.

Durand-Lasserve, A., Durand-Lasserve, M., Selod, Harris, 2015, « Le système d'approvisionnement en terres dans les villes d'Afrique de l'Ouest : L'exemple de Bamako, Africa Development Forum », The World Bank. https://doi.org/10.1596/978-1-4648-0534-9

Ela, J.-M., 1983, *La ville en Afrique noire*, Paris, Karthala.

Fauveaud, G., 2012, « Croissance urbaine et dynamiques socio-spatiales des territoires ouvriers à Phnom Penh », *Cybergeo : European Journal of Geograp*hy. https://doi.org/10.4000/cybergeo.25490

Fofiri Nzossié, E. J. et al., 2008, « Croissance urbaine et innovations dans les filières vivrières : cas du maïs et niébé dans les savanes du Cameroun », in 2e journée de recherche en sciences sociales INRA SFER CIRAD, Lille, 11 et 12 décembre 2008. In https://hal.archives-ouvertes.fr/hal-00407680.

Fonds Africain de développement (FAD), 2010, Projet d'appui à la modernisation du cadastre et au climat des affaires au Cameroun (PAMOCCA), Rapport d'évaluation.

Gobillon, L., 2001, « Emploi, logement et mobilité résidentielle », *Economie et statistique*, n° 349-350, pp. 77-98.

Institut National de la Statistique (Cameroun), 2014, « Enquête démographique et santé ».

Keita, B., 2013, « Le marché foncier de Bamako et l'économie informelle », Université de Bamako, Mali - Laboratoire ERUDITE - Recherche Google.

Le Lan R., 2003, « Analyse de données et classification sur les données d'enquête et le choix sur les variables, le nombre de classes et le nombre d'axes », DRESS, Bureau des professions de santé.

Lelévrier, C., 2007, « Mobilités et trajectoires résidentielles des ménages dans trois opérations de rénovation urbaine en Ile-de-France », Plan, urbanisme, construction, architecture, Rapport Final, ministère de l'écologie, du Développement et de l'Aménagement Durable, MAPA, n° F0406.

Lessault, D., Imbert, C., 2013, « Mobilité résidentielle et dynamique récente du peuplement à Dakar », *Cybergeo : European Journal of Geography* [En ligne], *Espace société et territoire*, document 662, mis en ligne le 17 décembre 2013, consulté le 10 mai 2022. URL : http://journals.openedition.org/cybergeo/26146 ; DOI : https://doi.org/10.4000/cybergeo.26146

Lévy, J.-P., 1998, « Dynamique du peuplement résidentiel », *Sociétés contemporaines*, n° 29, pp. 43–72.

MINEPAT-BUCREP, 2005, « Troisième Recensement Général de la Population et de l'Habitat », Vol. V.

Ministère de l'économie de la planification et de l'aménagement du territoire (MINEPAT), 2009, « Document stratégique pour la croissance et l'emploi ».

Ministère de l'habitat et du développement urbain (MINHDU), 2015, Plan national de développement urbain (PNDU).

Nkili, R., 1987, « Maroua : la ville et sa région des origines à 1919 », Thèse de Doctorat 3e cycle, Histoire, Université Paris IV.

Olinga Mebada, J. E., 2018, « Pauvreté des ménages et bien-être individuel au Cameroun, une analyse spatiale et régionale du phénomène », https://hal.archives-ouvertes.fr/halshs-01895269.

ONU-Habitat, 2016, « Note de politique urbaine nationale du Cameroun ».

Ortar, N., 2015, « Le paradoxe de l'ancrage et de la mobilité en zone rurale et périurbaine », Google Scholar. Presented at the Journée d'études jeunes chercheuses, Paris.

PNUD, 2015, « Données générales sur le Cameroun Habitat III ».

Présidence de la République du Cameroun (PRC), 2019 et 2021, *Les Atouts économiques du Cameroun*.

République Fédérale du Cameroun, Vème Plan quinquennal de développement économique et social (1981-1986).

Sangly, G., Henry, S., 2006, « Système d'information géographique et dynamique du peuplement », 16 p - Recherche Google.

Seignobos, C. et Iyébi-Mandjeck, O. (dir.), 2005, *Atlas de la Province de l'Extrême-Nord*, Paris, IRD Éditions.

Tabutin, D., et Schoumaker, B., 2020, « La démographie de l'Afrique subsaharienne au XXIe siècle. Bilan des changements de 2000 à 2020, perspectives et défis d'ici 2050 », *Population*, vol. 5, n° 2, pp. 169-295.

Tassou, A., 2013, *Urbanisation et décentralisation au Cameroun - Essai d'analyse historique de la gestion urbaine (1900-2012)*, Paris, L'Harmattan.

Tiberghien, Y., 2012, *L'Asie et le futur du monde*, Paris, Presse de Science Po.

Toumert, T., 2017, « Entretien ou questionnaire : quelle méthode de collecte de données pour son mémoire ? », art, langage, apprentissage. URL https://arlap.hypotheses.org/8170 (accessed 4.18.19).

Touré, M., 2014, « Les avatars de la gestion urbaine à Bamako : de la logique coloniale à la logique mondiale. Essai de géographie sociale », Thèse de Doctorat, Géographie, Université de Caen.

Uzinidis, D., 2001, « Le nouveau mercantilisme à l'ère de la mondialisation », *Innovations*, vol. 2, n° 14, pp. 185-202.

Vennetier, P., 1989, « Centre, périphérie et flux intra-urbains dans les grandes villes d'Afrique noire », *Annales de Géographie*, n°98, pp. 257–285.

Watang Ziéba, F., 2014, « Immigration, croissance démographique et dynamiques urbaines au Nord Cameroun », *African Population Studies*, vol. 28, n° 3, 1233-1247.

Watson, V., 1999, « L'accès au logement en Afrique du Sud », in Gervais-Lambony P., Jaglin S. & Mabin A., *La question urbaine en Afrique australe, perspectives de recherche*, Paris, Johannesburg, IFAS-Karthala, pp. 227–239.

Entretiens réalisés :

Avec les sectoriels ci-après en août et septembre 2020 à Maroua : Préfet du Diamaré, Sous-préfets Maroua I, II et III, Maire de la ville de Maroua, Maires des communes de Maroua I, II et III, Délégués départements du MINDCAF, MINEPDED et MINHDU.

Chapitre 3 : Propos initial sur la juridicité de « l'habiter social » des villes du Cameroun

Laure Marguerite Mbilongo Eleme

Résumé

La question de la mobilité, notamment l'accès des citoyens à la ville, s'insère dans les discussions sur la pratique de l'espace et la gouvernance des corps. « L'habiter social » peut être perçue comme un phénomène ouvrant le dialogue des ordres normatifs. D'où l'intérêt que porte le présent propos à l'identification des dimensions juridiques de l'« habiter social » des villes du Cameroun. Dans une démarche réflexive, inspirée des données sur le logement social, les données sociales et juridiques sont exposées, puis mises à l'épreuve des théories idéologiques et analytiques du positivisme. Il appert qu'une influence bivalente détermine la façon dont les citoyens camerounais habitent la ville : l'organisation juridique logique et la pratique sociale revendiquant la légitimité de cette organisation juridique en vigueur.

Mots-clés : « l'habiter social », accessibilité, juridicité, légitimité, ville.

Abstract

The question of mobility, particularly citizens' access to the city, is part of the discussions on the practice of space and the governance of bodies. « Social living » can be perceived as a phenomenon opening the dialogue of normative orders. Hence the interest of the present paper is the identification of the legal dimensions of the « social living » in the cities of Cameroon. In a reflexive approach, inspired by data on social housing, social and legal data are exposed and then tested by ideological and analytical theories of positivism. It appears that a bivalent influence determines the way in which Cameroonian citizens live in the city: the logical legal organization and the social practice claiming the legitimacy of this legal organization in force.

Keywords *: « social living », accessibility, legality, legitimacy, city.*

Habiter est le propre des humains, mais nombreux sont celles et ceux qui n'habitent pas et ne peuvent, dès lors, se réaliser pleinement. Habiter consiste à être-présent-au-monde-et-à-autrui, ce qui ne va pas de soi, ne s'apprend pas et n'est pas lié à la qualité de son logement, à la beauté du site où l'on réside, au niveau de son revenu... Habiter revient à faire corps avec le lieu qui nous reçoit autant que nous l'accueillons et le respectons, à tisser d'innombrables relations avec les autres habitants, humains et non humains, à ménager tout ce qui participe à nos activités, à nos rêves et nos désirs » (Paquot, 2020).

La pensée de Thierry Paquot rejoint celle de Bachelard, de Lefebvre et de Morris qui pensent que « habiter » ne signifie pas seulement occuper un lieu spécifique ; c'est aussi s'inscrire dans un espace, au centre d'un environnement plus large composé non seulement de paysages, mais surtout de relations, de pratiques, de rêves et de projets (Paquot, 2020). Cette conception de « habiter » fait ressortir deux idées. D'une part, celle d'occupation d'un espace, et d'autre part celle de rapport avec les autres. La seconde acception renvoie au social car, en analysant la définition du « social »[1], il renvoie à un groupe d'individus (êtres humains) considérés comme un tout (société), et aux rapports de ces individus entre eux. L'individu habite donc dans un espace social et développe des stratégies et des choix résidentiels qui rendent compte d'un rapport à l'autre (Parise, 2015).

Juridiquement, la conception de l'« habiter social » permet de saisir l'un des éléments du droit des personnes qui fait de l'être humain un sujet de droit. De même, il permet de se situer dans le débat qui oppose la pensée du philosophe et sociologue Henri Lefebvre à celle de Martin Heidegger. Si pour le premier il explicite « l'habiter » d'une part, en évoquant la production, les rapports sociaux, la division du travail, l'appropriation, l'espace, la forme, la structure et la fonction, il l'explique d'autre part, comme n'étant plus le résultat d'une bonne politique de logement, d'une bonne architecture, d'un bon urbanisme, mais plutôt comme source, comme fondement. En effet, pour cet auteur, c'est de l'habiter que dépend la qualité de la sphère privée, de l'habitat entendu comme le logement et tous les parcours urbains qui y mènent. Dans la suite de ses travaux, il démontre que les conditions de « l'habiter » sont sérieusement entravées par l'émiettement du temps et de l'espace auquel il assiste, avec la mondialisation de l'économie capitaliste de plus en plus immatérialisée d'un côté, et la victoire qu'il espère passagère du cybernanthrope de l'autre[2].

---

[1] Dictionnaire de français Larousse, consulté en ligne le 10 avril 2022, https://www.larousse.fr/

[2] Thierry Paquot (2005 : 48-54) structure ce débat entre Henri Lefebvre et Martin Heidegger,

Pour le deuxième auteur, loger n'est pas habiter. « L'habiter », dimension existentielle de la présence de l'homme sur terre, ne se satisfait pas d'un nombre de mètres carrés de logement ou de la qualité architecturale d'un immeuble. C'est parce que l'homme habite que son habitat devient habitation (Paquot, 2005). Dans le cadre de cette réflexion, nous ne nous limiterons pas à considérer l'habiter social du point de vue du logement social, mais de façon globale (Paquot, 2005). Ainsi, l'habiter social est envisagé comme la structure du droit d'accès à la ville et la capacité d'exercer ce droit.

Les villes camerounaises accueillent un grand nombre de personnes ayant des cultures, des us et coutumes différents[3]. Les habitants de ces villes font également face à plusieurs défis. Si l'Etat est un promoteur immobilier aidant les autres promoteurs immobiliers à réaliser les opérations d'habitat social, ces derniers, quant à eux, font généralement face aux contraintes d'ordre foncier, économique et financier (Guiffo, 2007). L'habiter social est ainsi aux prises avec une ville qui tend à exclure certains acteurs du corps social. Naissent alors les problèmes de la pratique urbaine (construction anarchique, promiscuité, acquisition des terrains proscrits etc.) (Ovono, Tchuikoua, 2021 : 8-17). Par conséquent, l'habiter social soulève les questions de violence urbaine, à l'instar du repli identitaire, du rejet, de l'individualisme, et surtout de la pauvreté. Il s'agit d'une question humaine de survie dans un environnement hostile.

Pour tenter de résoudre le problème d'accès à la ville au Cameroun, notamment du point de vue de l'accès au logement, l'ordre juridique étatique a reconnu des droits et en a organisé l'exercice, tant sur le plan national que local[4].

Malgré tout cet arsenal juridique, on se rend bien compte que les problèmes d'accès à la ville persistent. Serait-ce parce que les critères juridiques de l'habiter social manquent de précision ? La présente réflexion se propose, en effet, d'identifier les références juridiques qui expliquent les conditions de l'habiter social au Cameroun. Nous les identifierons d'une part, dans les sources normatives, et d'autre part, dans les faits de normes d'accès à la ville au Cameroun. Elle va s'appuyer

---

3 Lire pour les mêmes questions J. P. Levy, F. Dureaud, A. Bieber, 2002, *L'accès à la ville : les mobilités spatiales en questions,* Paris L'Harmattan, 411p.

4 Au niveau national, la Constitution révisée du 18 janvier 1996 dans son préambule garantit le droit à la propriété à tous les citoyens de par la loi. Les lois spécifiques et textes réglementaires complètent l'arsenal juridique national de protection et de promotion du droit au logement. Néanmoins, on note une insuffisance de l'encadrement juridique du droit au logement. Sur le plan international, le Cameroun a adhéré aux normes et principes internationaux (la Déclaration Universelle des Droits de l'Homme et le Pacte International des Droits Économiques Sociaux et Culturels) qui garantissent le droit d'accès au logement.

sur les stratégies d'accès au logement précisément en prenant en compte l'ordre normatif et les pratiques spécifiques de contournement ou de compromis avec les autorités chargées d'appliquer la loi. Cette démarche se fait suivant une perspective réflexive mettant en dialogue critique les courants idéologique et analytique du positivisme, précisément du point de vue individualiste. Le regard réfléchissant porté ici conçoit l'habiter social comme un phénomène de pluralisme mettant en dialogue divers ordres juridiques. Si d'une part, les critères juridiques de l'habiter social dans les villes du Cameroun s'identifient dans les droits acquis de l'ordre juridique étatique (1), il n'en demeure pas moins que ces critères peuvent également s'identifier dans la concurrence des normes non étatiques introduites dans le droit par les motivations d'autres acteurs (2).

1. La dimension juridique logique de l'habiter social

Il s'agit de l'analyse de l'habiter social suivant les éléments de l'ordre juridique formel ou étatique. À cet effet, on peut les classer dans deux grands groupes. Premièrement les critères d'ordre normatif et deuxièmement, les critères d'ordre réglementaire et institutionnel.

En ce qui concerne les critères d'ordre normatif. La loi fondamentale du Cameroun dans son préambule, reconnaît implicitement le droit à un logement à travers l'énoncé jumelé du droit à la propriété et du droit à un environnement sain reconnus à toute personne. Cette disposition est mieux développée en droit interne par le Code civil. En effet, le domicile ou la résidence familiale choisie par les parents doit remplir certaines conditions de sécurité. Ainsi, le choix du domicile conjugal qui incombe principalement au père peut être tempéré par la possibilité pour la mère, de choisir un autre domicile si celui du père présente des dangers pour la famille.

Par ailleurs, le Cameroun en adhérant aux normes et principes internationaux relatifs à la lutte contre la pauvreté et les mesures sociales y afférentes, a consacré la garantie du droit au logement aux citoyens. Si le droit au logement social n'est pas encore véritablement consacré, il convient de souligner que l'État, à travers les mesures prises pour favoriser l'accès au logement des couches les plus vulnérables, consacre ainsi l'accès aux logements sociaux. Le droit à un logement adéquat est fondé et reconnu internationalement par un certain nombre d'instruments juridiques que le Cameroun a ratifié, notamment la Déclaration Universelle des Droits de l'Homme en son article 25 qui dispose :

> Toute personne a droit à un niveau de vie suffisant pour assurer sa santé, son bien-être et ceux de sa famille, notamment pour [...] le logement, [...]. Tous les enfants, qu'ils soient nés dans le mariage ou hors mariage, jouissent de la même protection sociale.

De même, le Pacte International des Droits Économiques Sociaux et Culturels stipule en son article 11 que les États parties « reconnaissent le droit de toute personne à un niveau de vie suffisant pour elle-même et sa famille, y compris [...] un logement suffisant, ainsi qu'une amélioration constante de ses conditions d'existence ».

À l'analyse de ces dispositions, il appert un seul consensus, à savoir que le logement social accueille, peut accueillir ou doit accueillir les ménages qui éprouvent des difficultés à se loger dans de bonnes conditions de taille et de confort dans le cadre strict des mécanismes marchands (Flamand, 1989), soit parce que l'offre nécessaire n'est pas présente en quantité suffisante, soit parce que son accessibilité est limitée, notamment pour des raisons de prix. Cette assertion n'est pas partagée par Jourdam-Boutin (2018) qui pense que logement social devrait être remplacé par le terme de *logement public* parce que les politiques d'intervention publiques censées proposer des logements accessibles aux catégories modestes s'adressent surtout à une population relativement aisée.

De même, ces dispositions font ressortir plusieurs séries de droit qui permettent de définir le droit d'accès au logement social. Il s'agit du droit de propriété, du droit à un environnement sain, du droit à la sécurité des personnes et des biens et du droit à un niveau de vie suffisant. Le droit d'accès au logement social est donc un ensemble d'opérations consistant à produire au bénéfice des couches démunies, un lot et/ou un logement, achevé ou non dont une partie du coût est à la charge de l'État[5]. Il s'agit d'une option de satisfaction du droit au logement[6] ciblant les personnes ayant de revenus modestes qui est produite par des institutions encadrant l'accès au logement et qui exclut la jouissance par le bénéficiaire de droits réels[7] sur le logement.

---

[5] Cf. ministère de l'Habitat et du Développement Urbain (MINHDU).

[6] En effet, le droit au logement implique également, d'un point de vue global, l'accès à la terre : en termes de titre de propriété foncière, ainsi qu'en termes d'aménagement de la voirie et des réseaux routiers urbains.

[7] Cession du logement, disposition ou vente du logement et exploitation commerciale du logement. En d'autres termes, l'exercice du droit d'accès au logement social se limite à l'usus, c'est-à-dire aux droits d'usage de l'habitation obtenu, sauf, dans une certaine mesure, lorsqu'il s'agit d'une formule de location-vente ou de location acquisition qui permet au bénéficiaire du logement social d'en devenir propriétaire à échéance définie.

Les critères d'ordre réglementaire et institutionnel. Un ensemble de textes réglementaires a été mis sur pied dans le but d'encadrer le droit d'accès au logement. Nous pouvons citer entre autres, la loi n°2004/003 du 23 avril 2004, régissant l'urbanisme, la loi n°2004/017 du 22 juillet 2004 portant orientation de la décentralisation, la loi n°2004/018 du 22 juillet 2004 fixant les règles applicables aux communes, la loi de 1997, décret n°2009/1726/PM du 04 septembre 2009 fixant les modalités d'application de la loi n°2009/009 du 10 juillet 2009 relative à la vente d'immeubles à construire, la loi de 2010/022 du 21 décembre 2010 relative à la copropriété des immeubles, le décret n° 2011/1131/PM du 11mai 2011 fixant les modalités d'application de la loi de 2010/022 du 21 décembre 2010 relative à la copropriété des immeubles, et enfin, l'arrêté n°0009/E/2/MINDUH du 21 août 2008 fixant les normes d'habitat social[8].

À la lecture de ces textes réglementaires, il apparait clairement la ferme volonté de l'État d'améliorer le visage des villes camerounaises en matière d'urbanisme, d'habitat et de construction. En effet, ces textes d'une portée considérable, enrichis par cinq décrets d'application en 2008, pour ce qui est de la loi régissant l'urbanisme, ont permis de définir les éléments normatifs et réglementaires fondamentaux en matière de planification, de contrôle, d'utilisation des sols et des constructions, d'aménagement, de sécurité, d'hygiène et d'assainissement en matière de construction, mais aussi ont clarifié le niveau de gestion de ces compétences en les ramenant au niveau des Communes, par souci d'efficacité et d'efficience.

De même, l'organisation gouvernementale participe également du souci de « normaliser et de rationaliser » les interventions des acteurs institutionnels. C'est ainsi que le décret n°2011/408 du 09 décembre 2011 portant organisation du Gouvernement, a consacré la création du ministère de l'Habitat et du Développement Urbain (MINHDU), doté du poste de Secrétaire d'État chargé de l'habitat. Il s'agit là d'une manifestation explicite de la volonté de faire de l'habitat un des piliers de la politique gouvernementale, en vue de l'amélioration des conditions et du cadre de vie des populations. Cette option a été confirmée par le décret n°2012/384 du 14 septembre 2012 portant organisation du MINHDU. Ainsi, au niveau Gouvernemental, et s'inspirant des principes édictés par les lois sus évoquées, le décret n°2011/408 du 09 décembre 2011 suscité, a clairement réparti les compétences entre les différentes administrations mobilisées autour des questions d'habitat. En effet,

---

[8] L'arrêté n°0009/E/2/MINDUH du 21 août 2008 fixant les normes d'habitat social : (i) spécifie les normes d'aménagement des voiries et des parcelles, ainsi que celles relatives au financement ; (ii) décline les caractéristiques techniques minimales des logements et (iii) fixe les modalités relatives aux prix de cession et de location des logements.

l'article 8 alinéa 23 dudit décret dispose que le MINHDU est « responsable de l'élaboration et de la mise en œuvre de la politique du Gouvernement en matière d'habitat et de développement urbain ». À ce titre, il lui revient donc d'assurer la coordination de toutes les actions dans le sous-secteur de l'habitat à travers sa triple fonction d'Urbaniste, d'Aménageur et d'Architecte de l'État.

Afin d'aménager les conditions du droit d'accès au logement social au Cameroun, l'État s'est doté de trois structures à savoir : la MAETUR (Mission d'Aménagement et d'Équipement des Terrains Urbains et Ruraux) ; la SIC (Société Immobilière du Cameroun) et le CFC (Crédit Foncier du Cameroun). La MAETUR a pour mission d'aménager et d'équiper les terrains. La SIC quant à elle construit des immeubles et le Crédit Foncier finance le logement social[9]. Cette politique de financement de logement amorcée par l'État depuis la création du CFC en 1977 a été complétée avec la mise en place d'un dispositif de promotion de l'habitat par le financement du logement social. À cet effet, une ligne de 1 milliard de F cfa a été allouée au Budget d'Investissement Public (BIP) du MINHDU pour le soutien aux promoteurs immobiliers[10].

Au regard de ce qui précède, notre constat est que l'encadrement normatif, réglementaire et institutionnel du droit d'accès au logement au Cameroun ne souffre d'aucune contestation, mais la mise en relation des statistiques de l'évolution de l'offre en logements sociaux et des statistiques de l'évolution de la densité démographique[11] ainsi que la mise en relation des statistiques du revenu moyen des Camerounais ou du pouvoir d'achat et des statistiques du coût des logements sociaux[12],

---

[9] Jean Philippe GUIFFO (2007) a décrit les objectifs, les réalisations et les modalités d'intervention de ces trois structures ainsi que les problèmes qu'elles rencontrent.

[10] Rapport alternatif sur les droits Économiques, Sociaux et Culturels au Cameroun, Yaoundé, décembre 2010.

[11] Lire le rapport du Groupe la Banque Mondiale, paru en avril 2020 sur « Le financement du logement au Cameroun : vers un logement abordable pour tous ». Ce rapport met en relation ces statistiques.

[12] Selon le rapport de l'Institut National de la Statistique (INS) publié en 2005, le chômage se situe autour de 17 % de la population active. Les jeunes à eux seuls représentent 14 % des sans-emplois sur les 17 %. 90 % des travailleurs camerounais exercent dans le secteur informel, dont 69,3 % gagnent moins que le salaire minimum légal qui est lui-même de 32 800 F CFA. La durée moyenne dans l'emploi est de 9,1 % par an et le revenu moyen mensuel par secteur d'activité se décline comme suit :

- Secteur public : Administration Publique, 124 300 FCFA ; Entreprises publiques et parapubliques, 137 400 FCFA ;
- Secteur Privé, 103 600 FCFA ;
- Secteur privé informel, 27 300 FCFA pour les activités informelles non agricoles et 11 100 FCFA pour les travailleurs agricoles.

Dans les grandes villes, le taux de chômage pour les jeunes ayant atteint au moins le second cycle est de 16 % à Douala et 18 % à Yaoundé.

nous démontre que le ratio négatif entre l'offre et la demande de logements sociaux annihile cet objectif. Face à cette situation, l'État ne se positionne plus comme principal acteur du secteur du logement social. Les droits acquis de l'ordre juridique étatique se mettent désormais en concurrence avec des normes non étatiques introduites dans le droit par les motivations économiques des autres acteurs de la croissance urbaine (municipalités et particuliers) (Guiffo, 2007 : 198) et des agences et organisations publiques dans le secteur du logement (Crédit Foncier du Cameroun, Société Immobilière du Cameroun et la Mission d'Aménagement et d'Équipement des Terrains Urbains et Ruraux). Le processus de restructuration des villes du Cameroun entrepris depuis les années 2010 par l'État à travers le ministère de l'Habitat et du Développement Urbain et des Communautés urbaines a recomposé le paysage d'accès à la ville induisant ainsi une dimension juridique compréhensive de l'habiter social[13].

2. La dimension juridique compréhensive de l'habiter social

Il s'agit de l'analyse de l'habiter social suivant les éléments issus des normes non étatiques introduites dans le droit par les motivations d'ordre économique. Longtemps positionné comme l'acteur principal de promotion du logement social, l'État a fait face à certaines réalités socio-économiques et culturelles qui ne l'ont pas poussé à démissionner, mais à accepter que d'autres acteurs introduisent leurs critères dans la promotion immobilière[14]. À cet effet, le droit d'accès au logement ne repose plus simplement sur les critères établis par l'ordre juridique

---

[13] Le rapport du Groupe la Banque Mondiale paru en avril 2020 sur « Le financement du logement au Cameroun : vers un logement abordable pour tous » indique que le programme d'ajustement structurel et les investissements à la fin des années 1980 ont entraîné la cession du parc de logement social. Depuis le milieu des années 2000, la politique de libéralisation du secteur immobilier a été caractérisée par l'arrivée de nombreux entrepreneurs sur la scène de la promotion immobilière. Ces nouveaux acteurs contribuent au développement du secteur via de nouvelles manières de faire/construire (voir construction de villas individuelles, lotissements). Les pouvoirs publics ont également eu recours à l'expertise d'entreprises privées pour la construction de nouveaux projets de logements sociaux, notamment avec la mise en place de partenariats public-privé (PPP) qui s'apparentent plus à des contrats de construction. Ces PPP ne sont pas rigoureusement structurés et les contrats sont régulièrement attribués sans appel d'offre. Les partenariats aboutissent rarement et, en cas de conflit entre parties, le cadre des contrats ne permet pas de résolution rapide.

[14] L'analyse des politiques publiques de l'habitat dans le rapport du Groupe la Banque Mondiale sus-cité, démontre que, bien que les politiques publiques du logement au Cameroun aient fait preuve d'une certaine efficacité par le passé, elles ne remplissent plus leurs objectifs et mobilisent d'importantes ressources de l'État, sans produire de résultats satisfaisants. Du coup, l'État a eu recours à d'autres acteurs.

étatique, mais également sur des décisions administratives prises par les acteurs de la croissance urbaine et les agences et organisations publiques dans le secteur du logement.

En ce qui concerne les décisions des acteurs de la croissance urbaine. Le rapport du Groupe la Banque Mondiale fait en avril 2020 sur le financement du logement au Cameroun vers un logement abordable pour tous affirme cette concurrence des normes non étatiques introduites dans le droit par la motivation économique des décisions administratives prises par les municipalités. Ce rapport nous indique que, bien que les autorités locales au Cameroun disposent de pouvoirs limités, notamment en matière d'aménagement urbain, les villes de Yaoundé et de Douala sont dynamiques et ont développé plusieurs programmes de logements. La Communauté urbaine de Yaoundé a construit 100 appartements dans le quartier Tsinga. Tous ont été vendus à des prix qui varient entre 30 et 50 millions de FCFA. Bien que ce projet ait bénéficié d'une subvention foncière, il semblerait que les bénéficiaires n'aient pas fait l'objet de critères de sélection. La vente de ces logements ne semblait pas réservée aux ménages qui ne pouvaient accéder au marché du logement.

Les particuliers quant à eux ne sont pas en reste. La ville de Douala a créé la Société Métropolitaine d'Investissement de Douala (SMID). La SMID a levé des fonds auprès des habitants afin d'investir dans des secteurs économiques stratégiques, dont le secteur du logement. La SMID n'a pas encore débuté ses activités et ses modalités d'intervention restent encore vagues. La Société d'Aménagement de Douala (SAD) assiste la communauté urbaine de Douala dans la viabilisation et l'aménagement des parcelles, ainsi que dans la construction de logements. Elle a été créée en 1998 avec des fonds de la coopération française sur le principe de l'aménagement concerté : un partenariat entre une communauté villageoise propriétaire de terrain, la communauté urbaine de Douala et le MINHDU. Elle ne reçoit pas les terrains de l'État. En revanche, la SAD finance le processus de construction auprès des banques, notamment auprès du Crédit Foncier du Cameroun. Aujourd'hui, elle a contribué à la construction de 1 000 logements et à la viabilisation de 4 500 parcelles. Récemment, la SAD a reçu un terrain de la Communauté Urbaine de Douala pour construire un projet de logement conséquent : la Cité des Cinquantenaires. Bien que subventionné, ce projet cherche à redynamiser le centre-ville et à vendre des appartements dont les prix varient entre 35 et 300 millions de FCFA, pour un prix moyen qui se situe à environ 135 millions de FCF. La SAD exécute également des projets situés à l'extérieur de la ville, en partenariat avec des propriétaires terriens privés. La SAD a pour projet d'entamer la construction de près de 2 500 logements. Les prix de vente envisagés par la SAD se situent entre 20 et 60 millions de FCFA. La SAD est à la recherche de financement pour débuter ce projet et devrait recourir à des investissements privés pour le faire démarrer[15].

Pour ce qui est des agences et organisations publiques dans le secteur du logement. Le rapport susmentionné nous indique les difficultés auxquelles le Crédit Foncier du Cameroun, la Société Immobilière du Cameroun et la Mission d'Aménagement et d'Équipement des Terrains Urbains et Ruraux font face. Afin de survivre aux difficultés financières et économiques qu'elles traversent, ces sociétés d'État se hissent à une dimension juridique non plus logique, mais compréhensive de l'habiter social.

Le CFC par exemple dirige près de 65 % de ses financements vers des promoteurs immobiliers publics (SIC et MAETUR) et le tiers restant est destiné à des emprunts immobiliers contractés par des particuliers. Par ailleurs, Le CFC accorde de nombreux crédits hypothécaires à la diaspora camerounaise, qui possède des revenus plus importants que les salariés du Cameroun, mais qui n'est pas sujette au prélèvement de la taxe parafiscale. Peu de contribuables bénéficient effectivement des prêts du CFC[16].

La SIC quant à elle se spécialise de plus en plus dans la construction de logements pour la vente. Cependant, elle continue de gérer son parc de logements locatifs constitué au fils des années. En outre, la SIC a bénéficié de la construction d'un nouveau parc de logements locatifs du MINHDU, découlant des projets Olembé et Banga Bakoko en janvier 2020. Cependant, les logements récemment construits par la SIC sont moins abordables et leur prix favorise la population aisée[17].

S'agissant de la MAETUR, afin de poursuivre ses activités, elle achète des terrains directement sur le marché et se finance par des crédits commerciaux. La MAETUR vend des terrains aménagés dans certaines villes à des particuliers à des prix qui se situent entre 18 000 F CFA et 40 000 F CFA au mètre carré. En revanche, la MAETUR ne dispose pas de liste des terrains disponibles ou des prix de vente des parcelles (qui peuvent se négocier de manière individuelle)[18].

À l'analyse, l'on se rend bien compte que les critères d'accès au logement social sur lesquels se basent les acteurs de la croissance urbaine, les agences et organisations publiques dans le secteur du logement sont d'ordre économique. La recherche du gain étant leur

---

[15] Rapport du Groupe la Banque Mondiale, *Op cit*, p. 18.

[16] Rapport du Groupe Banque Mondiale, *Op. cit.*, p. 18.

[17] *Ibid.*, p. 19.

[18] *Ibid.*, p. 20.

principale motivation. Pour ce faire, elles transgressent l'ordre juridique étatique et créent leur propre droit : le « bon droit ». Pour ces acteurs de la croissance urbaine, agences et organisations publiques, il ne s'agit pas de désobéir à l'ordre juridique étatique mais de s'appuyer sur des raisons d'ordre économique pour fixer les critères en matière d'accès au logement social. On assiste désormais à la prédominance du pluralisme juridique dans la prise des décisions de ces acteurs. Considérant l'approche théorique de la présente recherche, les critères sur lesquels ils se basent pour promouvoir l'accès au logement social se présentent comme une désobéissance ou un irrespect de l'ordre juridique étatique, et devraient par conséquent être vus comme : l'expression d'une échelle de juridicité entre des normes d'origine étatique, dotées d'une pleine juridicité et des normes d'origine économique ne revêtant qu'une juridicité flexible et souple.

En définitive, le regard réfléchissant sur la juridicité de l'habiter social dans les villes du Cameroun révèle un système juridique camerounais traversé par un pluralisme à la fois national et subjectiviste, permettant d'envisager le droit d'accès au logement social comme un ordre normatif à part.

Bibliographie

Ouvrages et articles

Bachelard G., H. Lefebvre et W. Morris cité par Clavel M., 1982, « Eléments pour une nouvelle réflexion sur l'habiter », *Cahiers Internationaux de sociologie*, Nouvelle série, Vol. 72, pp. 17-32.

Flamand J-P., 1989, *Loger le peuple : essai sur l'histoire du logement social en France*, Paris, La Découverte.

Guiffo J. Ph., 2007, *Le droit de l'urbanisme et de la construction au Cameroun*, Yaoundé, édition de l'ESSOAH.

Jourdam-Boutin M., 2018, « Les programmes de logement public à Yaoundé : entre laboratoire libéral et manifestations urbaines du clientélisme dans un Cameroun post-austérité », Urbanités, Dossier / Urbanités africaines, octobre 2018, en ligne.

Levy J-P., F. Dureaud et A. Bieber, 2002, *L'accès à la ville : les mobilités spatiales en questions*, Paris, L'Harmattan.

Ovono B. et Tchuikoua L. B., 2021, « Incivisme des populations, laxisme des pouvoirs publics et désordre urbain dans la ville de Yagoua, Extrême -Nord Cameroun », *Revue Canadienne de géographie tropicale en ligne*, vol. 8, pp. 8-17.

Paquot Th., 2020, *Demeure terrestre. Enquête vagabonde sur l'habiter*, Rennes, Terre Urbaine, 2020.

Parise F., 2015, « Habiter et consommer le logement social : stratégies de l'habiter des classes populaires et moyennes sous contraintes de pouvoir d'achat », https://tel.archives-ouvertes.fr/tel-01127543, mars 2015. Consulter le 15 mars 2022.

Textes normatifs et réglementaires

Déclaration Universelle des Droits de l'Homme et des peuples.

Pacte International des Droits Économiques Sociaux et Culturels

Loi 96/06 du 18 janvier 1996 portant révision de la Constitution du 02 juin 1972.

Loi n° 97/003 du 10 janvier 1997 relative à la promotion immobilière.

Loi n°2004/003 du 23 avril 2004, régissant l'urbanisme.

Loi N°2004/017 et 018 du 22 juillet 2004 portant orientation de la décentralisation et fixant les règles applicables aux communes.

Loi de 2010/022 du 21 décembre 2010 relative à la copropriété des immeubles.

Décret n°2007/1419/PM du 02 novembre 2007 fixant les conditions d'application de la loi n°97/003 du 10 janvier 1997 relative à la promotion immobilière.

Décret n°2009/1726/PM du 04 septembre 2009 fixant les modalités d'application de la loi n°2009/009 du 10 juillet 2009 relative à la vente d'immeubles à construire.

Décret n° 2011/1131/PM du 11mai 2011 fixant les modalités d'application de la loi de 2010/022 du 21 décembre 2010 relative à la copropriété des immeubles.

Arrêté n°0009/E/2/MINDUH du 21 août 2008 fixant les normes d'habitat social

Dictionnaire et rapports

Dictionnaire de français *Larousse*, consulté en ligne le 10 avril 2022, https://www.larousse.fr/

Rapport alternatif sur les droits Économiques, Sociaux et Culturels au Cameroun, Yaoundé, décembre 2010.

Rapport de l'Institut National de la Statistique (INS), 2005.

Rapport du Groupe la Banque Mondiale, fait en avril 2020 sur le financement du logement au Cameroun vers un logement abordable pour tous.

Chapitre 4 : Riveraineté et domanialité publique routière au Cameroun

Patrick Achille Ond Ond

Résumé

Les relations de voisinage entre la propriété administrative et le fonds riverain connaissent une nette évolution dans le droit positif camerounais. Certes, dans un premier temps du droit domanial post-colonial, le mécanisme de délimitation du domaine public, parce que longtemps marqué par l'unilatéralité et surtout imprégné du conservatisme, provoquait une profonde lésion du riverain du domaine public en ce qu'il était exclusivement chargé d'obligations envers l'administration. La cession ou encore la limitation de propriété riveraine en constituait le maître mot. L'idée d'une servitude frappant le domaine public apparaissait alors un véritable angle mort du droit domanial. Mais au gré des réformes successives du droit domanial et urbanistique camerounais et particulièrement dans le secteur routier, le sort du riverain du domaine public semble connaitre une nette amélioration. La lecture croisée du dispositif actuel témoigne en effet de la prise en compte des droits et intérêts des propriétaires riverains. Face à la propriété administrative notamment routière, ces derniers peuvent désormais prétendre à un ensemble de droits s'analysant en aisances de voirie desquelles découlent quelques obligations à la charge de l'Administration.

Mots clés : Riveraineté ; alignement ; servitudes de voiries ; aisances de voirie ; droit domanial routier.

Abstract

Neighborhood relations between administrative property and the riparian fund are undergoing a clear evolution in Cameroonian positive law. Admittedly, initially in post-colonial domanial law, the mechanism for delimiting the public domain, because it was long marked by unilaterality and above all imbued with conservatism, caused a profound lesion for those living near the public domain in that they were exclusively responsible for obligations towards the administration. The transfer or the limitation of riparian property was the key word. The idea of an easement affecting the public domain then appeared to be a real blind spot in state law. But according to the successive reforms of Cameroonian land and urban planning law and particularly in the road sector, the fate of residents of the public domain seems to know a marked improvement. The cross-reading of the current system indeed testifies to the consideration of the rights and interests of the riparian owners. Faced with administrative property, particularly roads, the latter can now claim a set of rights that can be analyzed in terms of ease of access from which flow some obligations incumbent on the Administration.

Keywords: Locality; alignment ; road easements; road facilities; road estate law.

Introduction

De nos jours, peut-on encore affirmer sans risque de se tromper que le régime des relations de voisinage entre une dépendance domaniale et les propriétés privées riveraines est étranger à celui aménagé par le droit civil ? Bien heureux qui formulait par l'affirmative la réponse à l'époque où la reconnaissance de la propriété de l'État sur le domaine public n'était encore que quasi parfaite. En effet, Gaston Jeze fut l'un des grands théoriciens de la domanialité publique qui, à son époque, soutenait que le corps de règles régissant ce type de rapports est entièrement dérogatoire au droit commun (Jeze, 1918 : 695). À sa suite et en vertu du principe d'inaliénabilité, la jurisprudence se montrait ferme dans l'affirmation d'une règle qu'elle rappelait avec constance : « Aucune servitude ne peut être valablement instituée sur le domaine public » (Morand-Deviller, 2014 : 138).

Pourtant, la situation semble avoir nettement évolué. En effet, la doctrine majoritaire retient que la reconnaissance d'un plein droit de propriété des personnes publiques sur leur domaine a pour effet de soumettre les voisins au respect des charges de voisinage de droit commun ; ce qui constituerait d'ailleurs le fondement de différentes obligations faites aux propriétés privées voisines (Waline, 1933 ; Auby, 2003 ; Gaudement, 2014). Il en résulte qu'un minimum de réciproque est admis. Autrement dit, même si l'on note encore quelques poches de résistance à cette assertion (Roman, 2007), il est progressivement acquis que la dépendance domaniale serait, elle aussi et ce malgré sa nature particulière qui la rend inaliénable, assujettie à quelques charges qu'impose les relations de voisinage avec les propriétés privées.

Le domaine public routier est certainement un des terrains privilégiés sur lesquels peut être vérifiée cette logique d'évolution des rapports entre l'administration et les administrés, qui structurent désormais le droit domanial. Dans ce cadre, les rapports de voisinages que peuvent entretenir cette dépendance domaniale avec les propriétés privées ne réduisent pas toujours ces dernières à une véritable peau de chagrin. Certes, il ne s'agit pas d'y percevoir un rapport d'égalité entre les deux formes de propriétés comme celle qu'encadre le droit civil. Encore que le principe d'inaliénabilité qui structure la domanialité publique s'y oppose fortement. Cependant, la prise en compte des intérêts des riverains de cette partie du domaine public, conduit à l'établissement d'un minimum de charges en faveur des riverains des seules voies publiques. Héritière du nouveau Code Général des Propriétés des Personnes Publiques en France, cette réciproque tend à trouver un terrain fertile dans la législation camerounaise. Ici, comme ailleurs, la législation domaniale retient normalement la terminologie de riveraineté plutôt que celle de voisinage chère au droit civil. Le fait est que la notion de voisinage s'applique aux relations entre propriétés privées, c'est-à-dire, celles appréhendées par l'article 544 du Code Civil comme le « droit de jouir et de disposer de la manière la plus absolue, pourvu qu'on n'en fasse pas un usage prohibé par les lois et les règlements » (Lucas, 2006 : 330).

Il est vrai que sous l'angle du droit, la notion de voisinage n'a pas encore été clairement définie. De sorte que, pour tenter de se faire une idée d'elle, on se contente encore « d'intuitions innées... sans contours bien déterminés » (Leyat, 1936 : 14), toutes fondées sur un rapport matériel entre deux fonds. Mais, il reste constant que le voisinage est placé sous le signe d'une relation sociale, à ce titre caractérisé par un échange des droits et d'obligations (Jaworski, 2004 : 13). Mais plus que la proximité de deux fonds, l'accent est ainsi mis sur la relation de dépendance existant entre eux. C'est bien la raison pour laquelle les relations de voisinage dépassent largement le cadre de la propriété. En effet, comme le fait remarquer Tientcheu Njiako André (2003 : 161), « les rapports de voisinage peuvent (...) se concevoir à priori, aussi bien entre locataires qu'entre propriétaires ». Il s'agit de retenir l'hypothèse dans laquelle un locataire a le droit d'exercer les servitudes dépendant de l'immeuble et le devoir de supporter les servitudes qui le grèvent. Il est alors fondé à réclamer des dommages et intérêts à son voisin ou être condamné à des dommages et intérêts envers lui pour abus de droit ou inconvénients anormaux quelconques de voisinage, relativement à la célèbre formule du doyen Jean Carbonnier (1995 : 299) selon laquelle : « le voisin ne doit pas chercher à nuire à son voisin ; le voisin ne doit pas causer au voisin des gènes intolérable ». Il en résulte donc que, la notion de voisinage situe les rapports des propriétés considérées dans un rapport d'une extrême égalité ; ce qui du reste constitue, en principe le fondement du droit civil qui s'y applique. On comprend dès lors pourquoi elle est peu employée en droit public, lequel retient davantage la notion de riverain.

En effet historiquement, la langue du Palais-Royal marque une préférence pour le terme de « riverain » dont l'usage est ancien, au moins pour les relations de voisinage avec le domaine public (Jeze, 1918 : 695). Dans ce sens, si la notion de riveraineté s'applique aux relations de voisinage d'une propriété publique ou privée, avec une dépendance domaniale ou un ouvrage public, « l'intérêt général qui s'attache à l'existence du domaine et de l'ouvrage publics, à la bonne gestion du premier et au bon fonctionnement du second, justifie l'application des règles particulières, dérogatoires au droit commun » (Roman, 2007 : 724). Il en découle des relations de voisinage que le droit administratif des biens aménage, sont placées dans une configuration différente de celles que le droit privé connaît. C'est bien la raison pour laquelle, il y a nécessité d'emprunter une autre terminologie. Aussi, la notion de riveraineté qui présage l'application d'un droit exorbitant, se rapporte-t-elle à la situation de l'« Occupant d'un immeuble limitrophe d'une voie publique, qui bénéficie à ce titre des droits sur le domaine public terrestre » (Guinchard, Montagnier, 2010 : 491). Pour le dire autrement, lorsqu'il est limitrophe d'une propriété privée, le domaine public est grevé d'un minimum de charges établies au profit des propriétaires riverains. Certes, il s'agit des charges spécifiques sous-tendues par le principe d'inaliénabilité du domaine public ainsi que de l'utilité publique à laquelle il est affecté. Mais, il n'en demeure pas moins que l'époque de l'absoluité de ces considérations de la domanialité publique est aujourd'hui pratiquement dépassée. Le droit domanial moderne consacrant une place importante aux droits riverains, il en résulte que la notion de riveraineté connote une évolution certaine bien que partielle des rapports entre l'administration et les administrés en matière domaniale. C'est pour tenter de vérifier cette évolution des rapports dans le contexte camerounais que la présente étude se propose d'analyser le régime juridique des rapports de voisinage qui existent entre le domaine public et les propriétés riveraines. C'est la raison pour laquelle la question que l'on se pose est celle de savoir : Quelle est l'appréhension de la riveraineté en droit de la domanialité publique routière au Cameroun ?

La question posée revêt d'emblée une plus-value théorique, en ce sens qu'elle envisage d'évaluer l'équilibre entre les droits des individus et l'intérêt général qui structure l'activité de service public de la puissance publique. La réalisation de cet équilibre, certes imparfait, se voit ainsi fertiliser en matière domaniale routière. De plus, au plan juridique, nul doute qu'en décidant d'aménager un régime spécial des rapports entre les voies publiques routières et les propriétés riveraines, le législateur se fait le chantre d'une protection réelle du domaine public. Comme l'a relevé à juste titre René Chapus (2001 : 457), « La préoccupation de protéger le domaine public, (...), n'est pas entièrement absente du régime qui gouverne les rapports de voisinage dans lesquels le domaine public peut être impliqué ». C'est donc dire que même à travers l'encadrement juridique des rapports de voisinage dans lesquels le domaine public peut être l'objet, le souci du législateur est de s'assurer que ledit domaine puisse toujours répondre à l'utilité publique pour laquelle il est affecté[1]. C'est sans doute la raison pour laquelle tout en veillant à ce que cette considération ne soit fragilisée, le législateur

---

[1] Il s'agit simplement de dire qu'on ne peut mieux sécuriser cette dépendance du domaine public que si on l'a au préalable correctement délimité.

s'assure également que les droits des particuliers n'en soient pas totalement dilués pour des considérations d'utilité publique. Cette prise en compte d'une protection quasi équilibrée des parties en matière domaniale, se matérialise au travers d'un double mouvement d'ensemble : d'une part, la riveraineté se révèle comme le produit d'un mécanisme permanent à savoir l'alignement (1). D'autre part, la riveraineté produit des effets qui ne profitent plus exclusivement à l'administration. Ceux-ci, manifestant une certaine ambivalence, tentent de sauvegarder aussi bien les intérêts de l'administration que ceux des propriétaires riverains (2).

3. Riveraineté comme produit d'un mécanisme permanent du droit domanial routier

De manière générale, le principe qui domine la délimitation du domaine exclut que celle-ci soit faite par un accord amiable ou, à défaut d'un tel accord, par la voie de l'action en bornage ouverte par l'article 646 du Code civil. Ici, la délimitation ne se fait pas de façon arbitraire, mais de façon unilatérale ; c'est-à-dire par voie de décision de l'autorité administrative que le juge contrôle. La délimitation de la voie publique s'inspire pleinement de ces considérations qui tentent d'assurer un équilibre entre la préservation de l'intérêt général et la protection des droits des particuliers. Elle résulte d'un mécanisme indispensable qui, en l'espèce, prend la forme d'un alignement. Le droit camerounais consacre la pertinence d'une telle mesure à laquelle l'administration recourt constamment et de façon maitrisée (1.1.), bien sa mise en œuvre la révèle essentiellement dévoyée (1.2.).

3.1. Constance d'une mesure maitrisée

La spécificité du mécanisme de délimitation des voies publiques routières procède de ce qu'elle intéresse très concrètement un nombre considérable de personnes. Il s'agit des personnes dont les propriétés sont riveraines d'une voie publique appartenant au domaine public et dans ce sens, dont les intérêts ne sauraient être vainement soustraits dans le seul but de la réalisation du service public. C'est la raison pour laquelle l'alignement est établi avec un minimum d'égards dus aux propriétaires riverains. Ceci transparait aussi bien de la définition (1.1.1) que du fondement (1.1.2.) de l'alignement.

3.1.1. Définition de l'alignement

Selon les termes de l'article 3 du décret de 2008 fixant le régime des sanctions aux infractions aux règles d'urbanisme, l'alignement est défini comme « la limite séparative d'une voie publique et des propriétés riveraines quelle que soit la régularité de son tracé »[2]. Pour mieux cerner ce en quoi cette définition prend effectivement en compte les intérêts des propriétés riveraines, il revient de présenter les caractéristiques de l'alignement, telles que forgées par la doctrine administrativiste. Il résulte de l'analyse que l'alignement présente une dualité de caractéristique : une principale et des caractéristiques secondaires.

Primo, la mesure d'alignement a un caractère unilatéral. Or, la notion d'unilatéralité ne saurait être entendue comme synonyme d'arbitraire, de manière à prétendre que l'alignement ne serait assis sur aucun fondement juridique. Ceci revient à dire qu'elle est sujette au respect des règles de la légalité établies dans un but d'intérêt général. Pour le dire autrement, l'alignement se déroule par voie de décision de l'autorité administrative (De David-Beauregard-Berthier, 2010 : 100), laquelle décision peut le cas échéant, être soumise au contrôle du juge. En clair, même si la mesure d'alignement découle de la seule volonté de l'administration, il s'agit d'une volonté qui reste encadrée par les règles de la légalité administrative. Ce n'est pas parce que l'administration est détentrice de la puissance publique qu'elle peut s'investir seule en la matière. René Chapus remarque dans ce sens que l'alignement « permet à l'autorité administrative de fixer les limites qu'elle entend donner aux voies publiques » (Chapus, 2001 : 465). Elle est effectuée par l'administration en charge de chaque voie concernée, laquelle joue en la matière, un rôle très actif. Ainsi vu, l'autorité administrative compétente se sert de l'alignement comme mesure lui permettant de « modifier le tracé des voies existantes (dans une certaine mesure) et cela, notamment, en empiétant sur les propriétés privées riveraines » (Chapus, 2001 : 465).

Cette caractéristique, qui ne dilue pas totalement la prise en compte des intérêts privés, permet juste de distinguer nettement le régime de l'alignement de celui dont relève la délimitation du domaine privé de l'État. Il est en effet établi que la délimitation du domaine privé est faite par accord amiable ou, à défaut d'un tel accord, par voie de l'action en bornage ouverte par l'article 646 du Code civil qui énonce en substance que « Tout propriétaire peut obliger son voisin au bornage de leurs propriétés contiguës. Le bornage se fait à frais communs ». L'idée dans

---

[2] Article 3 du décret n° 2008/0740 du 23 avril 2008 fixant le régime des sanctions applicables aux infractions aux règles d'urbanisme.

ce cadre est celle identifiable à la délimitation de deux fonds privés. De plus, l'unilatéralité de la mesure d'alignement entraine la double conséquence que : d'une part, si la délimitation est le produit d'un accord passé entre l'administration et un propriétaire riverain d'une voie publique, il serait entaché d'illégalité avec la précision que le juge administratif pourrait le sanctionner et il serait opposable à l'administration. D'autre part, l'Administration ne pourra pas être considérée comme ayant définitivement renoncé à prétendre que certains terrains attribués par l'accord au propriétaire, appartiennent en réalité au domaine public[3]. Par ailleurs, en cas de contestation des limites des voies publiques, en principe seul le juge administratif peut en connaitre, toutes choses qui renseignent sur les caractères secondaires de l'alignement.

Secundo, l'alignement est obligatoire et attributif. Il est obligatoire pour l'administration ; ce qui signifie que celle-ci doit l'effectuer dès lors qu'un particulier riverain de la voie en fait la demande. De plus, il est attributif dans la mesure où il s'opère, non à partir de la constatation d'un phénomène physique ou naturel, mais à partir d'une décision de l'autorité administrative. Ce qui le distingue nettement de la délimitation des dépendances du domaine public naturel qui revêt un caractère déclaratif[4]. Il convient d'entendre par là que la délimitation des dépendances maritimes ou fluviales est insusceptible d'opérer par elle-même aucune incorporation notamment de parcelles dans le domaine public naturel[5]. Puis, de ce caractère procède également l'idée que la délimitation n'est régulière que si elle se traduit par la constatation d'une situation de fait, telle qu'elle résulte des naturels.

Ce qui précède permet de relever que l'alignement se présente comme une mesure certes établie de manière unilatérale par l'administration, mais non sans prise en compte d'un minimum des intérêts riverains. Son fondement, traduisant son respect pour le principe de la légalité va dans la mesure sens.

---

[3] CE 20 juin 1975, Leverrier.

[4] Le conseil d'État français, dans l'arrêt du 06 février 1976, SCI Villa Miramar (CE, Sect., 06 février 1976, Rec.p. 223) se prononce sur le caractère déclaratif de la délimitation en disant qu'il est question de constater des faits « susceptibles de changements ultérieurs ». Cette position a d'ailleurs été reconduite en 1988 (CE, 27 juillet 1988, Bellay, Rec., p. 301, AJ, 1988) par la même juridiction qui précisait toujours en ce qui concerne le domaine public naturel que « la délimitation dépend de la constatation de fait à un moment déterminé ».

[5] TC 26 juillet 1991, Cons. Lecuyer, p. 306 AJ 1992, p. 92, obs. G. Teboul, CJEG 1992, p. 113, concl. B. Stirn, L.P.A 11 juin 1992, p. 7, note M.-C. Rouault.

3.1.2. Fondement de l'alignement

L'alignement est retenu et consacré par le droit positif camerounais, comme la modalité singulière de délimitation des voies publiques. En effet, les règles de délimitation des voies routières posées par l'article 4 de l'ordonnance n°74/2 du 6 juillet 1974 fixant le régime domanial, demeurent toujours en vigueur. En substance ce texte dispose que :

- Les limites des autoroutes sont déterminées par une emprise de cent mètres de part et d'autre de l'axe de la chaussée. Cette emprise est réduite à dix mètres en ville à partir du bord extérieur du trottoir[6] ;
- Les limites des routes nationales et provinciales sont déterminées par une emprise de quarante mètres de part et d'autre de l'axe de la chaussée. Cette emprise est réduite à dix mètres à partir du bord extérieur du trottoir dans les agglomérations et à cinq mètres en ville[7] ;
- S'agissant des routes départementales, leurs limites sont déterminées par une emprise de vingt-cinq mètres à partir du bord extérieur du trottoir dans les agglomérations et en ville[8].

Quant aux limites des pistes carrossables d'intérêt local, elles sont déterminées par une emprise de dix mètres de part et d'autre de l'axe de la chaussée. Cette emprise est réduite à cinq mètres dans les agglomérations et en ville[9].

Les prévisions ainsi faites appellent normalement à quelques observations : Tout d'abord, comme le fait remarquer Aloys Mpessa (1998 : 208), « toutes ces emprises sont incorporées aux voies publiques en vertu de la théorie de l'accessoire. Elles constituent des extensions nécessaires de ces voies ». En conséquence, un certain nombre de biens situés sur ces emprises font partie du domaine public, parce que concourant plus ou moins, directement ou indirectement, aux utilités générales auxquelles ces voies sont affectées. On peut citer :

---

[6] Article 4 (a) de l'ordonnance n°74/2 du 6 juillet fixant le régime domanial au Cameroun.

[7] Idem., Article 4 (b).

[8] Idem., Article 4 (c).

[9] Idem., Article 4 (d).

- Les arbres des routes parce qu'ils les balisent la nuit ou simplement parce qu'ils agrémentent le paysage[10] ;
- Les bornes kilométriques et plateaux indicateurs, pour les raisons évidentes ;
- Les corbeilles à papier parce qu'elles contribuent à la propreté de la voie publique[11] ;
- Les poteaux pylônes, réverbères, colonnes de publicité[12] ;
- Les locaux annexes situés dans les dépendances immédiates des parcs de stationnement publics[13], de même que les canalisations de réseaux de distribution d'eau et d'électricité.

D'ailleurs en France, le commissaire du gouvernement Marceau Long, dans ses conclusions sous l'arrêt de Nice[14], s'exprimait en des termes qui font bien apparaître la conception très large selon laquelle est acceptée l'idée d'une relation entre le bien concerné et le domaine public auquel il est rattaché :

> L'aménagement de la voirie des grandes villes, disait-il, implique, dans son adaptation aux besoins de la vie moderne, la recherche de supports publicitaires. Les colonnes sont relativement discrètes ; elles recueillent les affiches qui souilleraient les murs ou s'étaleraient sur de vilains panneaux de bois[15], c'est [... ajoutait-il...], « l'idée que la voie forme un tout[16].

De plus, cette ordonnance peut paraitre désuète sur certains points notamment ceux relatifs à la dénomination des routes provinciales par exemple. En effet, il n'est pas clairement établi que le changement de leurs dénominations soit ou pourrait être implicitement changé comme le fait penser une certaine doctrine[17]. Il est donc simplement souhaitable de voir engager dans ce sens une réforme qui aurait non seulement pour but la redénomination des routes, mais également leur reconfiguration dans l'optique de les adosser à l'orientation actuelle de la décentralisation.

---

[10] TC, 10 novembre 1900, Espitalier, Rec., p. 607.

[11] CE, 12 novembre 1955, Cazauran, Rec., p. 537

[12] CE, 20 avril 1956, Ville de Nice, Rec., p. 162 ; RDP 1956, p. 575.

[13] CE, 24 janvier 1973, Spiteri, Rec., P. 64.

[14] CE, Sect., 20 avril 1956, Rec., p. 162.

[15] Ibid., p. 163

[16] Ibid.

[17] En effet, Samuel Obaker Balinan (2013 : 221) indique contre toute réalité juridique que les routes provinciales ont désormais la dénomination de routes régionales..

Du reste, s'agissant des voies urbaines par exemple, leur délimitation obéit aux règles générales du plan d'urbanisme directeur de chaque ville, plan qui est approuvé par décret[18].

Si donc la législation fonde la mesure de l'alignement des voies publiques, il ne fait aucun doute que c'est pour davantage accorder une sécurité juridique aux riverains des dépendances domaniales concernées. Cette approche d'une mesure juridiquement consacrée et donc maitrisée, semble ne pas toujours être en phase avec son déploiement.

3.2. Récurrence d'une procédure dévoyée

Dans le contexte camerounais, l'opérationnalisation de l'alignement témoigne d'un mécanisme davantage dévoué à la cause des intérêts plus qu'à celle des propriétaires riverains ; ce qui le détourne de sa finalité principale qui est proche de la sécurité juridique des particuliers. Cette interprétation se vérifie au travers de l'analyse tant de la politique qui l'imprègne (1.2.1) que des modalités par lesquelles il s'exprime (1.2.2).

3.2.1. Dans sa subjectivation

Dans sa subjectivation au Cameroun, l'alignement met en exergue deux formes d'alternatives : l'alternative minimale du rétrécissement des voies publiques et celle maximale d'élargissement des voies publiques :

Hypothèse minimale de rétrécissement d'une voie publique

Dans le cas où le plan d'alignement prévoit le rétrécissement d'une voie publique, l'effet produit est celui du déclassement. Par conséquent, la partie déclassée tombe dans le domaine privé des personnes publiques. La doctrine appelle cette parcelle un « délaissé » (Chapus, 20021 : 469). En cas de vente des délaissés par l'administration, les anciens propriétaires riverains ont un droit de préemption[19]. Ce droit de

---

[18] L'article 32 de la loi n°2004/003 du 21 avril 2004 régissant l'urbanisme au Cameroun définit le plan d'urbanisme comme « un document qui fixe les orientations fondamentales de l'aménagement d'un territoire urbain, la destination générale des sols et la programmation des équipements ».

[19] Cette technique se rattache à la théorie de la cession forcée sinon en ce qu'elle obligerait le propriétaire privé à céder son bien, du moins en ce qu'elle lui impose, lorsqu'il décide de le mettre en vente, un acquéreur préférentiel, Voir. Gaudemet (2014 : 354),; il s'agit en outre d'un droit reconnu dans certains cas à l'Administration, et à certains organismes de droit privé accomplissant une mission de service public, d'acquérir la propriété d'un bien lors de son aliénation par préférence à un autre acheteur (Voir Guillien, Guinchard et Montagnier, 2010 : 428).

préemption leur confère la possibilité de conserver leur situation de riverains de la voie publique. Le droit de préemption ainsi consacré est fondé sur l'idée que les parcelles considérées étant de fables étendues ou moins utiles, trouveraient difficilement un autre preneur (Chapus, 2001 : 469).

Cependant, même dans le cas où, au vu des avantages qu'offre la situation de riverain de la voie publique, il y aurait d'autres candidats à l'acquisition de la parcelle concernée, le droit accorde la priorité aux riverains originaires.

En dernière analyse, les propriétaires riverains ne sont tenus d'acquérir indirectement les délaissés provoqués par l'alignement. De son côté, l'administration n'est pas non plus tenue de les aliéner. Simplement, il lui appartient d'apprécier si l'intérêt général va ou non dans le sens de la mise en vente. Dans ce dernier cas précisément, elle pourra conserver la disposition des délaissés pour les affecter à un usage public. Toutes ces hypothèses apparaissent fréquemment dans la pratique institutionnelle camerounaise. Seulement, le manque déplorable de règles relatives à l'encadrement de l'alignement impacte considérablement sur son effectivité.

Hypothèse maximale d'élargissement d'un public

L'hypothèse de l'élargissement des voies qui existent déjà est la plus récurrente. Dans cette hypothèse, deux principaux effets sont produits. Il s'agit du transfert de propriété et la servitude de reculement

D'abord, dans l'hypothèse de l'élargissement, l'alignement opère au profit de la dépendance routière le transfert de propriété pour la portion de l'immeuble riverain sur laquelle empiète le plan. Encore faudrait-il distinguer les cas où l'élargissement intéresse des immeubles non bâtis et non clos de celui où il se rapporte aux immeubles bâtis ou clos. Si les plans d'alignement qui décident de l'élargissement des voies existantes emportent automatiquement le transfert des premiers, les seconds ne sont pas guère mieux lotis. En effet, ils sont frappés par une servitude de reculement. Dans ces différents cas, le plan emporte dès sa publication, l'immédiat transfert de la propriété de ces immeubles, dans les limites qu'il détermine, au profit de la propriété publique à qui la voie appartient[20].

En règle générale, aucune construction nouvelle ne peut à quelque hauteur que ce soit, empiéter sur l'alignement ou aucune construction ne peut être élevée en bordure d'une voie publique sans être conforme à l'alignement sous peine d'être démolie. D'après l'article 5 alinéa 1 du

[20] CE 28 mai 1971, Pozzo, p. 422.

décret n°2008/0740[21] suscité, la démolition est la sanction applicable au non-respect de l'alignement. Elle est exécutée par le maire de la commune concernée, à la charge du propriétaire de l'immeuble, conformément aux dispositions de l'article 87 de la loi n° 2004/018 du 22 juillet 2004 fixant les règles applicables aux communes. L'alinéa 2 de l'article 5 du même décret de 2008 précise encore que cette démolition est faite sans préjudice d'une action judiciaire en dommages-intérêts. Par conséquent, les propriétaires qui désirent construire ou réparer un immeuble à la limite des voies publiques ont l'obligation de respecter l'alignement.

Il ressort de cette précision que l'alignement a un caractère attributif (Obaker Balinan, 2013 : 224) lequel est étranger aux autres modes de délimitation domaniale. Mais les ex-propriétaires auront droit à des indemnités correspondant à la valeur des parcelles dont ils sont désormais privés et évalués comme en matière d'expropriation (Chapus, 2001 : 466)[22]. De plus, il convient d'indiquer que le transfert de propriété, s'il est ainsi provoqué et rendu possible par l'établissement discrétionnaire du plan, n'est pas toujours réalisé immédiatement par lui. Il ne l'est que lorsque l'alignement porte sur des terrains nus. Dans ce cas en effet, le plan d'alignement a pour conséquence d'incorporer définitivement à la voie publique les terrains englobés. En revanche, lorsqu'il s'agit de terrains construits ou clos par des murs, le transfert de propriété ne s'opèrera qu'au fur et à mesure que la construction sera détruite pour une cause quelconque. Mais, à l'égard de ces terrains, le plan d'alignement produit un effet très particulier, qui est de donner naissance à la servitude de reculement[23].

Enfin, aux termes de l'article 4 alinéa 1 du décret n°2008/0740, la servitude de reculement s'entend du recul de toute construction par rapport à la bordure extérieure de l'emprise de toute voie publique[24] ; du retrait de l'alignement de constructions ou servitudes de visibilité aux abords des carrefours ou des virages[25]. Elle s'étend jusqu'à la nouvelle limite de la voie publique et elle interdit tous les travaux confortatifs. Suivant cette servitude, aucune construction ne pourra être élevée sur la partie de terrain frappée d'alignement. Si le terrain est construit, le propriétaire ne pourra faire aucun travail confortatif. Les travaux confortatifs sont ceux qui ont pour effet de prolonger la durée

---

21 Article 5 du décret n° 2008/0740 du 23 avril 2008 fixant le régime des sanctions applicables aux infractions aux règles d'urbanisme.

22 Voir également Arrêt n° 160/A/CFJ/CAY du 8 juin 1971, Fouda Mballa Maurice c/ État Fédéré du Cameroun.

23 Sur les effets des servitudes de reculement, Voir Pierre Bijou (1997 : 551)..

24 Article 4 alinéa 1(a) du décret de 2008 précité.

25 Idem., Article 4 alinéa 1b.

de l'immeuble. Il s'agit du ravalement des façades, de la réfection des toitures ou des charpentes. Ainsi, faute d'effectuer ces travaux d'entretien au bout d'un certain temps, l'immeuble tombera en ruine, menacera la sécurité publique et l'Administration en ordonnera la démolition. Cette procédure présente un avantage considérable pour l'Administration. Elle lui permet de lutter contre l'occupation irrégulière ou l'empiètement des emprises des voies publiques. Il s'agit donc d'une mesure d'assainissement de l'espace public.

En clair, si l'idée de restriction des droits des particuliers sous-tend la politique de l'alignement au Cameroun, elle ne transparait pas moins de son objectivation.

3.2.2. Dans son objectivation

L'alignement est établi sur la base de deux (02) modalités, à savoir : le plan d'alignement et l'alignement individuel. Si le premier tend à s'affirmer comme la règle, le second reste très exceptionnellement acquis.

Par définition, le plan d'alignement est un document à valeur réglementaire auquel est joint un plan parcellaire. Il détermine, après enquête publique, la limite entre la voirie publique et les propriétés riveraines. Il permet de modifier les limites préexistantes des voies publiques, en les élargissant ou en les rétrécissant. Il peut être général ou partiel suivant qu'il concerne l'intégralité d'une voie ou d'un ensemble de voies ou seulement certaines sections. Son établissement n'est pas obligatoire. Au Cameroun, il est élaboré pour les Communautés urbaines et pour les groupements de communes dont le développement nécessite une action concertée.

L'alignement individuel est établi en l'absence de plan d'alignement. Il constitue un acte par lequel l'administration indique au propriétaire riverain d'une voie publique les limites de celles-ci au droit de sa propriété. Autrement dit, il est la définition unilatérale par l'administration de l'emprise de fait de la voie et de ses dépendances[26]. C'est par principe un acte déclaratif, non créateur de droit. C'est donc dire qu'il ne s'agit pas concrètement d'une servitude, mais d'une constatation de l'état de fait qui n'est pas créatrice de droits et ne vaut pas transfert de propriété. Il doit, le cas, échéant être délivré au demandeur conformément au plan d'alignement, s'il en existe. Dans ce cas, il est purement l'application du plan d'alignement. Mais dans le cas contraire, il constate les limites de fait de la voie publique. L'alignement individuel est établi par un arrêté délivré au demandeur par l'autorité

[26] L'on cite dans ce cadre les trottoirs, les accotements, les fossés les talus etc.

compétente compte tenu de la voie considérée et préalablement à tous les travaux en limite du domaine public.

Au regard de ce qui précède, l'inclinaison en faveur du plan d'alignement connote de l'intérêt de l'administration à préserver son domaine contre les actions des particuliers. Toutefois, il s'agit là d'une instrumentalisation assez particulière de l'alignement qui tente d'établir un déséquilibre très prononcé entre l'administration et les particuliers en matière domaniale ; lequel déséquilibre tend à être réduit par l'ambivalence des effets que génère la situation de riveraineté.

4. Riveraineté comme génératrice d'effets ambivalents en droit domanial routier

De nos jours, le mérite du droit positif camerounais est, dans une perspective d'objectivation, d'évoluer les rapports entre l'administration et les particuliers. La matière domaniale n'échappe nullement à cette trajectoire. La question de la riveraineté à une dépendance routière offre encore l'occasion de vérifier cette logique. En effet, bien que procédant d'une mesure unilatéralement fixée par l'Administration, la riveraineté dégage des effets qui ne sont plus exclusivement nocifs aux fonds privés voisins. Dit autrement, après une analyse incrémentale des textes en vigueur, il ressort qu'entre le domaine routier et les propriétés voisines, naissent des rapports de voisinage qui entrainent des charges réciproques que chaque fond doit supporter. Ces charges sont établies soit au profit du domaine routier, soit au profit de propriétés riveraines, entrainant successivement soit une limitation de l'absoluité de la propriété riveraine (2.1.) soit une constitution des droits à son profit (2.2.).

4.1. Limitation de l'absoluité de la propriété riveraine

La simple contiguïté au patrimoine routier peut placer le voisin dans une situation précaire, contribuant de la sorte à rendre très relative la valeur « absolue » du droit de propriété. Il est généralement admis dans les rapports de particulier à particulier que la propriété est le droit d'user et de jouir d'une chose de la manière la plus absolue[27]. Concrètement, la propriété comporte trois (03) principaux caractères à savoir, l'absoluité, l'exclusivité[28] et la perpétuité[29]. Dans ce cadre, seul le premier caractère retiendra notre attention.

---

[27] Lire dans ce sens les provisions de l'article 544 du Code civil applicable au Cameroun.

[28] Encore appelé caractère industriel, ce caractère renseigne sur le fait que le propriétaire est seul maitre de sa chose et que par conséquent, il peut interdire à quiconque de s'en servir sans son consentement et surtout il peut faire annuler tous les

L'absoluité de la propriété, caractère de ce qui est absolu, se rattache à l'idée que le titulaire d'un droit de propriété à la « *plena in re potestas* »[30]. Il s'agit de dire que les pouvoirs du propriétaire sur sa chose sont illimités, contrairement aux titulaires des autres droits réels qui n'ont que des pouvoirs spécifiques. La théorie de l'absolutisme du droit de propriété est d'essence civiliste. Le Doyen Carbonnier fait savoir qu'historiquement, le terme « absolue » vient du latin, « *absoluta* » qui signifie dégager de toute entrave. Cette absoluité se traduit précisément par la trilogie *usus, fructus* et *abusus*[31]. Mais ce caractère est très exactement limité par des servitudes établies, en droit administratif, dans l'intérêt supérieur de la collectivité : il s'agit de ce qu'on appelle servitudes de voirie, constitutives de véritables charges pour le riverain. Leur compréhension passe par l'analyse de leur connaissance (2.1.1) et de leur consistance (2.1.2).

4.1.1. Reconnaissance de la servitude de voirie

De manière générale, la servitude est une restriction apportée par la loi au caractère absolu du droit de la propriété immobilière[32]. Techniquement, elle se définit comme une charge imposée à un fonds, au profit d'un autre fonds ou de l'intérêt général. Cette définition emporte trois conséquences : non seulement elle est une charge imposée à un fonds appelé fonds servant, mais c'est aussi une charge

---

actes juridiques qu'un tiers a pu accomplir vis-à-vis de sa chose. Il existe cependant plusieurs situations qui mettent en difficulté le caractère exclusif : la première est tirée du fait qu'il peut exister plusieurs propriétaires pour une même chose. C'est la situation posée la copropriété ; la deuxième vient du fait qu'il peut exister sur la chose, un propriétaire réel mais caché ou inconnu à côté d'un propriétaire dit apparent ; la troisième résulte de l'importance que la loi accorde à la théorie de la possession.

[29] Ce caractère a pour sa part une double signification. La première renvoie à l'idée que le droit de propriété dure aussi longtemps que l'objet sur lequel il porte. Autrement dit, tant que la chose n'est pas matériellement détruite, c'est le même droit de propriété qui se transmet d'un titulaire à l'autre. Par conséquent, lorsque par exemple on vend ou lorsqu'on donne un bien, l'acheteur ou le donataire n'est pas titulaire d'un nouveau droit. L'ancien propriétaire lui transmet son droit avec la chose. La seconde se rapporte à l'idée que le propriétaire conserve son droit aussi longtemps qu'il ne s'en défait pas. Autrement dit que non seulement le droit de propriété n'est pas limité dans le temps, mais également que le droit de propriété ne se perd pas par le non-usage.

[30] Ce qui signifie une totale maîtrise de sa chose.

[31] Pour un approfondissement des trois attributs du droit de propriété, lire André Tientcheu Njiako (2003 : 256-257).

[32] Cette définition ressort de l'article 637 du Code civil aux termes duquel : « une servitude est une charge imposée sur un héritage pour l'usage et l'utilité d'un héritage appartenant à un autre propriétaire » ; article 649 du Code civil : « Les servitudes établies par la loi ont pour objet l'utilité publique ou communale, ou l'utilité des particuliers.

civilement organisée au profit d'un autre fonds appelé fonds dominant. De plus, la servitude peut être administrativement organisée au profit de la collectivité.

Les servitudes de voiries font partie des servitudes administratives. La notion de servitude administrative est plus large et désigne les servitudes d'utilité publique établies au profit de la conservation du domaine public. Il s'agit par-là, des charges que doivent supporter les propriétés voisines du domaine, afin de permettre la meilleure utilisation de la dépendance dans le respect de son affectation (Morand-Devillier, 2014 : 136). Leur but est essentiellement d'assurer que les dépendances du domaine public pourront toujours être utilisées au mieux et conformément aux exigences de leur affectation (Chapus, 2001 : 47). Il ressort de là qu'elles sont intimement liées à l'idée d'affectation, qui sous-tend le domaine public en général.

En théorie, les servitudes administratives se rapprochent des servitudes de droit privé en ce qu'elles imposent au voisin certaines obligations de s'abstenir, de supporter ou de faire.

Cependant, ces servitudes administratives diffèrent, à maints égards, des charges de voisinage existant en droit privé. La doctrine propose plusieurs critères de distinction. On peut de par ces critères tenter une synthèse :

- Tout d'abord, elles résultent d'un acte unilatéral, en général une loi, mais un décret est aussi possible. Par conséquent, elles ne sauraient être créées par voie contractuelle (Morand-Devillier, 2014 : 136).
- Ensuite, établies dans l'intérêt général, elles sont d'ordre public ou d'intérêt général[33] et sont opposables directement aux administrés, sans formalité de publicité préalable.
- Puis, elles sont soumises au principe de spécialité. Ce qui a pour conséquence qu'elles ne valent que pour les dépendances prévues par le texte qui les institue (Roman, 2007 : 729).
- De plus, elles sont inaliénables et imprescriptibles et ne peuvent s'éteindre par le non-usage et la prescription. Seule la cessation de l'affectation pourrait y mettre fin. Dans ce sens, elles comportent des sanctions, les contraventions de voirie précisément, inconnues du droit privé.

---

[33] Il faut noter que l'intérêt général pour les servitudes administratives correspond à la définition de l'utilité publique retenue dans le titre premier de la présente étude. Sur les différentes catégories de servitudes d'utilité publique (cinq au total), se référer à l'article 7 du décret n° 2008/0740/PM du 23 avril 2008 fixant le régime de sanctions applicables aux infractions aux règles d'urbanisme.

Par ailleurs, la doctrine administrativiste réunit les servitudes administratives en trois (03) groupes :

- Le premier groupe est celui constitué des servitudes s'analysant comme des obligations de s'abstenir. On les appelle servitudes « *in non faciendo* » (Chapus, 2001 : 471) ;
- Le deuxième groupe est constitué par les servitudes s'appréhendant en une obligation de supporter. Il s'agit des servitudes « *in patiendo* » (Chapus, 2001 : 472) ;
- Le troisième groupe est composé de servitudes se rapportant à l'obligation de faire. Il s'agit des servitudes « *in patiendo* » (Chapus, 2001 : 472).

Enfin, contrairement à celles du droit privé[34], les servitudes administratives n'existent qu'à l'égard des dépendances domaniales au profit desquelles elles sont expressément instituées.

Ce bref rappel sur les considérations générales de servitudes administratives permet de baliser le champ de la compréhension des servitudes de voiries.

S'agissant particulièrement des servitudes de voirie, elles se définissent comme des restrictions imposées au propriétaire pour l'usage des voies publiques généralement destinées la circulation routière (Roman, 2007 : 136). Elles imposent aux riverains de nombreuses charges parmi lesquelles, les servitudes d'écoulement des eaux, de plantation ou encore de passage qui du reste en constituent la consistance. En conséquence, elles comportent pour la plupart des sanctions particulières de droit administratif et ouvrent droit à une indemnisation parce que leur imposition aux particuliers « amène une rupture de l'égalité des citoyens devant les charges publiques » (Owona, 1985 : 123). La définition ainsi faite des servitudes de voirie renseigne fort à propos sur leur consistance.

4.1.2. Consistance des servitudes de voirie

Les servitudes de voiries pèsent essentiellement sur les propriétés riveraines du patrimoine routier. Elles sont nombreuses et variées mais l'on s'attardera seulement à quelques-unes d'entre elles notamment la servitude de visibilité, celles de plantation et celles d'essartage et d'étalage.

---

[34] Elles sont d'une application générale dans les rapports privés.

- La servitude de visibilité qui est imposée aux propriétés riveraines à proximité des croisements, virages et points dangereux pour la circulation ;
- Les servitudes de plantation imposées pour les plantations effectuées en bordure de la route et dépassant une certaine hauteur ;
- Les servitudes d'essartage et d'étalage imposées au propriétaire lorsque la route traverse une forêt privée. Elle se résume en l'obligation de débroussailler et de tailler les branches qui risquent de gêner l'utilisation de la voie.

En clair, l'inconvénient généré par l'alignement sur la propriété riveraine ne semble pas totalement diluer les avantages qu'elle procure. Ces derniers se déclinent à travers des droits au profit des riverains.

4.2. Constitution des droits au profit de la propriété riveraine

Si le patrimoine routier est une propriété administrative, il convient de préciser que le temps où Gaston Jeze pouvait soutenir que le régime des relations entre une dépendance domaniale (laquelle est insusceptible d'appropriation) et les propriétés privées riveraines est étranger à celui aménagé par le Code civil, est dépassé. Cependant, pour autant qu'elle ait reçu des aménagements, cette assertion garde une bonne partie de sa pertinence. En effet, pour la doctrine majoritaire, la reconnaissance d'un plein droit de propriété des personnes publiques sur leur domaine a pour effet de soumettre les voisins au respect des charges de voisinage de droit commun. Par conséquent, la nature particulière du domaine public empêche l'application des servitudes non conventionnelles et conventionnelles[35].

Cependant, comme les autres dépendances du domaine public, le patrimoine routier est affecté à l'utilité publique. Et c'est précisément de cette affectation que le riverain peut tirer certains droits sur la dépendance. Ces droits s'analysent en aisances de voirie. La clarification de cette notion (2.2.1) permet de mieux cerner l'ensemble des obligations qu'elle fait naitre à la charge de l'administration (2.2.2).

---

[35] Précisons qu'en France, la légalité des servitudes conventionnelles est très discutée. Si elle est admise par la doctrine (notamment par des auteurs comme Pierre SABLIERE, « Les servitudes sur le domaine public », C.J.E.G, 1991, p. 149) en revanche, elle est récusée par le juge administratif (Cf. CE, 10 décembre 1954, Commune de Champigny-sur-Marne, R. p. 658 ; TC 28 avril 1980, SCIF résidence des Perriers, r. p. 506, A.J.D.A, 1980, p. 607.

4.2.1. Notion d'aisances de voirie

Les aisances de voirie s'appréhendent comme en un *continuum* de droits du riverain sur les dépendances du patrimoine routier contigu. Autrement dit, il s'agit par là de voir des charges grevant le domaine public.

À l'origine, les aisances de voirie étaient considérées comme des servitudes de droit civil grevant le domaine public et trouvant leur fondement dans le droit de propriété du voisin. Mais de nos jours elles ont fait l'objet d'une novation et sont désormais présentées comme découlant de l'affectation même de la voie publique. Le fait est en effet que l'affectation a également pour fonction de desservir les propriétés riveraines[36]. Sous ce rapport, elle confère au riverain de véritables droits que l'on peut sérier en trois (03) catégories à savoir le droit d'accès, le droit de vue et le droit d'écoulement des eaux. Cependant, en raison de leur importance pour notre étude, seules les deux premières seront analysées ici.

- Le droit d'accès. Il est établi au bénéfice tant des propriétaires riverains que de toutes personnes se rendant dans l'immeuble (bâti ou non) limitrophe de la voie publique. Ce droit permet d'ouvrir des portes donnant sur la voie publique, ainsi que des accès pour les véhicules[37]. De même, il permet sinon de laisser des véhicules en stationnement sur la voie au droit l'immeuble, du moins de les laisser en arrêt pendant le temps nécessaire, à faire de l'immeuble monter ou descendre les personnes transportées ou à charger ou décharger des colis et marchandises ;
- Le droit de vue. Celui-ci se traduit par le droit de disposer d'ouvertures, pratiquement de fenêtres, donnant vue sur la voie publique, sans qu'il y ait à respecter les diverses restrictions par lesquelles l'article 676 du Code civil limite la possibilité d'avoir des « vues sur la propriété de son voisin »[38].

[36] CE Sect. 16 décembre 2005, Mme Kostiouk et al. n° 268872, RFDA 2006, p. 187 où le juge administratif a mentionné que « la qualité de riverain d'une voie publique confère à celui-ci le droit d'accéder à cette voie ; (...) ce même droit est dévolu à celui qui, sans être riverain d'une voie publique, ne peut accéder à son fonds qu'en empruntant une voie publique ».

[37] Sur ce point, voir respectivement CE 26 juillet 1947, Durand, p. 585 et TA Rennes 6 décembre 1989, Foulon, JCP 1990, IV, p. 251.

[38] Cité par René CHAPUS (2001 : 474).

Avec la création prochaine des autoroutes au Cameroun, il sera possible de prévoir une législation qui prive les riverains de ce type de voie publique, du droit d'accès et soumettant le droit d'écoulement des eaux à une autorisation délivrée sous forme de « permission de voirie » et assortie le cas échéant des conditions propres à prévenir des gênes pour la circulation comme c'est le cas en France[39]. En attendant d'en arriver là, les aisances de voirie fixent lorsqu'elles sont établies, certaines obligations à l'Administration.

4.2.2. Obligations de l'Administration

Les aisances de voiries sont perçues comme des droits pour des riverains. Sous ce rapport, elles mettent à la charge de l'administration, un certain nombre d'obligations. Cependant, lorsqu'il s'agit des droits s'exerçant contre la puissance publique, ceux-ci ne peuvent se déployer sans limites.

D'une part, l'autorité de police doit tenir compte du droit d'accès et du droit d'arrêt qui lui est lié, quand elle règlemente la circulation et le stationnement des véhicules (Chapus, 2001 : 475). Comme on l'étudiera plus loin, l'autorité administrative ne saurait accorder légalement à des tiers des autorisations d'occupation de la voie publique si son occupation est de nature à porter atteinte au droit d'accès de riverains[40]. De même, elle doit veiller à ce que les titulaires de telles autorisations ne se comportent pas de façon à troubler l'exercice du droit d'accès[41].

D'autre part, le fait même que les aisances de voiries ne peuvent s'exercer de manière absolue emporte deux (02) sortes de conséquences :

- *Primo*, l'administration peut légalement décider, pour motifs d'intérêt général, le déclassement d'une voie publique ou la transformation d'une voie ordinaire en autoroute ou en route express, dont les riverains sont privés du droit d'accès. Les aisances de voiries ne sont pas un obstacle à de telles mesures[42]. Mais l'atteinte portée aux droits des riverains leur ouvre droit à réparation[43] ;
- *Secundo*, l'intérêt général et plus précisément celui de la circulation, peut justifier que les travaux entrepris sur une

[39] Lire respectivement les dispositions pertinentes du Code de la voirie routière art. L 122-2 et L 151-3 d'une part, et R 122-3, d'autre part.
[40] CE 28 avril 1961, Leron, p. 271.
[41] CE 29 avril 1963, Dme Denante et Michel, p. 330.
[42] CE 23 juin 1971, Etabliss. Marboise, p. 957.
[43] CE 30 juin 1976, Sarl Martinet Frères, p. 345, RDP 1977, p. 525.

voie publique aient pour conséquence des suppressions d'accès ou des modifications des conditions d'accès. Lorsqu'il en est ainsi, les riverains ne sont pas en droit d'exiger de l'administration qu'elle exécute les travaux propres à leur restituer l'accès ou à les rétablir tel qu'il était[44]. Davantage même l'administration peut leur refuser l'autorisation de rétablir eux-mêmes l'accès, pour motifs d'intérêt général[45].

Conclusion

De ce qui précède, il convient de retenir que, dans le voisinage du patrimoine routier, l'intérêt général qui caractérise cette dépendance du domaine public justifie *per se* le déséquilibre de la relation de voisinage entre l'Administration et les riverains. Ceci constitue une inflexion supplémentaire aux mutations auxquelles le droit administratif fait face de nos jours au Cameroun. Il en va de même du régime de l'utilisation de ce bien élaboré unilatéralement par l'administration.

Au total, lorsqu'elle est déclenchée par la mesure administrative d'alignement, la riveraineté génère des effets qui ne profitent plus exclusivement à l'administration. Les propriétés riveraines jouissent des aisances de voirie à côté d'autres formes d'obligations imposables à l'Administration. De là, il ressort que, le régime juridique qui régit les rapports entre la dépendance domaniale et les propriétés riveraines n'est plus totalement étrangers aux règles du Code civil. Même s'il ne s'agit pas d'entendre par là un encadrement servile de l'activité administrative par les règles de droit privé, il ne fait aucun doute que la constitution d'une riveraineté est un terrain fertile sur lequel peut être vérifiée l'évolution des rapports entre l'Administration et les particuliers en matière domaniale et la réduction de la cloison droite public-droit privé.

---

[44] CE 24 avril 1953, Gastambide.

[45] CE 20 octobre 1971, Dme Francoul.

Bibliographie sélective

Ouvrages

Auby J-M., 2003, *Droit administratif des biens*, Précis Dalloz, 4e éd.

Bilong S., 2014, *Memento de la jurisprudence administrative du Cameroun*, Yaoundé, Les clés, P.U.D, 1ère édition.

Carbonnier J., 1995, *Droit civil, Tome 3 ; Les biens*, 18e éd. PUF, Paris, collection THEMIS.

Chapus R., 2001, *Droit administratif Général*, t.2, 15e édition, Montchrestien, Paris « Précis Domat ».

De Laubadere A., Venezia J-C., 1995, *Traité de droit administratif*, Tome 2, 10e éd., Paris, L.G,D,J.

Dufau J., 2001, *Le domaine public*, Paris, Le moniteur, 5e éd.

Guinchard S., Montagnier G. (dir.), 2010, *Lexique des Termes Juridiques*, 10eéd., Paris, Dalloz.

Lucas A., 2006, *Code civil*, Paris, Litec.

Morand-Deviller J., 2014, *Droit administratif des biens*, 8e édition, L.G.D.J.

Tientcheu Njiako A., 2003, *Droits fonciers urbains au Cameroun*, Yaoundé, P.U.A.

Owona J., 1985, *Droit administratif spécial de la République du Cameroun*, Yaoundé, Edicef.

Articles

Batoum Ba Ngoue S. T., 2015, « L'idée d'une expropriation pour cause d'utilité privée au Cameroun », In Mélanges en l'honneur de André TIENTCHEU NJIAKO, *Droit et Politique de l'immobilier en Afrique. Exemple du Cameroun*, Yaoundé, P.U.A, pp. 556-580.

Mpessa A., 2004, « Le titre foncier devant le juge administratif camerounais », *Juridis périodique* n° 59, juin-août- septembre, pp. 77-88.

Roman D., 2007, « Le voisinage en droit administratif des biens », in Mélanges en l'honneur de Jacqueline Morand-Deviller, Paris, L.G.D.J, Montchrestien, pp. 723-732.

Sietchoua Djuithoko C., 2015, « Les limites de l'absoluité du titre foncier au Cameroun », In Mélanges en l'honneur de André Tientcheu Njiako, *Droit et Politique de l'immobilier en Afrique. Exemple du Cameroun*, Yaoundé, P.U.A, pp. 584-604.

Thèses

Guille E., 1938, version publiée de la thèse, *L'Alignement des voies publiques et privées*, Paris, L. Rodstein, in-8, 188 p.

Leyat P., 1936, « La responsabilité dans les rapports de voisinage », Thèse Droit, Université de Toulouse.

Mpessa A., 1998, « Essai sur la notion et le régime des biens domaniaux au Cameroun », Thèse de Doctorat en droit public, Université de Paris 1-Panthéon- Sorbonne.

Obaker Belinan S., 2013, « Domaine public et domaine privé en droit camerounais », Thèse de Doctorat en droit public, Université de Yaoundé II.

Saugez H., 2012, « L'affectation des biens à l'utilité publique. Contribution à la théorie générale du domaine public », thèse, Droit public, Université d'Orléans.

Textes juridiques

Loi n° 80/22 du 14 juillet 1980 portant répression des atteintes foncières et domaniales ;

Loi n°2004/003 du 21 avril 2004 régissant l'urbanisme au Cameroun

Ordonnance n°74/2 du 6 juillet 1974 fixant le régime domanial au Cameroun

Décret n° 2008/0740 du 23 avril 2008 fixant le régime des sanctions applicables aux infractions aux règles d'urbanisme.

Décisions de justice

Arrêt n° 160/A/CFJ/CAY du 8 juin 1971, Fouda Mballa Maurice c/ Etat Fédéré du Cameroun ;

CE Sect. 16 décembre 2005, Mme KOSTIOUK et al. n° 268872, *RFDA* 2006 ;

Marcel WALINE, note sous CA Paris, 13 mai 1933, D. 1934, 2, 101, p. 144 ;

CE 28 avril 1961, Leron, p. 271.

CE 29 avril 1963, Dme Denante et Michel, p. 330.

CE 23 juin 1971, Etabliss. Marboise, p. 957.

CE 30 juin 1976, Sarl Martinet Frères, p. 345, RDP 1977, p. 525.

CE 24 avril 1953, Gastambide.

CE 20 octobre 1971, Dme Francoul.

TC, 10 novembre 1900, *Espitalier,* Rec., p. 607.

CE, 12 novembre 1955, *Cazauran*, Rec., p. 537

CE, 20 avril 1956, *Ville de Nice*, Rec., p. 162 ; *RDP* 1956, p. 575.

CE, 24 janvier 1973, *Spiteri,* Rec., P. 64

CE, Sect. 06 février 1976, SCI Villa Miralar

CE, 27 juillet 1988, Bellay Rec., p. 301, *AJ*, 1988

TC 26 juillet 1991, *Cons. Lecuyer*, p. 306 AJ 1992, p. 92, obs. G. Teboul, CJEG 1992, p. 113, concl. B. Stirn, L.P.A 11 juin 1992, p. 7, note M.-C. Rouault.

Chapitre 5 : Intercommunalité et gouvernance des territoires au Cameroun : regard holistique sur un dispositif de coopération par le bas

Troie Thiery Tagne & Bertrand-Michel Mahini

Résumé

Si les communes sont dotées d'une mission générale de développement local et d'amélioration du cadre et des conditions de vie de leurs populations, il faut reconnaitre que l'atteinte de ces objectifs est ajournée par la recherche de moyens et le déficit de synergie communale dans le contexte camerounais d'accélération de la décentralisation. Un certain nombre d'instruments dont l'intercommunalité a été introduit à l'effet de réguler la gouvernance des villes et co-construire le développement territorial. Les balbutiements d'un tel mécanisme se fondent sur une constante domestique : le dirigisme instrumental ; et, une constante extérieure : la domination impérialiste. Ce qui fait perdre aux communes leurs capacités réelles de décision et leurs bribes de compétences dans un « État commando » où l'avenir de la coopération décentralisée réside dans le démantèlement de l'autocratisme déconcentré de l'État.

Mots-clés : Intercommunalité, coopération décentralisée, commune, décentralisation, gouvernance.

Abstract

Although the communes have a general mission of local development and improvement of the environment and conditions of their populations, It must be recognized that the achievement of these objectives is postponed by the research for means and the lack of communal synergy in the Cameroonian context of accelerating decentralization. A certain number of instruments, including intercommunality, have been introduced to regulate the governance of cities and co-construct territorial development. The beginnings of such a mechanism are based on a domestic constant: instrumental dirigisme ; and an external constant: imperial domination. This makes the communes lose their real decision-making capacities and their bits of competence in a 'commando state' where the future of decentralised cooperation lies in the dementialisation of the state's deconcentrated autocracy.

Keywords: intercommunality, decentralized cooperation, council, decentralization, governance

Introduction

L'État unitaire décentralisé du Cameroun est un maillage de micro-territoires (régions) et de nano-territoires (communes) : 360 communes et 14 communautés urbaines constituent les collectivités locales de base. Celles-ci se caractérisent par leur individualisme (Bontron, 2011 : 185-186) en dépit des mécanismes élaborés pour accélérer le développement territorial et de proximité. La coopération intercommunale se recrute parmi lesdits mécanismes. En tant que processus d'action collective et forme légale d'intervention, elle obéit à des règles qui déterminent les modalités d'organisation possibles et souhaitables (Moquay, 1998 : 209) des territoires. Elle se veut un dispositif stratégique de pilotage des territoires dans le contexte de la décentralisation. Suivant les dispositions du Code Général des Collectivités Territoriales Décentralisées (CGCTD) du Cameroun en son article 5, la décentralisation consiste en un transfert par l'État, aux collectivités territoriales, des compétences particulières et des moyens appropriés. Et en cela, elle (la décentralisation) constitue l'axe fondamental du développement, de la démocratie et de la bonne gouvernance au niveau local (Art. 5 (2) du CGCTD). Ce triptyque constitue en n'en point douter, les trois enjeux majeurs de la politique nationale de décentralisation. La matérialisation de ces enjeux au sein des territoires pose des difficultés fondamentales si l'on s'en tient aux données disponibles, relayées tant dans les discours des acteurs politiques que dans la presse et les milieux scientifiques (Tagne, 2021). L'intercommunalité peut-elle se poser comme une alternative pertinente ? Un état des lieux rapide sur la question amène à établir avec Alain Richard (2014 : 57) l'existence de « tout un argumentaire fonctionnaliste qui analyse l'intercommunalité comme outillage pratique apportant aux communes des capacités financières et opérationnelles de réalisation de projets partagés ».

En effet, l'intercommunalité qui prend sens dans le contexte de la décentralisation désigne une forme politico-institutionnelle de coopération ou d'association entre communes ou municipalités (Desage, 2020 : 293). Elle est considérée de manière opératoire comme un procédé qui permet aux communes de mettre et de gérer ensemble leurs ressources (humaines, matérielles, financières) pour s'assurer un fonctionnement optimal à travers un service public local efficace (MINADT, 2010 : 10). Elle peut alors porter sur des thèmes divers et variés à l'instar du ramassage des ordures ménagères, de la gestion de l'eau, de l'assainissement, des transports urbains, de l'élaboration de projets/programmes de développement économique, de l'aménagement, etc. En d'autres termes, l'intercommunalité renvoie à la coopération communale ou intercommunale à l'intérieur comme au-delà des frontières. Elle prend en compte le jumelage et le syndicat des communes. Le syndicat des communes, lui-même, est d'après l'article 105 (1) CGCTD, un établissement public intercommunal doté d'une personnalité juridique et de l'autonomie administrative et financière. Il s'agit d'une structure intercommunale pérenne qui nécessite la mise en œuvre d'organes donc le fonctionnement est supporté par les communes-membres.

La coopération décentralisée, concept « un peu technocratique » (Gallet, 2005 : 61-70), est définie dans la loi française sur l'administration territoriale de la République de 1992, comme « l'ensemble des actions de coopération internationale menées par convention dans un but d'intérêt commun par une ou plusieurs collectivités ». Au Cameroun, c'est l'article 94 (1) CGCTD qui consacre la coopération décentralisée. Il l'envisage comme toute relation de partenariat entre deux (02) ou plusieurs collectivités territoriales ou leurs regroupements, en vue de réaliser des objectifs communs. Elle peut manifestement s'opérer entre collectivités territoriales camerounaises ou entre celles-ci et des collectivités territoriales étrangères, dans les conditions fixées par la législation et réglementation en vigueur ; et, dans le respect des engagements internationaux de l'État.

L'intercommunalité a évolué du syndicat des communes à la coopération décentralisée, même si la loi camerounaise en fait une distinction (Art. 94, al.4 du CGCTD). Contrairement au syndicat des communes qui s'établit sur le territoire du département ou de la région et dans le cadre d'une structure de gestion formelle, la coopération décentralisée est conclue par convention entre les communes du même département ou non, des différentes régions et des communes étrangères. Le CGCTD accorde une place centrale à l'intercommunalité pour donner un coup de pouce à la décentralisation et améliorer la gouvernance des CTD. En dépit de cela, les métropoles camerounaises semblent en crise. Nombre de problèmes comme le désordre urbain, la surpopulation, la promiscuité, l'insécurité et la criminalité, la prostitution, le trafic illicite, etc. perdure encore. Face à la montée de tels phénomènes, les pouvoirs publics en général et les municipalités en particulier, mobilisent des mécanismes de gestion parmi lesquels l'intercommunalité à la disposition CTD pour l'amélioration de la gouvernance de leur territoire et de renforcer leur durabilité.

Toutefois cet outil reste très peu usité de par l'engagement timide des mairies. L'on peut par exemple constater que sur les 360 communes et 14 communautés urbaines, que compte le pays, seulement « 70 ont des conventions de partenariat avec leurs homologues étrangers. Les conventions signées ont permis de mobiliser environ 5 milliards de francs CFA contrairement aux pays de l'Afrique de l'Ouest, à l'instar du Sénégal, où cette coopération avec les partenaires multilatéraux et bilatéraux a permis de capter entre 1995 et 2005, 74.3 milliards de FCFA »[1]. Au vu de ce faible engouement des municipalités, en quoi l'intercommunalité est-elle un dispositif novateur pertinent de gouvernance des territoires communaux camerounais ? Quelles sont les contraintes liées à sa mobilisation effective ? Et comment en faire un véritable outil stratégique adapté à la gestion des communes ? De fait, l'institutionnalisation de l'intercommunalité qui commence légalement en 1974, puis supprimée, a longtemps confiné les structures intercommunales dans les catégories de syndicats des communes et d'associations privées conformément à la loi de 1990. Cette dynamique n'a fait que complexifier les possibilités à capitaliser l'intercommunalité comme instrument de gouvernance des territoires, malgré les multiples enjeux dont il est porteur dans un environnement qui souhaite une décentralisation accélérée.

L'approche du néo-institutionnalisme (dans ses versants stratégique, historique et sociologique) amène à cerner de façon combinatoire, l'institutionnalisation des « visions stratégiques partagées » (Mankou, 2021 : 7) au sein des structures intercommunales et à analyser les rationalités et les manœuvres de captation à partir des spécificités sociales ou territoriales, des opportunités tant individuelles que collectives dans le jeu de la coopération entre les communes. Pour ce faire, l'étude mobilise des données secondaires qualitatives et quantitatives. Elle exploite les contenus des instruments juridiques qui régissent la décentralisation et la coopération décentralisée au Cameroun, les rapports d'études, les productions de presse ou magazines ainsi que la littérature spécialisée sur la question de la coopération décentralisée. La méthodologie utilisée est complétée par quelques observations et expériences de terrain réalisées dans la ville de Dschang (région de l'Ouest-Cameroun) et dans des communes du septentrion. Le présent chapitre est structuré en deux points : l'un traite des enjeux de l'intercommunalité dans le processus dans la gouvernance territoriale ; l'autre fait état de quelques rédhibitions relatives à l'outil et formules des (ré)orientations stratégiques.

---

[1] Présentation de Ondoua Serge Hervé (Minddevel) sur le thème « Coopération décentralisée, intercommunalité et partenariat : enjeux et défis » lors du séminaire de formation des élus locaux et d'autres acteurs du processus de décentralisation au Cameroun, p. 22.

1. Enjeux de l'intercommunalité dans la gouvernance des municipalités au Cameroun

L'intercommunalité, telle que définie, intègre les dimensions nationales et internationales de solidarité entre les territoires. Elle regorge au moins deux grands enjeux, à savoir un enjeu de développement local et de rayonnement international.

1.1. Enjeux de co-développement des territoires

L'atomisation du territoire national à la faveur de la décentralisation réduit souvent les entités infra-étatiques décentralisées à leurs simples spécificités. Parmi les CTD au Cameroun, la Commune apparait auprès de la Région comme un « nano-territoire » dont la forte singularité ne permet pas de prendre le chemin du développement en mode solitaire. La conscience étatique d'une telle réalité s'est traduite par la production d'outils de gouvernance des territoires « autonomes ». L'intercommunalité se présente ainsi comme le dispositif qui favorise la co-construction de la prospérité locale. Elle permet un renforcement mutuel de l'économie locale, favorise la compétitivité des territoires et concourt au relèvement du niveau de vie des populations locales et donc du développement social.

L'intercommunalité, en tant qu'instrument d'action publique au service des collectivités territoriales décentralisées, constitue un levier pertinent pour le renforcement de l'économie locale. Le renforcement de l'économie locale rentre en droite ligne avec les objectifs majeurs de la politique nationale de la décentralisation. Il apparaît en filigrane dans les dispositions légales faisant de la décentralisation « l'axe fondamental du développement local » (CGCTD : art 5) et de l'article 147 du même code qui assigne à la commune une mission générale de développement et d'amélioration du cadre et des conditions de vie de ses habitants. En matière de développement économique en effet, les communes ont reçu en termes de transferts de compétences :

- la promotion des activités de production agricole, pastorale, artisanale et piscicole, d'intérêt communal ;
- la mise en valeur et la gestion des sites touristiques communaux ;
- la construction, l'équipement, la gestion et l'entretien des marchés, gares routières et abattoirs ; l'organisation d'expositions commerciales locales ;
- l'appui aux microprojets générateurs de revenus et d'emplois ;
- l'exploitation des substances minérales non concessibles (CGCTD : art 156).

La mise en œuvre de ces compétences nécessite naturellement et au-delà des ressources techniques, des capacités financières dont les communes camerounaises ne disposent pas forcément. Et c'est justement à ce niveau que la mutualisation des forces devient une option de stratégie à l'effet de booster l'action économique au sein de ces municipalités. En effet, l'idée de s'engager dans l'intercommunalité naît généralement de l'existence des besoins difficiles à satisfaire avec les ressources d'une seule commune. L'une des premières activités à mener étant de procéder à l'identification desdits besoins pour en mesurer l'ampleur. Ainsi, la résolution d'une ou de plusieurs problèmes d'intérêt commun, peut amener à penser à la mutualisation des ressources entre deux ou plusieurs communes. Par exemple, il peut arriver que les populations d'un territoire aient les mêmes réalités et besoins quotidiens, et ce malgré le découpage administratif. Il y a là, une sorte de convergence des objectifs et intérêts socioéconomiques. La modalité de mutualisation se trouve alors être l'intercommunalité dans sa variante dite syndicat des communes qui est la possibilité offerte par le législateur aux communes d'un même Département ou d'une même Région de se regrouper en syndicats en vue de réaliser des opérations d'intérêt intercommunal (CGCTD : art 104). Il peut s'agir entre autres actions, du développement des espaces marchants intercommunaux ou de tout projet rentrant dans le cadre des compétences transférées par l'État aux communes en matière de développement économique sus-citées.

Par ailleurs, l'intercommunalité constitue un instrument de captation des ressources économiques et financières dont les communes ont besoin pour assurer à leurs populations, l'offre d'un certain nombre de services sociaux de base. On pourra distinguer selon qu'il s'agisse du syndicat des communes ou de la coopération décentralisée. Au Cameroun, une observation attentive du mode de fonctionnement des municipalités permet de dire qu'au cœur des préoccupations de certaines élites municipales, se trouve le désir d'attraction des fonds des partenaires, et ce, parfois au détriment de la volonté réelle de développer les territoires dont ils ont la charge. Cette observation n'entache en rien la pertinence du dispositif en question. On pourra citer entre autres projets de développement financés dans le cadre de la coopération décentralisée :

- Les projets « Fonds aux Organisations Urbaines et Micros Initiatives (FOURMI) » et « Programme d'Appui aux Capacités Décentralisées de Développement Urbain (PACDDU) » dans les métropoles du Cameroun, notamment dans les villes de Bafoussam et de Yaoundé dans les années 90 et 2000 ;

- Le Projet d'Appui à la Gouvernance Locale de la commune de Bafoussam II (PAGL-BAF II) financé par l'Union européenne en 2012.
- Le « Programme d'Appui à la Décentralisation et au Développement Local (PADDL) », financé par le gouvernement Allemand et couvrant un nombre assez diversifié de thématiques et des communes camerounaises.

La commune Dschang peut par exemple jouir d'une relative autonomie financière grâce sa dynamique de coopération. Le niveau de ses moyens financiers en général a augmenté. Son Compte Administratif (CA) « est passé de 399 811 491 FCFA en 2010 à 645 863 218 FCFA en 2011 ; puis à plus de 900 000 000 FCFA en 2013 » (Mankou, 2021 : 11). Plus récemment, l'on note l'augmentation de son budget annuel (2018 : 350 millions, 2019 : 400 millions). La coopération lui a permis de mobiliser environ les un tiers (1/3) de son budget[2]. Ce qui lui donne plus de marge de manœuvre dans la réalisation des projets à fort impact social.

Sur le plan socioculturel et environnemental, un des enjeux de l'intercommunalité et particulièrement du syndicat des communes est la maîtrise de l'assainissement. Dans le secteur de la gouvernance de l'eau par exemple, le Syndicat des communes du Mbam et Inoubou (SYCOMI) a conduit le projet SPIIC-Eau de 2013 à 2016[3]. Il s'agit du projet Service public intercommunal et implication citoyenne pour l'eau et l'assainissement. Ce programme a permis le renforcement durable des capacités et l'aménagement concerté et participatif de citoyens et tous les acteurs locaux du service public de l'eau et de l'assainissement des communes concernées[4]. Celles-ci ont à terme, renforcé non seulement les compétences de leurs élus et mais aussi, le savoir-faire de leur personnel. Ce projet commun aux neuf (09) communes membres de ladite structure intercommunale a, par ricochet, raffermi l'élan de solidarité interne.

Le nouveau syndicat des communes de la Vina (VICOSY) qui a vu le jour en 2019. Il réunit huit (08) communes du département du même nom dans la région de l'Adamaoua et il s'est d'ores et déjà inscrit dans

---

[2] MINDDEVEL, « Coopération décentralisée, intercommunalité et partenariat : enjeux et défis », Rapport du séminaire de formation des élus locaux et d'autres acteurs du processus de décentralisation au Cameroun, 19-20.

[3] Le projet a été réalisé aussi avec le concoure de plusieurs autres partenaires du SYNAMI. Entre autres, le Syndicat des eaux et de l'assainissement du Bas-Rhin (SDEA), l'Union européenne (UE), la région Alsace, Les CVUC, le Fonds Spécial d'équipement et d'intervention intercommunale (FEICOM), etc.

[4] Voir Document projet SPIIC-Eau 2013-2016 (Service public intercommunal et implication citoyenne pour l'eau et l'assainissement).

un vaste et ambitieux programme d'assainissement des villes, de production et de relèvement du niveau de vie des populations locales. Il s'agit d'un Projet de Territoire de cinq milliards d'euro dont la réalisation est confiée au groupe CIAO (Centre International d'Opportunités et d'Affaires). À terme, selon le communiqué de presse du 10 septembre 2019 de ce Groupe d'ingénierie d'affaires chargé de la mise en œuvre du projet, ces territoires bénéficieront des technologies de pavage de routes et d'un réseau d'hébergement bâti sur le modèle des habitats traditionnels des localités concernées pour booster l'écotourisme. Les communes de la Vina constituent une terre d'élevage parcourue durant toute l'année par des éleveurs nomades et semi-sédentaires. Prenant en compte cette donnée territoriale, un marché électronique d'écoulement des bestiaux et des produits dérivés, sera rendu opérationnel. Les bienfaits du numérique permettront à cette plate-forme de commerce collaboratif d'accroître la production économique tout comme ils faciliteront la communication, les échanges de services entre les communes partenaires à travers l'érection d'un Territoire Numérique[5]. La viabilisation de ces communes mutualisées procède d'une démarche hybride de modernisation du local par la condition des réalités traditionnelles et potentialités endogènes avec l'innovation numérique. Ledit programme, sous réserve de son effectivité, tend à faire du développement intercommunal, fils de son temps.

Il ressort de ce qui précède que l'intercommunalité est un mécanisme pertinent qui sous-tend le développement de proximité voire du rayonnement international des CTD.

1.2. Enjeux de rayonnement international

L'intercommunalité par la coopération entre collectivités camerounaises et étrangères peut, au-delà du renforcement de la dynamique de développement socioéconomique local, contribuer significativement au rayonnement international des CTD et, par ricochet, de l'État.

En effet, l'action internationale des territoires dans le cadre de l'intercommunalité se fonde généralement sur trois différentes catégories d'objectifs politiques, si l'on se réfère à l'étude réalisée par Ahoéfa Kougbeadjo sous la direction de Yannick Lechevallier (2006 : 13-14). La première catégorie renvoie aux objectifs globaux. Il peut s'agir

[5] Communiqué de presse du CIOA relatif au Projet de Territoire de la VINA porté par le syndicat des communes de la VINA (VICOSY) au bénéfice des 8 communes de ce département de la Région de l'Adamaoua, La Valette du Var (France) – Ngaoundéré (Cameroun), le 10 septembre 2019.

entre autres de l'ambition de s'ouvrir au monde, de mieux le connaitre et de participer à la solidarité internationale, de promouvoir des valeurs et enjeux communs ou internationaux, de s'engager dans l'optique d'acquérir de nouveaux savoirs, de promouvoir les territoires ou les Objectifs de Développement Durable (ODD), etc. La seconde catégorie d'objectifs est d'ordre spécifique. Ils sont propres aux collectivités concernées, adaptés à leurs particularités et conformes à leur identité spéciale. La troisième catégorie d'objectifs sur lequel insiste Lechevallier est stratégique. Ils obéissent non seulement aux logiques d'innovation selon les potentialités locales, mais surtout à la vision et aux grandes orientations de développement de chaque territoire.

Concrètement, la projection internationale des CTD (les communes en l'occurrence), s'envisage et se bâtit sur des spécificités locales propres, des aspirations sociales et des actions politiques (Pinson et Vion, 2000 : 86). Le jumelage de la commune de Bangangté (région de l'Ouest du Cameroun) avec les communes de Touchay et de Saint-Étienne (France) se fonde clairement sur la stratégie des différents édiles de partager leur niche d'atouts respectifs. Toutefois, il confère un rayonnement international à la municipalité de Bangangté qui a été élevée au statut de « Ville des Nations Unies du service public » en 2014. Cette distinction découle de la construction des latrines écologiques. Cette réalisation présentée comme l'« unique expérience au Cameroun »[6] qui est la conséquence logique du rapprochement et des échanges des savoirs et des moyens entre ces communes partenaires.

À la faveur de la coopération, la commune de Dschang a également inauguré le 23 juin 2021 la toute première usine modulaire et semi-autonome de tri des déchets. Cela témoigne de la « contribution de Dschang à la protection de l'environnement, l'agriculture biologique et la préservation de la santé des Camerounais », rapporte « Décentralisation.com », le Magazine d'information du MINDDEVEL en son numéro 007. Ce développement des mesures et des infrastructures vertes est un concours fort significatif des collectivités camerounaises à l'atteinte des ODD, notamment en matière de protection de l'environnement et de lutte contre le réchauffement climatique qui constituent des grands défis mondiaux de ce siècle.

C'est le lieu d'indiquer aussi que l'Office de Tourisme de Dschang, le tout premier à dimension communale au Cameroun, est le produit de la coopération internationale décentralisée entre la commune de Dschang et celle de Nantes dès leur pacte d'amitié établi en 1996 et qui s'est formalisé en 2003. Ce centre qui a vu le jour en 1998 structure et promeut la destination Cameroun à travers le potentiel touristique

[6] https://www.mediaterre.org/international/genpdf,20150625140913.html

naturel et le patrimoine culturel de la municipalité hôte. Cette même coopération a généré des projets connexes comme le Programme de la Route des Chefferie (PRDC). C'est un projet d'envergure qui regroupe les partenaires internationaux comme l'Union européenne (UE), la Banque Mondiale et l'UNESCO. Il favorise le « développement touristique basé sur la préservation et la valorisation du patrimoine culturel, envisageant un inventaire systématique du patrimoine des chefferies. Il mobilise une panoplie [...] d'outils tels que la muséification [Création du Musée des Civilisations] et la production de structures d'accueil touristique » (Kamdem, 2017 : pgrph. 38 et 48) et a raffermi les relations interétatiques (Cameroun-France).

L'institutionnalisation des coopérations décentralisées camerounaises obéit largement à l'axe de coopération française tel qu'il ressort des deux exemples mobilisés dans cette séquence. Une péréquation effectuée en 2011 par le MINATD[7] et reprise par Raoul Tamekou[8] faisant un état des lieux de la coopération décentralisée au Cameroun, classifie la France en tête avec 49 partenariats[9]. L'intercommunalité avec les collectivités étrangères est fortement structurée par le passé colonial du pays. Elle promeut effectivement les terroirs camerounais et leur État dans la mondialisation. Cependant, ces partenariats sont souvent mobilisés comme une ressource politique par les élus pour favoriser leur rayonnement personnel sur l'échiquier politique national. La promotion de Célestine Ketcha Courtès, ancienne maire de la commune de Bangangté comme ministre de l'Habitat et du Développement urbain, peut s'analyser dans ce sens, au vu de sa trajectoire politique. C'est à partir de sa position de maire qu'elle connait son entrée au sein du gouvernement. Une ascension politique qui, à tort ou à raison, est généralement associée à la qualité de son management fortement marqué par des initiatives coopératives à la tête de la mairie[10]. Une politique de coopération prolifique avec des

---

[7] Il s'agit du ministère de l'Administration Territoriale et de la Décentralisation qui est éclatée en deux ministères en 2018 pour donner le MINDDEVEL et le MINAT.

[8] Voir Url :
http://www.global-local-forum.org/upload/pdf/La_cooperation_decentralisee_et_l_action_sociale__des_collectivites_territoriales_decentralisees_au__20151208110043_RAOUL.pdf

[9] Cette réalité n'a pas changé.

[10] Alors qu'un journal comme Jeune Afrique du 2 avril 2019 (en ligne) souligne plutôt que c'est « son soutien zélé à la candidature de Paul Biya à la dernière présidentielle [qui] lui a valu d'être nommée», voir Url :
https://www.jeuneafrique.com/mag/756131/politique/cameroun-feministe-proche-de-segolene-royal-commerciale-10-choses-a-savoir-sur-celestine-ketcha-courtes/

collectivités françaises, réussie en partie grâce à son un capital social[11]. Marié à un français, cette ex maire est (politiquement) proche de Ségolène Royal et d'Anne Hidalgo respectivement ancienne ministre française de l'Environnement et maire de Paris[12].

L'intercommunalité est donc une « opportunité pour la réalisation du rayonnement extérieur du modèle camerounais de la décentralisation, c'est-à-dire qu'il s'agit d'une dynamique de valorisation des spécificités africaines dans le grand concert de la décentralisation » (Manga, 2018 : 457). Le contexte de la décentralisation permet aux pays du Sud comme le Cameroun de pouvoir vendre et mettre en partage leurs spécifiés et savoirs endogènes dans le monde par le mécanisme de la coopération internationale décentralisée. Les Journées économiques internationales des Communes (Jeicom21) instituées par Les Communes et Villes Unies du Cameroun (CVUC) entrent en droite ligne des stratégies collectives des territoires camerounais de vendre leurs potentialités respectives. Cette démarche globale participe à la construction de l'attractivité locale à travers leur spécialité et singularité diverses. Elle traduit un éveil de conscience stratégique des territoires. L'objectif manifeste de ces journées est de créer un cadre d'opportunités pour le financement des projets communaux ainsi que la valorisation des potentialités des territoires. Les Jeicom21 font ainsi figure d'espace d'exposition, de vulgarisation et de promotion des gisements actifs des collectivités camerounaises à l'endroit d'éventuels partenaires nationaux mais davantage internationaux. La dénomination « Journées économiques **internationales[13] des communes** » n'est donc pas sans indiquer l'ambition première. Ses trois derniers objectifs spécifiques[14] sont on ne peut plus clairs sur les propensions communales d'internationaliser leurs actions. Il s'agit parfaitement de « promouvoir la coopération décentralisée à travers des jumelages entre les communes camerounaises et les communes étrangères »[15]. Pour ce faire, il faudra privilégier une coopération décentralisée Sud-Sud afin de favoriser le développement de l'économie sociale et solidaire[16].

---

[11] L'époux de l'ex-maire est de nationalité française. Ce qui laisse penser une quelconque influence de sa filiation maritale dans les succès de ses coopérations avec les métropoles françaises.

[12] Journal Jeune Afrique du 2 avril 2019 (en ligne), *op.cit.*

[13] Mis en gras par les auteurs pour mettre l'emphase sur la visée internationale des Jéicom21.

[14] Sur les 6 dont disposent les Jéicom21.

[15] L'intégralité du 5e objectif spécifique des Jeicom21.

[16] Voir le document de présentation des Jéicom21 organisées par les Communes et Villes Unies du Cameroun (CVUC) les 3, 4 et 5 décembre 2021 au Palais polyvalent des sports de Yaoundé, p. 8

En dernière approximative, la coopération des communes camerounaises avec des mairies étrangères fait bénéficier aux premières la confiance de plusieurs autres partenaires institutionnels, techniques et financiers à l'échelle du monde. La réalisation de nombre de projets de développement dans ce cadre implique généralement les institutions de *Bretton Woods* (Fonds Monétaire International et Banque Mondiale) ; des Organisations Non Gouvernementales (ONG) ; des entreprises ou même des organisations régionales comme l'UE qui accompagne plusieurs projets (Mankou, 2021 : 11). La pluralité d'acteurs que l'intercommunalité draine n'est pas neutre. Elle engendre une dialectique de rationalités dans les interactions et fait peser nombre de contraintes sur lesquels il faut s'attarder.

2. Contraintes et orientations stratégiques de l'intercommunalité dans la gestion des territoires

Outil pertinent de gestion des collectivités (les communes dans le cadre de cette réflexion), l'intercommunalité connait une capitalisation problématique qui incite à repenser cet instrument.

2.1. Contraintes réelles d'opérationnalisation de l'intercommunalité

Timidement institutionnalisée par le bloc normatif camerounais, l'intercommunalité peine à tenir la promesse de ses possibles. Au-delà des limites opératoires objectivement identifiables, ce dispositif souffre des apories inhérentes même à la décentralisation.

En tant que dispositif de gouvernance locale, de promotion du partenariat pour l'autonomisation et le développement des territoires, l'intercommunalité reste largement inusitée. Ceci pour diverses raisons : la première est le nombrilisme utilitariste des magistrats municipaux. En effet, il existe des maires qui ne trouvent pas grand intérêt (personnel) à associer leur municipalité à d'autres ou nouer de relations de partenariat. Ils se contentent des bribes de ressources qu'offre leur terroir municipal dont ils vouent un appétit poussé. Tant que le peu de moyens que génère la commune satisfait les appétits prédateurs des magistrats municipaux, les initiatives de coopération resteront lettres-mortes. C'est le cas avec certaines communes des régions septentrionales du Cameroun où, à en croire Manga (2018 : 456) ces initiatives sont bloquées ou plombées par des volontés individuelles des patrons des communes. Ces deniers veulent, dans la majorité des cas, faire chemin seuls. Ils se murent dans une démarche solitaire dans l'optique de capter les ressources que peut offrir la coopération ou la solidarité intercommunale ou alors la solitude municipale. Ce nombrilisme qui caractérise les maires et leurs conseils municipaux dans l'implémentation de l'intercommunalité se trouve accentué par une « phobie mayorale ». C'est-à-dire la crainte des maires de perdre une partie leur compétence et/ou pouvoir. Si un auteur comme Félix Iroko (1997 : 120) montrait que la décentralisation au Benin est paralysée par la crainte du gouvernement de partager certaines compétences avec des élus de l'opposition et même les élus locaux (Métodjo, 2008 : 13-14), la crainte des maires de perdre quelques parcelles de compétences paralyse la mise en œuvre de l'intercommunalité au Cameroun. Pour ces deniers, il n'est pas question de « dilapider » le peu de compétences que leur commune dispose, à l'autel d'une intercommunalité polymorphique, muti-actorielle et multi-rationnelle.

Dans un contexte où le transfert des compétences reste une véritable gageure, les magistrats municipaux s'arc-boutent sur ce qui, jusque-là, ressort de leur sphère de pouvoir qui, dans leur logique, pourrait s'évaporer dans la perspective de jumelage. Ils peuvent perdre le contrôle sur leur pouvoir. À tort ou à raison ? Tout compte fait, cette réticence peut trouver un relatif sens dans un « État commando »[17] au sens d'Elwert Georg (1990) comme le Cameroun. C'est d'ailleurs ce que soutient Deffigier (2007 : 90) lorsqu'il souligne qu'« au regard des domaines concernés [l'intercommunalité], les communes peuvent être vidées de la substance de leurs compétences, les structures intercommunales se substituant à elles ». Il y a donc en filigrane un problème sur la consistance des compétences transférées pour aider les communes partenaires à conduire de véritables projets de coopération susceptibles de porter l'aménagement et la prospérité locale[18].

En outre, l'intercommunalité se caractérise par sa forte domestication en contexte camerounais. Il s'agit là de la tendance à réduire la relation intercommunale à la coopération domestique. C'est-à-dire aux relations entre les seules communes du pays. C'est du moins ce que révèle l'état d'investigation et d'observation de la dynamique de coopération intercommunale sur le plan national. L'établissement des conventions de coopérations entre les communes camerounaises et des communes d'autres pays se trouvent largement en deçà des attentes, des possibilités ainsi que des opportunités que cette dimension internationale de la coopération peut offrir. Ce constat que pose Etienne

---

[17] Sous le vocable allemand « Kommandostaat » Elwert, G. 1990. *Der Kommandostaat und seine Bauern*. Contribution au congrès de la Société Européenne de Sociologie Rurale, GieBen, Juillet 1990.

[18] Rapport du Sénat français sur les limites territoriales des intercommunalités adopté à lors de sa 12e législature en 2006. Voir https://www.senat.fr/questions/base/2006/qSEQ061125119.html

Owono Owono, Directeur des CTD au MINATD d'alors (Manga, 2018 : 466) dénote une défaillance stratégique de capitalisation des perspectives de coopération avec des communes étrangères à l'effet de capter la niche d'opportunités qui y découle. Cela découle d'un déficit d'audace voir un manque d'ambition des gouvernements locaux des municipalités doublé d'un manque de vision du développement local. Cette conception réductionniste met au goût du jour la « vision rabougrie » de l'intercommunalité. Concrètement, sa pratique est plus perceptible sous la forme des syndicats des communes. Cette tendance peut clairement se justifier par la dépendance au sentier de la pratique de l'intercommunalité au Cameroun.

En effet, les premières expériences en la matière confinent la coopération intercommunale au syndicat des communes. Elle fut instituée par la loi 74/23 du 5 décembre 1974 portant organisation communale. Cette loi prévoyait manifestement que les communes pouvaient se regrouper entre elles par deux procédés : soit par délibération concordante de celles-ci ; soit à l'initiative de l'autorité de tutelle. Ces regroupements portaient le statut d'« établissements publics dotés de la personnalité juridique et soumis au régime de la tutelle de l'État sur les CTD. Les syndicats de communes se sont ainsi constitués sur la base de la combinaison de ces deux principaux mécanismes dans les limites administratives des départements » (Minla-Mfou`ou et Noko, 2010 : 26).

Remontant l'analyse au contexte de ces premières expériences de jumelage de communes, il ressort que les syndicats de communes pendant cette période de monolithisme ont presque tous été créés par l'État. Cette logique semble n'avoir pas totalement disparue en dépit de la mouvance de l'État démocratique et décentralisé institué en 1996. La loi camerounaise a longtemps réduit l'intercommunalité aux syndicats des communes comme principal cadre d'expression. Le législateur a, depuis des années, limité la grande palette des formes de coopération intercommunale à la création des syndicats de communes (Owona, 2011 : 37). Ce cadre juridique restrictif de départ a ainsi conditionné les pratiques. Il a handicapé la pleine pratique de l'intercommunalité. Encore que la dynamique de mise place effective et efficace de syndicats de communes est fortement marquée par un verrou juridique dans le processus de la décentralisation qui prévoit la prise de décrets d'application. Dans le cas d'espèce, le retard de production de texte d'application sur les modalités de mise en place des syndicats de communes a fait des premières expériences d'intercommunalité (avant Décret de 2011 du Premier ministre qui fixe les modalités de la coopération décentralisée) de simples associations. L'absence de décret d'application conduisait les acteurs à recourir stratégiquement la loi n°

90/030 du 19 décembre 1990 portant liberté d'association. Ceci confèrerait finalement le statut d'association privée aux structures intercommunales. Alors que la loi a toujours indiqué que ces syndicats sont reconnus comme des établissements publics réunissant les communes (Art. 105 al. 1 du CGCTD). Ces entités ont donc très rarement fonctionné sur la base de conventions. Elles fondent leur existence sur des statuts et règlements intérieurs délivrés par le représentant de l'État qu'est le Préfet.

Tout comme la décentralisation, le dispositif de sa viabilisation reste capturé. Le principe de la tutelle pesant sur le processus, gangrène de même ses mécanismes d'opérationnalisation. Le pouvoir bureaucratique d'orientation et de guidance de la décentralisation est, par ricochet, la capacité donnée à la bureaucratie étatique de guider la coopération intercommunale. C'est ainsi que la coopération intercommunale ressort de la liste des domaines où le tuteur hiérarchique a une lourde mainmise. L'on note par exemple qu'au-delà de l'approbation du conseil municipal, les conventions de jumelage des communes doivent être soumises à l'autorisation du tuteur ministériel qu'est le ministère de la Décentralisation et du développement local (MINDDEVEL)[19]. Comme le fait remarquer Owona (2011 : 120-121), c'est une entité de l'administration du ministère en charge de la décentralisation qui est chargée des questions de la coopération en générale et donc des jumelages des CTD. De manière générale, la dynamique intercommunale est capturée par les entités gouvernementales. Celle à vocation internationale particulièrement, demeure sous contrôle gouvernemental. Les conventions de coopération décentralisée s'inscrivent dans la politique de coopération du gouvernement. Elles font d'ailleurs l'objet de validation par la plus haute autorité de l'État (Mindja, 2021 : 79). C'est le cas la convention de jumelage des villes de Sangmélima et d'Owando respectivement du Cameroun et du Congo dont la cérémonie de validation s'est conduite par le ministre des Relations extérieures du Cameroun et les ministres des Affaires étrangères du Congo et s'est tenue le 21 décembre 2012 à Sangmélima[20].

Dans la coopération décentralisée à dimension internationale, l'initiative de jumelage reste concurrentielle entre les édiles municipaux des communes étrangères et nationales. Dans la réalité, le pouvoir d'initiative de ces derniers reste largement sous-exploité. Si ce manque d'initiative des acteurs communaux nationaux s'explique par leur

---

[19] https://www.minddevel.gov.cm/index.php/cooperations-decentralisees/

[20] http://ct2015.cameroon-tribune.cm/index.php?option=com_content&view=article&id=71716:sangmelima-et-owando-jumellees-des-ce-vendredi&catid=7:regions&Itemid=3

individualisme, il questionne objectivement la compétence des élus et de leurs « petites mains » des administrations communales. Tout comme l'on note la persistance dans l'intercommunalité avec les communes françaises, des logiques ayant prévalu dans la coopération en matière d'aide au développement (Nord-Sud). D'autant plus que les initiatives des collectivités françaises sont généralement engagées dans la perspective de « la coopération décentralisée pour le développent » (en destination des CDT du sud) dont parlent Bondo et Nyonyo (2013 : 10).

Par ailleurs, au vu de la domination qui caractérise les rapports de coopération entre États du Nord et du Sud, fortement marqués par la domination des premiers sur les seconds, il y a fort à croire que la coopération entre les communes des pays développés et celles des nations dites en voie de développement, à l'instar de Cameroun, ne peut s'émanciper de ce type de travers. La pusillanimité des communes camerounaises dans la poignée des cas de coopération avec des communes des métropoles françaises par exemple semble actée. Le fort tropisme des municipalités des États économiquement avancés se traduit par des « éternels » réflexes d'extorsion, de *ponctionnement* et d'exploitation des riches spécificités des communes « sous les tropiques ». Face à cela, se dresse l'attitude de mendicité et surtout la position rentière des autorités communales du Sud. À titre d'illustration, Thierry-Martin Foutem (2019) montre que la coopération décentralisée n'est autre chose que du néo-impérialisme. Son étude sur le jumelage de la commune de Dschang au Cameroun à celle de Nantes en France, est révélatrice de cet état de fait.

Somme toute, les dynamiques d'intercommunalité comme l'écrit Mindja (2021 : 81) « offrent des opportunités de repositionnement aux différents acteurs sociaux, politiques et économiques locaux à travers des stratégies tantôt clientélistes et *factionnalistes* de construction de réseaux divers, tantôt de confrontation et de négociation ». L'intercommunalité comme dispositif novateur de gouvernance des CTD est capturée par l'autocratisme déconcentré de l'État lorsqu'elle n'est pas dévoyée par le non-respect des clauses contractuelles ou des engagements dans sa phase opératoire. Il est donc nécessaire de penser des (ré)orientations stratégiques.

2.2. Orientations stratégiques du dispositif intercommunal de gouvernance locale

La finalité de l'intercommunalité, en tant instrument d'action publique et gouvernance, est de rendre plus démocratique la gestion des communes ; et, les villes, plus vivables et durables. Pour ce faire, un certain nombre de leviers méritent d'être actionnés.

Au premier chef, il faut démocratiser l'intercommunalité. La place toujours croissance de la tutelle étatique dans l'établissement et le fonctionnement des structures intercommunales suggère indubitablement l'idée de la démocratisation du système de coopération intercommunale. Comme l'écrit Domenach (1995) « les références aux notions d'espaces de solidarités, à la définition de projets communs, de développement et d'aménagement, de mise en place d'une fiscalité propre...», introduisent, sans ambages, la question de la légitimité du pouvoir au sein des instances de prise de décisions dans les structures et processus intercommunales[21]. Dans cette perspective, il faut amener les principaux acteurs du processus à s'approprier des différents concepts et instruments de l'intercommunalité. D'ailleurs, s'agissant des acteurs, l'organe chargé de représenter la commune lors des relations avec d'autres entités est le maire ou un membre désigné de l'administration communale. Or, chaque maire ou son représentant seul serait surchargé par la tâche de rendre un projet de jumelage viable à long terme. Les partenariats vivent d'un engagement actif du conseil et de l'administration des communes participantes.

Le partenariat intercommunal doit sa dynamique à la prise en compte des acteurs locaux qui ne sont pas des membres de l'administration locale ou du conseil municipal. Il s'agit notamment des entreprises et des organisations de la société civile qui s'engagent à impliquer la population locale. Une fois les acteurs clairement identifiés, il n'est pas inutile de mettre un point d'honneur sur le renforcement des capacités de ces derniers, afin de leurs donner des instruments techniques pour jouer leur rôle de manière efficace.

L'intercommunalité est un instrument, un moyen de faire de la cité un cadre dans lequel se développe une vie de qualité pour les populations sur des « nouveaux » territoires politiques démocratiques et durables. La ville durable est comme un seul et unique système qui intègre les dimensions sociale, culturelle, économique, environnementale et politique. Elle intègre les dimensions de durabilité dont la Fédération nationale des Agences d'Urbanisme français résume en termes de lieu compact favorisant la fluidité des déplacements, lieu économe, neutre en énergie, sécurisé où la qualité paysagère est préservée (Charlot-Valdieu et Outrequin, 2009 : 3).

Bien plus, il faut renforcer les capacités d'action collective des collectivités territoriales décentralisées. Cela passe par le renforcement des capacités des personnels communaux susceptibles favoriser la mise en sens du principe de la continuité du service public dans les communes. Car, la difficulté en l'état se trouve au niveau où chaque parti

---

[21]https://books.openedition.org/pur/24537?lang=fr

politique, maire ou exécutif communal met en œuvre des actions propres le plus souvent en faisant table rase des processus entamés par les précédentes équipes. Il n'est pas inutile de recommander la tempérance des égoïsmes des magistrats municipaux et le dépassement des compétitions entre chapelles politiques au profit de l'intérêt et du bien-être des populations dans la dynamique de construction et gestion de la coopération intercommunale.

Le renforcement du partenariat État-CTD à travers le recours stratégique des communes au mécanisme des contrats-plans doit être privilégié. Favoriser ce mécanisme de coopération serait sans doute salvateur pour les communes encore dans les mailles d'une tutelle faisant perdurer le rapport conflictuel entre les collectivités et l'administration déconcentrée. Les conflits y relatifs ont la plupart du temps des effets négatifs dans la conduite des affaires locales, notamment dans l'attractivité des territoires et la contractualisation des partenaires au développement.

Il y a en fin de compte l'impérieuse nécessité de prendre en compte la recherche scientifique dans l'action intercommunale. Très souvent, la recherche occupe une portion congrue dans la recherche des partenariats, dans la réalisation des projets intercommunaux ou des études d'avant-projets[22]. Le PAGL-BAF II de la commune de Bafoussam II[23] en est une illustration et il faudra assurer l'introduction de la recherche-action par le renforcement du partenariat chercheur-acteurs dans la mise en œuvre des projets des territoires en coopération.

Conclusion

L'intercommunalité au Cameroun, est « une réalité en marche » (Pougnaud et Joyeux, 2012 : 5). L'état de la gouvernance des communes montre que la grande majorité fonctionne encore en vase clos. Les autorités des gouvernements locaux, malgré, le dispositif de coopération intercommunale qu'offre le contexte de la décentralisation, pris dans sa vitesse de croisière, s'arcboutent sur des intérêts nombrilistes au grand dam des embellies possibles que peut drainer la technologie de gouvernance des territoires qu'est le jumelage. En réalité, cet outil n'a plus à montrer ses preuves dans la construction de la prospérité locale

[22]Voir le rapport avant-projet du PAGL-BAF II 2012, archive Commune d'Arrondissement de Bafoussam II

[23] Dans la mise œuvre de projet, des conflits sont nés entre les partisans de l'introduction de la dimension recherche-action dans le processus et les défenseurs de l'exécution automatique et/ou aveugle du plan d'action. De cet état de choses découlerait l'échec de certains projets de développement.

au profit du bien-être des communautés. Les enjeux au plan politique, social, culturel, économique et environnemental ne sont plus à démontrer. Au regard des résultats observés dans la poignée des communes ayant pertinemment et stratégiquement su et pu capitaliser cet instrument novateur de captation des opportunités en termes d'idées, de connaissances, de savoir-faire et de moyens financiers. Le déficit stratégique des communes fonctionnant en marge de cette nouvelle donne de coopération par le bas, a pour effet de porter un coup sérieux à toutes les initiatives de développement engagées (difficultés à maîtriser les flux de populations, la dynamique des activités entre métropoles et villes périphériques). Comment piloter de manière durable les métropoles camerounaises à l'ère de la décentralisation ? Cette question aux allures banales nécessite encore à la réalité une bonne dose d'attention et de réflexion. Il en va de l'avenir des métropoles camerounaises qui, pour l'essentiel, semblent se focaliser sur les luttent de pouvoir et de souveraineté (territoriale, économique et fiscale).

Tout compte fait, pour maitriser leur développement et rendre vivable leurs territoires, les métropoles doivent nécessairement interagir tant avec les villes de la périphérie que celles frontalières ou étrangères. L'intercommunalité se pose dès lors comme un dispositif légal contenu dans la stratégie de pilotage des territoires locaux. Elle est le moyen formel de mettre en cohérence les enjeux de développement des collectivités territoriales dont les centres d'intérêt se rapprochent et peuvent se gérer de manière concertée. Cependant, elle n'est pas suffisamment appropriée par les acteurs clés que sont les municipalités en général et les magistrats municipaux en particulier. L'appropriation de l'intercommunalité s'inscrit nécessairement dans un processus qui intègre fortement d'autres types d'acteurs à savoir les entreprises (le secteur privé), les associations (la société civile) et les chercheurs pour que triomphe la diplomatie territoriale émergente.

Bibliographie

Documents scientifiques

Richard A., 2014, « L'intercommunalité : menace ou atout ?, *Pouvoirs*, n°148, Vol 1, pp. 57-70.

Mindja A., 2021, « Les nouvelles trajectoires de la coopération décentralisée Sud-Sud. Essai d'analyse de l'accord de jumelage des villes de Sangmélima au Cameroun et d'Owando au Congo », *International Social Sciences & Management Journal*, n°05, pp. 69-85

Mankou B. A., 2021, « Coopération décentralisée et actions internationales des collectivités territoriales camerounaises, [Doctorat, France], Voir https://hal-normandie-univ.archives-ouvertes.fr/hal-03252784.

Charlot-Valdieu C. et Outrequin Ph., 2009, *Ecoquartier, mode d'emploi,* Paris, Éditions Eyrolles.

Deffigier C., 2007, « Intercommunalité et territorialisation de l'action publique en Europe », Institut national du service public, *Revue française d'administration publique*, n° 121-122, vol 1, pp. 79-98

Elwert G., 1990, *Der Kommandostaat und seine Bauern.* Contribution au 6e congrès de la Société, Européenne de Sociologie Rurale, GieBen,

Gallet B., 2005, « Les enjeux de la coopération décentralisée », *Revue internationale et stratégique,* n°57, pp. 61-70. DOI : 10.3917/ris.057.0061,

Pinson G., Vion A., 2000, « L'internationalisation des villes comme objet d'expertise », *Pôle Sud*, n°13, pp. 85-102.

Domenach J., 1995, « L'intercommunalité : nouvelle chance pour la citoyenneté locale ou relance notabiliaire ? », in J. Caillosse (dir.), *Intercommunalités*, Rennes, Presses Universitaires de Rennes, pp. 131-155.

Pouleur J-A., Bioul A-C. & Rochet N. (coord.), 2010, *Les images de la ville, durables ?,* Paris, Espace Environnement ASBL.

Minla-Mfou`ou J., Noko A. R., 2010, « L'intercommunalité au Cameroun : État de lieux et perspectives –Étude et analyse de quelques expériences et réflexions prospectives », Rapport d'étude financée par le gouvernement camerounais et la GIZ.

Kamdem P., 2017, « Le Programme de la Route Des Chefferies à Dschang : patrimonialisation, migrations et développement local dans les hautes terres de l'Ouest-Cameroun », *Espace populations sociétés* [En ligne], mis en ligne le 25 janvier 2018, consulté le 17 mai 2022. URL : http://journals.openedition.org/eps/7289 ;
DOI : https://doi.org/10.4000/eps.7289.

Manga Kalniga J. D., 2019, « Processus de décentralisation et dynamiques sociopolitiques au Nord-Cameroun Systèmes et acteurs dans le champ local », Thèse de Doctorat/Ph.D, Sociologie, Université de Maroua, inédit.

Iroko Ph., 1997, « La politique et le gouvernement avant et pendant l'ère coloniale en Afrique de l'ouest : l'exemple du Bénin », in Wihelm Hofmeisteret Ingo Scholz (éds.), *Formes traditionnelles et temporaires de participation locale et d'autonomie en Afrique,* Berlin, Ed. Konrad Adenauer Stiffung.

Lascoumes P., Le Gales P., 2004, *Gouverner par les instruments*, Paris, Presses de Sciences Po.

Tamekou R., « La coopération décentralisée et l'action sociale des collectivités territoriales décentralisées au Cameroun », in http://www.global-local-forum.org/upload/pdf/La_cooperation_decentralisee_et_l_action_sociale__des_collectivites_territoriales_decentralisees_au__20151208110043_RAOUL.pdf.

Tagne T. T., 2015, C*omités de concertation et gouvernance territoriale au Cameroun : le cas de la Commune d'Arrondissement de Bafoussam II,* Paris, Éditions Universitaires Européennes.

Tagne T. T., 2021, « Institutionnalisation des comités de concertation comme cadre de la participation des populations aux politiques locales dans la commune d'arrondissement de Bafoussam II », Thèse de Doctorat/Ph.D., science politique, Université de Dschang, inédit.

Foutem T-M., 2019, « Coopération décentralisée et nouvelle forme d'impérialisme au Cameroun : cas de la coopération entre les communes de Dschang au Cameroun et de Nantes en France », Batibonak S., Batibonak P., (dir.), *Le Cameroun et ses anciennes puissances tutélaires,* Yaoundé, éditions Monange, pp. 91-106.

Rapports

« Décentralisation.com », Une publication du ministère de la décentralisation et du développement local, N° 007, Juillet 2021.

Bondo M., Balikwisha Nyonyo M., 2013, « La coopération décentralisée dans l'espace francophone », Projet de rapport de la session de l'AFP du 9 au 12 Juillet, in http://knowledge.uclga.org/La-cooperation-decentralisee-dans-l-espace-francophone.html.

Commune d'arrondissement de Bafoussam II, 2015, « Rapport de capitalisation du PAGL-BAF II », inédit;

Communiqué de presse du CIOA relatif au Projet de Territoire de la VINA porté par le syndicat des communes de la VINA (VICOSY) au bénéfice des 8 communes de ce département de la Région de l'Adamaoua, La Valette du Var (France) – Ngaoundéré (Cameroun), le 10 septembre 2019.

Document projet SPIIC-Eau 2013-2016 (Service public intercommunal et implication citoyenne pour l'eau et l'assainissement)

MINATD, 2010, « Guide pratique de la coopération et de la solidarité intercommunale au Cameroun ».

MINDDEVEL, 2013, « Coopération décentralisée, intercommunalité et partenariat : enjeux et défis », rapport du séminaire de formation des élus locaux et d'autres acteurs du processus de décentralisation au Cameroun, 19-20.

Rapport du Sénat français sur les limites territoriales des intercommunalités adopté à lors de sa 12e législature en 2006. Voir https://www.senat.fr/questions/base/2006/qSEQ061125119.html

Téné B., 2012, « Projet d'Appui à la Gouvernance Locale dans la Commune de Bafoussam II », rapport d'évaluation d'avant-projet.

Documents législatifs et réglementaires

Loi N°2004/17 du 22 juillet 2004 d'orientation de la décentralisation.

Décret N°2011/116/PM du 26 avril 2011 définissant les modalités de la coopération décentralisée.

Décret n°2012/0709/PM du 20 mars 2012 fixant le régime général des Contrats-Plans Etat/Commune.

Loi n°2019/024 du 19 décembre 2019 portant Code Général des Collectivités Territoriales Décentralisées au Cameroun.

Deuxième partie : Développement durable et gestion des villes camerounaises

Chapitre 6 : Appropriation du modèle de développement durable par les villes Camerounaises : l'épreuve des contextes urbains à Douala

Claude Céleste Coumaye

Résumé

Les populations urbaines sont confrontées à d'innombrables défis qui amènent à repenser la ville dans une perspective de durabilité ou de développement durable. Cela peut se traduire en pratique par l'adoption des politiques publiques et la réalisation des actions opérationnelles fondées sur la prise en compte des dimensions du développement durable. Les pouvoirs publics camerounais ont souscrit à la donne, mais la réalité révèle l'existence marquée des défis de durabilité urbains qui déteignent sur la qualité de vie des populations. D'où l'intérêt de questionner l'efficacité des mesures instituées. Les résultats de l'analyse menée par le biais d'une démarche qualitative combinant la recherche documentaire, les entretiens et l'observation directe, font état d'une démarche inadéquate. L'intérêt de cet article réside dans le fait qu'il contribue à la re-conceptualisation de la ville durable.

Mots-clés : Ville durable – Collectivité territoriale – Croissance démographique Développement durable – Postcolonialisme.

Abstract

Urban populations faced to the numerous challenges which imposed to rethink the city from a sustainability or sustainable development perspective. In practical terms, this translates into the adoption of public policies and the implementation of operational actions based on taking into account the dimensions of sustainable development. Cameroonian public authorities have adhered to the deal, but the reality shows that there are glaring urban sustainability challenges which impact negatively the quality of life of the populations. It is therefore interesting to question the effectiveness of the measures adopted. The results of the analysis carried out using a qualitative approach combining documentary research, interviews and direct observation, show that the approach is inadequate. The interest of this article lies in the fact that it contributes to the new conceptualisation of the sustainable city.

***Keywords**: sustainable city – Local authority – Demographic growth – Sustainable development – Postcolonialism.*

Introduction

Les villes africaines en général et celles camerounaises en particulier, dans leur processus d'évolution et d'urbanisation, font face à ce qu'il est convenu d'appeler les défis de durabilité. Elles s'illustrent principalement par le phénomène d'étalement urbain, de pollution de l'air et du sol, de changement climatique, de pauvreté, d'insécurité et des difficultés d'accès aux services sociaux urbains de base[1]. Ces problèmes urbains constituent une réalité et une préoccupation dans le contexte camerounais, lesquels sont davantage visibles dans les villes comme Yaoundé et Douala[2]. Pour l'essentiel, les défis sus-évoqués procèdent du fait que des hommes s'installent à leur convenance, des quartiers naissent en marge des règles d'urbanisme et d'aménagement du territoire, des habitations de fortune sont érigées dans des zones à haut risque, le déficit des instruments de planification et d'aménagement urbain à l'échelle des collectivités territoriales et leur incapacité à prendre en charge et à mettre en œuvre ces instruments. Finalement, les pouvoirs publics se retrouvent en présence des cadres de vie marqués par d'infinis défis à relever sur plusieurs plans (social, écologique, économique, culturel, politique).

En effet, la problématique de la durabilité dans les milieux urbains, loin d'être une problématique exclusivement africaine, en appelle à une dynamisation des actions d'amélioration du cadre et des conditions de vie dans la ville contemporaine tout en pensant à la ville de demain. S'il est vrai que les défis de durabilité dans une ville procèdent de plusieurs facteurs qui diffèrent d'un pays à un autre ou d'une ville à une autre, il y a lieu de relever que la croissance démographique[3], qui constitue l'un des facteurs explicatifs des atteintes portées aux limites fonctionnelles de la planète Terre (Anctil, Diaz, 2016, explique en partie ces défis. Autrement dit, la croissance démographique et l'urbanisation galopante qui en découle, engendrent des pressions sur les ressources disponibles (l'eau, l'énergie, la terre, les productions agropastorales...) ainsi que sur l'offre d'insertion professionnelle qui, en l'absence d'une politique de gestion stratégique soutenue par des actions opérationnelles

---

[1] Le taux d'urbanisation en Afrique de 3,2 % est le plus élevé du monde. La population urbaine actuelle qui est de 400 millions se verra doubler d'ici 20 ans et la population totale africaine atteindra 2,6 milliards en 2063.

[2] La ville peut être une CTD. Pour prendre un exemple, Yaoundé compte 8 CTD, soit 7 Communes d'Arrondissements et Une Communauté urbaine encore appelée Ville de Yaoundé. Cf. Article 240 du Code Général des CTD.

[3] Selon les projections de l'ONU, la population mondiale devrait augmenter de 2 milliards de personnes au cours des trente prochaines années, passant de 7,7 milliards actuellement à 9,7 milliards en 2050. 95 % de la croissance urbaine mondiale se fera dans les pays en développement dans les décennies à venir.

contextualisées et futuristes, constitue une source de défis de durabilité urbaine.

Le développement durable, paradigme adopté par la Communauté internationale en 1992 lors de la Conférence de Rio, constitue une donnée transversale dont les valeurs et les principes peuvent faire l'objet de déclinaison dans tous les secteurs d'activité des sociétés humaines. C'est à juste titre que la question de l'amélioration du cadre et de conditions de vies des populations dans les villes est abordée aujourd'hui dans une perspective de durabilité : d'où le concept de ville durable. Pour mieux appréhender le concept de ville durable, il convient de définir au préalable celui de développement durable tant il est vrai que leur historiographie n'est pas dissociable (Esoh Elamé, 2016). Le terme de « développement durable » a été utilisé pour la première fois dans la Stratégie mondiale de conservation de la nature publiée en 1980 par l'Union Internationale pour la Conservation de la Nature (UICN). Cette stratégie évoque sans définir précisément ce qu'est le développement durable. Il faut attendre 1987 avec la publication du Rapport Brundtland pour voir la définition se préciser les contours dudit concept. Ce rapport l'appréhende comme « un développement qui répond aux besoins du présent sans compromettre la capacité des générations futures de répondre aux leurs »[4]. C'est précisément cette définition qui a été retenue par la communauté internationale et qui oriente l'élaboration et l'implémentation des politiques publiques internationales et nationales en matière de durabilité. La Délégation générale à la langue française et aux langues de France le définit comme « une politique de développement qui s'efforce de concilier la protection de l'environnement, l'efficience économique et la justice sociale, en vue de répondre aux besoins des générations présentes sans compromettre la capacité des générations futures de satisfaire les leurs » (Journal officiel de la République Française, 2014 : 11).

À ce sujet, la ville durable se dessine comme le fruit d'un processus volontariste et consensualiste des collectivités territoriales dans une dynamique d'internationalisation de leurs activités et de mutualisation de bonnes pratiques en la matière. *Concept encore en chantier*, il traduit la prise en compte des exigences du développement durable dans les politiques d'urbanisation et d'aménagement du territoire. Si la généralisation de ce vocable semble désormais acquise, la solidité de son contenu fait encore largement défaut. Pour Voiron-Canico (2005), la ville durable est « celle qui assume ses fonctions urbaines en optimisant son fonctionnement pour satisfaire les multiples attentes de ses

---

[4] Cf. Commission mondiale pour l'environnement et le développement, Notre avenir à tous, 1987.

habitants, mais est aussi une ville dont le développement se fait en harmonie avec celui des territoires voisins et dans le respect des écosystèmes globaux ». Emelianoff (2015), l'appréhende comme un

> projet et un référentiel pour l'action publique, qui succède à celui de la ville moderne et post-moderne en inscrivant les choix de développement urbain dans une matérialité écologique et terrestre. L'expression désigne une ville capable de se maintenir dans le temps long et de faire face aux enjeux environnementaux, sociaux, économiques et culturels du Global Change : en tentant de s'y adapter mais surtout en se transformant. Le mot ville réfère au gouvernement local, à une puissance d'action politique et non au seul cadre géographique.

Il est donc admis aujourd'hui que la ville mérite d'être repensée dans une perspective de durabilité, et ce, dans le but d'aboutir précisément à la création des conditions de vie où les exigences écologique, sociale, économique, culturelle et même politique sont conjointement prises en compte dans une approche d'interdépendance et de complémentarité. D'ailleurs, l'Agenda 2030[5], en a fait un Objectif de développement durable (ODD)[6]. L'Union africaine (UA) n'est pas en reste, elle s'est dotée de son Agenda 2063 qui a prévu des actions en matière urbaine. C'est dire toute l'importance accordée à cet aspect dans le processus de transition vers des sociétés durables. Partant du postulat selon lequel le développement durable vise à satisfaire les besoins des générations présentes sans compromettre la capacité des générations futures à satisfaire les leurs (Rapport Brundtland, 1987), il importe de relever que l'adoption de l'approche de transformation de la ville par le durable, c'est en réalité la concevoir tout en veillant aux exigences de la qualité de vie dans la ville d'aujourd'hui. À l'échelle nationale, l'action à entreprendre pour y arriver, doit pouvoir être aussi bien le fait des pouvoirs publics centraux que des entités locales.

En matière de développement durable, le Cameroun s'est doté d'un certain nombre de cadres de coordination stratégiques visant à amorcer méthodiquement la transition vers des sociétés durables. S'il est vrai que l'engagement du Cameroun en la matière participe de la réalisation des objectifs mondiaux, il y a lieu de reconnaitre tout de même que les actions opérationnelles en la matière restent encore timides. Très peu sont les villes camerounaises qui se sont inscrites dans une démarche de

---

[5] Adopté le 25 septembre 2015 par 193 pays, le Programme de développement durable à l'horizon 2030, encore appelé Agenda 2030, a vocation d'orienter l'action de la Communauté internationale en matière de relèvement des défis de durabilité. Ce programme renferme 17 objectifs.

[6] Le 11e Objectif de l'Agenda 2030 qui concerne les villes se libelle en ces termes : « faire en sorte que les villes et les établissements humains soient ouverts à tous, sûrs, résilients et durables ».

durabilité[7]. Ce qui renseigne *a priori* sur l'immensité du chantier de construction de la ville durable et l'intérêt de questionner à la lumière des exigences que recouvrent ce secteur, la pertinence de la démarche retenue par les pouvoirs publics ainsi que l'efficacité des actions opérationnelles déjà implémentées ou en cours d'implémentation. La Communauté Urbaine de Douala fait partie des premières collectivités territoriales à avoir engagé des actions méthodiques de construction de la ville durable. C'est dire que le choix porté sur cette collectivité territoriale se justifie par son expérience en la matière. Dans ce contexte, ces actions brillent par leur pluralité et diversité, lesquelles offrent des éléments utiles à la présente analyse.

Des mesures d'ordre institutionnel, stratégique et opérationnel ont été prises par les pouvoirs publics en faveur du développement durable, mais la pratique révèle paradoxalement l'existence des villes marquées par les défis de durabilité sus-cités. Cette situation est en réalité symptomatique de l'inefficacité de la démarche de transformation des villes par le durable engagée par les pouvoirs publics, traduisant ainsi ce que nous aimons à appeler comme étant l'insuffisance de la maitrise de la durabilité urbaine[8]. D'où l'intérêt certain de questionner l'efficacité des mesures instituées : les mécanismes mis en place par les pouvoirs publics sont-ils de nature à favoriser le relèvement des défis de durabilité urbaine dans la ville de Douala ? Dans un contexte mondial particulièrement mouvant, et, compte tenu des objectifs poursuivis par le paradigme de ville durable, il semble pertinent de s'interroger sur une réalité qui, vingt-huit ans après la définition des orientations en la matière lors de la Conférence de Rio, a fait du chemin et s'est concrétisée de manière très diversifiée et inégalitaire et parfois très timide dans le monde. Les mécanismes institués par les pouvoirs publics en faveur du développement durable, participent certes de la construction de la ville durable, mais ils recèlent des imperfections susceptibles d'atténuer profondément l'efficacité des actions opérationnelles.

---

[7] Stratégie nationale de développement durable du Cameroun (ministère de l'Environnement, de la Protection de la nature et du Développement durable, 2017), Document national de contextualisation et de priorisation des Objectifs de développement durable au Cameroun (ministère de l'Économie, de la planification et de l'aménagement du territoire, 2018).

[8] Par durabilité urbaine, il faut entendre l'état d'une ville où les infrastructures et le mode de vie des populations sont en adéquation avec les valeurs et principes de développement durable. De manière concrète, il s'agit d'une ville qui s'illustre par l'efficacité énergétique, la gestion durable des déchets, la mobilité durable, l'approvisionnement et la consommation responsables, la biodiversité, etc.

La méthodologie retenue en vue de la vérification de l'hypothèse dégagée ci-dessus, est articulée autour d'une démarche qualitative combinant la recherche documentaire (cadres de coordination stratégique nationaux et locaux de promotion du développement durable, documents de planification urbaine de la ville de Douala, plusieurs autres travaux de recherche...) ; les entretiens semi-directifs (avec les responsables de la communauté urbaine de Douala, les habitants, les responsables du Ministère de l'habitat et du développement urbain à Yaoundé) ; et l'observation directe (les réalisations effectuées au titre de la durabilité urbaine, notamment, les installations de gestion durable des déchets, les installations électriques à énergie solaire, les espaces verts...).

Le cadre théorique dans lequel est inscrite l'analyse, mobilise le réalisme, l'analyse stratégique et la critique postcoloniale à l'effet de capter l'intelligibilité des dynamiques d'internalisation des orientations internationales en matière de construction de la ville durable à l'échelle nationale de manière générale et à l'échelle de la ville de Douala en particulier. Fruit d'un processus interactif à l'échelle internationale, l'analyse des actions de construction de la ville durable dans un pays ne saurait en réalité faire fi des considérations sous-jacentes aux relations internationales. Cela étant, le réalisme en tant que théorie des relations internationales, a permis d'apprécier les logiques et les approches qui accompagnent l'action de promotion de la durabilité urbaine de la Communauté urbaine de Douala dans un contexte de mondialisation où les collectivités territoriales, par ailleurs acteurs des relations internationales, coopèrent entre elles dans l'optique de définir des politiques et de mutualiser des bonnes pratiques. L'analyse stratégique quant à elle, en tant que théorie des organisations issue des travaux de Michel Crozier et de Erhard Friedberg (1977), est mise à contribution pour comprendre comment se conçoivent, s'établissent et se coordonnent les relations entre les acteurs de la ville de Douala autour des actions de prises en compte des défis de durabilité, tant il est vrai que la conduite des politiques publiques à l'échelle territoriale repose aussi sur les principes de participation, de transparence et de réédition des comptes. L'intérêt de la critique postcoloniale[9] réside dans le fait qu'elle permet d'analyser dans une perspective socioconstructiviste, les

[9] La critique ou pensée postcoloniale se situe dans le cadre des études postcoloniales. Il s'agit d'un courant critique transnational de l'épistémologie occidentale de la connaissance scientifique qui peine à reconnaitre les autres civilisations ainsi que leurs systèmes de pensée, et tend à les réduire au statut d'objet d'analyse. Elle entend débusquer les idées reçues du legs colonial sur les civilisations non occidentales tout comme à déconstruire la lecture binaire du monde selon le clivage colonial de l'existence d'un centre et d'une périphérie (Esoh Elamé, 2016).

actions de construction de la ville, afin de mettre en lumière l'influence de la pensée occidentale. Assorti donc de cet appareil critique, il s'avère utile de traiter au préalable des enjeux réels de construction de la vile durable dans le chantier de l'émergence du Cameroun, d'examiner la pratique nationale en la matière de manière à dégager les acquis à préserver, les insuffisances et les perspectives d'amélioration.

1. Ville durable : quels enjeux réels pour les pouvoirs publics ?

La promotion de la ville durable ne constitue pas en soi une action dénuée de toute pertinence. Seulement, les défis de durabilité auxquels font face les villes, diffèrent d'un contexte à un autre. Tenant compte de la diversité desdits défis, la construction d'une ville durable doit pouvoir faire l'objet de contextualisation, ce qui contribue à répondre aux besoins réels des populations. En l'absence d'une telle démarche, il n'est pas exclu que les pouvoirs publics fassent plutôt allégeance au phénomène de l'effet de mode ou du « green washing » qui serait sans portée réelle pour les populations urbaines et même contreproductif en matière de durabilité. Il apparait important d'aborder la question des enjeux réels de construction de la ville durable par les pouvoirs publics camerounais dont la compréhension est intimement liée à la connaissance des fondements ayant conduit à sa conception et à sa promotion.

1.1. Connaitre les fondements de la ville durable pour mieux appréhender les enjeux et défis

Les défis de durabilité urbains résultent fondamentalement des conséquences engendrées par le paradigme de développement néolibéral. Et parce que ces conséquences ont le potentiel de menacer la survie de l'humanité, la Communauté internationale a été conduite à trouver un alternatif audit modèle, en l'occurrence, le développement durable.

Paradigme de développement néolibéral : source des défis de durabilité urbaine

Le développement néolibéral constitue le modèle de développement qui aurait structuré les modes de pensée ainsi que les systèmes de production et de consommation des XIXe et XXe siècles. Vanté par le président américain Harry Truman au lendemain de la Deuxième Guerre mondiale, il était présenté comme un outil devant permettre de reconstruire l'économie des pays dévastés par la guerre ainsi que celle des pays du tiers-monde caractérisés par l'absence, ou à tout le moins, l'insuffisance des moyens de production optimale (Esoh Elamé, 2016). Nonobstant les conséquences désastreuses qu'il a pu engendrer sur l'environnement et la santé humaine ces dernières décennies, il n'en demeure pas moins vrai que le développement néolibéral a fait ses preuves tant il est vrai qu'il a permis à l'humanité de bénéficier des progrès de la révolution technologique et industrielle dans plusieurs domaines (la médecine, le transport, l'agriculture, la pêche, l'informatique, l'énergie, l'eau, l'urbanisation...). Immanquablement, ces progrès ont contribué à améliorer le cadre et les conditions de vie des populations, avec pour conséquence notable, la croissance démographique mondiale[10] et urbaine[11] qui se trouve au centre des préoccupations du développement durable. Fondé essentiellement sur la croissance pour la croissance, ce modèle de développement inspiré par la vision anthropocentrique patriarcale et ethno-centrée, accordait peu de place à la prise en compte des limites fonctionnelles de la planète dans la conception, la mise en œuvre et le suivi-évaluation des activités génératrices du profit. Les valeurs et les principes qui ont présidé à l'engagement des acteurs de développement à cette époque, reposait sur le principe que les ressources naturelles existent pour favoriser l'épanouissement de l'humanité qui en a un usage préférentiel (domination technoscientifique).

Bien qu'ayant permis tout de même à l'humanité de progresser sur le chemin du développement, il y a lieu de relever aujourd'hui que ce modèle n'est plus à même de créer et de maintenir un cadre et des conditions de vie qui soient favorables à la génération actuelle et future. Les conséquences qui en ont résulté sont désastreuses, et elles s'illustrent principalement par le changement climatique, l'acidification des océans, la perte de la biodiversité, l'assèchement ou la pollution des bassins hydrographiques, la dégradation des sols et l'émergence des pathologies aux causes et thérapies insuffisamment maitrisées. Ces conséquences proviennent essentiellement du fait que pendant plusieurs décennies, la mise en adéquation du développement avec la croissance économique a façonné les modes de pensée, les modèles de production et de consommation ainsi que l'analyse des faits socio-économiques (Esoh Elamé, 2016). Pourtant, d'autres variables,

---

[10] 1 milliard d'habitants en 1800, 2,5 milliards en 1950, 7 milliards en 2015, 7,7 milliards en 2019.

[11] La moitié de l'humanité, soit 3,5 milliards, vit aujourd'hui dans les villes. D'ici à 2050, la population urbaine mondiale sera de 5 milliards. 95 % de la population urbaine mondiale se fera dans les villes des pays en développement. L'urbanisation rapide, due à la croissance démographique exerce une pression sur les réserves d'eau douce, les systèmes d'approvisionnement en eau et d'évacuation des déchets, le cadre de vie et la santé publique.

notamment la santé humaine et l'environnement sont à prendre en compte. D'où l'intérêt de l'adoption du paradigme de développement durable.

Paradigme de développement durable : alternative au modèle de développement néolibéral

En raison des dysfonctionnements de la planète Terre engendrés par le paradigme de développement néolibéral ainsi que par le comportement quotidien de l'homme dans son milieu de vie, un certain nombre d'études ont été commanditées dans l'optique d'identifier les causes et de formuler des axes stratégiques d'intervention. C'est à l'issue des études menées que la Communauté internationale adopte une nouvelle approche de développement : le développement durable.

Plusieurs cadres de concertation ont été aussi organisés sur la question urbaine. Il s'agit des conférences de Vancouver au Canada (ONU-Habitat I), d'Istanbul en Turquie en 1996 (ONU-Habitat II), de Quito en Équateur en 2016 (ONU-Habitat III). Et c'est précisément la Conférence ONU-Habitat III qui aurait traité davantage la question de la durabilité urbaine. Elle a abordé les thématiques portant sur les modèles d'urbanisation, l'inégalité, les changements climatiques, l'emploi formel, l'insécurité et les formes non durables d'expansion urbaine. Bien plus, des forums ont aussi été organisés à l'échelle internationale (les Forums Urbains Mondiaux de Nairobi, de Barcelone, de Vancouver...). À côté de l'action des principaux acteurs des relations internationales que sont les États, il y a lieu de relever l'action déterminante des collectivités territoriales qui a contribué à cristalliser la place de la durabilité urbaine dans l'agenda de la Communauté internationale.

Ville durable : déclinaison des valeurs et principes de développement durable à l'échelle urbaine

En se dotant de son propre Agenda 21 en 1992 lors de la Conférence de Rio, la Communauté internationale entend donner de la cohérence et de l'efficacité à son action en faveur de la durabilité. L'Agenda 21 constitue donc un instrument d'orientation, de planification et de gouvernance du développement durable à l'échelle mondiale, lequel invite aussi bien les villes que d'autres catégories d'acteurs à se doter de leur propre Agenda 21[12] (États et entreprises). Les orientations contenues dans l'Agenda 21 de Rio, devront permettre aux collectivités territoriales ou aux villes d'élaborer leurs Agendas 21, d'entreprendre entre elles des actions de coopération en vue de la mutualisation des

[12] Cf. Chapitre 28 de l'Agenda 21 de Rio.

bonnes pratiques de développement durable et la prise en compte du genre (femmes et jeunes) dans les actions de promotion du développement durable. À l'échelle de la ville, l'Agenda 21 permet de décliner dans les politiques publiques urbaines, les valeurs et principes de développement durable.

La planification urbaine ainsi que l'aménagement du territoire et des villes comme une régulation adaptative constante, doivent rendre le bien-être possible malgré les limites constatées. La transformation de la ville par le durable requiert un savoir-faire qui n'est pas donné. L'action à entreprendre pour y arriver devra permettre de sortir du cadre d'analyse habituel afin de trouver des réponses mieux adaptées aux enjeux présents et futurs.

1.2. Ville durable : réponse aux défis actuels et futurs de durabilité urbaine

La ville durable est présentée comme une opportunité devant permettre aux pouvoirs publics de relever les défis auxquels font face les populations urbaines. Ces défis doivent pouvoir faire l'objet d'une identification précise et d'une systématisation, lesquelles contribueront à définir les caractéristiques de la durabilité urbaine.

Défis de durabilité urbaine dans le monde et au Cameroun

Les défis de durabilité, notamment ceux qui concernent le milieu urbain touchent à la fois les pays en voie de développement et les pays développés. S'il est vrai que les Objectifs du millénaire pour le développement (OMD) adoptés par l'ONU lors du Sommet du Millénaire (2000) avaient pour cibles les pays en voie de développement, il y a lieu de relever que les ODD adoptés en 2015 constituent une donnée qui interpelle tous les pays et toutes les villes du monde : il s'agit dans cette perspective de considérer que tous les pays du monde sont en voie de développement durable.

Suivant les projections de l'ONU (2014), 2,5 milliards de personnes habiteront dans les villes d'ici 2050, soit 70 % de la population mondiale, ce qui implique qu'une importante partie de la population rurale va se déplacer pour la ville. Les changements climatiques et leurs conséquences sur les territoires seront en grande partie à l'origine de l'exode ou des migrations vers des villes, qui devront elles-mêmes s'adapter aux flux de l'exode rural et des migrations de manière générale. D'ici à 2030, le monde pourrait avoir quarante-trois mégalopoles de plus de dix millions d'habitants contre trente un aujourd'hui. New Delhi, capitale indienne, pourrait devenir la ville la plus peuplée du monde en 2028. Actuellement, Tokyo est la plus grande mégalopole du monde avec une agglomération de trente-sept millions d'habitants, suivie de New Delhi avec vingt-neuf millions et de Shangaï, vingt-six millions. Les données statistiques relatives à la question urbaine dans le monde sont préoccupantes [13]:

- La moitié de l'humanité – 3,5 milliards de personnes – vit aujourd'hui dans des villes. Ce chiffre devrait atteindre 5 milliards d'ici 2030 ;
- 95 % de la croissance de la population urbaine mondiale se fera dans des pays en développement dans les décennies à venir ;
- Les villes n'occupent que 3 % de la masse continentale mondiale, mais produisent plus de 70 % de ses émissions de dioxyde de carbone et consomment entre 60 à 80 % de l'énergie mondiale ;
- En 2016, 90 % des citadins respiraient un air insalubre, entraînant 4,2 millions de décès dus à la pollution de l'air ambiant. Plus de la moitié de la population urbaine mondiale était exposée à des niveaux de pollution atmosphérique au moins 2,5 fois plus élevés que les normes de sécurité.

Le premier rapport d'étape sur la mise en œuvre des ODD (2016) fait état des défis de durabilité qui attendent la Communauté internationale. Ce document indique qu'une personne sur huit dans le monde vit encore dans l'extrême pauvreté, près de 800 millions de personnes souffrent de famine, 1,1 milliard de personnes vivent sans électricité, plus de 2 milliards de personnes rencontrent des difficultés d'accès à l'eau.

Au Cameroun, la population urbaine a fortement augmenté depuis 1996. Selon le Bureau central des recensements et des études de la population (BUCREP), le Cameroun comptait en 2005, 17 463 836 habitants composés de 8 831 800 femmes et 8 632 036 hommes. Selon le milieu de résidence, les enfants de moins de quinze ans représentent 39,2 % de la population en milieu urbain et 47,8 % en milieu rural. Les personnes âgées de soixante ans et plus, qui représentent 5,5 % de la population totale du pays, sont particulièrement plus représentées en milieu rural (6,5 %) qu'en milieu urbain (3,4 %). De 2005 à 2010, la population du Cameroun s'est accrue à un rythme annuel de 2,6 %, s'élevant au 1er janvier 2010 à 19 406 100 habitants. En 2014, les estimations du BUCREP situent la population nationale à 22 millions d'habitants. Le rapport d'étude réalisée en vue de la formulation du Programme national de développement urbain relève qu'en 2018, 50 % de la population vit en ville. L'urbanisation est très certainement le

---

[13] Cf. Agenda 2030.

fait démographique le plus marquant que révèlent les résultats définitifs du 3e recensement général de la population. En effet, le nombre de villes de plus de 100 000 habitants est passé de six à neuf entre 1987 et 2005, avec deux villes (Douala et Yaoundé) d'une densité chacune de deux millions d'habitants. Le taux d'urbanisation est passé de 28,5 % en 1976, à 37,8 % en 1987, à 48,8 % en 2005 et à 52 % en 2010. Les villes de Douala et de Yaoundé abritaient à elles seules 21,3 % de la population totale et 43,7 % de la population urbaine, totalisant ainsi en 2010 plus de cinq millions d'habitants.

L'expansion des populations dans les villes camerounaises exigera l'allocation supplémentaire de ressources en faveur des populations urbaines, notamment, le logement, les transports, l'énergie, l'emploi, l'éducation et la santé. L'absence, ou, à tout le moins, l'insuffisance des mesures devant permettre de répondre à la satisfaction des ressources supplémentaires requises, engendre des défis de durabilité urbaine. Ces défis existent et se posent avec beaucoup plus d'acuité dans les grandes villes comme Douala et Yaoundé.

Vers une systématisation des défis de durabilité urbaine ?

Les défis de durabilité dans les villes ne sont pas les mêmes. Fondamentalement, ils diffèrent en fonction de leur niveau de développement. C'est la raison pour laquelle il est important pour les pouvoirs publics de contextualiser leurs actions de construction de la ville durable. Tenant compte du niveau de développement des pays et des villes, les défis de durabilité urbaine méritent de faire l'objet d'une classification. La classification effectuée ici, trouve un terrain d'élection dans les difficultés auxquelles les villes ont été confrontées au fil du temps. Les difficultés auxquelles ont fait face les populations urbaines au XVIIIe siècle, ne sont pas les mêmes que celles du XXe ou du XXIe siècle. Les villes ont assisté à l'émergence de nouveaux défis qui s'expliquent par plusieurs facteurs : le développement technologique et industriel, la croissance démographique, les flux migratoires, l'approche de développement néolibéral, le comportement quotidien de l'homme dans son milieu de vie, etc. Dans l'optique d'œuvrer à une meilleure compréhension des défis de durabilité urbaine, et par là même, favoriser des actions contextualisées et ciblées, il est proposé dans le tableau ci-après, une classification se situant à plusieurs niveaux.

Tableau 1 : typologie des défis de durabilité urbaine

Niveaux de défis de durabilité urbains	Contenus	Localisation géographique
Défis de durabilité urbaine de premier ordre	Difficultés d'accès aux services sociaux urbains de base (logement, eau, électricité, assainissement, santé, éducation) ; insalubrité ; planification urbaine et aménagement du territoire.	Pays en développement
Défis de durabilité urbaine de deuxième ordre	Difficultés de circulation des personnes et des biens (voies et moyens de communication) ; difficultés économiques et d'insertion professionnelle ; insécurité ; dénaturation des modèles architecturaux et urbains locaux.	Pays en développement
Défis de durabilité urbaine de troisième ordre	Étalement urbain/périurbanisation anarchique ; pollution de l'air et du sol ; changement climatique ; fracture numérique ; conflits (fonciers, ethniques...) ; insécurité (terrorisme).	Pays en développement et Pays développés

Source : compilation de l'auteur.

Le tableau ci-contre, renseigne sur la typologie des défis de durabilité urbaine, leurs contenus ou caractéristiques ainsi que leurs foyers de localisation. S'agissant de la typologie, trois niveaux sont identifiés, notamment, les défis de durabilité des premier, deuxième et troisième ordres. Cette classification permet aussi de dégager un certain nombre de caractéristiques par niveau de défis de durabilité, lesquelles se présentent ainsi qu'il suit :

- défis de durabilité urbaine de premier ordre : infrastructures sociales de base ;
- défis de durabilité urbaine de deuxième ordre : économique, sécuritaire ;
- défis de durabilité urbaine de troisième ordre : écologique, numérique, socio-culturel.

S'agissant des foyers de localisation, il ressort que les défis de durabilité de premier et de deuxième ordre concernent les pays en développement et ceux du troisième ordre concernent à la fois les pays en développement et les pays développés. Toutefois, il importe d'apporter une nuance à cette localisation géographique dans la mesure où certains défis de durabilité de deuxième ordre peuvent concerner certains pays développés. C'est par exemple le cas des difficultés d'insertion professionnelle ou de l'insécurité, même si elles ne se posent pas toujours avec la même acuité. La détermination des foyers de localisation des défis de durabilité tels que présentés dans le tableau ci-haut, est orientée davantage par la gravité des défis à relever dans un pays ou dans une ville que par leur existence ou inexistence.

Caractéristiques de la ville durable

Quels sont les éléments qui permettent de distinguer une ville durable de celle qui ne l'est pas ? Existe-t-il un modèle type de ville durable ? La réponse à ces questions permettra de dégager les éléments caractéristiques d'une ville durable. Ces éléments sont à rechercher dans les instruments adoptés en faveur du développement durable. Il en existe une pluralité certes, mais l'on a pu identifier ici un certain nombre qui permet de renseigner de manière appréciable sur les caractéristiques de durabilité d'une ville. Limitativement, il s'agit du Rapport Brundtland, de l'Agenda 21 de Rio, de l'Accord de Paris sur le changement climatique, de l'Agenda 2030, de l'Agenda 2063, du nouveau programme pour les villes, des résolutions des Conférences de l'ONU-Habitat (Habitat I, II et III) et des Forums Urbains Mondiaux. Une synthèse des contenus de ces différents instruments permet de dégager les caractéristiques suivantes :

Tableau 2 : synthèse des éléments caractéristiques de la durabilité urbaine

Niveaux de défis de durabilité	Contenus	Caractéristiques de durabilité urbaine
Défis de durabilité urbains de premier ordre	*Idem*	Existence : des instruments de gouvernance de la durabilité urbaine (Agenda 21, plan d'urbanisation durable, schéma d'aménagement durable du territoire...) des infrastructures sociales de base construites sur la base des exigences de développement durable (logement, eau, électricité, assainissement de base, santé, éducation) ; existence des mécanismes de gestion durable des déchets.

Défis de durabilité urbains de deuxième ordre	*Idem*	Existence : des mécanismes de promotion de la mobilité durable (politique formelle, réseau routier favorisant la circulation des personnes et des biens, routes piétonnes,...) d'un dispositif d'organisation de l'économie locale pourvoyeur d'emplois, de croissance et respectueux de l'environnement ; de maintien de la paix et sécurité ; existence des mécanismes de promotion des savoir-faire architecturaux/urbains locaux.
Défis de durabilité urbains de troisième ordre	*Idem*	Existence : des dispositifs de maitrise de l'étalement urbain/périurbanisation ; des dispositifs de lutte contre le changement climatique ; dispositifs de promotion des TIC ; dispositifs de promotion de l'interculturalité ; de maintien de la paix et sécurité

Source : auteur

Au regard des éléments caractéristiques de la durabilité urbaine contenus dans le tableau ci-dessus, une synthèse peut être faite à l'effet de permettre une meilleure visualisation et orientation des actions de construction de la ville durable. Ces éléments caractéristiques peuvent être situés aux niveaux stratégique et opérationnel.

Au plan stratégique, la structuration d'une ville durable consiste en l'élaboration des cadres de coordination stratégique globaux (Agenda 21 territorial) et spécifiques (Plans d'urbanisation durable, Plan climat, Plan de mobilité durable, Plans d'occupations des sols, Plan de secteur...). Dans son contenu, l'Agenda 21 territorial traite de tous les secteurs d'activités de la ville relavant de la compétence des pouvoirs publics locaux. Il fixe les grands axes stratégiques d'intervention devant orienter l'élaboration des cadres de coordination spécifique. Ces derniers traitent de manière précise et approfondie chaque secteur d'activité de la ville.

Bien au-delà de la convergence de vue sur son bien-fondé, une réelle diversité des pratiques persiste dans les programmes d'action, les contenus des politiques urbaines et surtout les formes de gouvernance se revendiquant de la ville durable (Krueger et Gibbs, 2007 ; Béal et al., 2011). C'est dire que les éléments caractéristiques de la ville durable tels que présentés, bien qu'ayant le mérite d'avoir contribué à la systématisation du contenu des instruments pertinents, ne sauraient constituer le standard en la matière.

L'opérationnalisation de la ville durable renvoie à l'implémentation concrète des actions de durabilité prévues dans les cadres de coordination stratégique. Ces actions doivent pouvoir impacter réellement sur les cadres et conditions de vie des populations urbaines, et partant, la préservation des limites fonctionnelles du système Terre. Parlant précisément de l'impact, les actions de promotion de la durabilité urbaine doivent pouvoir être assorties des mécanismes de suivi-évaluation qui renseignera les acteurs de manière précise sur l'évolution ou l'absence d'évolution. C'est précisément dans cette optique que se sont inscrits les pouvoirs publics camerounais.

2. Actions de construction de la ville durable initiées par les pouvoirs publics camerounais

Ces actions sont à la fois le fait de l'administration centrale et des pouvoirs publics locaux.

2.1. Actions de l'administration centrale

À la suite de la Conférence ONU-Habitat II[14] tenue en 1996 à Istanbul, l'État du Cameroun a créé en 1997, un département ministériel en charge de la ville. Ce dernier avait pour mission, de relever les défis de durabilité urbaine. Il s'est employé progressivement à décliner à l'échelle nationale, les orientations internationales en la matière. C'est à juste titre qu'il a élaboré deux ans après sa création, un cadre de coordination stratégique de son intervention, lequel avait pour principaux objectifs, la maitrise de la croissance urbaine, la promotion d'une approche d'occupation rationnelle des sols, la protection de l'environnement urbain, l'impulsion de la dynamique régulatrice des interventions en milieu urbain en vue de favoriser et d'encadrer les initiatives des différents acteurs interpellés dans un esprit de partenariat, etc. S'il est vrai que le ministère de la ville n'existe plus aujourd'hui, il y a lieu de relever que la promotion du développement urbain et de l'aménagement du territoire se poursuit sous l'action de plusieurs départements ministériels à qui des missions spécifiques ont été confiées en 2004. Il s'agit du ministère de l'Habitat et du Développement urbain (MINHDU), du ministère des Domaines, du Cadastre et des Affaires foncières (MINDCAF), du ministère de

[14] Les conférences internationales sur l'habitat sont convoquées tous les 20 ans depuis 1976, date de la première conférence à Vancouver au Canada.

l'Économie, de la Planification et de l'Aménagement du territoire (MINEPAT), du ministère des Travaux publics (MINTP) et du ministère des Transports (MINTRANS). Ces différents départements ministériels interviennent chacun dans son domaine de compétence en vue de l'amélioration des cadres et conditions de vie des populations dans les villes. L'action de plusieurs autres départements ministériels concourt à la réalisation de la ville durable, tant il est vrai que les aspects relatifs à l'emploi, à l'accès à l'eau et à l'énergie, à la biodiversité, à la culture... doivent pouvoir faire l'objet d'une prise en compte dans le cadre des actions de promotion de la ville durable. Les cibles des Objectifs de développement durable contextualisés et priorisés dans le secteur de l'habitat et du développement urbain au Cameroun présentées infra, permettent d'en attester. Les domaines de compétence et les actions opérationnelles que mettent en œuvre le ministère de l'Environnement, de la Protection de la nature et du Développement durable (MINEPDED), le ministère des Affaires sociales (MINAS), le ministère de l'Eau et de l'Énergie (MINEE), leMinistère de l'Emploi et de la formation professionnelle (MINEFOP), le ministère des Arts et de la Culture (MINAS) contribuent au relèvement des défis de durabilité urbaine, notamment, en matière de préservation de la biodiversité, d'assistance sociale, de fourniture des services hydrique et énergétique, de promotion de l'emploi, de valorisation du patrimoine culturel, etc.

En 2009, le Cameroun a adopté une vision pour son émergence (Vision-2035) et a élaboré un Document de Stratégie pour la Croissance et l'Emploi (DSCE) traduisant la mise en œuvre de la Vision-2035 pour la période 2010-2020. Puis s'en est suivie l'adoption récente de la Stratégie nationale de développement 2030 (SND 30), laquelle constitue le poteau indicateur d'orientation des politiques publiques pour les dix prochaines années. Sur le fondement desdits cadres de coordination de portée globale, les départements ministériels ont été conviés à élaborer leurs documents de stratégie sectorielle/sous sectorielle. Plusieurs départements ministériels ont engagé les travaux d'actualisation de leurs documents de stratégie sectorielle ou sous-sectorielle en référence à la SND 30. C'est dans ce sillage que les départements ministériels investis des missions de développement urbain et de l'aménagement du territoire, ont été conduits à se doter desdits instruments. L'orientation stratégique nationale a donné naissance aux Schémas Nationaux d'Aménagement du Territoire (SNAT) et aux Schémas Régionaux d'Aménagement et de Développement Durable du Territoire (SRADDT).

En son temps, le DSCE[15] a prescrit de maitriser le taux d'urbanisation qui est parvenu à 57,3 % en 2020 en faisant des villes des centres de production et de consommation nécessaires à l'essor du secteur industriel, mais également de promouvoir l'émergence des agglomérations périphériques, le développement des villes moyennes ou secondaires capables de structurer les activités économiques dans l'espace urbain et de concourir au développement des zones rurales environnantes. Pour contribuer à la mise en œuvre desdites orientations, une stratégie de développement urbain a été élaborée en 2011. Les domaines d'intervention consignés dans ladite stratégie concernent la démographie, l'aménagement du territoire et la planification urbaine, l'environnement et l'urbanisation, la gouvernance et la légalisation urbaine, l'économie urbaine, le logement et les services de base. Chacun de ces domaines est assorti des axes d'intervention stratégique (Cf. Rapport national de contribution du Cameroun, ONU-Habitat III).

La SND 30 dans son contenu, envisage l'élaboration d'un Programme de modernisation urbaine devant conduire à :

- la construction des voies de contournement et des pénétrantes ;
- l'accélération de la mobilité et du système de transports inter modal ;
- la mise sur pied d'un réseau d'assainissement compatible aux impératifs d'émergence ;
- le développement des services et de la compétitivité économique ;
- l'aménagement des zones industrielles ;
- et l'amélioration de l'accès au logement et aux autres services sociaux (éducation, santé, eau, énergie, y compris énergies renouvelables) et le renforcement de la planification urbaine.

Bien plus, la Stratégie nationale de développement durable et le Document national de contextualisation et de priorisation des Objectifs de développement durable au Cameroun, prévoient des actions de développement de l'habitat et du développement urbain. Les cibles contextualisées et priorisées dans ce secteur sont les suivantes :

[15] Avec le DSCE, il s'agissait de réduire de moitié le pourcentage de la population urbaine qui n'a pas accès de façon durable à un approvisionnement en eau potable, à l'électricité et aux TIC et de renforcer l'industrie, le secteur privé, la gouvernance et les ressources humaines du sous-secteur urbain. (DSCE, p. 64)

- d'ici à 2030, assurer l'accès à tous à un logement et des services de base adéquats et sûrs à un coût abordable et assainir les quartiers des taudis ;
- d'ici à 2030, assurer à tous les systèmes de transport sûrs, accessibles, et viables, à un coût abordable, en améliorant la sécurité routière, notamment en développant les transports publics, une attention particulière devant être accordée aux besoins des personnes en situation vulnérable, des femmes, des enfants, des personnes handicapées et des personnes âgées ;
- redoubler d'efforts pour protéger et préserver le patrimoine culturel et naturel.

Ces cibles laissent comprendre que l'entreprise de réalisation de la ville durable au Cameroun est le fait de plusieurs départements ministériels. Dans la Stratégie nationale de développement durable, les actions prioritaires prévues concernent :

- le développement des plans d'urbanisation ;
- l'amélioration des infrastructures routières ;
- la construction des infrastructures sociales de base (écoles, hôpitaux) ;
- le renforcement des capacités des acteurs locaux dans la construction des infrastructures durables et le management de la durabilité ;
- la mise en place de la police environnementale au niveau local ;
- la promotion des énergies renouvelables et de l'économie verte ;
- la promotion de la gestion durable des déchets ;
- la promotion de la recherche dans le domaine du développement durable.

Plusieurs actions opérationnelles découlant de ces axes stratégiques ont été implémentées par les pouvoirs publics[16], lesquelles témoignent de leur volonté d'améliorer le cadre et conditions de vie des populations urbaines. Limitativement, l'on peut citer ici le Projet de Développement des Secteurs Urbains et d'Approvisionnement en Eau (PDUE), le Programme d'Appui aux Capacités Décentralisées de Développement Urbain (PACDDU), le Projet d'Investissement de Douala (PID), le

[16] Cf. Rapport national de contribution du Cameroun, Troisième conférence des Nations unies sur le logement et le développement durable en milieu urbain (Habitat III), 2015, pp. 3-9.

Programme d'Aménagement de 50 000 parcelles constructibles, le programme de construction de 10 000 logements sociaux dans les grandes villes, la création de la mission de promotion des matériaux locaux (MIPROMALO), le *Urban Spécial Employment Program* (USEP) et la signature des Contrats de ville et de Contrats plan.

Poursuivant son action en faveur de la construction de la ville durable, le Cameroun vient de réaliser une étude en vue de la formulation du Programme National de Développement Urbain (PNDU). Tel que l'indique le rapport de l'étude finalisée en 2020, il servira, en premier lieu, à renforcer la compétitivité territoriale des villes en tenant compte des enjeux de développement urbain durable. Le PNDU a été structuré en quatre principales composantes, en l'occurrence, les Investissements en infrastructures et services urbains, le développement de l'économie urbaine, le développement urbain durable et la gouvernance du Programme et développement des compétences des acteurs. Ces composantes ont été déclinées en axes stratégiques (Cf. Rapport d'étude en vue de la formulation du PNDU).

Le processus de décentralisation, institué en 1996, et ayant vu la promulgation des lois d'application en 2004 a conféré aux collectivités territoriales décentralisées des compétences en matière de développement urbain et d'aménagement du territoire. En la matière, la Communauté urbaine de Douala a engagé un certain type d'activités visant à décliner les valeurs et principes de développement durable dans le développement urbain.

2.2. Actions locales : cas de la Communauté urbaine de Douala

La ville de Douala constitue une communauté urbaine qui regroupe 06 communes d'arrondissement dont les ressorts territoriaux correspondent aux 06 arrondissements du département du Wouri[17]. Elle compte six communes d'arrondissements et couvre une superficie de 923 km^2, urbanisée sur 25 000 ha et d'une population estimée à 1 912 426 habitants[18] repartie sur 116 quartiers[19]. Elle constitue la plus grande ville du Cameroun en termes de superficie et de démographie. Étalement urbain, pollution, habitats de fortune, congestion de la circulation, promiscuité, insalubrité et insécurité, constituent les principaux défis de durabilité que connaît cette ville portuaire. Bien que

---

[17] La communauté urbaine et la commune d'arrondissement sont des CTD alors que l'arrondissement et le département constituent des circonscriptions administratives.

[18] Évolution de la population de la ville de Douala : 1976 : 458 426 ; 1987 : 809 852 ; 2005 : 1 912 426.

[19]Source, rapport mandature 2007-2013.

la base des données urbaines[20] du Cameroun ne renferme pas d'indications sur toutes ces thématiques, il y a lieu de préciser que celles existantes confirment la gravité des défis à relever dans le domaine des services sociaux de base (santé, eau, électricité, logement). Jusqu'en 2011, la ville de Douala ne disposait d'aucun outil de planification urbaine, ce qui a conduit à une urbanisation non maitrisée.

Conscient desdits défis, les pouvoirs publics locaux ont été conduits finalement à adopter des politiques publiques et à implémenter des projets de promotion du développement durable. Douala fait partie des premières villes camerounaises à avoir engagé des actions méthodiques de promotion de la ville durable. Ces actions s'illustrent par l'élaboration des cadres de coordination stratégique de la durabilité urbaine (l'Agenda 21 de Douala, la Stratégie de développement de la ville de Douala et de son aire métropolitaine à l'horizon 2025, le Plan de transport et de déplacement urbains de Douala à l'horizon 2030, le Plan Directeur d'Urbanisme à l'horizon 2025, les Plans d'occupation des sols de Douala à l'horizon 2025, les Plans d'occupation des sols des six communes d'arrondissement de la ville de Douala...). L'élaboration desdits instruments témoigne de l'importance qu'accorde les pouvoirs publics locaux à une démarche stratégique de construction de la ville durable, car ils permettent de rompre avec les pratiques spontanées ou improvisées en la matière.

Sur le fondement de ces cadres de coordination, plusieurs actions opérationnelles ont été réalisées. Limitativement, l'on peut citer les Journées Citoyennes de Propreté (JCP), le concours du quartier le plus propre, la plate-forme de lutte contre le désordre urbain et la protection civile, la mise en œuvre du Contrat ville (investissement, entretien, gestion), le programme « Occupations jeunes », la valorisation du centre d'enfouissement technique des déchets (PK10), le projet de construction d'un centre de stockage des déchets industriels solides, la valorisation du patrimoine culturel de la ville de Douala, le projet « forêt urbaine » et le projet Innovative, service in difficult environment for recycler artisan (ISDERA).

La substance des mécanismes mis en place et des actions opérationnelles engagées par les pouvoirs publics centraux et locaux en faveur de la construction de la ville durable, renseignent à n'en point douter sur l'importance accordée au secteur de l'habitat et du développement urbain dans le chantier de l'émergence du Cameroun. Toutefois, ces actions volontaristes et encourageantes sont teintées d'un certain nombre d'insuffisances qu'il conviendrait de mettre en lumière.

---

[20]http://www.minhdu.gov.cm/observatoiresf/web/app.php/fr/indicateurscommune%3F0%2636%26646

3. Défis des mécanismes de construction de la ville durable

Les insuffisances qui entachent les mécanismes de construction de la ville durable institués par les pouvoirs publics sont de nature à atténuer l'efficacité des actions opérationnelles. L'identification desdites insuffisances constitue donc un préalable à la formulation des perspectives d'amélioration.

3.1. Les insuffisances des mécanismes institués

Les insuffisances se situent à la fois au niveau stratégique et opérationnel. Les limites d'ordre stratégique s'illustrent principalement par :

- le caractère épars des instruments d'orientation et de planification du développement durable qui ne favorisent pas une meilleure appropriation et maniement par les acteurs ;
- l'insuffisance de l'approche de complémentarité et d'interdépendance[21] dans la planification et la réalisation des actions de durabilité urbaine ;
- l'inexistence des plans d'urbanisme et d'aménagement durables du territoire dans plusieurs collectivités territoriales ;
- la faible dimension de durabilité dans les Plans communaux de développement ;
- la valorisation insuffisante des résultats des travaux scientifiques produits en milieu universitaire en la matière ;
- l'insuffisance des mesures incitatives devant favoriser la recherche sur la ville durable ;
- l'usage des approches insuffisamment ancrées dans la gestion du changement[22] ;
- et le retard dans le processus de décentralisation et surtout la valorisation insuffisante des modes de pensée et des savoir-faire endogènes y relatifs.

---

[21] L'interdépendance et la complémentarité en matière de développement durable, supposent la prise en compte conjointe et systématique des dimensions du développement durable (solidarité sociale, responsabilité écologique, efficacité économique, responsabilité interculturelle) dans la conception, la mise en œuvre et le suivi-évaluation des politiques publiques, programmes ou projets. Cf. Coumaye C.C (2018).

[22] Encore appelée conduite du changement, la gestion du changement est une « Approche au cours de laquelle les changements d'une Organisation ou d'un système sont mis en œuvre d'une manière maîtrisée en suivant un cadre de travail ou des processus prédéfinis, afin de soutenir l'atteinte des objectifs stratégiques. La conduite du changement permet la transition d'un état actuel vers un état futur souhaité. » Cf. http://bbest.be/fr/content/glossaire-termes-de-management

Sur ce dernier point, il existe une prise de conscience certes, mais la pratique révèle l'existence des actions opérationnelles motivées davantage par des considérations discursives de l'importance de la contextualisation que par une mise à contribution utile et utilitaire des modes de pensée et savoir-faire endogènes issus des travaux de recherche.

S'il est vrai qu'il existe des actions de recherche scientifique initiées ou soutenues par les pouvoirs publics en vue de leur amélioration, il y a lieu de relever que ces mesures restent largement marginales pour tenir le pari de la durabilité urbaine. La contextualisation des actions à mener de manière générale ne saurait trouver seulement un terrain d'élection dans le cadre des projets en voie d'implémentation (*contextualisation passive*). Elle doit pouvoir faire l'objet d'une prise en compte réelle qui devra se traduire par la recherche scientifique et la capitalisation des résultats qui en découleront dans la conception des politiques publiques, des programmes et projets (*contextualisation active*). Comment comprendre que le modèle architectural des cases traditionnelles des peuples du Cameroun, notamment les Mousgoum et les Kotoko, qui fait l'objet d'une attractivité internationale, soit réduite à une valorisation à des fins touristiques alors qu'il pourrait être davantage optimisé à travers des activités didactiques de pérennisation dans les écoles de formation d'ingénieurs en l'occurrence. Les architectes locaux qui seraient formés suivant les canaux de transmission des savoirs et des savoir-faire ancestraux, ne peuvent-ils pas être mis à contribution dans la formation des ingénieurs ? Bien plus, quel crédit accordé à une démarche de construction de la ville durable au Cameroun alors qu'elle ne favorise pas la préservation des acquis et des patrimoines de la « vieille ville »[23] et de la « ville coloniale »[24] ?

Ces questionnements renseignent à n'en point douter sur les atouts ou les potentialités insuffisamment valorisés en matière de promotion de la durabilité urbaine, traduisant par ailleurs l'absence, ou à tout le moins, l'insuffisance de la prise en compte de l'approche postcoloniale. Le rapport d'étude réalisée en vue de la formulation du Programme National de Développement Urbain (2020) fait état de l'absence des facteurs de spécificité positive susceptible de conférer aux villes camerounaises des avantages comparatifs. Cette réalité laisse entrevoir l'absence d'une démarche postcoloniale dans la gouvernance des actions de promotion de la ville durable. Ce qui est d'ailleurs logique dans la

---

23 Par vieille ville, il faut entendre ici le cadre de vie aménagé suivant les codes d'urbanisation et d'aménagement du territoire endogène où vivaient les populations avant l'impérialisme ou la colonisation.

24 La ville coloniale désigne le cadre de vie aménagé par les colons dans leurs colonies suivant leurs codes d'urbanisation et d'aménagement du territoire.

mesure où les actions opérationnelles découlant des politiques publiques n'y accordent pas un intérêt certain. Pourtant, cette approche aurait permis aux acteurs de faire face aux pratiques parfois discriminatoires visant au rejet des repères pédagogiques endogènes des sociétés non occidentales. En effet, le rayonnement d'une entité sur la scène internationale est indissolublement lié à son efficacité au niveau interne ou national. Les résultats des entretiens menés auprès des acteurs cibles de la présente étude l'attestent. Et parce que la démarche de construction de la ville durable au Cameroun n'est pas véritablement inscrite dans une approche de décolonialité, les pouvoirs publics dans le cadre de leurs actions internationales portant sur les problématiques urbaines, ont du mal à promouvoir les savoir et savoir-faire endogènes qui épousent l'écologie de l'habitat dans les collectivités territoriales. Suivant l'approche réaliste des relations internationales, celles-ci sont guidées par la recherche de l'intérêt national défini en termes de puissance. Partant de ce postulat, les acteurs des relations internationales (l'État et les collectivités territoriales) devraient pouvoir faire preuve d'une démarche stratégique porteuse de résultats probants, sans laquelle ils manqueront d'efficacité. C'est ce qui amène Esoh Elamé (2016) à établir qu'« il serait donc nécessaire d'éviter que sous le sous couvert d'un prétexte écologique, les villes des pays en développement puissent subir une politique venue d'ailleurs supposée vertueuse pour elles. Les professionnels qui diffusent ces pratiques sont bien souvent occidentaux ou occidentalisés ».

Aussi, l'action de contextualisation ne saurait exclusivement conduire à rechercher de manière spontanée dans les *savoir-faire d'ici*, des éléments susceptibles d'être pris en compte dans les projets à implémenter ou en cours d'implémentation, mais plutôt à bâtir en amont des dispositifs de recherche scientifique devant conduire à façonner des éléments techniques servant de référentiels dans les actions de construction de la ville durable. C'est dire qu'en l'absence d'une véritable démarche de fond, visant à améliorer et à valoriser au plan technique les *savoir-faire d'ici* en matière de durabilité urbaine, il serait difficile pour les pouvoirs publics de gagner en efficacité.

Au plan opérationnel, l'insuffisance des ressources humaines qualifiées en matière de durabilité urbaine et des ressources financières pour initier des projets de grande envergure, l'insuffisance des projets de transformation profonde de la ville par le durable, l'insuffisance des dispositifs d'évaluation de la durabilité urbaine et les difficultés de maintenance des infrastructures réalisées constituent les entraves à l'atteinte des défis de durabilité urbaine au Cameroun.

Avec un pourcentage de la population urbaine estimé à plus de 50 %, l'État du Cameroun demeure confronté au phénomène d'urbanisation rapide et insuffisamment maitrisée. Les villes n'offrent pas un cadre de vie adéquat pour leurs habitants et elles ne disposent pas d'infrastructures économiques propices aux échanges commerciaux. L'explosion démographique accentue la pression sur les équipements collectifs et intensifie la spéculation foncière qui est à l'origine du développement anarchique des quartiers. Ce qui a conduit au phénomène de l'étalement urbain et à l'insuffisance d'infrastructures nécessaires à l'habitat décent et à la mobilité des populations. À cela, il faut ajouter l'insuffisance de la planification urbaine et de la coordination opérationnelle (SND 30).

Certes, des mesures d'amélioration ont été prises, mais elles demeurent insuffisantes pour contribuer véritablement aux défis de durabilité urbaine. Toutes ces insuffisances ne sont pas de nature à favoriser une démarche efficace de construction de la ville durable au Cameroun. Des mesures d'amélioration méritent donc d'être entreprises par les pouvoirs publics en concertation avec le secteur privé, les organisations de la société civile, les institutions traditionnelles et les partenaires techniques et financiers. Les résultats de l'étude menée en vue de la formulation du Programme National de Développement Urbain recèlent des perspectives intéressantes à même de contribuer au relèvement des défis de durabilité urbaine.

3.2. Perspectives d'amélioration

Les perspectives d'amélioration des mécanismes de construction de la ville durable au Cameroun sont à situer aussi bien au niveau stratégique qu'opérationnel. Au niveau stratégique, deux options sont possibles : produire un document guide simplifié de construction de la ville durable pour pallier aux difficultés d'appropriation et de maniement des instruments de promotion du développement durable ou actualiser et harmoniser la dimension de durabilité des cadres de coordination stratégique de portée globale[25] avec ceux de portée spécifique[26]. Il s'agit là d'une action que l'on pourrait qualifier de transitoire, tant il est vrai que l'efficacité des actions de promotion de la durabilité urbaine au Cameroun reste indissociable d'une approche postcoloniale devant favoriser la valorisation des savoirs et savoir-faire endogènes. La prise en compte de cette approche n'est pas donnée, tant il est vrai qu'elle fait nécessairement appel à une démarche technique

[25] Vision 2035, Stratégie nationale de développement 2030, Stratégie nationale de développement durable, Document national de contextualisation et de priorisation des Objectifs de développement durable.

[26] Documents de stratégie sectorielle/sous-sectorielle des départements ministériels en charge du développement urbain et de l'aménagement du territoire.

appelée pédagogie postcoloniale. Celle-ci désigne un courant de pensée qui vise, d'une part, à déconstruire dans le discours, les méthodes et pratiques pédagogiques, l'ensemble des préjugés, stéréotypes, idées reçues, issus du legs colonial, décolonial et néocolonial ; et, d'autre part, à produire un savoir métissé inter-civilisationnel (Esoh Elamé, 2016). Dans le cas d'espèce, elle implique de revoir les constructions mentales, les savoirs et les méthodes relationnelles. Pour sa mise en œuvre, il faudrait d'abord la connaitre, la comprendre pour ensuite s'intéresser à son application en pédagogie. C'est dire qu'il y a une phase d'apprentissage à développer en direction des acteurs impliqués dans le processus de construction de la ville durable. Bien que cette pédagogie n'ait pas encore fait l'objet d'une promotion et diffusion aussi bien par le milieu universitaire camerounais que par le milieu professionnel ou administratif, son évocation repose sur une volonté. En termes de pédagogie, Esoh Elamé (2016) l'appréhende comme une démarche visant à répondre à un certain nombre de finalités, notamment, la valorisation des savoirs autochtones, la désaliénation culturelle, la déconstruction des images stéréotypées, le dialogue entre les civilisations et le vivre ensemble et la promotion de la civilisation de l'universel.

La conception d'une approche de construction de la ville durable répondant au moins à l'une de ces finalités, devrait mettre en avant les logiques du postcolonialisme. En l'absence d'un manuel pratique devant servir comme outil à l'ancrage de cette dimension dans la conception des politiques publiques, des programmes, des projets et même des termes de référence des appels à candidature, il serait difficile pour les acteurs de capitaliser valablement la pédagogie postcoloniale. Des travaux devront être menés dans le sens de la conception et de la vulgarisation de ce manuel. Dans un contexte international où l'action bilatérale ou multilatérale des acteurs des relations internationales est fondamentalement orientée par la recherche de l'intérêt (approche réaliste des relations internationales). Par conséquent, l'inscription de la durabilité urbaine dans une approche postcoloniale constitue une nécessité qui doit pouvoir se faire en amont des actions d'harmonisation de la dimension de durabilité dans les cadres de coordination stratégique sus-évoqués. Cette approche permettra de procéder à une relecture raisonnée des *savoirs et des savoir-faire d'ailleurs* en matière de durabilité urbaine et de capitalisation des *savoirs* et *savoir-faire d'ici.* En cela, elle permettra aussi aux pouvoirs publics locaux de reconsidérer le postulat de leurs actions de coopération décentralisée de manière à faire d'elles, non plus un cadre d'expression de la politique du misérabilisme et de l'assistanat, mais plutôt une sphère de valorisation de leurs patrimoines locaux susceptibles de promouvoir la ville durable. Cette tâche devra être réalisée par des chercheurs qui, à l'issue de leurs travaux produiront des éléments techniques devant orienter les actions de planification stratégique, d'opérationnalisation et de coopération. C'est à juste titre que le rapport de l'étude menée en vue de la formulation du Programme National de Développement Urbain au Cameroun (MINHDU, 2020) recommande une articulation des dimensions locale, nationale et internationale dans la planification. L'amélioration du volume du transfert des ressources aux collectivités territoriales dans le cadre de la décentralisation ainsi que le renforcement des capacités des acteurs constituent aussi une mesure importante à adopter, car elle permettra aux collectivités territoriales d'initier des projets d'envergure.

Conclusion

À la question de savoir si les mécanismes mis en place par les pouvoirs publics camerounais permettent de favoriser l'appropriation et l'implémentation des défis de durabilité des villes, l'analyse faite a pu mettre en lumière un certain nombre d'insuffisances d'ordre stratégique et opérationnel qui mettent profondément à mal les actions engagées. Les insuffisances relevées sont aussi bien le fait des pouvoirs publics centraux que locaux, lesquelles procèdent fondamentalement de l'insuffisante inscription de la démarche dans une perspective postcoloniale et décoloniale. Dans ces conditions d'insuffisances, et parce que l'habitat et le développement urbain occupent une place de choix dans le chantier de l'émergence du Cameroun, la démarche à suivre par les acteurs (pouvoirs publics, CTD, secteur privé et organisations de la société civile) consistera à réexaminer ce secteur à la lumière des exigences techniques que recouvrent l'approche postcoloniale de construction de la ville durable. Cet exercice conduira les acteurs à identifier de manière participative les goulots d'étranglement et à dégager les axes stratégiques d'intervention en vue de la transformation véritable des villes par le durable au Cameroun. C'est précisément dans cette perspective que se situe la présente analyse qui fait un diagnostic de durabilité des mécanismes institués et a permis d'identifier tant au niveau stratégique qu'opérationnel, les limites à la construction de la ville durable et à formuler les perspectives d'amélioration. La présente analyse constitue une modeste contribution au processus de reconsidération des modèles de durabilité en vigueur et la pleine utilité reste tributaire d'un diagnostic de durabilité approfondi des mécanismes institués par les pouvoirs publics.

Bibliographie

Amilhat A., Szary L., Esoh Elamé J., Gaillard C., Giazzi F., 2009, *Culture et développement : la durabilité renouvelée par l'approche culturelle ?* Paris, éd. PUBLIBOOK.

Anctil F., Diaz L., 2016, *Développement durable : enjeux et perspectives.* Laval, PUL, 2e éd.

Arnaud E., Berge A., Perthuis C., 2008, *Le développement durable, repères Pratiques*, Paris, Nathan.

Assemblée Générale des Nations Unies, 2015, Transformer notre monde, Programme de développement à l'horizon 2030.

Atangana Mvogo F.G., 2019, « La planification urbaine au Cameroun : l'expérience de la ville de Ngaoundéré », in Onana J. (dir), *Gouverner le désordre urbain : sortir de la tragique impuissance de la puissance publique au Cameroun*, Yaoundé, L'Harmattan-Cameroun.

Battistella D., 2006, *Théorie des relations internationales*, Paris, Les presses de Sciences Po.

Bourg D., Papaux A. (dir.), 2015, *Dictionnaire de la pensée écologique*, Paris, PUF/Quadrige.

Collin A., 2007, « Ville durable et transport collectif : le transmilenio à Bogota, https://www.cairn.info/revue-annales-de-geographie-2007-5-page-533.htm.

Commission européenne, 1996, *Villes durables européennes, Rapport du Groupe d'Experts sur l'Environnement Urbain*, Bruxelles, DG XI.

Commission mondiale pour l'Environnement et le Développement, 2020, Notre avenir à tous ; http//wwwv1.agora21.org/dd/rapport-brundtland.html, 1987, consulté le 12 février 2020.

Crozier M., Friedberg E., 1977, *L'acteur et le système : les contraintes de l'action collective*, Paris, Seuil.

Desmet L. R., 2012, « La fabrication de la ville durable entre conflit et participation : les activistes urbains écologistes en région parisienne », https://www.cairn.info/revue-l-information-geographique-2012-3-page-36.htm.

Emelianoff C., Theyes, J., 2001, « Les contradictions de la ville durable », *Le Débat*, vol. 113 (172), pp. 122-135.

Esoh Elamé J., 2016, *Pédagogie postcoloniale*, Yaoundé, L'Harmattan-Cameroun.

Esoh Elamé J., 2016, *Ville durable interculturelle*, Yaoundé, L'Harmattan-Cameroun.

Foumena G. T., 2020, « La gouvernance urbaine entre errances de l'action publique et désordre inventif des petites gens : état des lieux dans la ville de Ngaoundéré », in Moustapha Soumahoro (dir). (2020),

Aménagement, décentralisation et développement local, Paris, L'Harmattan.

Latouche S., 1994, « Développement durable, un concept alibi », *Revue du Tiers Monde*, tome 35 (137), pp. 77-94.

Leducq D., Scarwell H.J et Ingallina P. (dir.) (2017), *Modèles de la ville durable en Asie, Utopies, circulation des pratiques, gouvernance*, Brussels, Éditions scientifiques internationales.

Maurice V., 1984, « Urbanisation et développement au Cameroun », In : Tiers-Monde, tome 25 (98), pp. 427-436 ; doi : https://doi.org/10.3406/tiers.1984.3392
https://www.persee.fr/doc/tiers_0040-7356_1984_num_25_98_3392

MINEPAT, 2009, Document de Stratégie pour la Croissance et l'Emploi.

MINEPAT, 2009, Vision 2035.

MINEPAT, 2020, Stratégie nationale de Développement 2020-2030.

MINHDU, 2015, Rapport national de contribution du Cameroun, ONU-Habitat III.

MINHDU, 2020, Rapport d'étude en vue de la formulation du Programme national de développement urbain.

Nations Unies, 2017, Nouveau programme pour les villes.

Onana J. (2019) : Gouverner le désordre urbain, sortir de la tragique impuissance de la puissance publique au Cameroun, L'Harmattan

Sierra A., Peyronnie K., 2010, « Le Forum Urbain Mondial : un lieu et un moment pour penser la ville ? », *EchoGéo* (Online), 12 /2010, Online since 31 may 2010, connection on 22 december 2015. URL : http://echogeo.revues.org/11901 ; DOI : 10.4000/echogeo.11901.

Tchotsoua M., 2020, « Désordre législatif et désordre urbain : réflexion à partir du droit camerounais de l'urbanisme », in Moustapha Soumahoro, *Aménagement, décentralisation et développement local en Afrique subsaharienne*, Paris, L'Harmattan.

Chapitre 7 : Gestion des déchets en quête de modèle à Yaoundé 3 : vers une systématisation des capacités de pré-collecte des ménages et des communautés ?

Fatimatou Njimboket Mgbiepit, Nicole Gérardine Mambo Tamno & Protais Brice Nkengue Abega

Résumé

La problématique de la gestion des ordures ménagères se pose en corrélation avec la croissance urbaine. La ville de Yaoundé par exemple, est passée successivement de 100 000 à 3 326 712 d'habitants entre 1960 et 2020. Cette explosion démographique a engendré une augmentation de la production des déchets par les ménages. À cet effet, il se pose la question de la gestion efficace des ordures combinée aux problèmes d'extension urbaine et de constructions anarchiques. Pour mieux documenter cette réalité, la présente réflexion s'appuie sur un échantillon constitué des populations de la commune de Yaoundé 3 qui ont été enquêtées par le biais de l'observation directe et des entretiens semi-directifs. L'analyse stratégique a permis d'examiner les mesures ponctuelles utilisées par les ménages dans le processus de pré-collecte, de collecte et de traitement des déchets. Les résultats obtenus révèlent que la gestion exclusive des déchets par la société HYSACAM connaît des limites. Même si les ménages et les organisations locales en ont fait leur bataille, tout cela ne suffit pas, et il faut compter désormais sur une démonopolisation de la gestion des ordures par l'entreprise HYSACAM afin que les communes d'arrondissement disposent de leur propre système d'hygiène et d'assainissement.

Mots-clés : mécanisme, gestion, ordures, Yaoundé 3, croissance urbaine.

Abstract

The problem of household waste management correlates with urban growth. Yaoundé, for example, grew from 100,000 to 3 326 712 between 1960 and 2020. This demographic explosion has led to an increase in household waste generation. To this end, there is the question of efficient waste management combined with problems of urban extension and anarchic constructions. To better document this reality, the present reflection is based on a sample made up of the populations of the commune of Yaoundé 3 who were surveyed through direct observation and semi-directional interviews. The strategic analysis made it possible to analyse the point measurements used by households in the process of pre-collection, collection and treatment of waste. The results obtained show that HYSACAM's exclusive management of waste is limited. Even if households and local organizations have made it their battle, all this is not enough, and we must now rely on the demonopolisation of the waste management by the company HYSACAM so that the borough municipalities have their own hygiene and sanitation system.

Keywords*: mechanism, management, garbage, Yaoundé III, urban growth.*

Introduction

Deux faits majeurs marquent la question de gestion des déchets ménagers en Afrique subsaharienne de manière générale. *Primo*, l'explosion démographique, doublée de l'exode rural qui engendre une urbanisation rapide et une extension importante des villes. *Secundo*, cette croissance démographique induit une augmentation de la production des déchets par les ménages. En effet, en 2012, la production des déchets ménagers en Afrique était estimée à 62 millions de tonnes, passant de 0,09 à 3,0 kilogrammes par habitant par jour, avec une moyenne de 0,65 kilogramme par habitant par jour. Les prévisions montrent que ce chiffre va doubler d'ici 2025 (Hoornweg, Badha-Tata, 2012).

Au Cameroun, les données évaluent à 0,77 kilogramme cette quantité de déchets (Makamte Kankeu-Tardy, 2018 : 35). L'augmentation des déchets conduit manifestement à la prolifération des tas d'ordures et des sites de décharges dans les villes camerounaises en l'occurrence. Ces sites ont un impact direct sur l'environnement et davantage sur l'état de santé des populations. En 2016, l'Organisation Mondiale de la Santé (OMS) a enregistré environ 12 millions de décès liés à l'insalubrité de l'environnement (Makamté Kankeu-Tardy, 2018 : 6).

En fait, la gestion des déchets relève de la compétence des Collectivités Territoriales Décentralisées (CTD) qui sont les communautés urbaines, les communes d'arrondissement et les communes. Elles s'occupent de la collecte et le traitement des déchets au niveau de leur ressort territorial. Le système de gestion des déchets est dominé par le partenariat-public-privé depuis les années 80. Dans ce partenariat, l'institution étatique délègue ses attributs à une société privée dans le cadre d'un service (Ngambi, 2016). Il s'agit de la société d'Hygiène et Salubrité du Cameroun (HYSACAM) qui exerce depuis 1969 à Douala et 1979 à Yaoundé. Cette structure est restée l'unique partenaire de l'État dans ce domaine. Cependant, les défis actuels posent la question d'une réorientation des stratégies et politiques employées jusqu'ici et surtout d'une réelle démonopolisation des activités et d'une diversification des partenaires. En effet, le taux de collecte des déchets est estimé entre 35 et 45 %, en plus de la marginalité de certains quartiers dans l'accès du système formel de collecte (Ngambi, 2016 ; Makamte Kankeu-Tardy, 2018) pour des raisons diverses notamment, l'absence des voies d'accès, l'absence des engins de piste, l'extension des quartiers et des ménages et l'insuffisance du personnel de collecte.

Ce travail vise à mener une analyse critique du mécanisme de l'exclusivité et du monopole de gestion des déchets par HYSACAM, confronté aux défis actuels corrélés à la croissance démographique et à l'extension urbaine. Comment parvenir à une gestion efficace des ordures dans la ville de Yaoundé face à la question de l'extension urbaine et le désordre urbain ? Ces questions permettent de souscrire à l'hypothèse selon laquelle, la réorientation des politiques et la diversification des acteurs en charge de la gestion des déchets amélioreraient la qualité des services rendus dans ce domaine.

En effet, de nombreuses études ont déjà été effectuées sur la problématique liée au rapport de la gestion des ordures ou déchets ménagers à la croissance démographique. Émile Guitard (2016) présente l'introduction des services d'HYSACAM à Maroua et à Garoua comme action salutaire pour l'hygiène et l'assainissement dans lesdites villes. Cette innovation constitue un facteur de « déstigmatisation » des travailleurs qui exercent dans la collecte des déchets. Tardy-Makamte Kakeu (2018) à son tour traite des inégalités environnementales qui se construisent en zone urbaine autour de la collecte, du transport et de la mise en décharge des ordures solides dans la ville de Bafoussam (Cameroun) dans le cadre du partenariat de l'État avec HYSACAM. Il en est de même des travaux de Ngambi (2015 ; 2016) qui s'intéressent au recyclage des déchets ménagers ou économie circulaire comme un autre moyen de gestion des déchets. Ils questionnent également le processus de pré-collecte comme un service alternatif pour faire face aux défis actuels de gestion des déchets ménagers. Même s'il a le mérite de présenter le processus de pré-collecte, il n'en fait pas une alternative efficace au système de collecte actuel des ordures ménagères. Ce qui fonde tout l'intérêt de ce travail, à savoir qu'il questionne les limites de la gestion des déchets à partir de l'exclusivité et du monopole de la gestion des déchets par un seul acteur depuis plusieurs décennies. Il met également en exergue la notion de « gestion partenariale des déchets ». Ce travail est d'autant plus important surtout dans un contexte marqué par la pandémie du coronavirus dont l'endiguement exige d'importants efforts d'hygiène et de salubrité.

Les faits sociaux nécessaires au raisonnement sociohistorique dans cet article ont été produits dans la Commune de Yaoundé 3 qui constitue l'espace social d'investigation. En effet, elle est située au Sud-est de la ville de Yaoundé et a été créée le 24 décembre 1987[1]. Elle regroupe une grande partie des ministères du pays et l'Université de Yaoundé 1. Efoulan étant le siège de cette commune, notons qu'elle est limitée à l'Est par la rivière de Mfoundi, au Nord par l'arrondissement de Yaoundé 2, à l'Ouest par la rivière de la Mefou de la côte 690 vers l'aval jusqu'à son confluent avec la rivière du Nga, et au Sud par la rivière de la Mefou jusqu'à son confluent avec la rivière de la Nsa'a. La dualité entre

[1] Décret n°87/1365 portant création des Communes Urbaines de Yaoundé.

anciens et nouveaux quartiers, l'extension des certains quartiers, les constructions anarchiques des maisons, l'insuffisance des voies d'accès, la croissance démographique et la marginalité de certains quartiers sont les facteurs justificatifs d'un tel choix. L'étude s'appuie sur une approche empirique basée sur une enquête qualitative des documents, des entretiens individuels et des observations directes. L'échantillon est composé des agents communaux parmi lesquels les responsables des services chargés de l'hygiène, assainissement et environnement et de la brigade du secteur 5 ; de 20 habitants de l'arrondissement de Yaoundé 3 parmi lesquels 10 hommes et 10 femmes.

La logique scientifique repose sur la théorie de l'analyse stratégique. Développée par Michel Crozier et Erhard Friedberg (1977), ce paradigme s'appuie sur l'analyse du comportement des acteurs et part du postulat suivant : étant donné qu'on ne peut considérer que le jeu des acteurs ne soit déterminé par la cohérence du système dans lequel ils s'insèrent, ou par les contraintes environnementales, on doit chercher en priorité à comprendre comment se construisent les actions collectives à partir des comportements d'intérêts individuels parfois contradictoires. Ramenée à cette étude, cette théorie permet d'analyser et de comprendre le jeu des acteurs dans le processus de pré-collecte, de collecte et de traitement des déchets ménagers dans la commune de Yaoundé 3. À l'issue de l'analyse et l'interprétation des données, les résultats s'inclinent à montrer les limites de la gestion exclusive des déchets par HYSACAM avant de proposer un modèle de réorientation des politiques aspirant à plus d'efficacité en termes de résultat.

1. Panorama de la gestion des déchets ménagers à Yaoundé

La problématique de la gestion des déchets ménagers peut être adressée suivant l'argument chronologique : avant et après la mise sur pied de l'entreprise HYSACAM.

1.1. Mode de gestion des déchets ménagers avant HYSACAM : l'action des services d'hygiène et assainissement des communes mixtes et des communes de plein et de moyen exercice

La problématique de la gestion des ordures dans les agglomérations urbaines a été et demeure une réalité qui alimente les préoccupations quotidiennes. En effet, à Yaoundé, en matière de gestion et de traitement des déchets ménagers, il convient de noter que, durant la période allant de 1937 à 1978, la gestion des déchets solides au Cameroun et plus précisément dans la ville de Yaoundé relevait de la régie simple. Il s'agissait d'un mode de gestion dans lequel la municipalité mettait en place un système de gestion autonome des déchets (NGambi, 2015 : 103). Il appartenait alors aux municipalités d'assurer le fonctionnement du service des déchets avec leurs propres moyens matériels et financiers. Par ailleurs, les premiers textes administratifs réglementant l'hygiène et la salubrité apparaissent au Cameroun au courant des années 1917[2] et 1921[3] pendant la période où le Cameroun était encore administré par la République française sous mandat de la Société des Nations. Ceux-ci sont renforcés par un arrêté y relatif en 1937. En effet, l'arrêté du 1er octobre 1937[4] signé et promulgué par le Gouverneur du Cameroun sous administration française ou Orientale, fixe d'ailleurs les règles générales d'hygiène et de salubrité applicables dans cette partie du pays (4/5 e du territoire).

Toutefois, il faudra attendre le tournant des années 1941 pour voir cette politique de gestion des déchets se formaliser avec le début de la communalisation dans la partie française notamment. L'on assiste ainsi à la naissance des deux premières Communes Mixtes (CM) du Cameroun à savoir : Yaoundé et Douala. Dans la ville de Yaoundé, en effet, la gestion des déchets se fait sous le système de régie simple[5]. Les agents du service d'hygiène et assainissement assuraient la collecte des déchets d'autant plus qu'à cette époque, la population était moins importante et la ville de Yaoundé également était moins élargie avec une seule commune mixte urbaine. L'année 1960 marque une période de transition avec les indépendances. Celle-ci se caractérise au Cameroun par le développement de la ville de Yaoundé avec une croissance importante de la population favorisant la multiplication des activités productrices de déchets. À cette croissance démographique s'ajoutent les problèmes liés aux ressources humaines et matérielles.

Pendant les années 1960, le budget alloué au service public des déchets était de 65 millions de FCFA avec une population moyenne estimé à 100 000 habitants pour une étendue de 1 250 hectares. À côté de cela, le service public d'hygiène de Yaoundé manque également de personnels. Bien que n'étant pas trop élargies, les artères de la ville ne

---

[2] Archives coloniales françaises, Circulaire du 20 mars 1917 relative à l'hygiène générale des villages indigènes. In Annexes du Rapport au ministre des colonies sur l'administration des territoires occupés du Cameroun pendant l'année 1921, Paris, Imprimerie Générale Lahure, 1922, pp. 106-107. Disponible sur gallica.bnf.fr/Bibliothèque nationale de France.

[3] Circulaire du 17 février 1921 relative à l'hygiène et à la santé des indigènes. In Ibid., pp. 107-108.

[4] Archives Coloniales françaises, Arrêté du 1er 1937 fixant les règles générales d'hygiène et de salubrité publique à appliquer dans les territoires du Cameroun sous-mandat français.

[5] Le système de régie suppose que la collecte des ordures ménagères soit effectuée par les municipalités

sont plus totalement couvertes en matière de collecte des déchets ménagers faute d'un effectif des personnels communaux suffisants ; ce qui limite la collecte des déchets aux grandes rues, aux centres commerciaux, aux quartiers riches et aux centres administratifs. Les années 1974 vont voir la Commune mixte urbaine être érigé en commune urbaine[6]. Malgré ce changement de statut, la gestion des déchets dans la ville de Yaoundé se fait toujours par régie. Les difficultés des années 1960 perdurent et la gestion des déchets constitue un problème majeur auquel les autorités cherchent des solutions efficaces. Il faut tout de même rappeler que la période d'avant HYSACAM est marquée par la collecte des ordures par les services d'enlèvement des déchets, qui ont moyens matériels et humains très limités et où seuls les grands axes urbains, les quartiers de haut standing et les centres administratif et commercial bénéficient du service de collecte des déchets. De même, il existait des taxes sur la salubrité et les agents d'hygiène veillaient pour leurs effectivités.

Par contre, dans la ville de Douala, la gestion des déchets par régie cède place à la gestion déléguée. Cette expérience dans la ville de Douala à travers la gestion déléguée des ordures va amener les autorités de la commune urbaine de Yaoundé à entrevoir autour des années 1979 les expériences de la ville économique dans la capitale politique du pays. Dès lors, comment se fait la gestion déléguée des ordures dans la ville de Yaoundé ? Et qu'elle a été l'influence de la société HYSACAM dans le processus de gestion des déchets ménagers à Yaoundé ?

1.2. Réforme communale et privatisation de la gestion des déchets ménagers : entrée en matière d'HYSACAM à Yaoundé

La société HYSACAM, entendue Hygiène et Salubrité du Cameroun est créée en 1969[7] à Douala a pour responsabilité d'assurer la maîtrise de l'hygiène et de la salubrité de la ville. La réforme communale du 5 décembre 1974 qui crée les communes urbaines et rurales, fait des communes urbaines des collectivités locales donc le ressort territorial se réduit à une agglomération urbanisée, ce qui a permis d'envisager une gestion déléguée des déchets en vue de promouvoir la propreté dans la ville.

HYSACAM entre en jeu dans le processus de gestion des déchets ménagers dans la ville de Yaoundé avec le changement du statut de gestion par la communauté urbaine de Yaoundé. Il s'agit de la gestion déléguée des ordures ménagères qui consiste pour les autorités municipales à déléguer le management technique du service public des

---

[6] Loi n°74-23 du 5 Décembre 1974 portant organisation communale.

[7] https://www.hysacam-propreté.com. Consulté le 22 août 2021.

déchets à un opérateur privé à travers un contrat à durée déterminée. Créée à Douala en 1969, elle va être opérationnalisée à Yaoundé au tournant des années 1979 (Ngambi, 2015 : 104). À cet effet, un contrat de concession a été signé entre la communauté urbaine de Yaoundé et la société privée HYSACAM, ce qui lui confère la gestion technique des ordures ménagères. Pour une première phase, le contrat a une durée de trois ans et devrait être renouvelé pendant au moins 10 ans. À l'issue de ce contrat, l'on a observé une augmentation du budget alloué au financement du service public de l'hygiène et assainissement. Prévu pour une somme de 65 millions au courant des années 1960, il va progressivement atteindre 1,5 milliard de FCFA (Ngambi, 2015 : 106). L'État subventionne les 2/3 de ce budget lié à la gestion des déchets domestiques. Même si la ville de Yaoundé change à nouveau son statut en 1987 passant de commune urbaine à régime spécial en communauté urbaine avec quatre communes d'arrondissements (Yaoundé 1, 2, 3 et 4), avec une population estimée toujours à 100 000 habitants, l'on note tout au moins une amélioration dans le processus de gestion des déchets ménagers (Ngambi, 2015 : 106). L'augmentation de l'assiette fiscale allouée à la gestion des déchets permet à la société privée HYSACAM de couvrir un maximum de zone en matière de collecte d'ordures ménagères. La ville de Yaoundé baptisée « ville poubelle » au courant des années 1960 à 1974 avec la gestion des déchets domestiques sous régie, retrouve peu à peu sa luminosité. Même si les années 1980 constituent une année de crise économique avec la régression de tous les secteurs d'activités ainsi que l'accumulation des dettes par l'État et la subvention difficile de certains services, il convient tout de même de noter que, l'intervention de la société HYSACAM en 1979 a permis à la ville de rayonner peu à peu faisant de l'hygiène et de la salubrité son principal objectif.

2. Extension urbaine : défi dans la gestion des déchets ménagers par HYSACAM

Avec une population estimée à 100 000 habitants dans la décennie 1960 (Ngnikam, 2002), elle a progressivement atteint 1 121 786 habitants durant la décennie 1990 (SDAU, 2001 ; Epoh-Mvabom et *al.*, 2004). Le taux de croissance démographique dans la ville de Yaoundé entre 1990 et 2000 était estimé entre 6 % et 7,3 % (Kengne et al, 2000 ; CIPRE, 2002). En 2010, Yaoundé abrite plus de 2.000.000 personnes (BUCREP, 2010) et en 2020, la population passe à 3 326 712 habitants (Plan Directeur d'Urbanisme de Yaoundé, 2020). Cette croissance exponentielle de la population de la capitale politique du Cameroun a également entraîné le processus d'extension du périmètre urbain. Face à cette double réalité (l'extension rapide du périmètre urbain et la démographie galopante) comment la société HYSACAM parvient-elle à assurer sa charge, notamment dans la commune de Yaoundé 3.

2.1. Urbanisation rapide et production des déchets dans la commune de Yaoundé 3

La crise économique des années 90 a bouleversé le mode de vie des populations et les a amenés pour la plupart à migrer vers les grandes métropoles pour la recherche de meilleures conditions de vie. En milieu rural, la baisse des prix des produits agricoles a participé au dépeuplement de nombreuses zones rurales (Ouest, Centre, du Sud et du Nord) à travers le phénomène de l'exode rural massif des jeunes vers les grands centres urbains. Aujourd'hui, cette situation s'est également accentuée avec la crise sécuritaire dans les régions de l'Extrême-Nord, du Nord-Ouest et du Sud-Ouest du Cameroun. En 2019, l'ONU dénombre plus de 530 000 déplacés internes vivant dans les communautés d'accueils ou sur les sites spontanés au Cameroun (Lamarche, Fox, 2019 : 11). Il y a désormais une forte proportion de déplacement forcé ou non, vers les grandes métropoles du pays du fait de la crise sécuritaire ambiante et de la recherche des conditions de survie. En effet, l'espoir mis sur un probable emploi après les études s'est progressivement effrité et a favorisé la naissance de la débrouillardise et la prolifération des petits métiers de rue. D'après l'Institut National de la Statistique (INS), à travers ECAM II[8], le domaine d'activité où les offres d'emplois restent permanentes et élevées est le commerce. Il est question surtout du petit commerce avec 45 % des emplois informels qui se déroulent à 65 % au centre-ville et sur les marchés. Dans un contexte où l'accessibilité à un emploi décent n'est plus étroitement liée à la formation reçue, et où les concours et les recrutements ont été pendant pratiquement dix ans suspendus du fait de la crise économique, cette situation a rendu caduque l'insertion socioprofessionnelle des jeunes et a favorisé le sous-emploi de ces derniers. Dans les années 2000, l'on évaluait déjà le taux de chômage dans les grandes métropoles du Cameroun notamment à Yaoundé à 21,5 % (Ngahan et *al.*, 2006). La principale activité qui se développe ainsi au quotidien est le commerce, notamment le petit commerce avec l'occupation anarchique des espaces et qui se déroule à 65 % dans les centres-ville (Ngambi, 2015). Les commerces (vente à la sauvette, vente des vivres frais, fruits, tubercules etc..) sont considérés ici comme l'une des activités produisant des

[8] Deuxième Enquête Camerounaise Auprès des Ménages, 2007.

déchets en quantité importante dans la ville de Yaoundé. En fonction du commerce exercé, les marchés ainsi que tous les espaces où se développent les petites activités commerciales souffrent de l'insalubrité criarde au quotidien.

De même, le désordre urbain qui n'est pas effectivement réprimé d'un côté, du fait de la complicité des agents des forces de l'ordre avec les vendeurs ambulants fait en sorte que les bordures de routes, les caniveaux, les cours d'eau sont affectés par les dépôts sauvages d'ordures. De l'autre, ces vendeurs ambulants utilisent les trottoirs et la chaussée sans toutefois assurer la propreté à la fin de la journée. Exprimant cela, une habitante du quartier Melen, affirme :

> Ici, nous souffrons de l'incivisme des populations en matière de gestion des ordures. Même quand Hysacam dépose des bacs à ordures, le trop-plein de la population ainsi que les activités que développent les populations pour leur survie, fait en sorte que ces bacs ne mettent pas long sans se remplir. À cet effet, les populations créées des espaces de dépôt d'ordures sur les trottoirs ; ce qui rend les quartiers salle en permanence[9].

Photo 1 : Bac à ordures installé au lieu-dit carrefour ancien marché Melen/Photo 2 : Trottoir transformé en dépotoir d'ordure ménagère au quartier Elig-Efa

[9] Source : entretien mené à Melen le 7 février 2021.

Photo 3 : Bac à ordure installé au marché Mokolo

Source : prise de vue, auteurs, 7 février 2021, Yaoundé

La photo 1 présente un bac à ordures à moitié pleine et avec des déchets jetés aux alentours. La photo 2 présente un trottoir transformé en dépotoir d'ordures ménagères au quartier Elig-Efa. Et la troisième, représente un bac à ordures débordé par les déchets ménagers au marché Mokolo. Ces trois images révèlent le niveau de production de déchets dans les espaces marchands.

Même si les organismes en charge de la collecte des déchets ainsi que les communes d'arrondissement s'évertuent au quotidien et trouvent des moyens appropriés pour rendre la ville propre, il reste tout de même que, les moyens financiers consacrés à cette tâche restent limités compte tenu de l'explosion démographique qui accompagne la production des ordures ménagères au quotidien. Le chef du service d'hygiène, d'assainissement et de l'environnement à la commune de Yaoundé 3 affirme d'ailleurs à cet effet que : « la principale difficulté est liée au financement des activités de gestion des ordures ménagères dans notre commune. Lorsque des propositions sont faites, il faut attendre le financement et cela peut prendre généralement un peu plus de temps »[10]. À cet effet, la loi promulguée en 1987[11], qui réitère l'implication des communes d'arrondissement dans la gestion des

[10] Entretien réalisé le 8 février 2021 à la commune de Yaoundé 3.

[11] Loi n°87/015 du 15 juillet 1987 portant création des communautés urbaines.

déchets amène le gouvernement camerounais à rechercher des nouvelles solutions pour la qualité de la gestion de l'environnement et à participer en 1992 au sommet de la terre organisé à Rio de Janeirio[12]. La convention internationale qui institue l'agenda 21 local à l'issue de cette grande assise mondiale qui proposait les stratégies préventives basées sur la minimisation des déchets, la réutilisation, le recyclage, la promotion du traitement des déchets et l'extension des services en matière de déchets, a été ratifié par le gouvernement camerounais. Cependant, c'est en 2004 que l'État du Cameroun a mis en place un organe mixte pour mettre en œuvre des solutions aux problèmes de déchets dans les grandes métropoles (Ngambi, 2015). Cette mise en action tardive des actions étatiques en faveur de la collecte et du recyclage des ordures doublées des difficultés telles que les insuffisances infrastructurelles, organisationnelles et financières ont fragilisé tous les efforts qui ont été développés dans ce secteur.

La société privée HYSACAM, est en difficulté depuis les années 1989 avec l'arrêt des subventions par l'État ainsi que le rabaissement du budget des services publics de gestion des déchets qui est passé de 1,5 Milliard à 1 Milliard. Ce qui a entrainé l'irrégularité dans le paiement des factures. Cette situation a favorisé également la création des immondices d'ordures dans les différents coins et recoins des marchés de la ville de Yaoundé, notamment, dans la commune d'arrondissement de Yaoundé 3. Même si les années 2000 ont vu le retour d'une collecte des ordures ménagères par HYSACAM, il reste néanmoins que les mêmes problèmes surgissent ; ce qui restitue le problème de la pollution visuelle des déchets domestiques.

À côté de ces difficultés organisationnelle, institutionnelle et financière, il s'est également développé un problème lié à l'extension du périmètre urbain. En effet, au-delà de la production massive des déchets dans les espaces commerciaux, du fait du développement des activités commerciales très accrues, la recherche des espaces de survie demeure également un problème réel à la gestion des ordures dans la ville de Yaoundé.

2.2. Inégale répartition socio-spatiale et difficile gestion des déchets ménagers

Les mouvements de déplacement vers la ville butent à une autre réalité, à savoir la recherche d'une propriété foncière. Dès lors, l'on assiste au développement des quartiers périphériques ou bidonvilles. Quatre types de quartier émergent à savoir :

---

[12] Il s'agit de la conférence des Nations Unies sur l'environnement et le développement tenue du 3 au 14 juin 1992 à Rio de Janeiro au Brésil.

- les quartiers administratifs et commerciaux (moyen et confort appropriés, eau, électricité, voirie, collecte de déchets) ;
- les quartiers résidentiels qui ne souffrent que rarement du déficit de collecte des ordures ménagères, parce qu'ayant toutes les commodités adéquates à leur épanouissement ;
- les quartiers pauvres constituent les lieux par excellence de productions massives d'ordures ménagères et où l'insalubrité dicte sa loi.

En effet, de nombreuses villes et quartiers n'ont pas toujours bénéficié des infrastructures adéquates malgré le boom démographique de plus en plus préoccupant. En fait, ces quartiers se développent le plus souvent dans des zones où l'on observe l'absence ou encore la précarité en matière d'infrastructures routières et immobilières. Les constructions sont faites en matériaux provisoires (terre battue, bois) et jonchent les cours d'eau, les hautes tensions, les zones marécageuses, des collines, qui sont en réalités des zones à haut risque et interdites aux bâtis. À Yaoundé par exemple, les zones à risque les plus peuplées sont : les abords des cours d'eau (36 %), les alentours des champs et des friches 38,9 % (Ngambi, 2015). Cette surpopulation et cette extension croissante du périmètre urbain influencent également les activités de la seule société habileté à promouvoir la gestion des ordures ménagères dans la ville de Yaoundé (HYSACAM). En réalité, en 1979, au moment où la société s'implante dans la capitale politique du Cameroun, elle a su asseoir sa notoriété et son savoir-faire. Mais, elle s'est confrontée à de nouveaux défis aussi bien du point de vue démographique qu'économique. Du point de vue démographique, des années 1970 à 2000, la population urbaine de Yaoundé a doublé avec plus de 2 000 000 d'habitants (BUCREP, 2010). Cette croissance accélérée de la population a aussi influencé les possibilités de collecte et de traitement des déchets solides produits par les ménages. Les difficultés recensées sont multiples et complexes. Entre autres, l'on note : la prolifération de quartiers aux habitations dits spontanées où les infrastructures socio-collectives sont presque inexistantes. Il y a aussi à relever l'anarchie dans les constructions, avec certaines voies d'accès et servitudes de passages bloquées par les constructions et le déversement de déchets à même le sol, sur les trottoirs et même dans les carrefours. Les quartiers de Melen, de l'ancien marché Melen et d'Obili en sont des parfaites illustrations. Soulignant cette difficulté liée au ralliement des grands axes routiers, un habitant du quartier Elig-Efa affirme :

> Ici, nous souffrons pour vider nos poubelles dans les grands bacs à ordures qui sont installés sur les principaux axes. Pour rallier la route, ce n'est pas facile. Et parfois quand on envoie des enfants pour le faire, ils n'arrivent en route et les versent dans les rigoles ou sur les servitudes de passages[13].

Les données collectées lors des entretiens ont démontré que cette réalité est similaire dans d'autres quartiers notamment Efoulan, Obili, Ngoa-Ekelle.

Photo 4 : à gauche, vue de l'état des constructions de manière anarchique au quartier Mini ferme ; à droite, une zone d'accès difficile au quartier Elig-Efa

Source : prise de vue, auteurs, 7 février 2021, Yaoundé

Les images ci-dessus représentent les constructions qui se trouvent dans les quartiers de Mini ferme et d'Elig-Effa dans la Commune de Yaoundé 3. Ce désordre dans les constructions constitue le premier facteur de la difficile accessibilité des engins d'HYSACAM dans certaines rues, ne favorisant donc pas l'enlèvement des ordures.

Du point de vue financier, en 1987, par exemple, la loi n° 87/015 du 15 juillet 1987 portant création des communautés urbaines à régime spécial à Douala et à Yaoundé confie la responsabilité de la gestion des ordures ménagères aux communes urbaines d'arrondissement et l'hygiène et la salubrité des villes aux communautés urbaines. Elle a installé un conflit de compétences de chaque institution dans le mécanisme de gestion des ordures. Cette situation a amené la société HYSACAM a observé un relâchement en ce qui concerne ses activités dans les artères de la ville. L'imprécision de cette loi a encouragé la conflictualisation des rôles des institutions dans ce processus de gestion (Guitard, 2012 : 158).

---

[13] Martin Zé, Environ 35 ans, entretien réalisé le 7 février 2021 à Elig-Efa (Yaoundé).

Par ailleurs, il convient d'ajouter que, de nombreux efforts sont faits par l'État à travers le ministère de l'Habitat et du Développement Urbain (MINHDU), dans l'assurance de la propreté au niveau des artères des grandes agglomérations. En août 2019 par exemple, le MINHDU a mis sur pied un concours baptisé : « Yaoundé, ville propre ». Ledit concours vise à encourager la propreté, sensibiliser et mobiliser tous les acteurs pour les opérations d'entretien des espaces urbains et du cadre de vie, mais aussi et surtout la promotion et la pérennisation des initiatives locales en matière d'hygiène et de salubrité. Il concourt également à assainir la capitale puisqu'elle est désormais le centre de nombreux rendez-vous, tant politique que sportif. Les prix qui sont mis à la disposition des gagnants sont de nature à encourager les efforts de tous les acteurs. .

Au demeurant, l'influence de la croissance démographique dans les centres urbains avec la production des déchets ménagers n'est plus à démontrer. Plus les populations s'érigent vers les grandes métropoles, plus les activités s'intensifient et il se crée des espaces de production massive de déchets. Les insuffisances d'HYSACAM avec la baisse du budget alloué au service des déchets (diminution des services sur le terrain, insuffisance du matériel de travail, insuffisance de personnels adéquats etc.) ont amené le gouvernement ainsi que les populations à réfléchir sur un mode alternatif de gestion des déchets. C'est ce qui explique par exemple la gestion des ordures ménagères par les municipalités elles-mêmes à travers des contrats de gré à gré avec les prestataires de leur choix. C'est ainsi que les acteurs de la société civile et les ONG sont sollicitées pour la gestion des déchets ménagers à Yaoundé. La population n'est pas des moindres dans ce processus de gestion des déchets ménagers. Elle reste et demeure l'un des maillons importants dans ce processus de gestion des déchets. Toutefois, l'enjeu reste le même : comment parvenir à gérer la production massive d'ordures dans un environnement où la population se multiplie au quotidien tout en favorisant la création des quartiers à accessibilité difficile.

3. Vers une redynamisation de la gestion des ordures ménagères dans la commune d'arrondissement de Yaoundé 3 ?

La redynamisation de la gestion des ordures ménagères dans la ville de Yaoundé se présente dès lors comme une impérieuse nécessité. Elle inclut l'institution des points de collecte, l'implication des organisations de la société civile et la redéfinition de la politique de la gestion des déchets ménagers.

3.1. Réveil des ménages et des citoyens : institution des points de pré-collecte des déchets ménagers

Les ménages et les citoyens sont les premiers producteurs des déchets ménagers. Ils sont de plus en plus au premier rang de la gestion de ces ordures. En effet, les intégrer dans ce domaine concourt manifestement à une sensibilisation sur les notions d'hygiène, d'assainissement et de salubrité de l'environnement, avec pour finalité une prise de conscience sur les enjeux d'une telle initiative. Avec la mise en place en 2011, du ministère de l'Environnement, de la Protection de la nature et du Développement Durable (MINEPDED), les ménages ont adopté un autre mode de gestion des déchets : il s'agit de l'institution des points de pré-collecte domestiques. Elle consiste à collecter au préalable les ordures dans les ménages à l'aide des sacs, des sceaux et des bacs dans l'attente du ramassage des engins d'HYSACAM ou des tricycles des communautés urbaines ou des communes d'arrondissement. Cette technique s'impose davantage comme une étape incontournable dans la collecte générale des déchets. La particularité de celle-ci réside dans la mise à l'écart progressive des décharges et des points de pré-collecte publique, contribuant ainsi à l'annulation des petits dépotoirs « sauvages » aux alentours des concessions et dans les ruelles des communautés.

Photo 5 : Pré-collecte domestique des ordures ménagères

Source : prise de vue, auteurs, 7 février 2021, Yaoundé 3.

Cette image met en exergue la pré-collecte domestique initiée par les ménages et il s'avère qu'elle rend la collecte plus efficiente par les services en charge de l'hygiène et de la salubrité.

Par ailleurs, ce réveil s'illustre également par une prise de conscience d'une certaine couche de la population en ce qui concerne la préservation de l'environnement. Elle se manifeste par l'autosensibilisation et la sensibilisation collective. L'observation directe et les entretiens ont démontré que l'incivisme des populations contribue largement à la prolifération de déchets dans leur environnement, les rues et des tas d'ordures dans la commune de Yaoundé 3. À cet effet, lors d'un entretien, une ménagère a précisé que :

> Les voisins n'encouragent pas. Très souvent, quand je finis de nettoyer la rigole, ils viennent déverser les déchets et les restes de nourriture dans cette rigole à peine j'ai fini. De même, lorsqu'ils balaient leurs rigoles, ils poussent leurs ordures et s'arrêtent à mon niveau, devant ma porte vue que je suis à l'entrée. Ce n'est pas encourageant et pas évident de garder son environnement propre avec un tel voisinage[14].

Il apparait clairement que les citoyens prennent davantage conscience de leur place dans le processus de gestion des déchets ménagers. Cependant, cet éveil n'est pas encore généralisé à toutes les couches sociales. Pour y parvenir, d'aucuns peuvent se sensibiliser mutuellement et jouer le rôle de gendarmes dans leur entourage. Une informatrice affirme à ce propos que « Je sensibilise considérablement mon entourage en ce qui concerne l'hygiène et la propreté de notre environnement »[15]. Une autre solution à ce problème serait l'institutionnalisation des auto-sanctions car ceci galvaniserait ces derniers à préserver leur environnement de l'insalubrité. En plus, la notion de « journée propre » institutionnalisée dans la commune de Yaoundé 3 est mitigée et reste vide de sens. Un chef de ménage précise que :

> Le jeudi propre est vide de sens et inutile car les populations et les commerçants en particulier en profitent pour rester chez eux et vaquer à d'autres activités en attendant l'heure d'ouverture qui est 10h. Aucune activité de salubrité n'est spécialement faite dans les ménages. Et, le comble, le personnel de la Mairie ne supervise rien. Cette journée doit être annulée[16].

Une série d'observations dans plusieurs quartiers de la commune notamment Obili (lieu-dit Chapelle et montée Chapelle), Efoulan et Ngoa-Ekelle) confirme en quelque sorte cette affirmation. En effet, dans la journée de jeudi, les boutiques situées en bordure de la chaussée

---

[14] Source : entretien réalisé le 08 février 2021 à Efoulan-Yaoundé.

[15] Source : entretien réalisé avec une ménagère le 08 février 2021 à Efoulan-Yaoundé.

[16] Source : entretien réalisé le 08 février 2021 à Efoulan-Yaoundé.

restent fermées. Les boutiques qui se situent à l'intérieur des quartiers sont généralement ouvertes et continuent leurs activités normalement. Quelques responsables de ces boutiques s'attèlent à la tâche d'hygiène et assainissement pendant que d'autres attendent 10heures, le moment de levée du mot d'ordre de fermeture des lieux de commerce du fait des activités d'investissements humains. Ces écarts sont liés en partie au fait que les ménages et les citoyens ne sont pas suffisamment intégrés dans le système de gestion. Ce constat fait intervenir la conscience individuelle et collective de chaque citoyen. La solution de dissuasion reste le contrôle des responsables de la Mairie sur le terrain pour veiller au respect de la fermeture des lieux de commerce et l'application à l'investissement humain de tous ces propriétaires des lieux de commerce. La mise sur pied et le respect des sanctions importantes pourraient constituer aussi un moyen de contrainte et de dissuasion efficace.

Conscients du rôle des citoyens dans la pré-collecte des déchets, les responsables d'hygiène et assainissement de la Commune de Yaoundé 3 ont prévu dans le cadre de la coopération avec les acteurs de la société civile, la mise à disposition des sacs à poubelle aux ménages notamment dans les zones inaccessibles par les engins d'HYSACAM. Cela éviterait la création des tas d'ordures multiples dans les rues tel qu'observé sur le terrain et participerait à encadrer l'implication des citoyens car « la salubrité des villes africaines interpelle la conscience de tous ceux qui, à divers niveaux et à différents titres, ont en charge le devenir de ces cités, c'est-à-dire en définitive des citoyens » comme le précisent certains auteurs (Ngnikam et Tanawa, 2006 : 12).

3.2. Promotion d'un processus multi-partenarial de tri et de recyclage des ordures pour le développement durable

Le remodelage rentable et efficace de la gestion des ordures ménagères dans la commune d'arrondissement de Yaoundé 3 passe également par une intégration véritable et effective des acteurs de la société civile (ASC)[17]. En effet, la loi réglemente les questions environnementales et a fait des collectivités territoriales décentralisées des acteurs de premier ordre qui assurent l'élimination des déchets produits par les ménages en liaison avec les services compétents de l'État (chapitre 4, articles 42-47)[18]. Une analyse critique de l'article 46 (alinéa 1), démontre une relative exclusion des ASC dans le domaine de

---

[17] Il s'agit des associations, des Organisations non gouvernementales (ONG), groupe d'initiative commune (GIC), des syndicats, exploitants des déchets.

[18] Loi n°96/121 du 5 août 1996 portant Loi cadre relative à la gestion de l'environnement.

la gestion publique des déchets. L'article 47 quant à lui, précise que ladite gestion des déchets est soumise à une autorisation préalable et l'élimination des déchets est réalisée sous le contrôle et l'autorisation de l'administration compétente. Autrement dit, l'intervention des ASC est soumise à un avis favorable du pouvoir (Ngambi, 2015 : 110).

Le monopole de la gestion des déchets par la société HYSACAM trouve sa justification dans l'échec cuisant de la gestion de ces ordures par les ASC dans la décennie 90 (Ngambi, 2015 : 111 ; Ngambi, 2016). Toutefois, les raisons étaient non seulement interne (amateurisme des plusieurs acteurs, négligence dans l'exécution des marchés, insuffisances des ressources techniques, humaines et financières), mais aussi externe (incohérences technique, managériale et financière de l'État) (Ngambi, 2015 : 111). En outre, le Chef Service de l'hygiène, assainissement et environnement de la commune d'arrondissement de Yaoundé 3, a précisé que les expériences précédentes de la Mairie avec les associations et Comités de développement des quartiers étaient mitigées d'où une sollicitation des ASC ayant une notoriété considérable pour les projets d'assainissement pour l'année 2021.

Toutefois, les échecs ne sont pas une exclusivité des ASC. L'historique des activités d'HYSACAM montre que cette société a également connu de nombreux échecs notamment celui des années 90 (Ngambi, 2015 : 106), doublé de nombreuses insuffisances notées aujourd'hui. Ceci dit, face à de nombreux défis auxquels est confronté HYSACAM (extension des quartiers, voies inaccessibles, croissance démographique et des déchets), la nécessité d'intégrer véritablement les ASC assermentées se présente avec acuité, davantage dans ce contexte de crise sanitaire liée à la Covid-19, doublé de la charge du pays d'accueillir deux compétitions internationales (le CHAN et la CAN).

Toutefois, l'actualité montre de plus en plus, l'émergence des acteurs ou organisations de la société civile dans le secteur relatif à la gestion des ordures ménagères au Cameroun. C'est le cas de l'Association pour la Gestion durable et la valorisation des déchets et des matières premières minérales (GEVALOR). Il s'agit d'une organisation créée en 2004 en France qui vise la promotion de la valorisation des ordures ménagères dans les villes des pays en développement[19]. Elle intervient dans une dizaine de pays africains où elle œuvre dans le compostage en association avec une autre ONG (ERA Cameroun). Aux côtés de celle-ci, se trouvent d'autres OSC comme Tam-Tam Mobile, qui est une association visant la promotion de la communication et de l'éducation environnementale de proximité. Elle est mise sur pied en 1997[20] et s'est

[19] https://www.gevalor.org. Consulté le 24 aout 2021.

[20] https://www.tam-tammobile.wordpress.com/. Consulté le 23 aout 2021.

donnée pour objectif depuis sa création, la contribution au développement social, économique et culturel durable. Ceci dit, la protection de l'environnement fait partir de ses missions ou champs d'action. Le Centre international de la promotion et de la récupération (CIPRE) est également une organisation qui intervient dans ce domaine principalement dans la ville de Yaoundé.

Pour ne citer que ces trois OSC, il est important de préciser qu'elles émergent davantage de nos jours[21]. Elles sont spécialisées dans le tri, le recyclage et le traitement des déchets. Les enjeux de telles actions sont liés à plusieurs domaines notamment la préservation durable de l'environnement et la lutte contre les changements climatiques. Celle-ci se manifeste par le tri et la valorisation de ces déchets, réduisant à cet effet les émissions de gaz à effet de serre, des polluants organiques, avec une incidence notable sur les maladies respiratoires et digestives. Le deuxième enjeu est lié à la fabrication des engrais biologiques avec un impact important sur la santé des consommateurs des produits agricoles et la protection du sol. Ceux-ci sont de plus en plus prisés dans le secteur agricole aux dépens des engrais chimiques. Le troisième quant à lui concerne l'économie et l'emploi. En effet, ces OSC qui interviennent dans le traitement des déchets contribuent à la réduction du taux de chômage car elles emploient les populations pour le tri et le recyclage. Jocelyne Delarue, Directrice de GEVALOR met en exergue pendant un entretien les emplois créés par son association grâce aux projets qu'elle soutient. Elle précise à cet effet que, cette organisation en 2019 a créé 150 emplois[22]. En plus, le compostage constitue une activité génératrice de revenus.

Par ailleurs, ces ASC interviennent également dans la pré-collecte des ordures. Il s'agit d'une opération qui consiste à la collecte des déchets auprès des ménages et à leur acheminement vers des points de collecte agréés par le biais d'un matériel roulant. Première étape dans le processus de gestion des déchets urbains, cette dernière est devenue progressivement une activité complémentaire dans le renforcement de ce domaine d'activité notamment dans les grandes métropoles comme Yaoundé et Douala (Ngambi, 2016). Ladite activité est institutionnalisée et relève du domaine des communes d'arrondissements[23]. Son

---

[21] De plus en plus, des organisations et les entreprises proposent des outils de traitement et transformation des déchets en engrais biologique et en gaz domestique pour la cuisson. C'est le cas de Green Construction qui propose le « Homebiogaz » aux ménages et agriculteurs.

[22] https://www.gret.org. Consulté le 23 aout 2021.

[23] Loi n°2019/024 du 24 décembre 2019 portant code général des Collectivités Territoriales Décentralisées, 2019, p. 37. Informations confirmées par le personnel du service d'hygiène, assainissement et environnement de la commune de Yaoundé 3

institutionnalisation est une avancée considérable. En effet, la pré-collecte des ordures auprès des ménages serait un atout dans l'assainissement des quartiers de la ville, compte tenu de leur extension et de l'inaccessibilité davantage croissante des engins d'HYSACAM pour la collecte. Le Chef service d'hygiène, assainissement et environnement de la Commune de Yaoundé 3, a précisé que

> Cinq structures (ASC) ont été sélectionnées comme partenaires de la commune de Yaoundé 3 pour la pré-collecte des ordures ménagères. Il s'agit de Excel Entreprises Cameroon, Option, AD2H, Cameroon business et Regent. Une convention légale encadre cette collaboration entre ces ASC et la Mairie[24].

Une telle collaboration contribuerait directement à la consolidation de la gestion locale des déchets dans les municipalités et à la protection durable de l'environnement et la santé.

3.3. Redéfinir la stratégie de gestion des déchets ménagers

Les défis actuels de gestion des déchets ménagers impliquent nécessairement une redéfinition des politiques liées à ce secteur d'activité. Une telle initiative concerne la restructuration de l'entreprise HYSACAM en premier lieu. Cette réorganisation doit être connectée au contexte actuel notamment l'explosion démographique, la croissance de la circulation des biens et des personnes engendrant des embouteilles sur les voies principales et secondaires. L'accessibilité impacte sur la collecte et le transport. Ainsi, une dotation supplémentaire en ressources humaines et la mise sur pied des moyens innovants de collecte sont les principaux points de ce réaménagement. En effet, compte tenu de l'extension des quartiers, l'on assiste à une croissance considérable des ménages qui produisent des déchets. Doter cette structure d'une ressource humaine supplémentaire s'avère nécessaire. Cette augmentation contribuerait à une meilleure gestion des contraintes actuelles de collecte.

Par ailleurs, la nécessité d'une décentralisation de la gestion des déchets se présente également avec acuité. Bien que la loi relative à cette question au Cameroun prévoit la participation des communautés urbaines et des communes d'arrondissement à la collecte et à l'enlèvement des déchets dans leur territoire de compétence[25], le Comité Interministériel (principal organe de décision dans le processus de gestion linéaire des déchets) a, dans le passé, légué exclusivement tous

---

[24] Assiga Marcel Michel, Chef Service d'hygiène, assainissement et environnement de la commune de Yaoundé 3, environ 40 ans. Entretien réalisé le 08-02-2021 à 15h à la Commune de Yaoundé 3 (Efoulan).

[25] Loi n° 74/015 du 15 juillet 1987 portant création des Communes Urbaines.

les pouvoirs à la communauté urbaine et ce, sans tenir compte des prérogatives des communes d'arrondissement (Ngambi, 2015 : 110). Bien plus, ce comité a également centralisé ladite gestion des ressources des projets vers la communauté urbaine. Cette situation a conduit par conséquent au déclin des activités communales et davantage des services mis en place par cette institution (Ngambi, 2015 : 110). Et pourtant, les défis contextuels nécessitent des ressources plurielles adaptées au temps et à l'espace. Une avancée est à noter sur ce point avec la mise sur pied d'une relative décentralisation de la gestion des déchets. Les communes ont désormais la charge d'assurer le service de « pré-collecte et la gestion au niveau local des ordures ménagères »[26]. Dans la mairie de Yaoundé 5 par exemple, on observe une décentralisation dans la gestion des déchets ménagers. Il n'appartient plus exclusivement à HYSACAM de s'occuper de la collecte des ordures ménagères. À cet effet, la commune a recruté plus de 200 jeunes et les a dotés de brouettes et de matériels de ramassage d'ordures pour compléter ou encore suppléer HYSACAM dans les zones difficilement accessibles. Ce transfert de compétence a également été apprécié par le personnel chargé de l'hygiène de la commune : « Les Mairies ont désormais la responsabilité de gérer et transformer les déchets dans leur zone de compétence. On observe ainsi une sorte de décentralisation dans la gestion des déchets »[27]. C'est une solution qui pourra contribuer à l'amélioration de la qualité des services offerts aux populations en matière de collecte des déchets. La question réside actuellement dans son implémentation effective et la mise à disposition des ressources nécessaires.

D'autres facteurs peuvent intervenir dans la revue de la politique de gestion. Il s'agit dans un premier temps, de l'épurement des dettes d'HYSACAM. Plusieurs acteurs institutionnels de la communauté urbaine de Yaoundé et le MINHDU ont reconnu en 2018 que le gouvernement a des arriérés estimés à plusieurs milliards de francs CFA[28]. Ces impayés constituent un facteur qui déteint sur l'efficacité du service public de gestion d'hygiène et d'assainissement. Ils font obstacle à la réalisation des activités d'HYSACAM car cette insuffisance financière empêche de régler le salaire des employés, d'acheter de nouveaux équipements (bacs à ordures, ben de collecte et bien d'autres). Ces impayés ont souvent poussé cette structure à interrompre

[26] Loi n°2019/024 du 24 décembre 2019 portant code général des Collectivités Territoriales Décentralisées, 2019, p. 37.

[27] Assiga Marcel Michel, Chef Service d'hygiène, assainissement et environnement de la commune de Yaoundé 3, environ 40 ans. Entretien réalisé le 08-02-2021 à 15h à la Commune de Yaoundé 3 (Efoulan).

[28] https://www.villesetcommunes.info. Consulté le 07 février 2020 à 23h30.

momentanément la collecte et le ramassage des déchets dans cette commune comme dans toutes les autres d'ailleurs. Secondement, il y'a l'initiative « Quartier le plus propre de la commune ». Il s'agit d'une compétition inter-quartier liée à la préservation de l'environnement. Une telle initiative pourrait contribuer à une meilleure intégration des ménages, mieux des citoyens dans la gestion.

En outre, l'institutionnalisation des sanctions relatives aux questions d'insalubrité, telles que prévu dans l'agenda 2021 relative à l'hygiène et l'assainissement dans la commune de Yaoundé 3 est salutaire pour faire face à l'incivisme des populations[29]. Et enfin, la diversification des prestataires peut favoriser l'intégration de plusieurs autres acteurs institutionnels et non institutionnels dans le système de gestion des déchets (Doria-Appril, Menet, 2005). Bien plus, « la concurrence dans un cadre légal et institutionnel transparent est source de réduction des coûts, d'innovation, d'émergence et de multiplication du savoir-faire. Il doit en conséquence y être fait recours dans la gestion des déchets solides » (Doria-Appril, Menet, 2005).

Conclusion

Le présent travail avait pour objectif fondamental d'appréhender les mécanismes de gestion des ordures ménagères dans la ville de Yaoundé, notamment, dans ce contexte marqué par une croissance urbaine importante, et l'extension des quartiers. Il était davantage question de mener une analyse critique de la gestion exclusive des déchets par HYSACAM face aux défis actuels qu'imposent les réalités sociales, économiques et démographiques. Trois conclusions majeures découlent de cette analyse. La première est que l'explosion démographique urbaine constitue un des facteurs de l'extension des villes. La croissance urbaine conduit manifestement à la création de nouveaux quartiers. En deuxième lieu, la multiplication des ménages entraine une augmentation considérable des déchets ménagers. Face à ces contraintes, HYSACAM, unique prestataire en charge de la collecte et de la gestion des ordures fait face à de nombreuses difficultés compte tenu de ses capacités techniques et financières limitées et des ressources humaines obsolètes. Troisièmement, l'exclusivité de la gestion des ordures ménagères par l'entreprise HYSACAM engendre la non-couverture rigoureuse de nombreux quartiers pendant les opérations de pré-collecte et de

---

[29] Assiga Marcel Michel, Chef Service d'hygiène, assainissement et environnement de la commune de Yaoundé 3, environ 40 ans. Entretien réalisé le 08-02-2021 à 15h à la Commune de Yaoundé 3 (Efoulan).

collecte. Ce qui engendre également une prolifération massive des ordures et des dépôts sauvages tout au long des rues. Tout ceci constitue un obstacle à l'assainissement de la ville de Yaoundé 3.

Il en résulte dès lors que la réorientation des politiques de gestion des ordures ménagères dans la commune d'arrondissement de Yaoundé 3 est d'une nécessité importante. Ce réaménagement fait intervenir primordialement la contribution des ménages et des citoyens. De par leur comportement citoyen envers les opérations de pré-collecte, ils contribuent à l'assainissement des espaces urbains. Par ailleurs, face à la difficulté que présente la société à collecter efficacement les déchets auprès des ménages, la contribution des ASC s'avère être une solution salutaire. Ces ASC, en synergie avec la mairie et la communauté urbaine parviendraient à résoudre de manière plus efficace ce problème.

Le dernier point est lié à une démonopolisation de la gestion des déchets. En effet, un réel et total transfert de compétences aux communes d'arrondissements pourrait être un atout dans ce secteur d'activité. La collecte et le traitement des déchets relèvent depuis plusieurs décennies de la communauté urbaine. Ce monopole pérenne instaure un climat conflictuel entre les Collectivités territoriales décentralisées et impacte sur les résultats escomptés. Par exemple, les communes d'arrondissement ne s'épanouissent pas suffisamment puisque les ressources sont exclusivement administrées par la communauté urbainc. Même si la loi portant Code général des CTD confère la pré-collecte et la gestion des déchets aux communes, cette solution serait limitée si elle n'est pas suivie et mises en œuvre de façon mutualisée puisque les communes jusqu'à date, ne disposent pas toujours des ressources humaines adéquates. Pour finir, une meilleure gestion des ordures interpelle une « gestion partagée » entre plusieurs acteurs qui interagiront dans un seul but : l'assainissement et l'hygiène de la ville de Yaoundé 3.

Bibliographie

Bopda A., 2007, « Yaoundé ou la ville aux « quartiers oubliés », in *Le quartier*, pp. 105-115.

Bah Ranie D., 2011, *Les mutations du secteur des déchets ménagers dans la ville d'Abidjan : Émergence d'une nouvelle gouvernance ?* working paper FREE n°10.

Chalot F., 1991, *La commune et ses déchets*, Paris, Sorman.

CIPRE, 1997, Projet pilote de compostage décentralisé des ordures ménagères dans la ville de Bafoussam. CIPRE.

Doria-Apprill, Menet C., 2005, « Les ONG : Acteurs d'une "gestion disputée" des services de base dans les villes africaines ? », *Autrepart*, vol 3 (35), pp. 19-37.

Guitard E., 2012, « Le chef et le tas d'ordures : la gestion des déchets comme arène politique et attribut du pouvoir au Cameroun », *Politique africaine*, n°127, pp. 155-177.

Guitard E., 2016, « De "ramasseur d'ordures" à "commandeur de la propreté". Revaloriser le travail des déchets pour mieux régner (Garoua, Maroua, Cameroun) », *ESSAI&DEBAT*. Disponible sur https://mouvements.info/commandeur-de-la-propreté. Consulté le 05 février 2021 à 18h07 minutes.

Hoornweg D., 2012, *what a waste*. A global review of solid waste management, n°5, World Bank.

Kengne F., Bopda A., 2000, « Un demi-siècle de recherche urbaine au Cameroun ». in Les Cahiers d'outre-mer [En ligne], 218/avril-juin 2002, mis en ligne le 13 février 2008, consulté le 22 février 2021 sur http://journals.openédition.org/com/2333 à 17h 40 minutes.

Lamarche A., Fox A., 2019, « Déni de crise au Cameroun : Le refus du gouvernement de reconnaitre la souffrance dans le NOSO dissuade les donateurs », Rapport I, in *Refugee international* ;

Makamte Kakeu-Tardy R. C., 2018, « Gestion des déchets solides municipaux à l'épreuve du partenariat public-privée à Bafoussam, Cameroun : Une analyse des inégalités environnementales dans une ville moyenne d'Afrique subsaharienne », Thèse de Doctorat PHD en Géographie, Université de Lausanne. Disponible sur http://serval.unil.ch. Consulté le 15 février à 15h ;

Ngambi J. R., 2006, « Topographie et Gestion des déchets solides ménagers dans l'arrondissement de Yaoundé I », Mémoire de Maîtrise, Géographie, Université de Yaoundé I ;

Ngambi J. R., 2016, « Les pratiques populaires à la rescousse de la salubrité urbaine : la pré collecte, un service alternatif aux insuffisances du système formel de gestion des déchets à Yaoundé », in *Cybergeo :*

European Journal of geography [online] Space, society, Territory, documment 789. Mis en ligne le 21 septembre 2016. Consulté le 05 février 2021 à 17h 39 minutes sur https://www.journal.openedition.org.

Ngambi J. R., 2015, « Déchets solides ménagers dans la ville de Yaoundé (Cameroun). De la gestion linéaire vers une économie circulaires », Thèse de Doctorat en géographie, Université de Maine, mars 2015. Consulté le 05 février 2021 à 17h 45 minutes sur https://www.tel.archives-ouvertes.fr ;

Ngnikam E. et al., 2002, « Mise en place des structures de pré collecte et de traitement des déchets solides ménagères urbains dans une capitale tropicale : cas de Yaoundé », Cameroun, Yaoundé.

Ngnikam E., 1993, *Guide de fabrication de compost artisanal*, Yaoundé ;

Ngnikam E., 2000, « Évaluation environnementale et économique du système de gestion des déchets solides municipaux : analyse du cas de Yaoundé au Cameroun », Thèse de Doctorat, INSA Lyon ;

Ngnikam E., E. Tanawa., 2006, *Les villes d'Afrique face à leurs déchets*, Université de Technologie de Belfort-Montbéliard UTBM, France.

Documents administratifs

BUCREP, 2010, « Rapport de présentation des résultats définitifs du recensement au Cameroun », Yaoundé.

Loi n°87/015 du 15 juillet 1987 portant création des communautés urbaines.

Loi n°96/121 du 5 août 1996 portant loi cadre relative à la gestion de l'environnement.

Loi n°2019/024 du 24 décembre 2019 portant code général des Collectivités Territoriales Décentralisées.

Loi n°74-23 du 5 Décembre 1974 portant organisation communale.

Archives Coloniales Françaises

Arrêté du 1 er octobre 1937 fixant les règles générales d'hygiène et de salubrité publique à appliquer dans les territoires du Cameroun sous mandat français. En Annexes de Rapport annuel adressé par le gouvernement français au Conseil de la société des Nations, conformément à l'Article 22 du Pacte sur l'administration sous mandat du territoire du Cameroun pour l'année 1937, 1938. Disponible galliac.bnf.fr/Bibliothèque nationale de France.

Circulaire du 20 mars 1917 relative à l'hygiène générale des villages indigènes. In Annexes du Rapport au ministre des colonies sur l'administration des territoires occupés du Cameroun pendant l'année 1921, Paris, Imprimerie Générale Lahure, 1922.

Circulaire du 17 février 1921 relative à l'hygiène et à la santé des indigènes. In Annexes du Rapport au ministre des Colonies sur l'administration des territoires occupés du Cameroun pendant l'année 1921, Paris, Imprimerie Générale Lahure, 1922.

Sources numériques

https://www.villesetcommunes.info. Consulté le 07 février 2020.

https://www.gevalor.org. Consulté le 24 aout 2021.

https://www.tam-tammobile.wordpress.com/. Consulté le 23 aout 2021.

https://www.gret.org. Consulté le 23 aout 2021.

https://www.hysacam-propreté.com. Consulté le 22 août 2021.

Chapitre 8 : Système intelligent et ramassage optimal des ordures ménagères dans la ville de Yaoundé

Aboubakar El Boukar & Junior Morel Angouah Massaga

Résumé

Les Technologies de l'Information et de la Communication peuvent être mises à contribution pour atténuer le phénomène de gestion des déchets dans l'espace urbain. En effet, leur usage s'impose dans les habitudes quotidiennes des citoyens malgré le faible accès des ménages à l'énergie électrique et à la connectivité dans certaines villes. À Yaoundé, capitale du Cameroun, l'intelligence artificielle peut être utilisée afin de révolutionner l'aménagement et la gestion urbaine. Cette étude s'inscrit dans une approche multidisciplinaire, pour démontrer à travers les méthodes de « computer vision », que les communes pourront mieux atténuer l'insalubrité urbaine grâce aux TIC. L'objectif est de concevoir et de proposer un système permettant d'améliorer le ramassage des ordures ménagères. La méthode d'analyse juridique est également mise à contribution afin de permettre l'interprétation des textes régissant l'aménagement et la gestion urbaine ainsi que ceux relatifs à la communication électronique. Elle est complétée par les théories de la communication, de l'innovation sociale et du rhizome.

Mots clés : communes, aménagement, TIC, urbaine, ordures ménagères, Yaoundé, intelligence artificielle.

Abstract

Digital Technologies can be used to mitigate the phenomenon of waste management in urban areas. Indeed, their use is essential in the daily habits of citizens despite the low access of households to electricity and connectivity in some cities. In Yaoundé, the capital of Cameroon, artificial intelligence can be used to revolutionize urban planning and management. This study is part of a multidisciplinary approach, to demonstrate through the methods of «computer vision», that municipalities will be able to better mitigate urban unhealthy through ICT. The aim is to design and propose a system for improving the collection of household waste. The method of legal analysis is also used to enable interpretation of the texts governing urban planning and management as well as those relating to electronic communication. It is complemented by theories of communication, social innovation and rhizome.

Keywords*: municipalities, planning, ICT, urban, household waste, Yaoundé, artificial intelligence.*

Introduction

Le désordre urbain est un phénomène qui a pris de l'ampleur dans les villes du Cameroun. À Yaoundé, l'un des éléments caractéristiques du désordre urbain, est le déversement anarchique des déchets ménagers aux abords de la voirie.

> Sur un plan chiffré, avec une population estimée à environ 3 millions d'habitants, Yaoundé produit environ 1800 tonnes de déchets par jour, soit environ 700 000 tonnes par an. Le taux d'augmentation de sa population est estimé à 4,5 % par an. Les déchets proviennent donc de 75 % des ménages, de 20 % des services publics et activités économiques, et de 5 % des marchés (Bole Soua, 2018).

En effet, une mauvaise gestion des ordures ménagères expose les populations à la pollution olfactive et à l'invasion des insectes susceptibles de transmettre les maladies et de provoquer les inondations du fait de l'enfouissement des canaux d'évacuation des eaux.

Dans le domaine de l'écologie industrielle, il est fait régulièrement usage de l'expression « Métabolisme socio-écologique » (Fischer-Kowalski et Haberl, 2007), terme employé pour décrire l'évolution du processus métabolique de l'homme qui, au fil du temps, a su acquérir les ressources issues de son écosystème notamment celles nécessaires à sa subsistance. Leur transformation pour la consommation génère des déchets (CNUCED, 2012 : 25). Ainsi, l'accumulation des déchets dans les villes ayant une forte démographie, engendre l'insalubrité publique, nécessitant une gestion proactive, méthodique et ordonnée. Or, il se dégage un constat selon lequel, ces dernières décennies, les villes africaines connaissent une croissance urbaine exponentielle : « La part de la population urbaine dans la population totale est aujourd'hui d'environ 40 % et devrait atteindre, d'après les projections, 60 % environ d'ici à 2050 » (CNUCED, 2012 : 3). D'après le Conseil exécutif du Programme des Nations Unies pour les établissements humains, tenu en sa deuxième session du 27 au 29 octobre 2020,

> d'ici 2050, près de 70 % de la population mondiale sera citadine, faisant de l'urbanisation l'une des tendances les plus marquantes du XXIe siècle. L'urbanisation, qui est devenue un phénomène mondial, s'accompagne de disparités considérables, aux plans régional et socio-politique, quant à ses bénéficiaires (ONU-HABITAT, 2020 : 9).

Ce constat mondial établit que les villes jouent un rôle primordial dans les dynamiques socio-économiques et ont un impact énorme sur l'environnement (Mori et Christodoulou, 2012).

Pour faire face à ce phénomène, l'opération de gestion des ordures ménagères est confiée à l'entreprise Hygiène et Salubrité du Cameroun (HYSACAM) depuis 1969. Mais, cette action reste limitée d'une part, par l'incivisme des populations qui ne prennent pas le soin de déposer les ordures au niveau des points de collecte aménagés à cet effet. D'autre part, la lenteur et le retard accusé par l'entreprise HYSACAM dans les opérations de ramassage et de nettoyage des ordures. Toutes ces difficultés sont liées au déficit d'information sur les points de collecte et le niveau de remplissage des bacs à ordure dans les quartiers de la ville. Pour y remédier, les collectivités territoriales et leur partenaire HYSACAM peuvent mettre à contribution les Technologies de l'Information et de la Communication (TIC).

La pré-collecte et la gestion au niveau local des ordures ménagères, le nettoiement de la voie et des espaces publics communaux, ainsi que la lutte contre l'insalubrité, les pollutions et les nuisances[1], ressortent des compétences aux communes. Selon la loi régissant l'urbanisme,

> le territoire camerounais est le patrimoine commun de la nation. L'État et les collectivités territoriales décentralisées en sont les gestionnaires et les garants dans le cadre de leurs compétences respectives. Les collectivités territoriales décentralisées harmonisent, dans le respect réciproque de leur, autonomie, leurs prévisions et leurs décisions d'utilisation de l'espace[2].

Ainsi, pour la gestion optimale des ordures ménagères et les espaces publics, le recours aux TIC et particulièrement, à l'intelligence artificielle (IA)[3], permettrait aux communes d'accomplir efficacement cette mission. En clair, cette réflexion se focalise sur la gestion des ordures ménagères dans le centre urbain de Yaoundé. En fait, l'usage des TIC est désormais ancré dans les habitudes quotidiennes d'un nombre important des citoyens camerounais depuis l'expansion du numérique qui s'est matérialisé par la libéralisation du secteur des communications électroniques et les communes ne sauraient rester en marge. L'objectif visé par la libéralisation du secteur des communications électroniques survenue à la fin de la décennie 1990, est l'amélioration des conditions de vie des populations camerounaises (Aboubakar et *al.*, 2019). C'est dans ce sens que la loi n° 2010/013 du 21 décembre 2010 régissant les communications électroniques au Cameroun en son article premier,

---

[1] Article 157 de la loi n° 2019/024 du 24 décembre 2019 portant Code général des collectivités territoriales décentralisées.

[2] Article 2 de la loi n° 2004-003 du 21 avril 2004 régissant l'urbanisme au Cameroun.

[3] C'est un ensemble des théories et des techniques mises en œuvre en vue de réaliser des machines capables de simuler l'intelligence. Elle correspond donc à un ensemble de concepts et de technologies plus qu'à une discipline autonome constituée (https://fr.wikipedia.org/wiki/Intelligence_artificielle).

promeut « (...) le développement harmonieux et équilibré des réseaux et services de communications électroniques, en vue d'assurer la contribution de ce secteur, au développement de l'économie nationale, et de satisfaire les besoins multiples des utilisateurs et de la population (...) ».

La récente crise du ramassage des ordures ménagères qui est survenue en fin d'année 2018 dans certaines villes camerounaises constitue une sonnette d'alarme à l'endroit des communes. C'est un indicateur pour repenser le système de collecte d'ordures actuel afin de l'améliorer. C'est pour cela que l'intégration des TIC dans leur gestion s'offre comme une voie non moins essentielle pour la résorption de la situation des ordures urbaines. Bien plus, les communes de la ville de Yaoundé ne sont en train d'implémenter le sous-programme de l'ONU-Habitat dénommé « Des villes intelligentes pour tous ». C'est un sous-programme qui a pour objectif d'encourager le déploiement d'innovations technologiques en favorisant la durabilité, l'inclusion, la prospérité et le droit à un logement convenable, ainsi que la transformation numérique des villes au bénéfice de tous[4].Ce faisant, les communes se retrouveraient alors dans une gestion intelligente des villes. Ici, la gestion intelligente des villes épouse le sens des « villes intelligentes » ou de son appellation anglaise « smart cities ».

En fait, la notion de « ville intelligente » constitue un vocable polysémique aux contours flous, utilisé de différentes manières qui ne sont pas toujours cohérentes (Vito Albino et *al.*, 2015). Il n'existe pas non plus un seul modèle de cadrage de la ville intelligente, ni de définition unique de celle-ci (O'Grady et O'Hare, 2012). Le concept est utilisé pour la première fois dans les années 1990 pour souligner l'importance des Nouvelles Technologies de l'Information et de la Communication (NTIC) en matière d'infrastructures modernes dans les villes américaines (CNUCED, 2012 : 3). Sur le plan de la recherche scientifique, les travaux relatifs à la conception et à la gestion d'une ville à partir des TIC furent menés pour la première fois par les chercheurs du California Institute for Smart Communities (Alawadi et *al.*, 2012). Quant au centre de la gouvernance à l'Université d'Ottawa, il a porté des critiques sur l'idée de « smart cities » estimant qu'elle est trop orientée vers la technique (CNUCED, 2012 : 3). Pour cette école, la ville intelligente devrait être conçue autour d'une approche fortement axée sur la gouvernance en mettant l'accent sur le rôle du capital social et des relations dans le développement urbain (CNUCED, 2012 : 3). Il importe de mentionner que ces deux variantes épousent le contexte de développement et de gestion urbaine actuelle au Cameroun. Cependant,

---

[4] Ibid., p. 10.

la définition de « ville intelligente » qui est considérée dans cette réflexion est proche de celle tirée du document de l'entreprise « International Business Machine » (IBM) dans la mesure où, le système de gestion intelligente des ordures ménagères proposé, reprend, en partie, certains aspects techniques déroulés dans cette définition. Le document de l'IBM soutient alors que, la « ville intelligente » désigne une « ville instrumentée, interconnectée et intelligente ». « Instrumenté » fait référence à la capacité de capturer et d'intégrer des événements réels, en direct, grâce à l'utilisation de capteurs, de compteurs, d'appareils ménagers, d'appareils personnels et d'autres capteurs similaires. La notion d'« Interconnecté » renvoie à l'intégration des données dans une plate-forme informatique qui permet la communication de telles informations parmi les différents services de la ville. Le terme d'« intelligent » se rapporte à l'inclusion de services d'analyse, de modélisation, d'optimisation et de visualisation pour améliorer le fonctionnement et la prise de décisions (Harrison et al., 2010 : 4).

Ces évolutions technologiques pourraient à certains égards, permettre aux communes d'améliorer leur gestion quotidienne. D'ailleurs, l'avènement du phénomène de gouvernance à l'échelon local au soir de l'abolition du système de parti unique durant la décennie 1990, dans bon nombre des pays africains et au Cameroun particulièrement, a permis l'institutionnalisation de la décentralisation. Celle-ci est vue comme une gouvernance accompagnée des ressources financières et d'autonomie suffisante offerte aux acteurs locaux dans l'optique d'impulser le développement territorial et l'inclusion spatiale (BAD, OCDE, PNUD, Perspectives économiques en Afrique-Édition thématique, 2015 : 73). Concrètement, elle suppose la responsabilisation des démembrements de l'État en confiant la gestion des affaires d'intérêt local aux conseils et exécutifs municipaux et régionaux et reconnaît la pertinence et l'efficacité de la gestion de proximité. Il ressort donc de la Constitution du 18 janvier 1996 que le Cameroun est « un État unitaire décentralisé » avec deux types de Collectivités Territoriales Décentralisées (CTD) que sont les régions et les communes. Cette disposition constitutionnelle est matérialisée par la loi n° 2019/024 du 24 décembre 2019 portant Code général des collectivités territoriales, qui reprend en son article 2 (1) les termes de la Constitution sus-citée : « l.es Collectivités Territoriales de la République sont les Régions et les Communes ». C'est cette seconde catégorie de CTD qui fait l'objet de cette réflexion. En se référant aux dispositifs actuels dédiés à l'aménagement et à la gestion urbaine des villes, il convient de questionner l'efficacité des communes, au regard de l'amplification de l'insalubrité publique, dans la ville de Yaoundé.

Autrement dit, le système de ramassage des ordures ménagères de la ville de Yaoundé, est-il adapté à la croissance urbaine et à la pression démographique actuelle ? N'est-il pas nécessaire pour les communes de la ville de Yaoundé de s'approprier les innovations technologiques en vue d'optimiser la gestion des flux d'ordures ménagères ?

La réponse à ces questionnements se fera suivant une approche multidisciplinaire qui vise à démontrer, à travers les méthodes de « computer vision »[5], que les communes peuvent mieux s'attaquer à l'insalubrité urbaine par la mise sur pied d'un dispositif technique de gestion intelligente d'une ville. Il s'agit clairement de la conception d'un système d'optimisation du ramassage des ordures ménagères. Par ailleurs, la technique de la collecte de documents issue des différents travaux dans le domaine de l'ingénierie informatique, a permis d'avoir les éléments nécessaires à la conduite de cette contribution scientifique. En outre, elle a été complétée par la méthode d'analyse juridique qui a servi à travers l'exégèse, à l'interprétation des textes en vigueur en matière d'aménagement et de gestion urbaine et, les dispositions relatives à la communication électronique au Cameroun. De même, la mise à contribution de l'internet a permis de recueillir les ressources électroniques en ligne. Les prises d'images ont été effectuées dans la ville de Yaoundé par le biais de l'observation directe.

Le raisonnement scientifique repose sur les théories de la communication, de l'innovation sociale et la théorie de l'espace rhizomique. La première catégorie s'inscrit dans le sillage de la pensée de Marshall Mc Luhan et Quentin Fiore (1970). La célèbre formule du « village planétaire », a conduit à des progrès dans les domaines des sciences de l'information et de la communication ces dernières décennies, donnant ainsi aux citoyens du monde la possibilité d'être directement « connectés » par l'illusion de la proximité ; renfonçant ainsi, le sentiment d'appartenance à la même sphère comme dans les communautés propres aux sociétés villageoises (Szczepanski, 2003). Quant à la seconde, elle se rapporte aux travaux de Deleuze et Guattari (1980) sur la déterritorialisation. Pour cette théorie, l'espace est considéré comme un rhizome et le monde n'est qu'une vaste interface (Deleuze et Guattari, 1980). Elle a été conceptualisée suite au développement des technologies de communication à distance qui permettent l'immédiateté. Bien que cette conception souffre d'un enthousiasme technologique reposant sur l'éventualité d'un changement radical de plusieurs usages grâce aux gadgets et supports

[5] C'est une branche de l'intelligence artificielle dont le principal but est de permettre à une machine d'analyser, traiter et comprendre une ou plusieurs images prises par un système d'acquisition (par exemple : caméras, etc.).

de communication à distance, il est difficile de nier que désormais, la digitalisation de notre société amplifie davantage l'instantanéité et l'immédiateté à tous les niveaux et par conséquent l'amélioration de la gouvernance. Ces théories justifient l'intérêt pour les autorités municipales, de s'approprier l'IA dans la matérialisation de leurs activités d'aménagement et de gestion urbaine. Cette entreprise sera certainement la bienvenue dans un contexte où de nombreuses villes sont en train de renforcer leur connectivité à la fibre optique (Aboubakar El Boukar et al., 2019) et aussi dans la mesure où un nombre important des populations en milieu urbain possède un smart phone.

La présente contribution ressort les avantages de l'utilisation d'un système intelligent de ramassage des ordures ménagères par les communes de la ville de Yaoundé en décrivant le dispositif technique requis. Mais au préalable, il est indéniable de s'appesantir sur la compétence des communes en matière de gestion des ordures ménagères ainsi que les difficultés de la gestion des ordures ménagères.

1. Fondement de la compétence communale en matière de gestion des ordures ménagères au Cameroun

« La commune est la Collectivité Territoriale de base. Elle a une mission générale de développement local et d'amélioration du cadre et des conditions de vie de ses habitants[6] ». De ce fait, les questions relatives à l'aménagement et à la salubrité urbaine notamment la gestion des ordures ménagères a toujours été une mission dévolue aux communes camerounaises. Cette compétence communale peut s'apprécier avant et après l'institutionnalisation de la décentralisation au Cameroun par la Constitution du 18 janvier 1996.

1.1. Fondement juridique de la compétence communale en matière de gestion des ordures ménagères au Cameroun

Dès 1884, le colonisateur allemand institua au Cameroun deux circonscriptions administratives en vue de rapprocher l'administration des administrés et faciliter la gestion courante des affaires publiques, notamment à Victoria (actuel Limbé) et à Kribi (Biwole 1978). La défaite allemande durant la Première Guerre mondiale, a conduit à placer le Cameroun sous mandat de la Société des Nations (SDN), dont l'administration a été confiée à la Grande-Bretagne et à la France. C'est

[6] Article 147 de la Loi N° 2019/024 du 24 décembre 2019 portant Code général des collectivités territoriales décentralisées.

ainsi que dès 1922, les colons britanniques implémentent dans le Cameroun Occidental, la politique de l'« indirect rule » à l'effet de gérer les affaires locales sous le contrôle des Districts Officiers. Près de 20 ans après, les Français de leur côté, introduisent dans le Cameroun Oriental les communes mixtes dans lesquelles le maire est nommé et le conseil municipal élu. Par la suite, à partir de 1955, voient le jour deux types des communes à savoir les communes de plein exercice (CPE) et les communes de moyen exercice (CME). Cette organisation municipale restera en vigueur 14 ans après l'indépendance en 1960 et 02 ans après l'unification du pays en 1972.

Le souci d'unification de la législation dans les anciens Cameroun Oriental et Occidental, a abouti à la création d'une nouvelle forme de commune par la loi n°74-23 du 5 décembre 1974 portant organisation communale. Cette loi, crée les communes rurales où les administrateurs municipaux sont nommés et les communes urbaines où, les maires sont élus par les conseils municipaux. Une loi de 1987 vient à son tour créer dans certaines grandes agglomérations, notamment Yaoundé et Douala, les communautés urbaines à régime spécial, ayant en leur sein, depuis 2007, des communes d'arrondissement dirigées par des maires élus.

En effet, la réforme constitutionnelle du 18 janvier 1996 a institué la décentralisation au Cameroun. Pour la mise en œuvre de cette réforme, le législateur camerounais a pris une loi, la loi n° 2004/018 du 22 juillet 2004 fixant les règles applicables aux communes. Cette loi a clairement défini la compétence des communes en matière d'aménagement et de la salubrité urbaine. Les mêmes compétences dévolues aux communes ont été reprises presqu'à l'identique par la loi n° 2019/024 du 24 décembre 2019 portant Code Général des Collectivités Territoriales Décentralisées. Le Code général des CTD intervient en guise d'application de l'une des recommandations du grand dialogue national, tenu en septembre 2019. Il s'agit de la recommandation relative à l'accélération du processus de décentralisation considérée comme étant l'un des moyens permettant de juguler la crise dans les régions du Nord-Ouest et du Sud-Ouest. La tenue de l'élection des conseillers municipaux couplée à l'élection des députés à l'Assemblée nationale le 9 février 2020, a permis le renouvellement des équipes dirigeantes au sein des communes camerounaises. De même, elle a permis la mise en œuvre d'une nouvelle réforme relative à l'élection des maires des villes à la tête des communautés urbaines[7] dans les grandes

[7] Article 240 (2) de la loi N° 2019/024 du 24 décembre 2019 portant Code général des collectivités territoriales décentralisées « La Communauté Urbaine est une collectivité territorial composée d'au moins deux (02) communes ». (3) « Les Communes qui constituent la Communauté Urbaine portent la dénomination de Communes d'Arrondissement ». La communauté Urbaine de Yaoundé est ainsi constituée de sept (07) communes d'Arrondissement.

agglomérations comme Yaoundé, qui autrefois étaient nommés par décret du Président de la République.

Ainsi, dans le domaine de l'environnement et de la gestion des ressources naturelles, les communes sont chargées entre autres, de la pré-collecte et la gestion au niveau local des ordures ménagères, du nettoiement des rues, chemins et espaces publics communaux ; et de la lutte contre l'insalubrité, les pollutions et les nuisances[8]. Concernant la planification, l'aménagement du territoire, l'urbanisme et l'habitat, les communes sont habilitées à créer et à entretenir des voiries municipales et à réaliser des travaux connexes, ainsi que la création et l'aménagement d'espaces publics urbains[9]. L'une des attributions d'un maire est « de veil1er à la protection de l'environnement, de prendre, en conséquence, les mesures propres à empêcher ou à supprimer la pollution et les nuisances à assurer la protection des espaces verts et à contribuer à l'embellissement de la commune »[10]. Sous l'autorité du représentant de l'État, en l'espèce le Préfet du Département, le maire est chargé dans sa commune de la publication et l'exécution des lois, règlements de portée générale tout comme de l'exécution des mesures de sûreté générale[11].

La communauté urbaine est également compétente en matière de salubrité urbaine. Elle est entre autres, exclusivement compétente en matière de :

- collecte, enlèvement et traitement des ordures ménagères ;
- nettoiement des routes nationales, régionales et départementales ainsi que des espaces publics communautaires ;
- élaboration des plans communautaires d'action pour l'environnement, notamment en matière de lutte contre les pollutions et les nuisances, de protection des espaces verts ;
- création, l'entretien et la gestion des espaces verts, parcs et jardins communautaires ;
- création, aménagement, entretien, exploitation et gestion des équipements en matière d'assainissement, eaux usées et pluviales[12].

En tout état de cause, les CTD camerounaises sont fondées à prendre toutes mesures favorables à leur développement harmonieux selon les prescriptions de la législation en vigueur. Ces structures étant les

[8] Ibid., article 157.
[9] Ibid., article 158.
[10] Ibid., article 206.
[11] Ibid., article 211.
[12] Ibid., article 241.

démembrements de l'État, mettent tout en œuvre pour venir à bout de l'insalubrité publique, malgré les difficultés rencontrées.

1.2. Gestion des ordures ménagères dans la ville de Yaoundé : impasses des institutions municipales

« Des ordures laissées de part et d'autre des routes, des caniveaux érigés en poubelles domestiques, des espaces urbains dressés en toilettes publiques, des eaux stagnantes le long des axes principaux des centres urbains » (Manga Kalniga, 2019 : 266) sont autant des facteurs qui illustrent les difficultés et les enjeux liés à la gestion de l'hygiène et la salubrité urbaine dans la ville de Yaoundé.

En effet, les communes ont toujours été au cœur de l'opération de gestion des ordures ménagères. Avant la décennie 1980, les communes opéraient en régie, à travers leurs services internes en charge d'hygiène et de salubrité. Les moyens (humains, financiers et matériels) dont elles disposaient étaient moins importants et se limitaient au centre-urbain. Seulement les grands axes urbains, les quartiers résidentiels, les centres administratifs et commerciaux qui en bénéficiaient (Epoh-Embavoum et Moussinga, 2004). Les ordures ménagères produites par les habitants des quartiers périphériques et difficiles d'accès étaient déversées à l'air libre aux mépris des règles élémentaires d'hygiène et de salubrité publique. Suite à l'échec de la gestion en régie, les autorités municipales de la ville de Yaoundé ont jugé utile de concéder ce service à une entreprise privée en 1979, en l'occurrence HYSACAM[13].

Malgré le recours au concessionnaire privé dans le cadre du partenariat public-privé pour épauler les efforts des communes de la ville de Yaoundé en matière de gestion des ordures ménagères, certaines difficultés subsistent. Ceci « révèle dans la perspective de la municipalité un échec de la gouvernance urbaine » (Falna 2011 ; Manga Kalniga, 2019 : 268). Pour y remédier, les tricycles sont mises à contribution dans les opérations de collecte et d'assainissement des milieux urbains (Manga Kalniga, 2019 : 268) dans certaines communes de la ville de Yaoundé.

La rapide augmentation de la population dans la ville de Yaoundé est aussi de nature à accentuer les difficultés dans les opérations de lutte contre le désordre urbain. Cette augmentation est causée à la fois par l'accroissement de la population et par l'afflux massif d'immigrants provenant des autres régions du pays ainsi que des pays voisins (Epoh-Embavoum, Moussinga, 2004). Ces migrants sont pour la plupart issus des zones rurales, où les questions d'hygiène et de salubrité sont traitées

---

[13] Fondée en 1969, Hysacam est le principal acteur privé de la gestion des déchets du pays. Implantée à Douala et à Yaoundé, elle gère également les déchets de 12 autres villes.

de façon moins institutionnalisée. N'étant donc pas imprégnés au mode et au style de vie en ville, ces nouveaux citadins présentent parfois des actes d'incivisme qui prolongent l'insalubrité urbaine. Ce type de comportement est en droite ligne de la notion de « villagisation » à laquelle Ela (1983) a accordé une place de choix dans ses travaux où il s'est appliqué à appréhender les contours des villes africaines dans le sens de la sociologie urbaine. De par l'accélération de la villagisation des villes camerounaises dans les années 80 et 90, les métropoles (Yaoundé et Douala) ont décroché le titre des villes les plus sales d'Afrique subsaharienne (Ymele, 2012). Ce qui révèle un enjeu important pour la gestion des ordures ménagères.

Les défis de l'urbanisation et de développement économique sur lesquels est adossé le slogan de « pays émergent » à l'horizon 2035 pour le cas du Cameroun et dans la plupart des pays en développement, occasionnent une production massive des ordures ménagères dans les centres urbains. Leur gestion reste un défi pour les communes au risque de rendre le milieu de vie incommode du fait de la nuisance olfactive et la propagation des maladies. Le déficit d'une bonne gestion des déchets dans les centres urbains, en plus de favoriser l'obstruction au mouvement de déplacement des citadins et la circulation des eaux par les voies de canalisation, constitue également un facteur important d'inondations. Les déchets ménagers sont constitués de bribes de nourritures, des épluchures des tubercules, de peaux de banane, de feuilles mortes, de cartons, d'emballages, de carcasse d'appareils électro ménagers, entre autres.

Photo : entassements des ordures en centre-ville de Yaoundé

Source : prise de vue, Yaoundé, septembre 2019.

D'ailleurs, les ordures ménagères représentent près de 5 % des émissions anthropiques de gaz à effet de serre (Hoornweg, Bhada-Tata, 2012). Les services fournis par l'entreprise concessionnaire de la gestion des ordures ménagères ne profitent qu'à 60 % de la population du fait de l'inaccessibilité des engins de collecte à certaines zones d'habitations, rendant ainsi difficile l'opération de pré-collecte. Ce qui réduit incontestablement l'action d'HYSACAM dans les quartiers spontanés et périphériques d'accès difficiles entrainant ainsi la prolifération des dépotoirs sauvages et la pollution du cadre de vie des populations riveraines (Epoh-Embavoum, Moussinga, 2004). Car, les populations riveraines se servent de leur environnement le plus proche pour « se débarrasser » de leurs déchets. Généralement, la tâche de vidange des poubelles domestiques est confiée aux enfants qui le font dans la précipitation en les jetant à côté des bacs à ordures s'ils existent. Parfois, ces enfants considèrent cette tâche comme une corvée et ne l'exécute pas à bon escient (Manga Kalniga, 2019 : 267). Ce mode de gestion des ordures ménagères est lourd de conséquences tant sur l'environnement que sur la santé publique. La répartition des bacs à ordures dans la ville de Yaoundé est déséquilibrée. Ils sont plus localisés dans les quartiers résidentiels que dans les quartiers populaires. Par exemple, en 2003, ils existaient 59 bacs à ordures au quartier Bastos et 55 à Ngousso et Santa-Barbara. Par contre, dans les zones comme Nkolmesseng, Mimboman et Kondengui, ils existaient respectivement 31, 26 et 19 bacs à ordures par quartier. (Epoh-Embavoum, Moussinga, 2004). Ce qui illustre à suffisance la disparité en matière de gestion des ordures ménagères dans la ville de Yaoundé, la cité capitale du Cameroun.

De même, la quantité des ordures ramassées par jour oscille entre 400 et 500 tonnes, soit une moyenne de 40 % de la production totale journalière (Epoh-Embavoum, Moussinga, 2004). Le pourcentage des ordures non collectées échoue dans les ouvrages de canalisation et d'assainissement, les cours d'eau, les fosses et la liste n'est pas exhaustive. Un autre enjeu non moins important se rapporte à l'insuffisance des moyens de contrôle dont disposent les communes et les populations bénéficiaires pour apprécier la qualité du service fournie par le prestataire. D'où l'intérêt d'optimiser le système de gestion des ordures ménagères existant en utilisant les solutions connectées qu'offrent les TIC afin de permettre aux communes de la ville de Yaoundé de mieux s'acquitter de leur mission d'aménagement et de salubrité urbaine.

2. Système intelligent : palliatif à l'impasse de la gestion des ordures à Yaoundé

La précédente partie a révélé les difficultés auxquelles font face les communes de la ville de Yaoundé dans la gestion des ordures ménagères. Même si les causes semblent s'étendre au domaine financier, culturel, comportemental, logistique, etc., force est de constater que la mise à contribution des TIC à travers un système intelligent engendre des enjeux opportuns pour l'amélioration du mécanisme de gestion de l'insalubrité par les communes.

2.1. Intérêt du recours au système intelligent de ramassage des ordures ménagères par les communes de la ville de Yaoundé

L'histoire des révolutions industrielles montre que chacune d'elles trouve son inspiration dans l'introduction d'une nouvelle technologie. Ainsi, la découverte du courant électrique et l'introduction des moteurs thermiques ont contribué à provoquer la révolution numérique. Le développement numérique a permis l'insertion des technologies comme l'intelligence artificielle dans les objets quotidiens utilisés par l'homme ainsi que le développement des concepts comme celui des villes intelligentes. Le concept de ville intelligente intègre les TIC dans la vie urbaine pour optimiser l'utilisation d'une infrastructure existante. Ce concept est considéré comme un outil puissant pour le développement durable. Il est basé sur le principe de développement des moyens et des solutions pour répondre aux besoins des populations dans le but d'optimiser les piliers caractéristiques d'une ville (Techno-mag, 2017 : 43). Dans l'actualité récente, les villes à forte densité urbaine s'orientent de plus en plus vers des solutions connectées en matière de gestion des déchets urbains. C'est le cas de la ville de Rennes (France) qui, depuis 2017 à travers la startup Heyliot, a mis sur pied un système permettant de mesurer la hauteur de remplissage des conteneurs à déchets grâce à un laser. Les données sont ensuite transmises vers une plateforme qui affiche avec précision l'emplacement de chaque contenant et son niveau de remplissage. La figure suivante représente une illustration virtuelle de ce concept.

Figure 2 : illustration virtuelle du taux de remplissage de bacs à ordures

Source : vers-une-gestion-intelligente-des-poubelles-en-ville (enville/#:~:text=Il%20permet%20de%20discuter%20avec,villes%20comme%20Poitiers %20et%20Angoul%C3%AAme.)

Les « Smart cities » reposent principalement sur la technologie de l'Internet des Objets (IOT). Ladite technologie consiste à insérer un capteur (de pression, de température, une caméra...) dans un objet, en vue de collecter les données générées par celui-ci, afin de les transmettre via un réseau vers un serveur de stockage à partir duquel l'on pourra appliquer des algorithmes[14] de « datamining » et de « Machine Learning », pour construire des outils d'aide à la décision et améliorer la gestion d'un problème donné. Plus précisément, elle permet à des objets physiques connectés ayant leur propre identité numérique de communiquer les uns avec les autres comme illustré par le schéma ci-dessous.

Il convient de noter que l'adoption de ce système par les collectivités locales, contribuera au développement et à l'expansion des activités liées à l'économie numérique. De même, elle augmentera le rendement et la productivité des agents intervenants dans la chaîne de gestion des ordures ménagères. Elle nécessitera également une nouvelle catégorie de la main-d'œuvre et le renforcement des capacités de celle existante. Pour cela, la formation du personnel sera nécessaire à l'effet de l'amener à faire face à la nouvelle donne.

---

[14] Un algorithme est la description précise, sous forme de concepts simples, de la manière dont on peut résoudre un problème (https://openclassrooms.com/fr/courses/1467201-algorithmique-pour-lapprentiprogrammeur/14672/ -qu'est-ce-qu'un-algorithme).

Figure 3 : schéma technique du dispositif

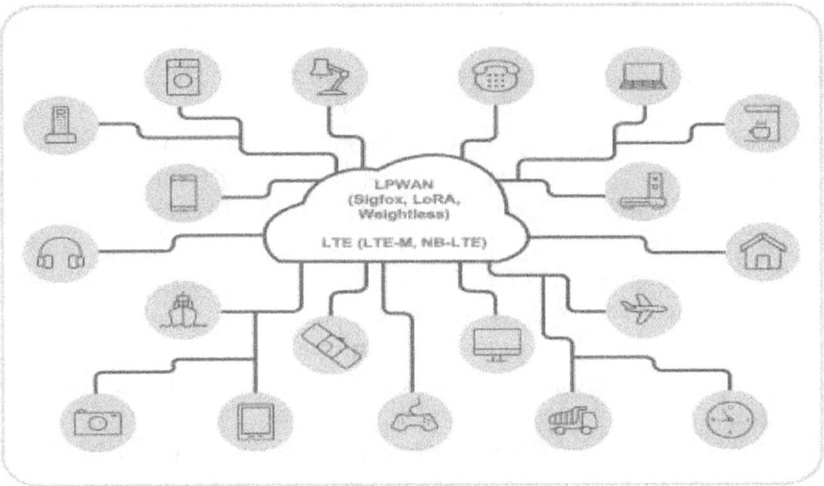

Source : Fujdiak et al (2016) Using genetic algorithm for advanced municipal waste collection in Smart City.

La figure 2 illustre un ensemble d'objet pouvant entrer en communication dans le cadre d'un réseau de ville intelligente. On y retrouve presque tous les objets utilisés au quotidien. Ce qui amène à proposer une architecture dans le cadre de la présente analyse.

2.2. Architecture adaptée aux CTD en matière de ramassage des ordures : structure du système intelligent et modalités de mise en œuvre

Le système intelligent de gestion des ordures ménagères existe dans certains pays comme les États-Unis d'Amérique et la France. C'est un système appelé « Internet of Bins ». Il désigne un système basé sur l'internet des objets pour la gestion des poubelles intelligentes (Keerthana et *al.*, 2017). Dans ce cadre, la conception intelligente varie selon l'approche et d'un concepteur à un autre. Il y a des cas où l'aspect intelligent provient de la capacité du système à renseigner sur le niveau de remplissage de la poubelle (Keerthana et *al.*, 2017). Cet aspect peut également provenir du fait que le système soit à temps réel, utilisant un algorithme génétique pour optimiser la collecte des ordures ménagères (Radek Fujdiak et *al.*, 2016). Selon une toute autre approche, il utilise les données satellitaires pour localiser une poubelle et déterminer le chemin optimal pour sa collecte (Seyed et *al.*, 2017)[15]. Pour ce système, l'équipe de collecte des ordures ménagères a été réduite de 41,70 %. Une récente étude (Taimur Bakhshi et al 2018) a expérimenté les méthodes de Machine Learning pour introduire le caractère prédictif au sein du réseau. Ce système identifie les besoins de collecte des ordures ménagères présents et prévoit les modifications futures.

La gestion actuelle des ordures ménagères au Cameroun est aux antipodes de ce qui est décrit ci-dessus. Le système classique pratiqué dans les grandes villes ne prend pas assez en compte les TIC utilisées dans certains pays. Ainsi, à partir des différents travaux sus-évoqués, le système actuel peut être amélioré grâce aux TIC. S'approprier ce système serait avantageux pour les communes de la ville de Yaoundé et par conséquent permettre à celles-ci de bâtir les prémices des villes intelligentes.

En effet, le design de la solution proposée pour améliorer le système de collecte des ordures ménagères se base sur le prototype du système à mettre sur pied qui s'adosse sur l'existant tant sur le plan de la littérature que sur le plan des compétences technologiques disponibles au Cameroun. Sa mise en œuvre nécessite :

- L'installation Capteur de niveau de remplissage poubelle de type ultrason ou infrarouge disposant d'une autonomie énergétique à l'instar du CleanFLEX16 sur les différentes poubelles. Comme présenté sur la figure.

Figure 4 : Présentation du capteur CleanFlex et de sa disposition sur un contenant

[15] A novel approach to fin and optimize bin location and collection routes using a geographic information system

[16] https://www.ecubelabs.com/fr/

- Un programme de gestion informatique permettant de mesurer en temps réel la hauteur de remplissage des poubelles grâce au capteur de la figure précédente. Les données sont ensuite transmises vers une plateforme qui affichera précisément l'emplacement de chaque contenant et son niveau de remplissage.

Figure 4 : Aperçu du système de fonctionnement d'un centre de collecte et de traitement de données

Des applications de monitoring vont être utilisées pour afficher à l'utilisateur final via une tablette ou un ordinateur en temps réel, les informations sur la scène de chaque poubelle et une proposition du planning de ramassage (camion, itinéraire, heure).

La mise en œuvre du dispositif proposé nécessiterait au préalable de légiférer sur la question de l'usage des documents électroniques au sein des institutions publiques et celles des CTD camerounaises. Dans le même ordre d'idées, réglementer le domaine de gestion électronique de l'opération de ramassage des déchets et particulièrement des ordures ménagères au Cameroun en mettant en exergue le rôle et les moyens de chaque partie prenante dans l'accomplissement de leur tâche. Il convient de noter que la mise en place d'un dispositif législatif et réglementaire devrait instituer la gestion des litiges le cas échéant, en se basant sur la preuve numérique ainsi que les objectifs assignés aux différents acteurs.

Conclusion

L'analyse qui s'achève est construite autour des trois axes que sont le cadre d'intervention des communes de la ville de Yaoundé en matière de gestion des ordures ménagères ; les pratiques actuelles y afférentes et les difficultés rencontrées ; et enfin, la proposition d'un système intelligent de ramassage des ordures pour améliorer la pratique dans la ville de Yaoundé L'obtention de ce résultat est rendue possible par la mise en combinaison des plusieurs disciplines scientifiques.

Il ressort que la gestion optimale des ordures dans les villes camerounaises peut se faire à travers un système intelligent de gestion des ordures ménagères. La conception d'un tel système est la résultante de l'usage de l'intelligence artificielle à l'aide de deux de ses variantes à savoir le Machine Learning et le data mining. C'est une solution pensée pour contribuer à l'amélioration du système existant de gestion des ordures ménagères dans les villes camerounaises à forte densité démographique comme la cité capitale. Ce système n'a nullement vocation à résoudre de manière définitive les difficultés rencontrées dans ce domaine. Mais s'il advient que les communes de la ville de Yaoundé se l'approprient, celles-ci auront fait le choix de s'arrimer à la nouvelle tendance en matière de gouvernance urbaine à partir des objets connectés. Il s'agit là, de la prise en compte de l'aspect intelligent dans la gestion d'une ville ou « villes intelligentes ». Il importe de rappeler que l'avènement de la pandémie à coronavirus (Covid-19) a démontré l'efficacité de l'usage des moyens des communications électroniques. Les mesures barrières et la distanciation imposées pour enrayer la propagation de cette pandémie ont amené les administrations à institutionnaliser les méthodes du travail à distance à partir des objets numériques connectés. Cette situation constitue un argument valable pour les communes de la ville de Yaoundé et d'ailleurs d'expérimenter la gestion intelligente de ramassage des ordures en vue limiter les difficultés rencontrées actuellement.

À terme, il est important de souligner que la mise en service de ce système, permettra la densification et la diversification du cadre de partenariat liant les communes de la ville de Yaoundé à l'entreprise HYSACAM. Pour le bon fonctionnement de l'application, l'implication de toutes les parties prenantes dans l'opération d'aménagement, d'assainissement et d'embellissement de la ville de Yaoundé est nécessaire. Certes, cette implication peut avoir pour corollaire le conflit de compétence entre les différents intervenants. Mais, il ne faut pas perdre de vue que, conformément à la réglementation en vigueur, l'acteur principal en matière de gestion des ordures ménagères, reste la commune.

Bibliographie

Aboubakar El Boukar, Ngozag (L.A.), Angouah Massaga (J. M.) et Nana Komey (D. G.), 2019, « De la communication électronique au Cameroun : Etat des lieux et évolution des usages », IJIAS, Vol. 26 (3), pp. 675-683.

Actes du 9e colloque international des spécialistes francophones en évaluation d'impacts, *L'évaluation environnementale : un outil pour l'évaluation du développement* durable, tenu du 20 au 24 septembre 2004 à Ouagadougou (Burkina Faso).

Actes de la première rencontre sous régionale du REJAC, *La Ville en Afrique noire : réalités d'aujourd'hui*, Sous la coordination d'Edmond VII Mballa Elanga, du 26 au 28 mai 2015, Yaoundé (Cameroun).

Bole Soua L., 2018, « La problématique de la gestion des déchets dans la ville de Yaoundé - Cameroun : état des lieux et perspectives », Mediaterre.org - Source : https://www.mediaterre.org/actu,20181010083611,6.html.

Keerthana B., Raghavendran M., Sonali S, Kalyani, Suja P. & Kalaiselvi V. K. G. (2017). Internet of Bins: Trash Management in India. 248-251. 10.1109/ICCCT2.2017.7972277.

Deleuze G., Guattari F. (1980), *Mille plateaux : schizophrénie capitaliste*, Paris, Minuit.

Kuate J-P.. , 2013, *Collectivités territoriales décentralisées au Cameroun : tome 6*, Douala, Macasco.

Les déchets : quels enjeux pour les pays en développement ?, Revue de PROPARCO, n° 15, octobre 2012.

Commission économique pour l'Afrique (CEA), 2018, « L'urbanisation et la planification du développement national en Afrique ».

Loi N° 2004-003 du 21 avril. 2004 régissant l'urbanisme au Cameroun.

Loi N° 2019/024 du 24 décembre 2019 portant Code général des collectivités territoriales décentralisées.

Luc V., 2001, *NTIC et territoires. Enjeux territoriaux des nouvelles technologies de l'information et de la communication*, Lausanne, Presses polytechniques et universitaires romandes.

Manga Kalniga J. D., 2019, « Processus de décentralisation et dynamiques sociopolitiques au Nord-Cameroun : systèmes et acteurs dans le champ local », Tome I, Thèse de Doctorat/Ph.D, Sociologie, Université de Maroua.

Mc Luhan M., 1970, *Guerre et paix dans le village planétaire*, Paris, Robert Laffont.

Ngnikam E., Vermande P., Tanawa M., Wethe J., 1997, « Une démarche intégrée pour la maitrise de la gestion des déchets solides au

Cameroun », *Déchets, Sciences et techniques*, n° 5, 1er trimestre, pp. 22-34.

ONU Habitat (HSP/EB.2020/22), 2020, Conseil exécutif du Programme des Nations Unies pour les établissements humains, Deuxième session, 27-29 octobre 2020.

ONU Habitat/UE/ACP, 2007, « Profil urbain de la ville de Yaoundé, Programme des Nations Unies pour les établissements humains », Nairobi (Kenya), 2007.

Petnga Nyamen S. P., Tchotsoua M., 2015, « Gouvernance urbaine et urbanisation de Garoua », *Syllabus Review* 6 (1), pp.155–174.

BAfD, OCDE, PNUD, 2015, « Perspectives économiques en Afrique », Édition thématique.

Vito Albino, Umberto Berardi et Dangelico R. M., 2015, « Smart Cities : Définitions, dimensions, performances et initiatives », *Journal of Urban Technology*, vol 22 (1), pp. 3-21.

Rachid Othmani, 2019, « Contribution à l'analyse des théories urbaines dans la durée : De Maurice Halbwachs à Vincent Kaufmann », *IJIAS*, Vol. 25 (3), pp. 817-830.

Rapport National du Cameroun pour HABITAT-III, 2015.

CNUCED, 2012, « Rapport sur le développement économique en Afrique », UNCTAD/ALDC/AFRICA/2012.

Assako Assako R. J., 2012, « À propos de l'opération d'embellissement de Yaoundé, capitale d'Afrique centrale », Les Cahiers d'Outre-Mer [En ligne], 259 | Juillet-Septembre 2012, mis en ligne le 01 juillet 2015, URL : http://journals.openedition.org/com/6652 ; DOI : 10.4000/com.6652.

Techno-mag, 2017, « Magazine d'information sur la science, la Technologie et l'Innovation du CNDT », n°6.

Tchuikoua L. B., Elong J. G., 2010, « La gestion des déchets solides ménagers à l'épreuve des pratiques urbaines à Douala (Cameroun) », *Revue Canadienne de Géographie Tropicale*, Vol. 2 (1), pp. 38-46.

Wang Jing-yang, CAO Yu, YU Guang-ping,YUAN Ming-zhe (2014) . Research on Application of IOT in Domestic Waste Treatment and Disposal.

Troisième partie : Expression religieuse dans l'espace urbain au Cameroun

Chapitre 9 : Ville multiconfessionnelle, cité postséculière ? *Enjeux et défis à la lumière de l'espace urbain camerounais*

Alain Hugues Obame

Résumé

Cet article explore la politique camerounaise d'aménagement urbain face aux défis que pose la ville multiconfessionnelle au regard du paradigme de cité postséculière. Dans un contexte général d'urbanisation anarchique et spontanée, l'accent est mis sur la dimension ambivalente de la participation des acteurs religieux au processus d'expansion urbaine. D'un côté la pluralité religieuse contribue à la production d'une ville postséculière inclusive où tolérance politique suscite des relations interreligieuses et sociales pacifiques. D'autre part, la réflexion relève les risques de désagrégation et de temporalisation d'une ville multiconfessionnelle peu régulée au regard de la multiplication des activités/pratiques religieuses dans l'espace public et la dissémination des lieux de culte irrespectueuse des normes urbanistiques.

Mots clés : gouvernance invisible, pentecôtisme camerounais, tolérance, ville multiconfessionnelle, ville postséculière.

Abstract

This article targets Cameroonian urban planning policy versus the challenges of the multi-confessional city according the postsecular city paradigm. In a general context of anarchic and spontaneous urbanization, the emphasis is on the ambivalent dimension of the participation of religious actors to the process of urban development. On one hand, the paper argues that religious plurality contributes to the production of a postsecular city where political and legal tolerance produce pacific interreligious relations. On the other hand, this reflection highlights the risks of disaggregation and temporalization of an unregulated multi-confessional city with regard to the multiplication of religious activities in the public space and the dissemination of places of worship that are disrespectful to urban rules.

Keywords: *invisible governance, tolerance, Cameroonian pentecostalism, multi-confessional city, postsecular city.*

Introduction

S'il n'existe pas de modèle politique d'urbanisation applicable à tous les États (ONU-Habitat, 2014 : iii), on observe néanmoins que les gouvernements manifestent de plus en plus de l'intérêt pour les politiques de planification urbaine au cours de ces dernières années (ONU-Habitat, 2016 : 8). Ce regain d'intérêt s'accompagne chez les scientifiques et les urbanistes par une fécondante rhétorique sur la définition de la ville de demain : « ville intelligente », « ville durable », « ville inclusive », « ville/cité interculturelle », « ville multiculturelle », « ville durable interculturelle », etc. En dépit de la diversité conceptuelle, un consensus se dégage : la planification de la ville durable devrait activement intégrer une vision globale ou multidimensionnelle de la « soutenabilité » (Narayanan, 2016 : 6). Dans ce sillage, les « politiques urbaines nationales » sont interpellées par l'effervescence religieuse dans les villes car, des différentes nouvelles dimensions dont la religion pourrait marquer les décennies prochaines (Mayer, 2008 : 177), sans conteste, le secteur de l'urbanisme pourrait difficilement y échapper.

Le cadre de la ville multiconfessionnelle est mis en perspective par rapport au paradigme de la cité postséculière. Dans l'ouvrage intitulé *Postsecular Cities. Space, Theory and Practice* coordonné par Justin Beaumont et Christopher Baker (2011), l'originalité de l'entreprise tient avant tout dans le postulat selon lequel le religieux a changé de statut dans les sociétés contemporaines (Dejean, 2011). Les villes africaines en général, Douala et Yaoundé en particulier n'échappent pas à ce constat établi dans les sociétés occidentales. Ce changement serait tout particulièrement saillant en contexte urbain, car la religion, les communautés religieuses et les valeurs spirituelles sont de nouveau au centre de l'espace public et précisément au cœur des politiques publiques, de la gouvernance et de l'identité sociale (Beaumont & Baker, 2011 : 1). Dans la cité postséculière, la frontière entre la religion et la science, la foi et la raison, la tradition et l'innovation cesse d'être radicalement infranchissable (Beaumont & Baker, 2011 : 2). Ces auteurs définissent la ville postséculière regroupe trois variables essentielles à l'aune desquelles les interactions et les réalités de la ville multiconfessionnelle est abordé dans cette réflexion. C'est d'abord un espace avec et sans frictions, une zone de contact et de distance, un environnement de compétition et de différences. Ensuite, la cité postséculière est une forme de laboratoire d'expériences où les partenaires religieux et non religieux reconnaissent la complexité et l'imbrication des problèmes majeurs auxquels sont confrontées les sociétés urbaines (pauvreté, inégalités, dégradation de l'environnement, terrorisme, etc.) [Beaumont & Baker, 2011 : 260]. Enfin, bien qu'elle y occupe une place importante, la dimension religieuse de la cité postséculière n'est pas exclusivement religieuse car de nouvelles formes de négociations entre le religieux et le politique sont recommandées dans le domaine de la gestion des services publics.

Ce texte discute des liens entre religion, aménagement urbain et sociabilités urbaines. Dans quelle mesure la politique urbaine est-elle influencée par l'aménagement et la gouvernance des lieux de culte au Cameroun ? Comment les nouveaux acteurs religieux s'insèrent-ils dans la politique urbaine du Cameroun en général et dans les villes de Yaoundé et Douala en particulier ? La discussion s'appuie à titre principal sur le pentecôtisme. C'est une branche du protestantisme qui est réputée connaitre un développement rapide dans le monde, avec une trajectoire tout aussi singulière en Afrique, y compris au Cameroun, particulièrement dans les grandes villes de Douala et Yaoundé (Batibonak 2017 ; Mbe Akoko, 2007). Une certaine littérature démontre que le pentecôtisme constitue une forme « agressive » de renouveau religieux qui participe au processus d'expansion urbaine en Afrique en défiant les frontières de l'économie, de la spiritualité et de la conquête territoriale (Ukah, Asonzeh, 2016).

En Afrique subsaharienne, l'accroissement spectaculaire des villes depuis un demi-siècle a généré une cartographie de la co-présence des groupes religieux dans les milieux urbains (Lasseur, 2016). Ce qui en fait des villes confessionnelles caractérisées par la montée en visibilité et la profusion des acteurs religieux et leurs lieux cultuels de toutes tailles (*megachurches* et *homechurches*) et de toutes obédiences (islam, christianisme, religions traditionnelles et sectes). Il en résulte que les « politiques urbaines nationales » sont interpellées par l'effervescence religieuse dans les villes. La religion impacterait donc sur l'urbanisation et le développement urbain (Greed, 2016, cité par Narayanan, 2016 : 152). Au Cameroun, la diversification religieuse a participé à la transformation de l'espace urbain camerounais. On note la présence de près d'un millier de lieux de culte chrétiens relevant d'une centaine de dénominations distinctes dans les villes de Yaoundé et Douala (De Rosny, 2004 ; Lasseur 2008). Un tel foisonnement de lieux de la religion symboliquement différents (églises, mosquées, écoles confessionnelles...) dans l'espace urbain est susceptible de générer des rapports de discrimination et/ou de tolérance. De même, la nature de ces rapports sera tributaire de l'héritage historique et des usages culturels dominants sur un territoire donné. Au regard de ce constat, nous postulons que dans des villes cosmopolites, à l'instar de Yaoundé et Douala (champ de notre étude), la tendance est celle de « l'imbrication des lieux de religion ».

Les développements à venir s'écartent du « piège de la « surinterprétation » religieuse (Bayart, 2015 : 3). Par conséquent, parce que la ville contemporaine ne constitue pas le « tombeau de la religion » (Dejean, 2011 : 2), la démarche vise à mettre en exergue et à interroger les transformations urbaines les plus significatives et les formes nouvelles prisent par le fait religieux dans l'espace urbain « yaoundéen ». Le matériau de l'analyse mobilise d'une part la littérature existante et les documents stratégiques de planification urbaine tant au niveau international (PPAB d'ONU Habitat) que national (les PADY1/2 de la ville de Yaoundé. D'autre part, pour compléter les données d'une enquête de terrain réalisée par nos soins en 2017 sur la thématique du « mal développement à Yaoundé »[1], une dizaine d'interviews a été conduite auprès des membres des cultes représentés dans la ville de Yaoundé. Il s'agissait particulièrement de disciples d'une petite église pentecôtiste (*homechurch*), les voisins de cette église située à Yaoundé, dans le quartier Simbock. En outre, cette petite église nouvelle créée a été sujette à observation durant deux semaines[2]. Les données de la littérature et de l'enquête de terrain ont été complétées par le visionnage d'un document vidéo d'une trentaine de minutes. Ce film retraçait l'effervescence de certains leaders pentecôtistes camerounais. Un regard particulier a été accordé aux scènes qui y relatent le déroulement simultané dans des lieux mitoyens de deux croisades. L'une animé par un pasteur camerounais vedette du pentecôtisme et l'autre par un célèbre prêtre catholique. Cette recherche s'articule autour de deux principales idées. Dans une première partie, il s'agit de mettre en exergue le rôle prédominant des pouvoirs publics à travers la tolérance juridique et politique des nouveaux acteurs religieux dans leur course à l'expansion spatiale urbaine. Le second axe relèvera les risques de désagrégation et de temporalisation d'une ville multiconfessionnelle peu régulée. Ce qui laisse à réfléchir les opportunités de négociation d'un certain nombre d'accommodements dans les relations entre le politique, les religions et la société.

---

[1] Le projet était placé sous la coordination du regretté Maître de recherche Pierre Mbouombouo. Cette enquête par questionnaire auprès de plus de deux cents ménages avait pour objectifs de relever les principaux signes ou maux de l'urbanisation anarchique dans la ville de Yaoundé, d'en comprendre les logiques et de proposer des correctifs.

[2] L'intérêt de cette observation était l'ouverture clandestine et récente de cette église, dans un quartier aux allures résidentielles. Ledit lieu de prière était également marquant par la construction en son sein d'un puits alors même que se trouvait tout près (moins de mètres) un point privé de vente d'eau courante. L'objectif était d'analyser les interactions qui se tissaient entre ce nouveau de lieu religion, construit spontanément, et le voisinage.

1. Effectivité discutable d'une politique urbaine pourtant normée

Il existe une foisonnante législation tant au niveau central (Code de l'urbanisme de 2004) que déconcentré et décentralisé en matière de politique urbaine. Néanmoins, la pratique laisse davantage la place à une option de tolérance administrative multi-facette qui favorise tant l'expansion urbaine (quoique spontané) que la prolifération – tout aussi anarchique – des lieux de religion. Cela entraine une forme de minoration des facteurs de la diversité religieuse et de gouvernance invisible des religions dans l'espace public.

1.1. Tolérance administrative et accélération de l'implantation urbaine des (nouveaux) acteurs religieux

À travers le paradigme de la « *religious-secular competitive perspective* », Jonathan Fox (2015) démontre la nature complexe des relations entre les politiques et les religions. L'auteur énonce le type de régime de l'État (« *official religion policy* » : laïc ou confessionnel) détermine la nature des relations entre les pouvoirs publics et les acteurs religions tant en ce qui concerne les niveaux de discrimination, de régulation et de soutien des religions. Celle des pouvoirs publics camerounais promeut la tolérance administrative vis-à-vis des différents groupes religieux. Cette tolérance administrative se manifeste tant dans la création que l'occupation spatiale par les acteurs religieux.

En effet, la réglementation prévoit que toute association religieuse ou tout établissement congrégationaliste ne peut fonctionner qu'après avoir été autorisé(e). L'autorisation est prononcée par décret du Président de la République, après avis motivé du ministre chargé de l'administration territoriale. Dans la pratique, l'administration permet à plusieurs « religions » d'exercer sans autorisation. Ceci est rendu possible par l'application du régime spécial de tolérance administrative. Ce qui fait dire à Bernard Momo qu'au Cameroun, il est difficile pour le profane de distinguer les religions reconnues de celles qui sont illicites (Momo, 1990 : 834).

La tolérance administrative connait une application encore plus souple avec l'expansion des nouveaux mouvements religieux (NMRs), car la plupart des « églises de réveil » n'ont pas de reconnaissance légale. La tolérance administrative prend, avec le fonctionnement des « nouvelles religiosités », les allures d'une tolérance imposée « par le haut ». Les citadins ont généralement l'impression que les pouvoirs publics multiplient les largesses à l'égard des mouvements pentecôtistes. Nous prendrons l'exemple du système de sonorisation des églises pentecôtistes pour illustrer comment la tolérance semble imposée « par le haut » dans la mise en œuvre de la politique urbaine.

De manière générale, les églises pentecôtistes, pour la plupart, disposent d'un matériel de sonorisation très efficace (Soiron Fallut, 2012 ; Dejean, 2011b ; Mayrargue, 2002). La sonorisation extravagante n'est donc pas une invention des pentecôtistes camerounais. Le système sonore participe à l'idée de réveil (Dejean 2011b : 214)[3]. L'objectif est de diffuser le message de Jésus le plus loin et le plus fort possible. Il fait partie d'un prosélytisme affiché et revendiqué (Soiron Fallut, 2012, 19 ; Dejean, 2011b : 214 ; Mayrargue, 2002 : 453). Ces installations sonores font néanmoins l'objet de multiples plaintes en milieux urbains. Lors d'une enquête, sur le thème du « mal développement à Yaoundé », réalisée en novembre-décembre 2015, il ressort qu'après les bars ou les débits de boisson (25,9 %), la présence des églises à proximité des maisons d'habitation (24,1 %) était évoquée comme principale cause de bruits dans les sept arrondissements de la ville de Yaoundé. L'allusion à une sorte de « pollution sonore » du fait des lieux de culte n'est pas un constat marginal. La prolifération sans précédent et sans contrôle des lieux de culte en milieu urbain en Afrique Centrale et au Cameroun ces dernières années est attestée par plusieurs travaux (De Rosny, 2004 ; Lasseur 2008 ; Soiron Fallut, 2012 ; Dejean, 2011b ; Mayrargue, 2002). Non seulement *« la culture et l'identité urbaines en Afrique centrale se caractérisent par l'emprise de la religion »* (ONU Habitat, 2014 : 12), mais également, les pratiques qui accompagnent l'effervescence des nouveaux mouvements religieux (NMRs) se forgent dans la démonstration de puissance.

En réalité, les lieux de culte sont des édifices névralgiques, ce n'est pas un hasard si leur visibilité est devenue un enjeu urbanistique et politique (Germain, année : 101) aussi bien dans l'espace public concret que dans l'espace privé. Ce rapport de force autour de l'enjeu immobilier est davantage mis en exergue par les minorités. Celles-ci, pour la plupart, recherchent « un marquage ethnique de l'espace et la question de la visibilité ou de l'invisibilité de la communauté est primordiale » (Germain, année : 101). Dans le cas des NMR camerounais, la tendance est donc plutôt portée vers la visibilité notamment sur le

---

[3] L'auteur explique :
Les systèmes d'amplification du son entrent dans une logique de dramatisation du culte. Lors des différents cultes auxquels nous avons assisté, nous nous sommes demandé les raisons de ce surdimensionnement de la sonorisation au regard de la taille des locaux. Le niveau sonore possède une fonction très précise dans le déroulé du culte : il permet au pasteur mettre en scène son prêche, en jouant sur tous les registres sonores : murmurer dans le micro pour capter l'attention de l'auditoire ou hurler afin de frapper les esprits (Dejean, 2011b : 214).

plan architectural et médiatique. Cette quête de visibilité s'appréhende comme une stratégie de demande de reconnaissance auprès des pouvoirs publics. La majorité restant dépourvue d'autorisation légale d'existence.

De quelle manière la tolérance est-elle imposée « par le haut » dans le cas des mouvements pentecôtistes ? La plupart des personnes dénonçant des cas de nuisances sonores du fait de mouvements religieux sont déboutées. L'État choisit de ne pas réagir en faveur des plaignants face aux plaintes de « nuisances sonores » récurrentes provenant de lieux de culte à l'effigie des NMR installés « trop près » des maisons d'habitations. C'est le sens de cette observation de Fanny Ange Matchum (2009) qui affirme que :

> En dehors des diverses dérives souvent observées au sein de ces chapelles bruyantes, les nuisances sonores qu'engendrent ces églises réveillées méritent également d'être considérées avec plus d'attention. Bien que les autorités administratives compétentes soient souvent appelées en dernier recours par les populations, elles ne parviennent pas, le plus souvent, à faire régner l'ordre au-delà de la mise en demeure servie à ceux que l'on traite de gourous dans les quartiers. Et pour cause, à chaque fois, la même accusation revient de la part des populations : de gros bras du régime seraient en effet membre de ces groupes qu'ils financent ou soutiennent de diverses manières. Ce qui contraindrait les responsables administratifs à réfléchir par deux fois avant de se lancer dans une quelconque opération de répression. Même si, dans la plupart des cas, les promoteurs de ces espaces de prière qui s'épanouissent à travers les villes n'ont, pour la plupart, aucune autorisation de création de pareille association.

Au-delà de la rhétorique militantiste propre des environnementalistes, ces observations de Matchum Kouogue (2009) mettent l'accent sur certains faits. Le « système audio » du service religieux est susceptible d'engendrer de la nuisance sonore. L'emplacement du lieu de culte, notamment trop proche de l'espace privé (*privatization* de l'espace privé) rend cette pollution plus pernicieuse à certains égards. Les plaintes du voisinage trouvent rarement un écho favorable auprès des autorités administratives (et ecclésiastiques) chargées de la régulation de la pollution sonore dans l'espace urbain.

Au demeurant, dans certaines proportions, on peut penser que la tolérance imposée par l'État aux différentes communautés religieuses est justifiée. Il s'agit d'une forme de retour de l'ascenseur au bénéfice des NMR. Si l'État devait museler les nuisances sonores des nouveaux *megachurches* et *homechurches*, ce serait une attitude inéquitable au regard des avantages laissés aux « églises » historiques. En effet, on comprendrait mal pourquoi le muezzin serait, au quotidien, autorisé à lancer des appels pour la prière à 04 heures du matin et à 06 ou 07 heures du soir, et que les églises pentecôtistes seraient privées de faire pareil, à leur manière, si tant est vrai que ce *bling-bling* sonore est devenu inséparable de leur *modus operandi*. La liberté de croyance serait en effet vide si le droit d'en exercer la pratique n'est pas garanti. On peut donc analyser cette posture de tolérance imposée par l'administration comme une stratégie de lutte contre la discrimination à l'égard des NMR et des communautés religieuses minoritaires.

Ce n'est que dans des cas exceptionnels que des églises non autorisées ont pu être condamnées à fermer, en raison des nuisances sonores. (Soiron Fallut, 2012 : 19). Et même, la fermeture d'une église, quoique non « reconnue » peut s'avérer provisoire. Ainsi, en 2013, le fait que le Président de la République ait dû intervenir pour demander la réouverture de lieux de culte, appartenant à des églises non autorisées, fermés sur décision du sous-préfet suite à des homicides/ dérives lors de rites peut traduire cette tendance à une forme de tolérance administrative de l'existence et des pratiques multiformes d'acteurs religieux divers. La tolérance « par le haut » facilite d'une certaine manière la réalisation de la ville multiconfessionnelle socialement inclusive où la prolifération de lieux de culte édifiés par de nouveaux acteurs religieux, quoique non reconnus, est implicitement autorisée. Cela donne l'impression que cette « obligation » de tolérance dictée « par le haut » produit l'effet escompté. Les ménages sont résignés, la « nervosité » ou les suspicions à l'égard des NMR cèdent la place à l'indifférence ou à une curiosité passive du voisinage. Au demeurant, la tolérance administrative en matière de constructions de nouveaux lieux de culte traduit une forme de minoration des acteurs religieux dans la planification de l'expansion urbaine, notamment en matière de conquête spatiale.

1.2. Minoration des aspects de diversité religieuse

La politique urbaine camerounaise s'élabore au détriment du facteur religieux. Dans les documents de planification urbaine, la priorité est accordée aux aspects de la salubrité, d'équipements, des transports, l'environnement et dans une certaine mesure le culturel. Ce constat se vérifie pour ce qui est des plans directeurs d'urbanisme (PDU) des villes de Yaoundé (horizon 2020) et Douala (horizon 2025). Pour ce qui est de Yaoundé, les thèmes prioritaires escomptés dans le document d'orientation et de cohérence en matière d'aménagement et d'urbanisme doivent privilégier les secteurs suivants : l'intercommunalité et cadre institutionnel, le développement économique, l'habitat et équipement de proximité, les transports multimodaux, l'enseignement supérieur et la recherche, les services administratifs et sociaux et la protection de l'environnement naturel (PDU Yaoundé, 2008 : 52). Ces orientations majeures de l'aménagement de la localité, de la distribution générale des sols, la programmation des équipements occultent la place des lieux de cultes et équipements assimilés.

Certes, le PDU de la ville reconnait à Yaoundé le statut de « capitale culturelle », car la cité est présentée comme étant « au carrefour des cultures camerounaises riches de 200 ethnies. [et] Sa population cosmopolite est liée à de nombreux foyers culturels malheureusement non perceptibles par le grand public » (PDU Yaoundé, 2008 : 53). La traduction de cette dimension culturelle est envisagée à travers la construction d'un grand Musée des Civilisations, une grande Salle de Spectacles, une grande Maison de la Culture, des centres socioculturels et de grands complexes touristiques, et la mise en valeur du patrimoine de l'architecture d'époque traditionnelle et coloniale. On remarque que cette planification procède à une nette dissociation entre le culturel et le religieux. Dans cet exercice de prédestination fonctionnelle des espaces en milieu urbain, le zonage des lieux de religion et des sites sacrés est inapparent. Une délimitation symbolique aurait pu être opérée pour marquer le caractère tout aussi multiconfessionnel de la cité.

Au demeurant, on pourrait déceler, au loin, quelques orientations éparses qui pourraient laisser entrevoir des principes susceptibles de guider la mise en œuvre d'une éventuelle politique de gestion de la diversité religieuse. Ainsi peut-on lire, çà et là, des énoncés du type : « une nouvelle stratégie d'aménagement dont l'ambition est de : rendre la ville plus accueillante et plus agréable à vivre, préserver la cohésion sociale et la solidarité spatiale, harmoniser le développement des services collectifs » (PDU Yaoundé, 2008 : 3, 49). Ces différentes considérations débouchent sur une pratique que nous qualifions de gouvernance invisible des religions.

1.3. Gouvernance invisible des religions et planification urbaine

Le concept de gouvernance invisible est inspiré du paradigme de la « main invisible » développé par Adam Smith. Il signifie qu'il existe un processus naturel par lequel la recherche par chacun de son intérêt personnel concourt à l'intérêt général. En d'autres termes, le mobile « égoïste » qui amène chaque individu à vouloir améliorer sa situation économique engendre donc au plan national des effets bénéfiques en réalisant l'intérêt général comme si les individus étaient « conduits » à leur insu par une « main invisible », véritable mécanisme autorégulateur du marché. Pour Adam Smith, la poursuite des intérêts personnels est favorable à la société. Mais les bienfaits de la « main invisible » ne peuvent se réaliser pleinement que si l'économie est soumise à un régime de libre concurrence, car si des barrières limitent l'accès à des marchés, en protégeant certaines entreprises aux dépens des autres, alors le jeu de la « main invisible » est faussé et le consommateur en pâtit. Par conséquent, il convient de ne pas favoriser l'intervention de l'État au niveau économique pour ne pas perturber cet ordre naturel spontané fondé sur l'intérêt personnel de chaque individu[4].

De manière analogique, la gouvernance invisible des religions ou gouvernance invisible de la diversité religieuse renvoie à une présomption d'autorégulation de la sphère religieuse. L'État camerounais semble interférer très peu sur les pratiques religieuses lorsque celles-ci paraissent attentatoires des autres libertés publiques, des règlementations relatives aux associations religieuses, aux médias, à l'urbanisme, etc. Tout se passe, la plupart du temps, lorsque chaque confession religieuse défend ses intérêts égoïstes, l'on aboutirait à un œcuménisme ou à une ville où la diversité religieuse cohabite sans heurts.

Nous défendons la thèse contraire. La libre concurrence entre les religions dans l'espace public ne produit pas forcément un œcuménisme, un dialogue interreligieux ou une ville multiconfessionnelle pacifique. Nous postulons qu'un tel modèle ne saurait garantir la durabilité d'une ville multiconfessionnelle tolérante. La gouvernance invisible nous paraît plutôt imprévisible car elle privilégie une dynamique de laissez-faire entre acteurs religieux. Elle peut servir ou desservir la stabilité ou la durabilité des institutions.

Confrontée à l'idée d'une tolérance administrative imposée par les pouvoirs publics, étayée plus haut, l'argument d'une gouvernance invisible des religions prend plus d'ampleur. En réalité, l'État n'intervient que très faiblement tant *a priori* qu'*a posteriori* pour réguler les activités et les pratiques des acteurs religieux dans l'espace public. Les pouvoirs publics laissent faire, ils observent. Des églises sont actives sans autorisation, l'État les tolère. Des églises déjà sans autorisation de création ouvrent des médias et diffusent sans licence, l'État ne s'en offusque guère. Les églises sont bruyantes et le voisinage s'en plaint, l'État fait la sourde oreille. Des églises, surtout celles « illégales » établissent des lieux de cultes partout dans l'espace urbain, généralement sans permis de construire et sans se conformer aux règles d'urbanisme (zonage et architecture), les procédures de rénovation et de restructuration urbaines ne s'en préoccupent quasiment pas, du

---

[4] Sylvain Fontan, « La "Main invisible" d'Adam Smith », analyse publiée sur «leconomiste.eu», url : http://www.leconomiste.eu/decryptage-economie/218-la-main-invisible-d-adam-smith.html#KOibyVAsQwxhkG5U.99, consulté le 28 juillet 2017.

moins pas la prise en compte, les initiatives publiques restent la plupart du temps non ostentatoires et donc invisibles. Le postulat d'un service minimum, d'une intervention minimale de l'État, d'une gestion implicite des cultes, d'un « adhocratisme » et d'une appréhension de la pluralité religieuse comme essentiellement méliorative est dominant dans la politique publique de gouvernance invisible des religions au Cameroun.

En définitive, la tolérance administrative – qui prend donc une forme juridique et politique – joue un rôle important dans l'effectivité du cadre normatif de la politique urbaine et de l'émancipation de la diversité religieuse dans le processus de construction des villes camerounaises. Ceci appelle à se pencher davantage sur les trajectoires des acteurs religieux en matière d'aménagement urbain et des sociabilités qui en émergent.

2. Diversité religieuse et aménagement urbain : sociabilités ambivalentes

La ville multiconfessionnelle est un espace où les relations interreligieuses et celles entre religions et acteurs laïcs sont marquées soit par l'harmonie soit par l'intolérance. La ville cosmopolite de Yaoundé s'inscrit dans ce schéma avec une certaine tradition de tolérance « par le bas » qui peut tout aussi déboucher sur des scénarii d'une diversité religieuse traversée par des frictions au regard de conquête spatiale « agressive » par les pentecôtistes notamment.

2.1. Une tradition de tolérance (inter)religieuse soutenue « par le bas »

La tolérance, trait caractéristique de la cité multiconfessionnelle, est présentée ici comme un indicateur d'inclusion sociale et de convivialité interculturelle. En effet, l'agencement variable des lieux de culte dans les milieux urbains africains est susceptible de constituer un révélateur de la tolérance ou de l'intolérance des sociétés et gouvernements face à l'altérité religieuse (Lasseur, 2015). Sans littéralement vouloir les comparer, contrairement à la ville de Maroua (cité de tradition islamique) où une ségrégation religieuse d'ordre physique est perceptible (Lasseur, 2015), le modèle dominant dans la plupart des villes millionnaires cosmopolites comme Yaoundé (capitale politique et siège des institutions) et Douala (capitale économique) est celui de l'imbrication des lieux de la religion.

La tolérance ou le dialogue des religions perceptible dans les villes multiconfessionnelles entraine « un décrochage entre la géographie religieuse des identités régionales héritées [vision dualiste Nord /Sud] et la géographie religieuse contemporaine, marquée par le voisinage plus étroit des modes de croire » (Lasseur, 2016 : 2). L'agglomération de Yaoundé est le « siège de recompositions et de réinventions religieuses » avec une part de plus en visible des nouveaux mouvements religieux. La ville contemporaine sous l'apparat de son pluralisme religieux apparaît alors comme un « lieu de production et un pôle de diffusion des nouvelles religiosités à l'instar du mouvement évangélique et pentecôtiste. » Ainsi, après un recensement officieux, près d'un millier de lieux de culte chrétiens relevant d'une centaine de dénominations évangéliques-pentecôtistes distinctes ont été dénombrés dans les deux villes de Douala (De Rosny, 2004) et de Yaoundé (Lasseur 2008, 2016). Voici du reste le paysage de cohabitation des édifices cultuels dans un quartier de Yaoundé tel que dressé par la géographe Maud Lasseur (2016 : 4).

> Elle [la cohabitation] passe d'abord par la profusion de lieux cultuels de toutes tailles et de toutes obédiences, moins en réponse à la nécessité de desservir les fidèles dans les différents quartiers urbains qu'à l'extrême fragmentation du champ religieux. Des églises et temples historiques coexistent avec d'innombrables édifices récents : les églises-maisons des pentecôtistes et charismatiques, parfois de simples « églises portatives », cohabitent avec des megachurches, les mosquées privées ou ethniques avec de nouveaux édifices de style arabe aux impressionnants minarets, comme celle du complexe de Tsinga à Yaoundé, don de l'État saoudien à l'État camerounais.

Dans leurs discours, les pouvoirs publics n'hésitent pas à capitaliser la mouvance d'un pluralisme religieux urbain, de nature inclusive et harmonieuse. Dans ce sens un représentant du gouvernement affirmait que « le peuple camerounais est fondamentalement un peuple de paix, un modèle et une exception en matière de tolérance, d'œcuménisme et de dialogue interreligieux »[5].

La tolérance interreligieuse est renforcée par la tolérance morale que manifeste particulièrement le voisinage vis-à-vis des lieux de cultes pentecôtistes. Leur implantation réputée rapide est couplée leur propension à installer de petites églises et salles de prière en transcendant également l'espace réputé privé – quoique la frontière traditionnelle entre espace public et privé soit de plus en plus brouillée –. Dans ce sillage nous développons l'idée d'une tolérance est impulsée « par le bas », en l'absence d'arrangements convenus entre les particuliers et les promoteurs religieux. Par principe, la dynamique du développement inclusif prône un aménagement concerté des lieux de culte entre les particuliers, les promoteurs religieux et les institutions

[5] Communication du représentant du Chef de l'État lors de la 11e assemblée plénière de l'association des conférences épiscopales des États de l'Afrique.

locales. Or, il se trouve que la construction ou l'agrandissement de certaines « églises portatives » (Batibonak, 2015), non reconnues pour la plupart, s'effectue de manière spontanée, anarchique, dans des zones « conventionnellement » inappropriées. Cette forme de « décalage scalaire entre la réalité spatiale des congrégations (et paroisses) et le découpage des structures administratives » (Germain & Dejean, 2017 : 2) s'accompagne parfois de certains accommodements avantageux non négociés à l'avance entre les acteurs du nouveau voisinage. En effet, de manière exceptionnelle, sans « accommodements raisonnables au zonage », sans arrangements formels ou informels, cette coexistence non concertée à l'avance débouche sur des formes solides de coexistence pacifique, de tolérance individuelle et d'acceptation mutuelle.

À titre d'illustration, lors de notre observation dans le quartier Simbock à Yaoundé, le puits aménagé par une « église portative » à l'entrée dudit lieu de culte improvisé sert de source ordinaire d'approvisionnement en eau pour les populations environnantes. Celles-ci ne sont pourtant pas, pour l'essentiel, des fidèles de ladite église. La position de ce puits nouvellement implanté est d'autant plus intéressante qu'en face, à moins de 15 mètres, se trouvait déjà un autre point payant de fourniture d'eau courante. Dans cet exemple, le puits devient une zone de contacts apaisés, une infrastructure qui conditionne des rapports plus pacifiques entre le voisinage et les « locataires » du nouveau lieu de culte improvisé. Il ressort des entretiens conduits auprès du voisinage devenu utilisateur dudit puits que sa gratuité a augmenté sa fréquentation par une population majoritairement constituée de personnes qui n'appartiennent pas à cette confession religieuse. En outre, les difficultés d'approvisionnement en eau potable couplées à la perspective que la qualité passable de l'eau du nouveau puits gratuit creusé par la nouvelle église ont continué à rendre les services du premier point d'eau indispensable car il s'agissait d'un « forage ». Il ressortait des échanges que cette complémentarité entre l'eau du puits destinée aux travaux ménagers et celle du forage destinée à la boisson a créé un climat apaisé de tolérance. Si ledit lieu de culte a été moyennement accepté en raison de son implantation au milieu des maisons d'habitation et de ses activités « bruyantes », l'accès gratuit au puits dans un contexte où le service public de fourniture en eau est irrégulier et a accéléré pacification des relations entre une nouvelle *homechurch* et son voisinage. La duplication de telles initiatives (constructions de points d'approvisionnement en eau, construction de bibliothèques ou de salles de cinéma) dans un environnement sous-développé en infrastructures peut contribuer au renforcement de la tolérance.

Dans des proportions plus importantes, l'Église des rachetés de Dieu (*Redeemed Christian Church of God*) d'obédience pentecôtiste au Nigéria, s'est construite un gigantesque camp de prière en veillant à y installer un certain nombre de services publics socio-collectifs de bonne qualité en matière d'éducation, d'espaces marchands et de santé. Le prestige de ces camps de prière est rapidement apparu comme une alternative à l'urbanisation « chaotique » de la métropole de Lagos (Ukah Asonzeh, 2016). C'est un scénario de substitution de l'État par les acteurs religieux dans certaines de ses fonctions qui prend davantage corps car, peut-être dans un objectif de prosélytisme, l'accès à ces services de qualité offerts autour des lieux de religion par les entrepreneurs religieux n'est pas réservé aux seuls fidèles de cette religion.

À partir de là, on peut penser que la ville multiconfessionnelle est également rendue possible par l'entremise des efforts conjugués des populations urbaines à cohabiter. Il y aurait donc une forme de tolérance « par le bas » de la diversité religieuse et culturelle en milieu urbain. Cette tradition de tolérance religieuse et morale est généralement mise en exergue dans les documents de présentation des villes camerounaises. L'accent est mis sur la composition hétérogène de la population d'un point de vue culturel (la plupart du temps), et religieux quelquefois. Avec pour particularité que cette dimension cosmopolite de la ville est présentée comme un don du ciel, une génération spontanée, une exception camerouno-camerounaise, une multi-confessionnalité urbaine *sui generis* qui peut néanmoins occasionner des relations conflictuelles entre religions dans certaines conditions.

2.2. Frictions et dé-sécularisation des lieux publics réputés neutres : le cas de Christade vs Yafeu

En sonnant le glas de la théorie de la sécularisation, le revivalisme religieux se traduit dans l'espace urbain par un réinvestissement de la scène publique par les religions donnant naissance à ce que nous appelons *« dé-sécularisation » de l'espace public et « privatisation » de l'espace privé.* Dans le cas présent, la *dé-sécularisation* de l'espace public désigne l'appropriation temporaire ou définitive de l'espace public concret et du domaine public par des édifices ou des activités religieuses. En d'autres termes, la *dé-sécularisation* apparaît ici comme une confessionnalisation de l'espace public. La *dé-sécularisation* de l'espace public se manifeste par un « large » investissement ou un réinvestissement « des lieux de sociabilité et des espaces publics par les acteurs religieux : stades, cinémas, places... Pancartes, affiches et banderoles sont également devenues le paysage banal de certaines "rues d'églises" » (Lasseur, 2016 : 4). L'effervescence religieuse est portée jusque dans les rues et les servitudes qui sont transformées, de manière saisonnière, en lieux de prêche ou en outils au service d'activités religieuses (déviation de la route pour garantir le déroulement célébration).

La « privatisation » de l'espace privé quant à elle renvoie à une tout autre réalité. En principe, la sécularisation désigne, tel qu'évoqué, une « *privatisation of religion* », c'est-à-dire un confinement dans l'espace privé des croyances et des pratiques religieuses. À première vue donc, l'idée de *« privatisation* de l'espace privé » par la religion peut sembler paradoxale, voire absurde. Et pourtant, ce concept désigne une massive, rapide et spontanée pénétration de la religion, au moyen de l'implantation de lieux de culte et de « lieux de religion », dans l'espace privé. L'espace privé a une connotation de domicile, d'intimité. Le constat de *« privatisation* de l'espace privé » découle de l'effritement de la distance symbolique qui a pu exister autrefois, ou qui devrait exister entre le domicile et le bâti religieux. À la démarcation entre l'espace public accessible à tous (rues, bureaux administratifs, marchés, etc.), il subsistait également une distance métaphorique entre le domicile, symbole de l'espace privé et le lieu de culte, autre démembrement de l'espace privé dans la société séculière. Avec la *privatisation* de l'espace privé, il y a donc comme une sorte d'infraction de violation du domicile par les lieux de culte. La construction des édifices cultuels « trop près » des maisons, la démultiplication des « églises portatives », *homechurches* ou « églises-maisons », la surreprésentation des médias confessionnels participe à la manifestation de l'idée de *privatisation* de l'espace privé.

L'une des manifestations de la *dé-sécularisation* de l'espace public est la célébration d'évènements religieux dans des lieux publics réputés neutres. La simultanéité et la mitoyenneté des lieux où se déroulent ces activités confessionnelles sont questionnables. En effet, le déroulement simultané, sur des lieux publics très proches, d'événements religieux de nature apparemment concurrente entre acteurs d'obédiences tout aussi concurrentes, est un scénario préoccupant. Nous prendrons l'exemple des croisades entre catholiques et pentecôtistes à Yaoundé pour illustrer cette réflexion. Depuis plus de cinq ans déjà, « Christade » (Jésus Christ dans le stade[6]) et « Yafeu » (Yaoundé en feu) se côtoient à la même période (la dernière semaine de l'année). Christade est une caravane d'évangélisation organisée depuis 2006 par le prêtre jésuite Hervé Marie. Yafeu quant à lui est un grand rassemblement de fidèles pentecôtistes piloté par le Rev. Dieunedort Kamdem. Le catholique reconnaît d'ailleurs s'être inspiré du mouvement pentecôtiste : « (...)

[6] Ce n'est pas la signification officielle de cet acronyme et néologisme.

C'est vrai qu'habituellement c'est les autres églises [pentecôtistes] qui font ça [les croisades de prières et de délivrances]. Pourquoi est-ce que si elles font quelque chose de bien, on ne pourrait pas les imiter ? C'est pourquoi je suis prêt à prendre dans les autres églises ce qu'il y a de bon ». (Canal+, mai 2017, document vidéo, séquence 42'19'' à 44'28'')[7].

Ainsi, depuis environ cinq ans, avec l'avènement de « Yafeu », les deux croisades se déroulent sur la même circonférence spatiale à quelques centaines de mètres l'un de l'autre. Nous postulons qu'en dehors des dérives que cette (dés)affectation des lieux publics entraine (à l'instar des agents de la police républicaine en tenue de service qui rendent les honneurs aux membres du clergé au cours de cérémonies non officielles), il se joue en ces lieux un enjeu de démonstration de force. Cette bataille de leadership peut nourrir les velléités d'un conflit latent entre communautés religieuses (catholiques et pentecôtistes pour le cas d'espèce).

Premièrement, la simultanéité et la mitoyenneté des activités confessionnelles pourraient déboucher sur une surenchère verbale ou une rhétorique guerrière inattendue. Lors de l'une de ses journées de la croisade Christade, édition de 2016, on entend le père Hervé Marie lancer aux fidèles : *« on ne se proclame pas pasteur. On ne se proclame pas fondateur d'une église ».* On peut penser qu'il s'agit là une allusion à peine voilée, fondée ou non (là n'est pas la question), destinée à dénoncer les faux prophètes et les faux pasteurs. Ceci peut être perçu comme une attaque déguisée, dirigée contre les pasteurs pentecôtistes qui officient au même moment non loin de là. La récurrence de tels propos et/ou une invective analogue dans le camp d'en face peuvent déclencher des réactions peu amicales et incontrôlables.

Deuxièmement, on peut relever le défi de contrôle stratégique du lieu, le contrôle du meilleur espace. Entre les uns qui sont installés à l'intérieur du stade et les autres qui se retrouvent à l'extérieur de l'arène, on n'a pas l'impression que tous sont logés à la même enceinte. Cette perception n'est pas une vue de l'esprit. Dans leurs publications officielles sur les réseaux sociaux, on remarque que chaque intervenant indique le Stade omnisports comme le lieu de son évènement. Un internaute catholique (particulièrement suivi) a publié ceci : *« Il n'y avait pas match au stade omnisports de Yaoundé, il y avait juste Jésus, le champion des champions. »* – Stade omnisports - Yaoundé ». Dans le même temps, l'organisateur de la croisade pentecôtiste, le Révérend Dieunedort Kamdem, diffuse le contenu suivant *« "Yafeu" en direct du Stade omnisports Yaoundé Cameroun ».* Autrement, tous indiquent un

[7] Cette séquence indique l'extrait duquel sont tirées les citations énoncées dans cette section consacrée aux phénomènes « Christade » et « Yafeu ».

lieu identique. Les uns (les catholiques) pointent le théâtre effectif où se déroule leur activité. En revanche, dans leur formulation, les autres (les pentecôtistes) semblent indiquer un lieu convoité ou espéré.

Dans ces conditions, on peut s'interroger sur la transparence des critères d'attribution de cet espace ? Certaines confessions ont-elles déjà définitivement réservé cet espace pour l'éternité ou le jeu reste-t-il ouvert ? Dans tous les cas, les fidèles catholiques ne cachent guère leur satisfaction du fait qu'ils se retrouvent, TOUJOURS jusqu'ici, à l'intérieur du stade omnisports de Yaoundé. C'est du moins le sens de ces propos du père Hervé Marie : *« Personnellement je suis fier que l'église catholique soit dans le stade pendant que les pasteurs de ces autres églises sont sur l'esplanade ».*

À la longue, pourquoi certains (les églises historiques), que d'autres verront comme « toujours les mêmes », devraient bénéficier de l'exclusivité de toujours mener leur activité dans le stade (espace plus grand, plus prestigieux, plus « recouvert » contre les intempéries) alors que d'autres semblent condamnés à rester à l'extérieur du stade ? Sur quelle base pourrait-on s'opposer à une fluctuation des occupants : les catholiques à l'extérieur, les pentecôtistes ou d'autres obédiences à l'intérieur du stade ? Un éventuel redéploiement de cette nature n'est-il pas susceptible d'être interprété comme une rétrogradation par certains ? Est-il objectivement inimaginable que la compétition symbolique de foi et de prosélytisme qui se joue en ce même lieu, dédoublée pour l'occasion d'une surenchère verbale, débouche entre fidèles sur une montée d'agressivité ou de nervosité elle-même convertible en d'autres formes de violences peu ou prou ouvertes ? Ces différentes interrogations donnent une idée de la complexité des problématiques que pourra susciter, à court ou à moyen terme, la politique publique qui consiste actuellement sans frais à une célébration d'évènements religieux dans des enceintes publiques supposées séculières (stades, palais de sport, salles de classe des établissements scolaires publics, etc.).

Au final, si un scénario de maintien ou de démultiplication de ce type d'évènements religieux simultanés dans un espace public mitoyen est privilégié, la conception par l'État et les municipalités d'une charte de bonne conduite et sa signature préalable par les leaders religieux, organisateurs desdites activités semble indispensable. D'autres acteurs, notamment les OSC, pourraient par la suite assister à ces célébrations en qualité d'observateurs chargés de veiller au scrupuleux respect de ladite charte de bonne conduite.

L'évocation de ces scénarii interpelle sur le potentiel ambivalent de l'influence religieuse. La cohabitation pacifique entre acteurs religieux, thèse sous-jacente de l'application d'une politique de gouvernance invisible des religions au Cameroun, ne saurait être surestimée.

3. Arrimer la ville multiconfessionnelle camerounaise à la cité postséculière

La vision fonctionnaliste de la vie urbaine reposant sur une démarcation spatiale claire entre différentes sphères d'activité, les unes privées, les autres publics (Germain, année : 101) est en définitive de plus en plus inopérante dans l'espace urbain camerounais et « yaoundéen » en particulier. La ville multiconfessionnelle offre dans cette perspective une illustration de la complexité de la notion d'espace public dont les frontières sont brouillées (Germain, 2017 ; Lasseur 2017). La présence assez prononcée de lieux de culte dans les centres commerciaux fait de ces espaces un *« mélange d'accès public et de propriété privée »*. Tout n'est donc plus si simple, car les lieux de culte s'improvisent de plus en plus là où on ne les attendait pas (Germain, : 101). Cette conjonction entre les effets pervers de *« dé-sécularisation »* de l'espace public *et « privatisation »* de l'espace privé appelle à dessiner quelques contours, à titre prospectif, destinés à limiter les risques conflits dans les espaces urbains à forte diversité religieuse.

3.1. La réorganisation de la fiscalité communale et la menace terroriste

Le modèle de laïcité appliqué au Cameroun exonère les associations religieuses du paiement de nombreuses taxes. Ainsi, les propriétés appartenant aux organismes confessionnels et aux associations culturelles sont exonérées de la taxe sur la propriété foncière (Well Grounded & Muna Muna & associés, année : 34). Cette option de fiscalité allégée pourrait être réformée pour au moins deux raisons. D'abord, de nombreux lieux de culte sont établis sur des bâtiments à usage commercial. La *dé-sécularisation* de l'espace public concret s'accompagne d'un manque à gagner sur le plan fiscal sur les grandes artères qui sont censées produire des bénéfices pour les municipalités. Or, l'élargissement de l'assiette fiscale pourrait intervenir au détriment des intérêts des associations religieuses. Pour ce qui est de la ville de Douala, par exemple, l'un des axes stratégiques prioritaires du programme de développement durable de la ville est la *« réorganisation de la recette municipale pour optimiser ses capacités de recouvrement des créances de la Communauté urbaine de Douala »* (Urbaplan international, 2009 : 150). La mise en œuvre de ce plan est susceptible d'entrer en collusion avec certains intérêts économiques des « entrepreneurs » religieux. L'État en amont, et les municipalités en aval pourraient, ce ne serait pas illégal, passer d'un régime d'exonération totale à un régime d'exemption partielle, ce qui traduit une faible imposition fiscale.

Des études ultérieures pourraient s'intéresser à l'opportunité pour les conseils municipaux de voter au profit du budget communal, des droits et taxes dits « taxes communales » telles que : la taxe d'hygiène et de salubrité ; les droits sur les permis de bâtir ou d'implanter ; les droits d'occupation temporaire de la voie publique ; la taxe sur les spectacles ; la taxe sur la publicité ; la redevance pour dégradation de la chaussée ; les droits de parkings. L'intérêt de l'administration fiscale est-il compatible avec celui du fonctionnement actuel des organisations religieuses contemporaines de plus en en plus consommatrices des espaces urbains les plus visibles, les mieux positionnés, les plus prisés y compris dans les grandes artères commerciales de la ville ? Dans tous les cas, et c'est le sens de nos propos, si l'élargissement de l'assiette fiscale est envisageable et concrétisé à l'égard des communautés religieuses, cela pourrait entrainer de nombreux soubresauts socioreligieux. Car à force de peu réguler la construction et l'agrandissement des lieux de culte (de taille plus ou moins moyenne), les pouvoirs publics ont fini par conforter les associations religieuses dans l'idée que laïcité rime forcément avec un régime d'exonération fiscale. C'est une autre illustration de ce que la durabilité est incertaine avec une gouvernance invisible.

Sur un autre plan, certaines études identifient l'espace urbain, les métropoles et les agglomérations comme le prochain théâtre des attentats terroristes. En effet, les violences ethniques et religieuses sont en augmentation dans de nombreuses villes ; la fréquence des attaques terroristes s'est accrue dans plusieurs parties du continent africain (ONU-Habitat, 2014:30). De nombreux attentats terroristes ont été commis contre des infrastructures urbaines de transports ces dernières années (ONU-Habitat, 2013 : 41). En plus des systèmes de transport, les marchés, les lieux culturels de loisirs sont également exposés à des actes de terrorisme du fait qu'ils concentrent de grands nombres de citadins et que les dispositifs de sécurité publique y sont souvent réduits au minimum (ONU-Habitat, 2013 : 42). Il peut aussi arriver que la destruction des lieux de culte (temples, cathédrales, mosquées) ou des « lieux de religion » (hôpitaux et écoles confessionnelles) implantés dans l'espace urbain soit l'objectif recherché par les terroristes (Lasseur, 2015). En outre, les réseaux de criminels organisés ou de terroristes dépendent des facilités logistiques, financières et de communications que fournissent les villes (ONU-Habitat, 2014 : 36-37). Si les premiers attentats sont survenus en Afrique de l'Ouest et au Sahel, les cités camerounaises ne sont pas épargnées. Le cœur de la ville de Maroua a subi une attaque intervenue le 22 juillet 2015 avec un bilan de 11 morts et 32 blessés[8]. L'espace urbain pourrait donc abriter des cellules endormies de recrutement ou de radicalisations de jeunes. Pour ce faire, la planification et la gouvernance de la ville de demain devraient également s'intéresser aux opportunités et aux risques directs et indirects, divers et complexes, inhérents à la réalité multiconfessionnelle de nos villes. Une telle prospection pourrait sembler trop surréaliste, sa réalisation peut paraître si lointaine. Et pourtant, l'éventualité de sa survenance est certaine comme dans le cas de tensions résultant de *dé-sécularisation* des lieux publics réputés neutres.

3.2. Accommodements raisonnables et arrangements informels

Il existe une ouverture à la diversité culturelle et religieuse. Toutefois, cette diversité religieuse paraît davantage diffuse. Un certain multiculturalisme et un pluralisme religieux vigoureux transparaissent, mais on a l'impression que cette vigueur, cette coexistence pacifique n'est pas forcément le fruit d'une politique nationale ou locale planifiée ou concertée. En d'autres termes, la sensibilité multiculturelle et multiconfessionnelle existe. Elle est perceptible, elle est présumée. Il manque des textes spécifiques, des référentiels normatifs. La ville multiconfessionnelle camerounaise fonctionne sur le régime de l'adhocratisme. La gouvernance invisible se caractérise ici par une politique peu / non normée qui se satisfait d'une auto-opérationnalisation. Ou encore, lorsque la norme existe, des mécanismes de substitution peu ou prou formels sont inventés et mis en œuvre pour limiter ou annihiler l'application ou l'effet de la loi.

À la place d'une gouvernance invisible, les arrangements formels ou les « accommodements raisonnables » sont des mécanismes expérimentés avec réussite en contexte métropolitain pluriethnique ou pluri-religieux. Pour le professeur Annick Germain (2017 : 100), les citadins sont régulièrement engagés, du fait de la friction des différences de tout type (économique, politique, social, culturel, religieux), dans des transactions sociales qui aboutissent à des « compromis d'existence ». Notre enquête de 2017, montre que les controverses autour de l'implantation et/ou de l'agrandissement de lieux de culte jugés « trop bruyants » par le voisinage et se trouvant « trop à proximité » des maisons d'habitation se « terminent » de manière paisible sans arrangements négociés entre les particuliers et les entrepreneurs

[8] Jeune Afrique, « Maroua : sous le choc de Boko Haram », url : http://www.jeuneafrique.com/249214/politique/terrorisme-maroua-choc-de-boko-haram/, consulté le 21 mars 2018 à 11h48.

religieux. La paix sociale dans ce cas est davantage la résultante d'une résignation qui peut s'avérer circonstancielle, provisoire en l'absence de compromis négocié, d'arrangements (même) informels ou d'accommodements raisonnables. Car si la coexistence pacifique n'est rendue possible que par la simultanée résignation des premiers occupants et une impression de défiance des derniers arrivants, ce scénario subodore qu'on couve un antagonisme et un conflit diffus enrobés par une méfiance et une suspicion mutuelle des protagonistes. Des arrangements pourraient par exemple porter sur l'existence/délimitation des servitudes, la limitation du seuil des décibels, un compromis sur les horaires du service cultuel, les principes et les valeurs pour de bonnes relations de voisinage.

Une gouvernance invisible de la ville multiconfessionnelle, une inclusion passive et non concertée du pluralisme religieux et une planification urbaine qui tiennent peu compte des implications spécifiques de l'effervescence des organisations et leaders religieux (anciens et nouveaux) présenteront dans le long terme des difficultés à garantir l'émergence d'une ville durable interculturelle. Il peut s'avérer lancinant de légitimer des initiatives ou des programmes de réorientation de la gestion de la diversité religieuse dans un contexte d'urbanisation rapide peu contrôlée où (l'économie de) l'informel a pris le pas sur le formel, où l'auto-structuration de l'industrie de débrouillardise semble supplanter les capacités institutionnelles de planification urbaine. Les habitudes ont la peau dure. Différer la négociation de compromis ou d'accommodements avec des acteurs religieux déjà confortablement installés/ implantés ne semble non plus être la solution. La planification stratégique, tenant compte de manière effective du phénomène religieux en milieu urbain, pourrait notamment : identifier physiquement les zones accessibles de plein droit pour la construction de lieux de culte ; déterminer les proportions.

En analysant le facteur de la croissance démographique et de l'étalement urbain, les urbanistes tiennent essentiellement compte l'impact quantitatif et des modifications architecturales et infrastructurelles. Ils survolent les implications et les besoins de sociabilité interreligieuse. Dans tous les cas, des études montrent que les urbanistes devraient prendre en considération le fait religieux dans la conceptualisation de la ville durable. Négliger l'influence multiforme à travers laquelle la religion impacte les différents aspects de l'urbanisme peut conduire à parler d'une complicité des urbanistes dans la génération des inégalités, l'accroissement de la pauvreté et la vulnérabilité environnementale (Narayanan, 2016b : 152). La ville inclusive n'est pas une ville sans exclusion. On ne peut donc prescrire une exclusion radicale des lieux de culte des principales artères ou des artères commerciales de l'espace urbain. Au contraire, l'enjeu est plutôt de conserver les « *rich anthropological dimensions* » de toute société multireligieuse dans le but de pouvoir « *inform the conception and implementation of [sustainable] development planning* » (Narayanan : 2016b : 149). On le voit bien, l'ambivalence de la religion vient mettre en exergue, en matière d'urbanisme, la nature non-durable d'une ville multiconfessionnelle dont la pluralité religieuse est très peu ou insuffisamment régulée.

Conclusion

La manière dont l'urbanisme est abordé dans les villes camerounaises de Douala et Yaoundé doit être fondamentalement pensée autrement tel que ONU Habitat (2014 : 7) le propose pour l'ensemble du continent africain, si l'objectif recherché est la réalisation d'un développement urbain qui soit tout à la fois meilleur et mieux partagé. Cette réinvention de la ville inclusive implique, sur le plan social et stratégique, une intégration constante du ressort multiconfessionnel. Notre recherche invite donc à une prise en compte à part entière de la dimension multi-religieuse des villes camerounaises. Le pluralisme religieux est envisagé ici à travers son influence politique ambivalente (Philpott, 2007). C'est-à-dire qu'elle peut tout à la fois revitaliser l'urbanisation ou fragiliser/hypothéquer la durabilité de la ville interculturelle, la ville inclusive ou la cité postséculière. Par conséquent, l'insuffisante prise en compte de la religion, de la spiritualité et des formes du « non rationnel » entraine une planification urbaine imparfaite (Narayanan, 2016 : 1). Des recherches plus empiriques pourraient enrichir les perspectives des arrangements négociés, des accommodements raisonnables et des partenariats entre acteurs séculiers et religieux dans les politiques publiques urbaines aux niveaux national et municipal.

Références bibliographiques

Bayart, J.-F., 2015, « Religion et politique en Afrique : le paradigme de la cité cultuelle », *Études africaines comparées*, 1, avril, URL : http://www.egerabat.com/chaire-afrique/wp-content/uploads/2015/03/Etudesafricainescomparées-1-7avril-Revu-SDER4.pdf

Batibonak S., 2014, « "Megachurches" et "Églises portatives" au Cameroun. Un trait commun : Une lutte anti-sorcellerie farouche », *Afrique Contemporaine*, 252, pp. 143-144.

Batibonak, S., 2017, *Discours anti-sorcellerie dans les pentecôtismes camerounais*, Paris, L'Harmattan.

Beaumont, J. & Baker, C. (éds.), 2011, *Postsecular Cities. Space, Theory and Practice*, London, New York: Continuum.

Casanova, J., 2006, "Rethinking Secularization: a global comparative perspective", *The Hedgehog review*, spring & summer, pp. 7-22.

Dejean, F. (2011a), Justin Beaumont, Christopher Baker (éds.), « Postsecular Cities. Space, theory and Practice », *Archives de sciences sociales des religions* [en ligne], 156 | Octobre-décembre 2011, document 156-14, consulté le 10 juillet 2017, URL : http://assr.revues.org/23436

Dejean, F. (2011b), « Les dimensions spatiales des Églises évangéliques et pentecôtistes dans une commune de banlieue parisienne (Saint-Denis) et dans deux arrondissements montréalais (Rosemont et Villeray) », Thèse de Doctorat, Université du Québec, Université Paris Ouest - Nanterre - la Défense, 385p.

Esoh Elemé J. (2016), *La ville durable interculturelle,* Yaoundé L'Harmattan-Cameroun.

Fox J., (2015), "The religious-secular competitive perspective", In Herrington, M. L., McKay, A. & Jeffrey Haynes J. (eds.), *Nations under God: The Geopolitics of Faith in the Twenty-First Century (80-87),* Bristol, E-IR Edited.

Germain A. & Dejean F. (2017), « The Challenge of Scale in Places of Worship and City Planning in Quebec », Congrès national Metropolis.

Germain A. & Dejean F. (2013), « La diversité religieuse comme expérience urbaine : controverses et dynamiques d'échange dans la métropole montréalaise », *Alterstice,* vol. 3, n°1, pp. 35-46.

Germain, A. (2013). « Une ville inclusive est-elle une ville sans exclusion ? Lorsque la diversité vivifie ou fatigue... » In Mc Andrew, M., Potvin, M. & Borri-Anadon, C. (Eds.), *Le développement d'institutions inclusives en contexte de diversité. Recherche, Formation, Partenariat,* Québec, P.U.Q., pp. 27-43.

Lasseur, M. (2015), Les lieux de la religion : tolérance religieuse et espace urbain en Afrique subsaharienne, url : http://www.huffingtonpost.fr/maud-lasseur/tolerance-religieuse-en-afrique-subsaharienne_b_8398656.html

Lasseur, M. (2016), « Le pluralisme religieux dans la production des villes ouest-africaines », *Géoconfluences,* 2016, consultéle 19 octobre 2016, URL : http://geoconfluences.ens-lyon.fr/informations-scientifiques/dossiers-thematiques/fait-religieux-et-construction-de-l-espace/articles-scientifiques/le-pluralisme-religieux-dans-la-production-des-villes-ouest-africaines

Matchum Kouogue C. F.-A., 2009, « La protection juridique de l''Environnement au Cameroun et en France : le cas des nuisances sonores », Mémoire de master, Université de Limoges.

Mayer, J.-F., 2008, « Mondialisation, religions et politique au XXIe siècle », *Hermès, La Revue* 2008/2, n° 51, pp. 177-181.

Mompoint, C. & Lekehal, M. 2010, *Montréal, ville inclusive, Développement social,* vol. 41.

Narayanan, Y., 2016, "Religion, Sustainable development and Policy: Principles to Practices", *Sustainanble development,* n°24, pp. 149-153.

ONU-Habitat, 2013, « Planifier et configurer une mobilité urbaine plus durable : pistes pour les politiques publiques », Rapport mondial sur les établissements humains 2013, Version abrégée : Routledge, New York.

ONU-Habitat, 2014, « L'état des villes africaines 2014 : Réinventer la transition urbaine », ONU-Habitat, Nairobi.

ONU-Habitat, 2016, « Évolution des politiques urbaines nationales, Aperçu général », ONU-Habitat, Nairobi.

Philpott, D., 2007, "Explaining the Political Ambivalence of Religion", *American Political Science Review,* Vol. 101, n° 3, pp. 505-525.

Soiron Fallut, M. 2012, *Les églises de réveil en Afrique centrale et leurs impacts sur l'équilibre du pouvoir et la stabilité des États : les cas du Cameroun, du Gabon et de la République du Congo,* Paris, ministère de la Défense.

Urbaplan international, 2009, « Stratégie de développement de la ville de Douala et de son aire métropolitaine », Rapport final : 159 p.

Well Grounded & Muna Muna & associés, 2014, *Analyse du cadre légal et réglementaire des associations en République du Cameroun : régime général, fiscal et social,* Well Grounded Londres, Yaoundé.

Textes et documents officiels

Loi N° 2009 / 019 du 15 décembre 2009 portant fiscalité locale au Cameroun.

Loi N° 96-06 du 18 janvier 1996 portant révision de la Constitution du 02 juin 1972.

Filmographie

Canal+. (mai 2017). « Afrique investigation : au royaume des prophètes », Canalplus, Reportage, 52 minutes, url : https://www.youtube.com/watch?v=IzvJzKk5Ztg.

Chapitre 10 : « Reconstruction de l'ordre traditionnel » dans le champ urbain camerounais par les pratiques religieuses d'obédience pentecôtiste : mythe ou réalité ?

Edmond Vii Mballa Elanga

Résumé

Le pentecôtisme constitue un monde religieux dont il n'est pas facile d'établir les contours : les Églises et groupes religieux très divers qui, dans les cinq continents s'en réclament et/ou que l'on peut ranger sous ce vocable sont d'une extrême variété et chaque cas mérite une étude approfondie. En effet, cette obédience du christianisme participe à la reconstruction d'un « ordre traditionnel » au sein de certaines sociétés qui connaissent une urbanisation accélérée et un délitement des liens sociaux. Pour d'autres, il apparait comme une religion de la mobilité en affinité avec la sociabilité urbaine contemporaine. La question à laquelle nous tentons de répondre dans cette analyse est celle de savoir si les pratiques cultuelles pentecôtistes déconstruisent l'« ordre traditionnel » dans le champ urbain ou si elles participent à sa résurgence. En nous appuyant sur des données terrain collectées dans le cadre des enquêtes de thèse, l'étude ambitionne de montrer, à partir du contexte camerounais, que certaines Églises pentecôtistes inscrivent davantage leurs fidèles dans des rituels qui les conduisent à se désolidariser des croyances qui régissent le schéma cosmologique des sociétés traditionnelles camerounaises et à s'engager sur la voie de la modernité, entendue ici comme une occidentalisation du monde.

Mots clés : Pratiques religieuses, pentecôtisme, transformation des modes de vie, ordre traditionnel, ville.

Abstract

Pentecostalism is a religious current of which establishing outlines Is uneasy: the diverse churches and religious groups, which, across the five continents, claim it and / or which one can classify under this name are extremely varied and each case deserves careful study. This obedience to Christianity participates in the reconstruction of the "traditional order" within certain societies which are experiencing accelerated urbanization and the disintegration of social ties. For others, it appears as a religion of mobility in affinity with contemporary urban sociability. The question we attempt to answer in this analysis is whether Pentecostal worship practices deconstruct the "traditional order" in the city or participate in its resurgence. By relying on documentary and field data collected in the framework of a PhD research, the study aims to show, from the Cameroonian context, that some Pentecostal Churches compel their faithful in rituals that lead them to dissociate themselves from the beliefs that govern the cosmological pattern of traditional Cameroonian societies and to embark on the path of modernity, understood here as the westernization of the world.

Keywords*: Religious practices, Pentecostalism, transformation of lifestyles, traditional order, city*

Introduction

> Si le pentecôtisme apparait comme une religion de la mobilité en affinité avec la sociabilité urbaine contemporaine, la ville est plus souvent présentée par les prédicateurs pentecôtistes comme « inhumaine », sous emprise démoniaque. (Fer, 2007).

Parmi les premiers auteurs qui ont mis le fait urbain au centre de leurs analyses et qui ont insisté sur le rôle des villes dans la transformation des sociétés et des modes de vie, on peut citer, entre autres, Marx, Engels, Durkheim et Weber. L'affirmation d'une théorie sociologique spécifique à la ville prend cependant de la force avec l'École de Chicago (Paquot, 2012). Park, par exemple, voit dans la ville la nouvelle société, le laboratoire offrant aux sociologues toute la gamme de nouveaux phénomènes sociaux ; et en particulier les phénomènes liés à l'intégration et à la cohésion d'une formation sociale subissant un énorme rythme de changement (Castells, 1969). Les analyses sur les transformations sociales et les modes de vie constitueront, par la suite, un des axes de recherche fondamentale de la sociologie urbaine. Les villes étant en effet devenues des territoires stratégiques pour tout un ensemble de processus sociaux, idéologiques, économiques et politiques revêtant une importance cruciale dans l'ère actuelle : mondialisation de l'économie, migrations internationales, émergence du secteur des services et de la finance comme « locomotives » de la croissance dans les économies avancées, apparition de nouvelles formes de pauvreté et d'idéologie (religieuses par exemple), entre autres. Parallèlement, elles sont aussi devenues les lieux stratégiques de leur théorisation (Sassen, 1991 et 1994).

En Afrique, soulignons que l'existence des villes ne date pas de la période coloniale ou post-coloniale. Si l'Afrique fut en effet durablement considérée comme un continent enfoui dans sa ruralité ; les historiens de l'Afrique ayant assez peu écrit sur les villes, surtout anciennes (précoloniales), l'Afrique n'a pour autant pas été un continent dépourvu du phénomène urbain. Certes, il ne s'agit pas, par ces mots, de « *réhabiliter* » purement et simplement une Afrique urbaine oubliée : le continent subsaharien fut, en très grande majorité, peuplé de paysans, à plus de 95, sinon 99 %. Mais, pour peu nombreuses et minoritaires qu'elles fussent, les villes n'en ont pas moins été présentes, comme ailleurs, tout au long de l'histoire de l'Afrique (Coquery-Vidrovitch, 2016). En effet, là où il y a expression matérielle du pouvoir politique et économique (le cas de l'Afrique avant la colonisation), ce n'est plus un simple village, ni un bourg rural, c'est un lieu de décision, qu'il est convenu d'appeler en histoire une ville. Cependant, en Afrique subsaharienne, les villes de type occidental sont le fruit de la colonisation. Si leur avènement n'a pas profondément bouleversé les modes de vie des populations, il y a cependant apporté des changements significatifs.

Balandier (1955), par exemple, analyse l'émergence de « nouveaux types sociaux » qui constituent des éléments centraux de l'urbanisation : émergence d'une classe moyenne et montée de l'individualisme. La création d'un milieu urbain par le colonisateur « blanc » a entraîné, pour les habitants des « Brazzavilles noires », trois formes d'injonctions auxquelles celui-ci répond de manière individuelle : la soumission au travail salarié dont les conditions d'existence sont imposées par la communauté des colons ; l'ajustement à l'« Autre » (celui qui est issu d'une culture différente, qu'il soit colonisateur ou bien d'une ethnie différente) ; et l'adaptation à des rapports familiaux redéfinis (bouleversement des rapports genrés et lignagers). Sans être exhaustif, Tassou (2015) traite des imbrications entre l'urbanité et la ruralité à partir des villes du septentrion du Cameroun.

Vivre en ville c'est donc s'affranchir, dans une certaine manière, de certaines contingences. Le poids du collectif, s'il ne disparait pas, compte tenu des imbrications de l'urbain et du rural en contexte africain, se distend ; celui des traditions tend aussi à s'atténuer. On observe aussi une montée de l'individualisme[1] et de nombreuses idéologies religieuses qui portent l'ADN urbain : c'est le cas avec certaines Églises pentecôtistes, depuis le début des années 1990. Une date qui marque, non pas le début du mouvement pentecôtiste au Cameroun, mais la libéralisation du champ associatif à la faveur de la loi n°90-53 du 19 décembre 1990 portant sur la liberté d'association et une effervescence du champ religieux dans son ensemble. Pour Bedima (2007 : 139) :

> Les années 90, avec le désenchantement des indépendances africaines, la faillite économique, la forfaiture des élites des années d'indépendance, la sclérose du symbolique qu'accompagnent souvent les manifestations du sacré – ce dernier taillé aux petites mesures des religions constituées – et finalement l'essoufflement des États, ont inauguré, aidées en cela par la nouvelle donne de la politique internationale, la phase dite de démocratisation.

Pour de nombreux chercheurs, le développement du pentecôtisme dans le champ urbain africain, est révélateur d'une société qui renoue avec son passé. Une société qui réactualise les modes de vie issus des traditions africaines. Face aux difficultés décrites ci-dessus, les fidèles de ces Églises trouvent, dans la doctrine qu'elles enseignent, un moyen de revivre leur passé et d'être en phase avec les imaginaires ancestraux.

---

[1] L'individualisme est abordé dans son sens positif lorsqu'il permet à l'individu de disposer de son libre arbitre, de s'affranchir des traditions qui l'empêchaient d'être libre de ses choix. Il existe une vision plus pessimiste de l'individualisme quand il conduit l'individu à s'isoler de toutes formes de solidarités pour ne plus s'intéresser qu'à son propre devenir.

L'objectif de cette réflexion est de lire le dynamisme pentecôtiste à partir d'une autre perspective. Il s'agit de s'interroger sur le lien entre les pratiques cultuelles pentecôtistes et la reconstruction de l'ordre traditionnel dans le champ urbain camerounais. Celles-ci sont-elles en phase avec l'ordre urbain ou contribuent-elles davantage à la remise en cause des traditions camerounaises, comprises comme un système de représentations spécifiques de l'existence, c'est-à-dire la manière dont un groupe humain (les Camerounais) occupe et habite son espace ? Il s'agit de saisir la ville sous un « angle religieux » en articulant urbanité, pentecôtisme et transformation des modes de vie. Plusieurs chercheurs comme Lasseur (2016) ont analysé le rôle du religieux dans le fonctionnement et même dans la production de la ville et du fait urbain en Afrique. Elle démontre, par exemple, comment l'absence de régulation de l'urbanisme cultuel et la présence de lieux de culte dans maints interstices du tissu urbain, révèlent l'importance des logiques de production « par le bas », sur un mode informel, de la scène cultuelle urbaine. La diversification des acteurs religieux opérant sur la scène urbaine, la profusion d'expressions ostentatoires de la foi dans l'environnement urbain, des modes plus complexes d'articulation du religieux et du politique poussent aujourd'hui à (ré)interroger le rôle du religieux dans le fonctionnement et même dans la production de la ville et de l'urbain en Afrique. Pour ce qui est spécifiquement du pentecôtisme, il apparait comme une religion de la mobilité en affinité avec la sociabilité urbaine contemporaine (Fer, 2007).

Les recherches en sociologie des religions établissent un rapport entre religion, théologie et transformation sociale (Couture, 1982). Le renouvellement des approches sur l'étude des transformations des modes de vie en rapport avec les pratiques religieuses peut contribuer à améliorer la compréhension des phénomènes religieux tout comme le religieux est susceptible de constituer une perspective heuristique dans l'analyse de la stratification sociale, des modes de vie en général et dans le champ urbain en particulier. À titre d'illustration, Durkheim, a perçu dans la religion le fait le plus primitif de tous les phénomènes sociaux. Il craignait, par-dessus tout, les conséquences d'une désintégration sociale, il s'est attaché à mettre en évidence et même à renforcer dans toute société un certain nombre d'idées et de sentiments communs qui assurent à la fois l'unité et la continuité de la vie collective (Hayat, 2007). La religion constitue donc une porte d'entrée féconde pour analyser les sociétés et les transformations qui y ont cours.

Soulignons que nous nous intéressons au pentecôtisme en tant que « religion plurielle » (Demart, 2013) de manière générale et non, de manière spécifique, des obédiences issues des vagues successives qui l'ont nourries et qui ont vu naitre plusieurs mouvances (Brandt-Bessire,

1994 ; Cox Harvey, 1994). En effet, le pentecôtisme ne constitue pas un mouvement unifié ni centralisé. Historiquement, trois vagues se distinguent, chacune ayant donné naissance à de multiples Églises. Il est marqué par sa grande diversité et sa grande adaptabilité. Lorsque nous parlons de pentecôtismes, nous parlons de mouvances chrétiennes, qui échappent en partie, pour ne pas dire très largement, aux institutions établies et dont les formes peuvent être très variées. Les pentecôtistes ne se distinguent pas moins du reste du monde protestant et même évangélique (malgré certaines similitudes comme l'idée selon laquelle « on ne naît pas chrétien, on le devient »), par l'accent porté sur l'Esprit Saint et sur les dons délivrés par Jésus aux apôtres lors de la Pentecôte. Cette « descente de l'Esprit », aussi appelée « baptême » ou « effusion » permettrait à chacun d'expérimenter les dons charismatiques : parler en langues, prophéties, guérison miraculeuse des maladies dans une optique où « les miracles que Jésus a opérés par le passé, il peut les refaire aujourd'hui ». (Demart, 2013). L'article s'appuie sur des données collectées dans le cadre des recherches de thèse de doctorat/PhD, dans les villes de Douala, Yaoundé, Bertoua, Bamenda et Garoua. Cependant, seules les données collectées dans les villes de Douala et Yaoundé ont été utilisés dans cet article. Il est structuré autour de quatre principaux mouvements. Dans un premier temps, il est question de faire ressortir les contours du concept d'ordre traditionnel. Cette articulation est suivie de la présentation de la thèse qui fait du développement du pentecôtisme, un acteur de la reconstruction de l'ordre traditionnel dans le champ urbain ; et, enfin, les deux dernières articulations mettent en relief un ensemble de données présentant le mythe de la reconstruction de l'ordre traditionnel par le pentecôtisme.

1. Qu'est-ce que l'« ordre traditionnel » ?

Le concept d'« ordre traditionnel » repose sur l'idée qu'il existe globalement deux ordres de faits qui gouvernent la vie des populations dans les pays en voie de développement, comme ceux de l'Amérique latine ou encore d'Afrique subsaharienne : l'ordre traditionnel et l'ordre moderne. L'ordre moderne est fondé sur des formes de solidarité organique ; l'ordre traditionnel, quant à lui, est fondé sur des formes de solidarité mécanique, au sens durkheimien du terme (2007). Tönnies a par exemple analysé sociologiquement le rôle culturel joué par la ville moderne. Elle permet l'émergence de la « vie sociétaire », c'est-à-dire de la vie fondée sur le contrat et le calcul effectué en fonction d'un but à atteindre, et non sur la chaleur, la profondeur des liens et la confiance. Aussi, la ville cosmopolite voit-elle la « volonté organique » basée sur une compréhension et des sentiments réciproques liés à l'habitude, à la coutume et à la mémoire disparaître au profit de la « volonté réfléchie » fondée sur l'individualisme, le commerce, l'industrie, les relations monétaires ou encore l'opinion publique (Stebe et Marchal, 2018).

Cependant, dans de nombreuses des pays d'Afrique au sud du Sahara, s'entrecroisent les voisinages, la parenté, l'amitié, les solidarités professionnelles, des formes de solidarité tribales ou ethniques. L'exode rural et les migrations massives des populations des zones rurales vers les villes, transforment les villes en milieu de vie hétérogène où l'ordre moderne et l'ordre traditionnel cohabitent. Au sein des villes, il se développe ainsi ce que les chercheurs de l'École de Chicago appellent le « village dans la ville » (Marchal, 2017). Pour Yves Grafmeyer :

> La *métaphore villageoise* vise d'ordinaire à qualifier une manière d'être en ville qui se caractérise par quelques traits associés : homogénéité du peuplement et des modes de vie, forte identification à petit territoire regroupant l'essentiel des sociabilités ; existence centrée sur l'environnement humain du quartier (people-centred) plus sur la maison (house-centred) ; densité des interconnaissances dans un espace local où se déploient d'efficaces réseaux d'entraide qui sont aussi des instruments de contrôle social du voisinage (1994 : 80).

De manière singulière, les villes de Douala et Yaoundé se sont construites à partir des villages. Elles sont le reflet d'une urbanité illustrant leur trajectoire historique et socioéconomique (Amougou Mbarga, 2013). Elles sont aussi à l'image des différentes communautés auxquelles sont issus leurs habitants. Brégand montre que

> la globalisation n'a pas balayé les imaginaires des sociétés lignagères, le temps propre aux sociétés lignagères, claniques télescope le temps linéaire du fétichisme marchand », ce télescopage produit la temporalité africaine qui entre en collision avec les temporalités des blancs, ce télescopage des imaginations se produit dans une même contemporanéité. » (Brégand, 2005 : 3).

La ville étant un agrégat d'individus venus d'horizons divers et ayant subi divers types de socialisation, leurs comportements reflètent, non seulement la mentalité urbaine des villes où ils résident, mais, davantage, les types de socialisation antérieure à leur présence en ville. Être citadin, dans ce cas de figure, signifie davantage « habiter la ville » et non avoir la mentalité urbaine (celle occidentale).La reconstruction d'un ordre traditionnel en milieu urbain met en exergue les manières de faire, d'agir ou de penser, propres aux zones rurales, qui se reconstruisent en milieu urbain par les citadins de fraîche et même d'ancienne date, non socialisés à la culture urbaine, de type occidental. Nous pouvons, à titre d'illustration, citer les tontines à connotation tribales, les associations tribales, les clubs de danses traditionnelles et les restaurants de mets traditionnels. Geschiere, travaillant sur la sorcellerie, met en avant la circularité des accusations marquées par un versant accumulateur, mais aussi égalisateur, sa capacité à s'adapter aux nouveaux modes de vie en englobant les populations urbaines ou les émigrants, et par-là, sa capacité à relier le local – le monde du village et du groupe de parenté – au global, via un imaginaire multiforme (Salpeteur et al., 2013). La thèse qui articule pentecôtisme et reconstruction d'un ordre traditionnel dans le champ urbain s'appuie sur l'ensemble des thèses développées ci-dessus.

2. Pentecôtisme et reconstruction de l'ordre traditionnel : gestation d'une thèse

Depuis son émergence au sein des sociétés modernes, le pentecôtisme est jugé conservateur par de nombreux observateurs et de chercheurs (Lacoste, 2005). Il participe à la reconstruction d'un ordre traditionnel. De nombreux chercheurs se sont attachés à rendre compte des causes et des transformations socioculturelles induites par l'expansion pentecôtiste, d'abord en Amérique latine (Willems, 1967) et ensuite en Afrique subsaharienne. Son succès auprès des larges couches de populations à l'abandon est interprété à partir de ce que Mary (2000) appelle le « caractère anomique d'une société en transition ». Cette thèse explique que le dynamisme des Églises pentecôtistes, spécifiquement l'engouement des fidèles aux pratiques telles que la guérison miraculeuse et la croyance à la sorcellerie dans le champ urbain, trouvent leur source dans le contexte traditionnel. Les idéologies développées dans ces Églises étant en phase avec la trame de l'ordre traditionnel, en adhérant à ces Églises, les fidèles y retrouvent des formes de croyances traditionnelles et/ou ancestrales en perte à cause de l'urbanisation. Ils retrouvent leur moi profond, leur identité profonde. Mayrargue (2002), à partir du cas béninois, montre que la période de transition démocratique a été accompagnée d'un retour du religieux dans l'espace public, perceptible en particulier, au-delà de l'intervention d'acteurs précis, au niveau de la diffusion d'un imaginaire offrant une lecture en termes religieux de ces transformations. Si, dans la réflexion sur la démocratisation, les expressions religieuses sont souvent appréhendées comme des obstacles, l'auteur cherche à saisir les articulations entre le processus de changement politique au Bénin et les dynamiques religieuses, à partir d'une analyse centrée sur les mouvements pentecôtistes.

Alors que le déclin de la société traditionnelle, fondée sur la paupérisation des zones rurales, incite les populations à migrer vers les villes, le développement de ces dernières ne parvient pas à fournir des emplois à tous les nouveaux arrivants, d'importantes aires de pauvreté se constituent. Les Églises pentecôtistes proposent à leurs fidèles, une reconstruction idéalisée des sociétés traditionnelles, « une famille protectrice », constituant ainsi une réponse religieuse « communautaire » à cet état d'anomie sociale. Mwene Batende souligne à ce propos que

> Face au déchirement socio-cultuel, au désarroi spirituel et à une profonde crise religieuse, les masses africaines dont les traditions sont encore vivaces recourent aux prophètes de nouvelles Églises en vue d'essayer de retrouver les survivances de leurs anciens modèles culturels qui avaient régi auparavant l'ensemble de leurs comportements (1992 : 144).

Cette première explication, pour les défenseurs de cette thèse, rejoint une autre : la propension qu'ont les Africains, en général à croire en la toute-puissance des forces magico-religieuses. Celles-ci ayant pour ancrage originelle les milieux ruraux. Cette propension serait consubstantielle à la nature de l'Homme africain « incurablement religieux ». Djomhoué (2009) affirme par exemple que lorsqu'on parcourt les rues des villes camerounaises, on est marqué par le nombre d'affiches publicitaires des « Églises de réveil » dont l'essentiel repose sur les promesses de guérison miraculeuse pour les malades, ainsi que la résolution miraculeuse des problèmes multiformes (pauvreté, chômage, problèmes conjugaux et sentimentaux, célibat, etc.).

> Pour comprendre l'essor de ce phénomène dans le « christianisme africain » d'aujourd'hui au sein des villes camerounaises, l'une des clés de lecture se trouve dans le contexte africain et particulièrement dans la culture traditionnelle ; nous chercherons donc à comprendre quelle est dans la culture profonde, la conception de la maladie, la relation entre le sort et la maladie, la relation entre les esprits et la guérison (le système thérapeutique africain et son rapport au sacré). Ces paramètres me permettront d'expliquer, les raisons de la recrudescence du recours à la guérison miraculeuse dans les églises d'Afrique ; je le ferai en montrant comment les pratiquants d'une telle thérapeutique dans l'Église s'inspirent d'une pratique traditionnelle, qu'ils actualisent et présentent sous une enveloppe teintée de christianisme (Djomhoué, 2009 : 1).

Pour Ndiaye (2008), l'Afrique noire est un monde qui n'existe que par rapport à un ensemble de représentations sociales, symboliquement orientées, qui, en définitive, ne fait sens que parce que la connaissance et la reconnaissance de l'incessant dialogue entre l'ici et l'ailleurs absolu fondent la vie. Ainsi, l'Homme africain noir ne compose pas seulement avec les réalités apparentes, celles du monde visible, pour vivre ou survivre. Autrement dit, vivre véritablement en terre négro-africaine, c'est négocier aussi avec les vivants invisibles « du village sous la terre », pour reprendre une expression de Thomas cité par Luneau (1981).

Pour les théoriciens de cette thèse, cette façon de concevoir l'atmosphère cosmique, qui est aussi une manière culturellement déterminée de se concilier avec l'univers transcendantal, source d'imaginaire des réalités occultes, permet au Négro-africain d'être en contact immédiat avec les « connaissances souterraines » de l'invisible afin de convoquer ou de provoquer ses forces lumineuses. Pour les Négro-africains, l'univers est un tout animé. Il est vivant. Par conséquent, les « êtres humains visibles » qui le peuplent sont en connivence avec les « êtres vivants invisibles ». Ainsi, se développe un sentiment religieux, fondement primordial de la pensée négro-africaine, au travers duquel se joue la manifestation concrète de l'opposition entre le sacré et le profane. L'adhésion des Camerounais aux gnostiques trouverait donc sa source dans cette atmosphère cosmique, particulièrement imbibée du magico-religieux.

C'est une forme de société traditionnelle qui tend à se reconstituer au sein des Églises pentecôtistes. Laburthe-Tolra (1983), affirme quant à lui que l'Africain est en relation avec l'invisible, à tous les niveaux de son existence. Ce qui veut dire que le rapport de l'Homme à l'Homme, de l'Homme à la nature passe par l'invisible qui constitue le lieu symbolique ou toute réalité peut advenir à un sens. Le vrai réel est invisible et le visible n'est qu'apparence : tout est symbole. L'Africain vit dans une « forêt de symboles ». En outre, dans la conception africaine du monde il n'y a pas de séparation entre les catégories de profane et du sacré, du temporel et du spirituel. Il y a en effet une interpénétration entre ces deux « pôles » de la vie des hommes. Cependant, comme le souligne Bédouret (2012), l'Afrique noire est au cœur de cet ensemble de réflexions et tout particulièrement ses espaces ruraux, car ce sont eux qui véhiculent des représentations exotico-coloniales. Ils sont utilisés pour démontrer la misère et le malheur ou encore pour illustrer la diversité des paysages ruraux dans le monde et la dichotomie Nord-Sud. Pourtant, comme le souligne Bédouret (2012), sous son apparente simplicité, l'Afrique noire renvoie à plusieurs niveaux de la réalité sociale et spatiale. Une réalité sociologique complexe faite de communautés et de sociétés agraires villageoises avec leur histoire, leur mode de peuplement, leur rapport au foncier et à la nature.

3. Pentecôtisme et reconstruction de l'ordre traditionnel dans le champ urbain camerounais : un mythe

Afin de mener une réflexion différente de la thèse développée ci-dessus, nous allons tour à tour nous intéresser au cas de la recherche des guérisons miraculeuses, au caractère chaleureux des cultes pentecôtistes, à la reconstruction des familles africaines et enfin à la solidarité africaine, qui sont souvent mobilisés comme les fondements explicatifs au cœur de la reconstruction de l'ordre traditionnel.

3.1. Cas de la recherche des guérisons miraculeuses

Pour Djomhoué, les paramètres qui permettent d'expliquer, les raisons de la recrudescence du recours à la guérison miraculeuse dans les Églises d'Afrique sont à rechercher du côté des pratiques traditionnelles que les Camerounais actualisent et présentent sous une enveloppe « teintée de christianisme » (Djomhoué, 2009 : 1). L'expression « teintée de christianisme » est porteuse de sens et de puissance. Car tout se passe comme si le christianisme est fondé sur un socle rationnel ; qui évoluerait aux côtés des cultures africaines (villageoises), fondées elles sur des socles irrationnels. Les formes d'irrationalité et de superstition qui vont donc se développer et se retrouver au sein du christianisme africain proviendraient ainsi des traditions et des éléments culturels propres à ce continent. Nous pensons que le christianisme est une idéologie porteuse et génératrice d'irrationalité et de superstition. Il n'a donc pas besoin d'une autre instance extérieure à lui pour faire promouvoir des superstitions et des formes d'irrationalités. Les chrétiens qui croient à la guérison miraculeuse le font parce que le christianisme (la foi chrétienne) rend possible la croyance aux miracles. Nul besoin d'avoir été socialisé dans un environnement empreint de mysticisme et de croyances à la sorcellerie ou à la magie (dans le monde rural) pour croire aux guérisons miraculeuses (dans le monde urbain). Les données collectées sur le terrain ainsi que « l'état et structures de la population : indicateurs démographiques » de l'INS (2010) montrent que plus de 60 % des fidèles des églises dites nouvelles, dans leur ensemble, sont nés dans les zones urbaines. Dans certaines églises pentecôtistes, ce chiffre atteint 80 %. En plus, il n'existe pas de littérature scientifique qui démontre que les Africains originels croyaient essentiellement à la guérison miraculeuse. Autrement dit, que la recherche de la guérison en Afrique était structurellement fondée sur le miracle. La richesse de la médecine traditionnelle camerounaise, par exemple, illustre *a contrario* que les Camerounais croyaient en la toute-puissance de la médecine. Les guérisons d'un grand nombre de maladies étaient en effet la conséquence logique de la consommation d'une substance médicinale et non la croyance aux miracles.

3.2. Caractère chaleureux des cultes au sein des églises pentecôtistes

Pour Bourgoing (1997), la multiplication de petites églises et de nouveaux prophètes, qui se comptent par milliers dans les villes en Afrique, est la conséquence de la crise que traversent les Églises missionnaires[2], incapables de se convertir à la tradition africaine. Les rites romains sont un peu froids. Ils ne touchent pas l'« âme africaine ». Certaines Églises exploitent ces points faibles et présentent aux Africains un Dieu à leur image : plus de danses et plus de musique. Cette conception ou explication présente elle aussi des limites. Elle suppose en effet, que l'émotion est nègre, mieux encore que l'Homme noir est un Être par essence émotionnel à la recherche de l'ambiance. Dans la pensée du plus grand nombre, comme le souligne Thomas et Luneau :

> L'Afrique demeure la terre du soleil, ardent et implacable et pour qu'on évoque les ciels voilés d'Abidjan ou de Douala, on suscite l'étonnement et le scepticisme. Le tourisme est à la mode et le soleil se vend bien. L'Afrique demeure la terre des grands fleuves et des safaris de rêves, le pays des fleuves teintés d'exotisme [...]. On pourra parfois laisser entendre que tout n'est pas si simple, que l'Afrique est grande et grandes aussi les diversités qu'on y rencontre, que la vie est souvent difficile et la nature sans complaisance, rien n'entamera cette sérénité tranquille qui de génération en génération se transmet les mêmes lieux communs et demeure inaccessible à la réalité. (*op. cit.* : 10).

Tout se passe comme si la seule caractéristique ou nature noire d'un Homme suffit à faire de lui un « festif ». Affirmer que les rites romains sont un peu froids, ils ne touchent pas l'« âme africaine », c'est implicitement affirmer que les Africains (si ce concept renvoie d'ailleurs à une réalité homogène et saisissable) sont par nature des êtres « grouillants », peu enclins au « calme » et toujours prompts à danser. Nous voyons dans cette approche, une fois de plus, les résidus d'une anthropologie coloniale. Dans ce domaine comme dans bien d'autres, certains chercheurs s'en tiennent à ce qu'ils ont envie de croire. Il est davantage question des préjugés venus de fort loin et que les époques se transmettent l'une à l'autre sans que ne soient jamais critiqués les stéréotypes qu'ils véhiculent. À les entendre, renchérit Ela (1982 :147), l'« Afrique précoloniale était une terre idéale où le Bon sauvage de Rousseau aurait vécu une existence idyllique, dans un système social où l'homme communie au rythme de l'univers, toute idée de tension et de conflit étant exclue. » Pour de Mediros, cité par Tedanga (2010), le vice, comme la vertu, n'a pas de patrie : idéaliser l'Afrique noire précoloniale, croire qu'elle fut uniquement un âge d'or est aussi peu acceptable que

---

[2] Église catholique Romain et Églises protestantes (classiques).

de la présenter comme une société exclusivement pourrie. Ce sont les conditions dans lesquelles sont situés les Africains qui déterminent la perception qu'ils ont du monde. Situés dans l'univers traditionnel, les acteurs développent une « vision traditionnelle » du monde, et étant dans un contexte de modernisation, de mondialisation et d'urbanisation, ils développent une vision du monde moderne. Si dans certains cas, on observe des résistances et des amalgames, celles-ci sont moins la conséquence de l'« état de nature », mais davantage la situation d'une socialisation qui associe les éléments traditionnels et ceux de la modernité. Pour les théories de ce paradigme, ces AR constitueraient par ailleurs des familles africaines (solidaires et altruistes) aux yeux de leurs fidèles. En y adhérant, ils recherchent à renouer avec l'âme de cette famille.

3.3. Mythe de la reconstruction de la famille africaine dans le champ urbain

La famille, du point de vue anthropologique, se définit comme un « groupe de personnes liées par des liens de consanguinité, un certain nombre d'entre elles vivant dans un habitat commun ». (Grawitz, 2001 : 170). Les anthropologues et les sociologues distinguent fondamentalement eux types de familles : la famille nucléaire ou élémentaire et la famille étendue. Le premier type, assimilé aux sociétés occidentales, dites développées, est un groupe limité au père, à la mère et aux enfants jusqu'à leur mariage. Elle « est en outre monogamique, puisque ni le père, ni la mère ne peuvent avoir légalement un autre conjoint simultané. » (Laburthe-Tolra, Warnier, 2003 : 82). Le deuxième type est assimilé aux sociétés dites traditionnelles. Ce type de famille est généralement appelé « famille africaine ». Elle est composée de plusieurs membres.

Si dans la famille nucléaire le lien de consanguinité est ce qui fonde l'existence de la famille, dans la famille africaine, dans la plupart des cas, les membres qui la composent peuvent ne pas avoir des liens de consanguinité établis. On retrouvera ainsi, par exemple, dans un ménage, les parentés issues des deux conjoints ainsi que leurs progénitures. En outre, pour l'anthropologue de Rosny, il y a un malentendu profond. « Les Églises pentecôtistes ne sont pas des familles *stricto sensu*. Les pentecôtistes ne peuvent pas se substituer à la famille naturelle. La famille naturelle présente des fonctions qui ne sauraient se substituer comme par enchantement. » (Entretien du 24 octobre 2009). Boudon et Bourricaud soulignent par ailleurs :

> Un des aspects les plus manifestes de l'organisation familiale est l'ensemble des règles qu'il introduit dans la vie sexuelle. C'est sans doute à ce titre que la famille apparaît comme un fait social : le lien qu'elle établit entre un certain nombre d'adultes et d'enfants de sexe opposé ne peut se réduire à des « instincts » comme le désir et les plaisirs sexuels, ou même à des sentiments de gratitude et de tendresse (2004 : 252).

La famille ne se réduit donc pas à l'affectivité. Les « services » qu'offre une famille naturelle ne sont pas ceux qu'offrent les Églises pentecôtistes. Thomas et Luneau (op. cit.) note que le sens de la famille négro-africaine traditionnelle se fonde sur trois dimensions : la dimension économique, la dimension juridico-politique et la dimension idéologique. C'est au niveau idéologique par exemple que sont réalisées les conditions du fonctionnement du système : solidarité entre frères, primat de l'âge identifié à la sagesse, représentations religieuses, activités liturgiques et cultes des ancêtres. Au sein des églises pentecôtistes, certaines conditions de cette dimension idéologique ne sont pas respectées. Nous pouvons citer le culte des ancêtres ou le primat de l'âge. Pour le pentecôtiste, le culte des ancêtres par exemple est assimilé au culte au diable. Seul compte pour le pentecôtiste le primat de Dieu. Les familles, le village et certains symboles qu'ils charrient sont diabolisés. Au cours d'une « grande nuit de prière », l'un des pasteurs nous confie que l'image de la calebasse est le symbole des « malédictions ancestrales. Celles que les Camerounais ramènent de leur village. Celles de leurs parents et des membres de leurs familles. » Tout se passe comme si les villages et les familles sont par essence des lieux ou des institutions négatives et sont les causes de tous les malheurs auxquels font face les fidèles. À ce sujet, Fancello affirme ainsi que

> Si le champ de l'imaginaire sorcellaire s'amplifie en milieu urbain, la famille et les proches demeurent traditionnellement considérés comme la source principale du pouvoir sorcier. La perception de la sorcellerie comme composante de la modernité urbaine africaine [...] s'accompagne d'un autre constat : l'imaginaire sorcellaire semble traverser, voire transcender, les univers religieux. En témoigne le concept d'insécurité spirituelle (spiritual insecurity) associe à celui de forces invisibles (invisible forces.) à partir desquels Adam Ashforth (2005) tente d'appréhender, dans le contexte sud-africain, la réalité sociale quotidienne d'un monde peuplé de sorciers (2008 : 161).

Les images ci-dessous mettent en exergue la place centrale qu'occupent les malédictions et l'imaginaire de la sorcellerie au sein du pentecôtisme.

Photos 1 et 2 : Affiches publicitaires des Églises *ministère porte des cieux* et *Cathédrale de la foi à Yaoundé*

Source : prise de vue, Mballa Elanga, juin et juillet 2016.

Le « mega-programme » de l'Église *ministère porte des cieux* fait allusion à la lutte contre les malédictions familiales et ancestrales. Ce qui est mis en cause ici, par cette Église, est la famille, le « village », les « anciens » ou encore les ancêtres. Au cours de la prédication la famille et le village sont indexés par le pasteur comme étant la cause principale des souffrances des fidèles. Il faut à cet effet « couper le cordon ombilical qui vous lie à la famille et aux ancêtres, sources de votre poisse. Il faut le faire, rompre avec ces liens pernicieux. » (Culte du 4 mai 2014). Pour le pasteur Kamdem de la Cathédrale de la foi : « Les malédictions inconnues vous (les fidèles) enchainent. Celles-ci sont au cœur de vos échecs. Vous ne les connaissez pas, elles sont sournoises. Elles sont l'œuvre de ceux qui vous sont proches : la famille et les amis. Elles sont d'autant plus nocives pour vous, car vous les faites confiances. » (Culte du 03 juin 2014).

Ces églises, à la lecture de ce qui précède, ne sauraient par conséquent être assimilées à des familles au sens traditionnel. Elles participent même *a contrario*, à l'effritement des liens de solidarité entre les membres des familles dites africaines.

3.4. Mythe de la solidarité africaine

La solidarité entre les fidèles au sein des Églises pentecôtistes est souvent mise en avant pour expliquer le « succès » dans le champ urbain et, *in fine*, la reconstruction de l'ordre traditionnel. La solidarité est-elle une caractéristique naturelle des Africains ou des Noirs ? L'étude de la morphologie urbaine ou des comportements humains au sein des villes permet de comprendre comment les situations concrètes dans lesquelles se situent les individus les conduisent à développer des formes de vie égoïstes ou solidaires. La solidarité n'est pas la conséquence ou l'extériorisation de la supposée « bonne » nature de l'homme africain. Dans le champ urbain, il existe des personnes « aisées » financièrement solidaires de leurs voisins et des personnes « pauvres » individualistes. En effet, on sait très bien, comme l'on démontré Boudon et Bourricaud, qu'une société moderne n'exclut pas nécessairement l'apparition ou la pertinence des phénomènes de solidarité de type mécanique au sens durkheimien du terme : solidarité de classe, de clan, d'ethnie, solidarité corporative, solidarité de groupes de pensée. On sait aussi que les sociétés modernes ne sont pas immunisées contre les croyances et mythes collectifs. Réciproquement, les sociétés « traditionnelles » ne sont pas nécessairement placées sous un couvercle culturel assurant l'intégration sans heurt de l'individu à la société. Pareto rappelait déjà opportunément que l'antiquité avait eu ses sceptiques et ses athées et que Lucien ne le cédait en rien Voltaire à cet égard. Les schismes et les innovations culturelles ne sont évidemment pas une spécialité des sociétés modernes (2004 : 304-305).

Ledrut (1973 : 188) démontre, par ailleurs, que les villages et les petites villes sont sans doute plus propices à l'établissement des relations personnelles et solidaires que les grandes villes. Mais, il note aussi qu'il faut se garder de simplifier à l'excès. Dans les villages et les petites villes les contacts sociaux ne présentent pas toujours une grande intimité et de solidarité. Le village n'est pas toujours ce lieu idyllique qu'expriment les images des cartes postales. Les villes, non plus, ne sont pas toujours des lieux où se développent des formes de vie égoïste. Bien des sociologues contemporains ont fait remarquer la richesse des relations que peut entretenir l'homme de la ville, par rapport à la pauvreté de ces relations en milieu rural. Un grand nombre de contacts est caractéristique de la vie sociale urbaine bien plus que des milieux ruraux. On peut considérer que la grande ville favorise, mieux que les petites villes ou les villages des relations face à face nombreuses et diversifiées. Rien n'autorise à dire que dans toutes les villes, et selon leur taille, les contacts humains sont plus limités, plus pauvres, plus mécaniques, plus impersonnels. Les données ci-dessus montrent que les liens de solidarité entre les fidèles des Églises pentecôtistes s'obverse davantage au sein de celles où le nombre de fidèles se résume à quelques dizaines de fidèles.

Tableau 1 : Vie sociale des fidèles pentecôtistes[3]

Églises	Nombre de fidèles réguliers	Visites dans le domicile d'un membre de l'Église		Soutien en cas de détresse d'un membre de l'Église		Participation aux évènements festifs	
A.	1 600	Régulièrement	02	Régulièrement	02	Régulièrement	01
		Rarement	02	Rarement	03	Rarement	03
		Jamais	21	Jamais	20	Jamais	21
B.	710	Régulièrement	02	Régulièrement	02	Régulièrement	02
		Rarement	03	Rarement	03	Rarement	03
		Jamais	20	Jamais	20	Jamais	21
C.	220	Régulièrement	15	Régulièrement	15	Régulièrement	15
		Rarement	05	Rarement	05	Rarement	05
		Jamais	05	Jamais	05	Jamais	05
D.	65	Régulièrement	18	Régulièrement	18	Régulièrement	18
		Rarement	05	Rarement	06	Rarement	05
		Jamais	02	Jamais	01	Jamais	02
E.	46	Régulièrement	15	Régulièrement	25	Régulièrement	25
		Rarement	10	Rarement	00	Rarement	00
		Jamais	00	Jamais	00	Jamais	00

Source : enquêtes de terrain, 2015.

Dans les églises où les fidèles sont en nombre important, à l'exemple de la *Sainte Église du Christ d'Essos* ou le Ministère International Va et Raconte (MIVR) de Tsalla Essomba[4], le degré de solidarité entre les fidèles se fait de moins en moins remarquer. Aussi, plus les fidèles d'une église sont moins nombreux, plus les *visites au domicile d'un membre de l'église*, le *soutien en cas de détresse à membre de l'église* ou encore la *participation aux évènements festifs chez un membre de l'église* sont plus nombreux. Par contre, l'on observe un délitement de ces liens lorsque le nombre de fidèles est important. La solidarité qui se développe dans les églises pentecôtistes est la conséquence du fait qu'étant en nombre réduit, les fidèles développent une intimité qui les conduit à accroitre

[3] A. MIVR, B. Sainte Église du Christ d'Essos, C. église du christ de Logpom D. Le Temple du Christ (Deido), E. église des Rachetés de Dieu (Beedi). Les chiffres sur le « nombre de fidèles réguliers » sont issus des registres des Églises validés à partir de nos observations sur la capacité des églises. Un échantillon de 25 fidèles était choisi dans chacune des cinq Églises.

[4] Les données ont été collectées en 2015. Ces Églises n'enregistrent plus en 2020 un nombre de fidèle important.

des formes de solidarité beaucoup plus denses. Il est donc normal d'établir que la solidarité n'est pas l'apanage des sociétés traditionnelles.

Nous n'affirmons cependant pas qu'il n'existe pas des formes de solidarité au sein desdites Églises. Dans les *mega churches*, par exemple, le développement de certaines formes de solidarité fait partie des moyens par lesquels les Églises aguichent de nouveaux impétrants : des dons aux veuves et orphelins médiatisés, des interventions en faveur des nécessiteux ou encore des proches de bien-être moral et matériel. Elles sont des stratégies de conquêtes des fidèles qui ne peuvent pas être assimilés à des formes de solidarité issues spécifiquement de ce qui est communément appelé traditions africaines. La solidarité, *in fine*, n'est pas une caractéristique « naturelle » du pentecôtisme, mais un construit qui prend appui sur l'environnement dans lequel il se développe. Affirmer que certains individus adhèrent aux Églises pentecôtistes parce qu'ils cherchent à se retrouver dans des formes de solidarité dites africaines est, au regard des observations faites sur le terrain, peu pertinent.

À la suite de ce troisième mouvement, qui nous a permis de présenter ce que nous appelons le *mythe de la reconstruction de l'ordre traditionnel* par le pentecôtisme dans le champ urbain camerounais, nous tentons de démontrer que, loin d'être au service du rétablissement de cet ordre, ces Églises participent davantage à sa déconstruction. Elles sont en phase avec le « cosmos urbain », entendu ici comme l'univers urbain et son imaginaire.

4. Églises pentecôtistes et déconstruction de l'ordre traditionnel dans le champ urbain : rompre avec l'ordre traditionnel pour naître de nouveau et être un pentecôtiste

Contrairement à la thèse présentée ci-dessus, le pentecôtisme peut être considéré comme une idéologie religieuse qui est en phase avec la sociabilité urbaine et qui, d'une certaine manière, participe à la déconstruction de l'ordre traditionnel. Le discours éthique de nombreux pasteurs pentecôtistes est fondé sur le rigorisme moral[5]. Il manifeste une prise de distance à l'égard de toutes les représentations et pratiques traditionnelles (funérailles, culte des morts et mariage coutumier) qui sont « satanisés ». La participation aux obsèques des membres des familles des fidèles se situe dans un « entre-deux ». Ils y participent,

[5] Notons cependant que ce courant ascétique tend à perdre en vivacité avec les nouvelles formes qui émergent au quotidien et qui sont très mondialisées.

mais choisissent les rites à accomplir. Sabine de l'Église du Ministère porte des cieux de la ville de Yaoundé, nous confie ce qui suit :

> Je suis obligé de participer aux cérémonies funéraires des miens, mais je ne participe pas à toutes les étapes. Par exemple, dans notre village après l'enterrement, les patriarches lavent les membres de la famille avec de l'eau trempée dans les feuilles d'herbes, d'arbres ou des écorces. Moi je ne participe jamais à ces choses. Je crois en Dieu et je trouve que ce sont des actions qui vont à l'encontre de mes convictions. Je les assimile même à la sorcellerie (Données de terrain, juillet 2016).

Au niveau de la famille, les liens familiaux traditionnels tendent à se déconnecter au profit des liens familiaux dits modernes portés par la vie urbaine. Le pentecôtisme transfère le cadre symbolique propre à la famille vers l'Église. Ainsi, le fidèle pentecôtiste appelle les membres de leur Église le « frère en christ » ou la « sœur en christ ». Il y a, dans une certaine mesure, une stratégie qui concourt à vider la famille consanguine de ses symboles et de sa réalité, transférant ainsi ces symboles et cette réalité à l'Église et faisant d'elle une entité plus solide (Laurent, 2003). La socialisation religieuse par exemple, dévolue à la famille, est transférée à l'Église. Mimche et Nantchouang montrent en effet que :

> Traditionnellement l'appartenance religieuse est souvent apparue dans les études africaines comme un patrimoine familial. La famille a d'ailleurs eu comme fonction la socialisation religieuse de ses membres en vue d'assurer la reproduction culturelle. Dans la perspective culturaliste, la famille est l'organe clé de construction de la personnalité religieuse de base des individus dans la mesure où elle est le cadre de la transmission de schémas et de principes essentiels de la vie religieuse, en particulier les premières deux valeurs fondamentales : la foi et la connaissance, les règles concernant les valeurs de base. Elle constitue une forme d'endoctrinement dans la mesure où elle ne valorise pas l'esprit critique, mais la croyance. À travers la pérennisation des valeurs qu'elle garantit de génération en génération, l'éducation religieuse contribue à l'intégration culturelle, mieux encore à la reproduction socioculturelle. [...] C'est pourquoi dans la définition de l'ethnie, on a eu coutume de retenir la religion comme un élément important. De ce point de vue, l'appartenance à une confession est une affaire de groupe à laquelle sont astreints tous les autres membres du groupe familial en vue de leur intégration sociale. L'émergence de nouvelles églises permet de comprendre les changements qui sont en cours dans cette société. En effet pour les personnes converties, la religion n'est plus une affaire de famille (2013 : 281).

La ville représente le passage obligé pour accéder à la modernité. C'est le foyer privilégié du changement social et la transformation des modes de vie qui peut être appréhendée sous deux aspects : d'une part l'approche individualiste, qui renvoie à l'évolution de la manière de vivre d'un individu ; d'autre part, l'approche collective qui met en lumière à l'évolution des comportements au sein d'un groupe social. Il faut avant tout rappeler qu'un mode de vie révèle une manière de vivre, d'être et de penser. D'un point de vue dynamique, il est évident que les modes de vie ont considérablement évolué dans le temps et continuent à évoluer au gré notamment du progrès technique et de l'évolution des mœurs. Fondée sur la monétarisation, l'urbanisation s'inscrit dans un processus de transformation sociale (et politique) à l'échelle de plusieurs générations. La ville, libérée de la tutelle de l'organisation coloniale, est devenue le lieu du pouvoir réel et de la compétition sociale, à partir duquel les structures anciennes sont mises en échec relatif ou amenées à s'impliquer là où des ressources nouvelles sont drainées et mises en jeu (Pourtier, 2010). La vision du monde pentecôtiste a tendance à privilégier la modernité avec tout ce qu'elle charrie. Elle rejette, implicitement voire explicitement l'ordre traditionnel.

Le pentecôtiste, pour être un « enfant de Dieu », doit « naître de nouveau »[6], c'est-à-dire doit rompre avec les éléments de son ancienne socialisation religieuse. La sortie des fidèles de ce qu'ils appellent les « Églises coloniales », « où ils ont été baptisés depuis l'enfance, sans leur consentement » (Enquêté, 2015), trouve son explication dans ce nouveau credo existentiel, dont les villes sont le fondement. En effet, la conversion fait partie des éléments clés qui permettent de comprendre le pentecôtisme au sein des sociétés urbaines africaines comme au Cameroun. En effet, sur un total de 100 fidèles pentecôtistes, 76,7 % sont issus d'autres confessions religieuses (Mballa Elanga, 2017). Pour que ces individus deviennent des pentecôtistes, au sens plein du terme (« totalement pentecôtiste »), ils doivent sortir des anciennes normes qui ont, par le passé, façonné leur identité religieuse. En fait, le rapport entre pentecôtisme et adhésion aux traditions qui s'expriment à travers les cérémonies et rites funéraires traditionnels tels que l'esani[7], les funérailles, le culte des crânes ou des esprits en pays bamiléké, entre autres, sont honnies par les pasteurs et les fidèles. Le tableau ci-dessous fait ressortir les pratiques des rites traditionnels selon les confessions religieuses au Cameroun.

[6] L'expression « naître de nouveau » désigne un nouveau départ dans les relations entre Dieu et la personne qui est née de nouveau (jean 3 : 3,7). Dieu adopte ceux qui sont nés de nouveau comme ses enfants (Romains 8 : 15,16 ; Galates 4 : 5. À l'instar des enfants qui sont adoptés, ils obtiennent un nouveau statut, ils deviennent des membres de la famille de Dieu (2 Corinthiens 6 : 18).

[7] Danse rituel des peuples fang-beti.

Tableau 2 : Pratique des rites traditionnels des enquêtés selon les confessions religieuses

Religion des enquêtés	**Pratiques des rites traditionnels**			
	Oui		**Non**	
	Fréquence[8] (valeur absolue)	**Valeur relative**	**Fréquence (valeur absolue)**	**Valeur relative**
Musulmane	16	17 %	78	83 %
Catholique	81	62 %	50	38 %
Protestantes classiques	27	38,6 %	43	61,4 %
Pentecôtiste	**03**	**07 %**	**40**	**93 %**
Religions traditionnelles africaine	22	100 %	0	0 %
Témoins de Jéhovah	11	50 %	11	50 %
Autres AR chrétiennes	14	66,7 %	07	33,3 %
Total	**174**	**43,17 %**	**229**	**56,8 %**

Source : enquêtes de terrain, 2015.

Sur un échantillon de 403 enquêtés des fidèles pratiquants[9] des associations religieuses les plus représentatives au Cameroun, 174, soient 43,17 % affirment pratiquer les rites traditionnels (culte des cranes, veuvage, esani, funérailles, lavage du corps, sacrifice (rites) aux morts et Tso'o), contre 229 soient 56,8 % qui affirment ne pas les pratiquer. Ce qui est intéressant du point de vue de l'analyse c'est le rejet à 93 % des rites traditionnels (ordre traditionnel) par les fidèles pentecôtistes. Ces rites se présentent à leurs yeux comme une contradiction profonde avec l'idéologie pentecôtiste. Fer souligne ainsi que

> Le mode de vie dans les grandes villes, la fragmentation des espaces de sociabilité et l'individualisation des existences, peuvent contribuer à amplifier une déterritorialisation des appartenances religieuses qui,

[8] Enquêtés (fidèles) ayant répondu à la question : Pratiquez-vous les rites traditionnels (culte des cranes, veuvage, esani, funérailles, lavage du corps, sacrifice (rites) aux morts, Tso'o, etc.) ?

[9] Le Bras classe les fidèles à partir de ce qu'il appelle « typologie quadripartie » (Willaime, 2005 : 60) : « 1- les étrangers à la vie religieuse (dissidents), 2 – les conformistes saisonniers, 3 – les pratiquants réguliers, 4 – les dévots (militants religieux).

comme l'a noté Sébastien Fath, est une des caractéristiques du protestantisme évangélique, organisé davantage en réseaux de communautés affinitaires que sur le modèle paroissial (2002 : 154–155). Autrement dit, la religion ne contribue plus à resserrer un lien social préexistant, comme dans le catholicisme rural traditionnel, par exemple. Elle est le lieu de création d'un nouveau lien social. On assiste, selon l'expression de Salvatore Abbruzzese, à une « desemantisation du territoire » : « Au fur et à mesure que le territoire se soumet aux impératifs de la mobilité et s'ouvre à la pluralité des langages, toute forme de repère territorial perd de son sens » (2007, 203-204).

La ville se révèle donc être le lieu de transformation des identités en général et des identités religieuses en particulier. Intéressons-nous aux cas des conversions des femmes au pentecôtisme. Elles sont révélatrices des « signes du temps » : la modernité et l'urbanisation. Ces dernières incitent et exigent aux individus de se « lever et de marcher ». Nous sommes dans une époque où l'impératif catégorique est « d'être soi ». La construction de l'identité et la recherche du bonheur des individus, ne passent plus – ou de moins en moins – par une extériorité, une norme sociale, voire une identification collective. Elles ne veulent plus être des créatures à la merci des contingences existentielles et des logiques masculines préétablies et qui, pour elles, sont injustes. Ce qui appelle à cet effet une « démocratisation des mœurs féminines » (Bonny, 2012). Grâce à cette démocratisation des mœurs, les femmes, notamment converties au pentecôtisme, négocient des espaces personnels, elles construisent des « identités subjectives » et affirment leur personnalité singulière. Ce qui les pousse à s'émanciper et à redessiner les rapports de genre au sein de la société. La convertie prend le risque, calculé, de s'exposer en rompant avec l'« ancienne alliance » (son ancienne Église et son cadre et milieu de vie) pour s'allier à une « nouvelle alliance ». Pour Laurent : « les convertis modifient leur perception des relations aux autres en adoptant une vision essentiellement dualiste du monde. La société coutumière, "officiellement" défaite, équivaut désormais à un monde démoniaque, dont il convient d'avoir l'audace de se distancier » (2003 : 24).

Conclusion

L'objectif de cette analyse était de « penser l'urbain » en établissant un lien entre religion, urbanisation et transformation des modes de vie. En nous appuyant sur le pentecôtisme, il a été question d'apporter une réponse à la question de savoir si cette obédience du christianisme reconstruit l'ordre traditionnel ou travaille à la création d'un ethos en phase avec les logiques de la modernité, entendue comme l'occidentalisation du monde. Il ressort des données documentées sur le terrain que loin d'être une réactualisation d'un ordre traditionnel dans le champ urbain camerounais, le pentecôtisme est davantage porté par des logiques profondes de mutations sociales en faveur de la modernité. La conversion contemporaine, à l'exemple du pentecôtisme en Afrique subsaharienne et au Cameroun notamment, éclaire sur la nature de la modernité religieuse, où une identité religieuse authentique est de plus en plus une identité religieuse choisie. Si les conversions de certains Camerounais au pentecôtisme s'expliquent, en partie, par la volonté des fidèles de retrouver des formes de liens sociaux en recomposition dans ces Églises, elles sont aussi et davantage le « signe du temps ». Comme dans le cas des Inuit pentecôtistes du Canada, les fidèles passent d'un « vieux soi » dysfonctionnel remplacé par un « nouveau soi » et par de nouvelles relations (Stuckenberger, 2008). Le pentecôtisme, comme l'a démontré Mayrargue (2008) constitue un vecteur et un révélateur des dynamiques d'individualisation qui travaillent les sociétés africaines contemporaines, traduisant ainsi l'inscription de ce courant dans la modernité.

Bibliographie

Abega S. C., 1987, *L'Esani chez les Beti,* Yaoundé, Editions CLE.

Amiotte-Suchet L., Willaime J.-P., 2004, « La pluie de l'Esprit : Étude sociologique d'une assemblée pentecôtiste mulhousienne », « Mission du Plein Evangile. La Porte Ouverte Chrétienne ». ffhalshs-00124902 ;

Amougou Mbarga A. B., 2013, « À travers les dénominations des rues et des quartiers de la ville de Douala : la quotidienneté comme univers de sens », *Anthropologie et Sociétés,* 37(1), p.195-212. En ligne, consulté le 07/07/2020. URL : https://doi.org/10.7202/1016154ar.

Balandier G., 2004, *Sens et puissance.* Paris, Presses Universitaires de France.

Bédouret D., 2012, « Les espaces ruraux d'Afrique noire à travers la géographie scolaire : des représentations à l'espace symbolique », Histoire, Université Toulouse le Mirail - Toulouse II, 2012. Français. ffNNT : 2012TOU20097ff. fftel-00817477

Bidima J., 2007, « La diversité culturelle africaine vue sous l'angle des médias », *Diogène,* 4(4), p. 138-152.https://doi.org/10.3917/dio.220.0138;

Bonny Y., 2012, « Les institutions au prisme de la pluralité », *L'institution plurielle,* Villeneuve d'Ascq. Presses Universitaires du Septentrion. p. 9-36 ;

Boudon F. et Bourricaud F., 2004, *Dictionnaire critique de la sociologie,* Paris, PUF.

Boudon R., 2011, *Pourquoi les intellectuels n'aiment pas le libéralisme,* Paris, Odile Jacob.

Bourgoing R., 1997, « Les dieux sont tombés sur la tête. Sectes, prophètes improvisés et nouvelles Églises sont au centre d'une mutation spirituelle sans précédent en Afrique. Inquiétude chez les catholiques » in http ://www.bourgoing.com/presse/sectes.htm ;

Boyer V., 2005, « Approches sociologiques et anthropologiques du pentecôtisme : le cas brésilien », Nuevo Mundo Mundos Nuevos (1re édition « Problèmes d'Amérique Latine », Documentation Française 24, janv.-mars 1997, p. 33-47 ;

Brandt-Bessire D., 1994, *Aux sources de la spiritualité pentecôtiste,* Paris, Labor et Fidès.

Brégand D., 2006, « Joseph Tonda, *Le Souverain moderne. Le corps du pouvoir en Afrique Centrale (Congo, Gabon)* ». *Archives de sciences sociales des religions,* n°136, p.115-283.

Castells M., 1969, « Théorie et idéologie en sociologie urbaine ». *Sociologie et sociétés,* vol.1 (2), p.171-192.https://doi.org/10.7202/001125ar;

Coquery-Vidrovitch C., 2006, « De la ville en Afrique noire », *Annales. Histoire, Sciences Sociales*, vol. 5(5), p. 1087-1119. https://doi.org/.

Coquery-Vidrovitch C., 2016, *Histoire des villes d'Afrique noire. Des origines à la colonisation,* Paris, Albin Michel.

Couture A., 1982, « Compte rendu de [HOUTART, François, Religion et modes de production précapitalistes] », *Laval théologique et philosophique,* vol.38 (1), p. 98–100. https://doi.org/10.7202/705916ar ;

Cox H., 1994, *Retour de Dieu. Voyage en pays pentecôtiste*, Paris, Desclée de Brouwer.

Demart, 2013, « La mosaïque du pentecôtisme », *Politique,* n°79, mars-avril 2013, p. 70-76.

Djomhoue P., 2009, « Conférence université de Neuchâtel », *Guérison miraculeuse en Afrique : Regard d'une néotestamentaire Camerounaise.* http://priscille-djomhoue.e-monsite.com/medias/files/guerison-miraculeuse-an-afrique-neuchatel2009.pdf ;

Eboussi Boulaga F., 1981, *Christianisme sans fétiche : révélation et domination*, Paris, Présence africaine.

Ela J.M., 1982, *L'Afrique des villages,* Paris, Karthala.

Fancello S., 2005, « Revista de Estudos da Religião », *Gender and Religion*, nº 3, p. 78-98.

Fancello S., 2008, « Sorcellerie et délivrance dans les pentecôtismes africains », *Cahiers d'études africaines* [En ligne], 189-190 | 2008, mis en ligne le 08 avril 2011, consulté le 12 octobre 2012. URL : http :// etudesafricaines.revues.org/10382 ;

Fer Y., 2007, « Pentecôtisme et modernité urbaine : Entre déterritorialisation des identités et réinvestissement symbolique de l'espace urbain », *Social Compass,* vol. 54(2), p. 201-210.doi:10.1177/0037768607077031.

Grafmeyer Y., 1994, *Sociologie urbaine*, Paris, Nathan.

Grawitz M., 2001, *Méthodes des sciences sociales*, Paris, Dalloz.

Hayat P., 2007, « Laïcité, fait religieux et société », *Archives de sciences sociales des religions*, n°137, p. 9-20.

Hervé M., Stebe M., 2018, *La sociologie urbaine,* Paris, PUF.

Hervieu-Leger, D., 1993, *La religion pour mémoire*, Paris, Cerf.

Laburthe-Tolra P., 1985, *Initiations et sociétés secrètes au Cameroun : Essai sur la religion Bëti*, Paris, Karthala.

Laburthe-Tolra P. et Warnier J.-P., 2003, *Ethnologie anthropologie,* Paris, PUF.

Lacoste Y., 2005, « Les évangéliques à l'assaut du monde », *Hérodote,* vol.4(4), p. 5-8. https://doi.org/10.3917/her.119.0005 ;

Lasseur, M., 2016, « Le pluralisme religieux dans la production des villes ouest-africaines », *Fait religieux et construction de l'espace, http://geoconfluences.ens-lyon.fr/informations-scientifiques/dossiers-thematiques/fait-religieux-et-construction-de-l-espace/articles-scientifiques/le-pluralisme-religieux-dans-la-production-des-villes-ouest-africaines#section-1*

Laurent P-J., 2003, *Les pentecôtistes du Burkina Faso. Mariage, pouvoir et guérison,* Paris, IRD-Karthala.

Laurent P-J., 1999, « L'Église des assemblées de Dieu du Burkina Faso. Histoire, transitions et recompositions identitaires », *Archives des sciences sociales des religions,* n°105, p.71–97.

Ledrut R., 1973, *Sociologie urbaine,* Paris, PUF.

Luneau R., Thomas L-V., 1981, *La terre africaine et ses religions,* Paris, L'Harmattan.

Marchal H., 2017, « Le village dans la ville : l'expérience d'un quartier qui fait territoire et lieu », *Retraite et société,* vol.1(1), p. 67-88. https://doi.org/10.3917/rs1.076.0067 ;

Mary A., 2001, « La violence symbolique de la Pentecôte gabonaise », in ID et André Corten (dir.). *Imaginaires politiques et pentecôtismes. Afrique/Amérique latine.* Paris, Karthala, p.13-26.

Mayrargue C., 2002, « Dynamiques religieuses et démocratisation au Bénin. Pentecôtisme et formation d'un espace public. », *Sciences de l'Homme et Société.* Institut d'études politiques de Bordeaux ; Université Montesquieu - Bordeaux IV, 2002. Français. fftel-00298180f.

Mayrargue C., 2008, « Les dynamiques paradoxales du pentecôtisme en Afrique subsaharienne », Ifri Programme Afrique subsaharienne, Paris, IFRI.

Mballa Elanga E. VII., 2017, « Le pluralisme religieux en contexte urbain camerounais : acteurs, stratégies et enjeux. Contribution à une sociologie religieuse du Cameroun contemporain », Thèse de doctorat/PhD, sociologie, Université de Yaoundé 1.

Minche, H. et Nantchouang D. F., 2013, « Modernité religieuses et systèmes familiaux au Cameroun : les dynamiques contemporaines », in *Le pluralisme religieux en Afrique,* Yaoundé, P.U.C.A.C, p. 274-296.

Mwene Batende, 1992, « Le christianisme à l'épreuve du temps : l'Église catholique à l'heure des sectes au Zaïre », in *Ruptures sociaux et religion,* Paris, L'Harmattan, p.144-152.

Ndiaye L., 2008, « La place du sacré dans le rituel thérapeutique négro-africain », *Ethiopiques,* n°81, Littérature, philosophie et art, 2e semestre 2008, http://ethiopiques.refer.sn/spip.php?page=imprimer-article&id_article=1615 ;

Paquot P., 2012, *Introduction à Ivan Illich,* Paris, La Découverte.

Pourtier R., 2001, *Afriques noires,* Paris, Hachette.

Rosny de E., 2005, *Les yeux de ma chèvre,* Paris, Plon.

Salpeteur M., Muchembled R., Tonda J., Geschiere P., 2014, Autour d'un livre : Peter Geschiere, *Witchcraft, Intimacy and Trust. Africa in Comparison*. Chicago/Londres. The University of Chicago Press, 2013, 328 p., *Politique africaine,* 3(3). p. 197-224. https://doi.org/10.3917/polaf.135.0197.

Sassen S., 1991, *The Global City : New York, London, Tokyo,* Princeton, Princeton University Press.

Sassen S., 1994, « Le complexe urbain et la mondialisation de l'économie », *Revue internationale des sciences sociales*, n°139, p. 56-73.

Stuckenberger, A. N., 2007, « Transformation pentecôtiste et restauration sociale chez les Inuit », *Anthropologie et Sociétés,* vol.31(3), p. 37–63. https://doi.org/10.7202/018375ar.

Tassou A., 2015, *Urbains et ruraux au Nord du Cameroun. Deux mondes, une vie,* Yaoundé, CLE.

Thomas L-V., Luneau R., 1981, *La terre africaine et ses religions*, Paris, L'Harmattan.

Weber M., 2014, *La ville*, Paris, La Découverte.

Willems E., 1967, *Followers of the New Faith, Culture change and Rise of Protestantism in Brazil and Chile*, Nashville, Tenessee, Vanderbildt University.

Chapter 11 : Challenges of Christian religious practices in the urban contexts of Yaoundé

Anyi Mukep Massa Bayie Kamanda

Abstract

Since the liberalization of association life around the 1990s, the public space has been confronted with the eruption of several forms of religiosity with very different doctrines. Emerging religious practices are more likely to have a conflicting religious field or cultural attitudes among social actors tend to make inroads into "faith". This article is based on the premise that, conflicts are not inherent exclusively in a given form of religion, but depend on the forms of negotiation and mediation that help maintain stability in the faith. The data collected is derived from a direct observation and a couple of semi-structured interviews which was analyzed under the prism of theory of constructivist structuralism.

Key Terms: religion, religious practices, urban context, Yaoundé.

Résumé

Depuis la libéralisation de la vie associative au tournant des années 1990, l'espace public se confronte à plusieurs formes de religiosité aux doctrines bien différentes. Les pratiques religieuses qui émergent présentent davantage un champ religieux conflictuel où les attitudes culturelles des acteurs sociaux tendent à faire une incursion dans la «foi». Cet article part du postulat selon lequel, les conflits ne sont pas inhérents exclusivement à une forme de religion donnée, mais tout dépend des formes de négociation et de médiation qui concourent à maintenir la stabilité dans la foi. Les donnes collectées sont issues de l'observation directe et de l'entretien semi-directif, elles ont été analysées sous le prisme de la théorie du constructivisme structuraliste.

Mots-clés : *Religion, religiosité, pratique religieuse, contexte urbain, Yaoundé.*

Introduction

Conflicts are inherent to all human societies, with no exception of the religious field, being a space that is characterized by human interactions (Bourricaud, 1981). Thus, the need to present the religious field here as an arena susceptible of engendering conflicts, all in a bid to point out to certain aspects revealing the exclusivity of the conflictual characters of certain congregations in the urban city of Yaoundé.

From the word go, the real essence of religion in the society is the ultimate search of good and peace amongst people, that is, raising holiness in mare humans. Yet in recent years, with the multiplicity of religious groups and the regrouping of a large number of people with different cultural and ethnic backgrounds in urban areas, we are confronted with a mixture of varieties within the same social space. This situation has given rise to the notions of tolerance and intolerance characterized by misunderstandings and misappropriations which have in turn given birth to various forms of conflicts (Falna, Koulagna, 2020). We therefore aim at clarifying the understanding of these religious practices while elucidating the challenges linked to this process. In fact, throw more light into the ambiguity of the observation that the religious field which is supposed to be a place of spiritual pilgrimage, penance, sharing, belief and fruitful faith, has proven to be a space structured around power struggles influenced by social hierarchical orders that make use of social capital, economic capital, cultural capital and symbolic capital (Bourdieu, 2002) which tends to hinder the peace and security between the faithful.

There exist numerous reasons to investigate the impact, positive and adverse spill overs of urbanization within varying religious contexts. The cultural schisms that result as well as the ecological, social, political, and technological implications which have occasioned a wide array of studies in recent years. The literature and findings as concerns urbanization have focused mainly on the socioeconomic implications for communities, and several qualitative studies have investigated the transmissions from intra-country migrant flows as well as the creation of new enclaves. It is, therefore, important to note that the cultural context is not mutually exclusive from the religious drivers of urbanization. Whilst conflict and climate-driven pressures have exacerbated rates of urbanization in the recent past, this paper investigates the possibility of conflict as a result of religious transformations in a context of urbanisation, basically the analyses of the later, the possible perspectives or understandings and an eventual probability through which the negative outcomes can be prevented. The following definitions are provided for clarification in line with the sociological guidelines of scientific writing recommended by Emile Durkheim (2016). According to Emile Durkheim, religion is,

> A unified system of beliefs and practices relative to sacred things, that is to say things set apart and forbidden - beliefs and practices which unite into one single moral community called a church, all those who adhere to them (Taves, 2009 : 176).

Meanwhile Max Lynn Stackhouse, considers it to be

> A comprehensive world view or 'metaphysical moral vision' that is accepted as binding because it is held to be in itself basically true and just even if all dimensions of it cannot be either fully confirmed or refuted (Nelson, 2010).

For further understanding it seems imperative to understand the meanings of orders, congregation, clerical institutions, etc[1]. In a bid to further defend the conflictual nature of religious practices, when influenced by exogenous and endogenous factors relating to governance, plurality and perceptions.

As earlier mentioned, this study questions aspects of religious tolerance in multi-religious and multi-cultural contexts. In essence religious tolerance is the ability to allow others think and practice their religious beliefs even if not sharing the same beliefs as them. It may be individual or collective, characterized by various freedoms and opposing doctrines or dogma. Contrarily, religious intolerance is the non-acceptance of another's religious beliefs or practices. It could be mild or extreme and sometimes even lead to violent or abusive reactions, thus a threat to social cohesion. There is considerable evidence available to defend the fact that religious tolerance has increased over time, especially with a considerable increase in migration tendencies. Looking deeply into these migration circuits we are compelled to understand that;

> Déplacement de populations d'un pays ou d'une région à l'autre. Plusieurs cas de figure : changements définitifs de résidence, mouvements saisonniers ou journaliers (migrations alternantes entre le lieu de travail et le lieu de résidence). Problématique de l'acculturation, du seuil de tolérance et de la double identité » (Ferréol et *al.*, 2015 : 169).

This definition brings to mind two considerations in our context: the first recounts the movement or displacement from one area to the other with consequences like a change and a necessary adaptation into a

[1] A religious order is a lineage of communities and organisation of people who live in some way set apart from society in accordance with their specific religious devotion, usually characterized by the principles of its founder's religious practice. A congregation is an assembly of persons met for worship and religious instruction.

different religious group probably of the same religious order with different religious practices proper to the context; the second tendency edifies on the cultural specificities involved, hence a necessity to ameliorate the insertion and tolerance strategies within the religious regrouping. This study seems primordial yet tackles the issues at hand from a different perspective, that of the internal conflicts that arise within religious groups as a result of the practices manifested, which do not always go in line with the sacred book, but are influenced by the interests of the actors involved.

Without ignoring the classical migration circuits which have marked Cameroon history[2] and the great rural exodus which led to an increase in movements from the peripheries to the center[3], we note the evolution of conflicts in the world with a considerable transformation of conflicts from the former conventional wars fought on a *'war-front'* opposing two camps, to the recent asymmetric conflicts characterized by a "hit and run" strategy with the ramifications affecting more and more civilians. Cameroon not being an exception has faced two of such conflicts in recent years. Firstly, the Boko Haram in 2013 in the Far North region of Cameroon and then the Anglophone crises which has affected the North-west and the South-west regions of the country since 2016. This has led to an increase in migration to the center for obvious reasons such as security and social stability. Upon arrival, upon settling, there is a tendency to locate a church where to worship and feel at home.

At the same time, cities have turned into sites of religious innovation and have become stages for the performing of religious events and celebrations that are parts of urban consumer cultures and contribute to the construction of urban identities and city images. The density of religious actors in the city fosters processes of religious hybridization, transformation, and cross-fertilization. This vibrant dynamism becomes a fertile ground for cooperation and exchange, but also for conflict, a context in which the governance of religious diversity gains new saliency at the level of cities (Martines-Arino, Griera, 2020).

We overemphasis the adverse spill overs of religious pluralism as well as the tendencies of religious tolerance and intolerance while addressing its effect on the peaceful, social cohesion of urban cities, Yaoundé in this case. By implication this is an indebt study aimed at revealing the conflictual religious practices, the attitudes adopted and the belief systems which are neglected yet could and will eventually lead to an outburst of conflict say, violence in the worst-case scenario. The

---

[2] The migrations in the 1900s influenced by the Jihads, resistance to foreign rule, succession disputes, dynasties wars, climate change, civil or inter-tribal rivalries, social ties and search of better pastures.

[3] Leading to urbanization.

rational thereof lies in the need for the preservation of a peaceful society in such an era where urbanisation and globalisation are inevitable. Well, it is worth noting that, there exist a fundamental difference between conflict and violence; with conflict being the upholding of antagonistic view points or disagreement, between two opposing groups or individuals and violence, the exercise of extreme force or action which causes destruction, pain, or suffering.

Well, if we dig deeper, we will be able to dissimulate these conceptual variations from Johan Galtung's (1969 : 167-191) perspective in which he provides a distinction between two levels of violence, one being the manifest violence (actual violence) and the other the latent violence (relates more to conflict), which could be both intentional and/or unintentional. This distinction is considered in our context without neglecting his violence triangle[4]. He affirms that;

> There is the traditional distinction between two levels of violence, the manifest and the latent. Manifest violence, whether personal or structural, is observable; although not directly since the theoretical entity of 'potential realization' also enters the picture. Latent violence is something which is not there, yet might easily come about. Since violence by definition is the cause of the difference (or of maintaining the non-decrease) between actual and potential realization, increased violence may come about by increasing the potential as well as by decreases in the actual levels (Galtung, 1969 : 172).

In sum, it will not be exaggerated to affirm that religious practices male provisions for loopholes which harness latent conflicts and can be transformed to manifest conflicts.

It therefore follows logically that religious leaning and doctrinal practices play a less than marginal role in determining and to a larger extent driving rates and forms of urban conflicts. A substantial literature probes into varying forms of urbanization based on socioeconomic status, economic activity, incentives for inward migration and various cultural links. It follows that original foundations in urban dwellings and the concentration of economic activities are also reminiscent of religious doctrines.

The methodology employed here regrouped the data collection methods of direct observation and semi-structured interviews. The latter was used intensely and combined with other technics like story-telling commonly known as "récit de vie". All the names used for the respondents are names given by the authors in order to respect the confidentiality agreement of the field research. The data was later

---

4 https://www.aihrhre.org/understanding-violence-triangle-johan-galtung-conflict-theory/

analyzed under the prism of Pierre Bourdieu's theory of constructivist structuralism (Bourdieu, 1970 ; 1980 ; 1984) in order to enhance the understanding of a typical urban context in all its possible strata and the religious realities that are essentially conflictual and could go a long way to affect social cohesion in Yaoundé. According to this theory, we understand that in a social space, there exists a series of battle fields which act against each other. The '"sociology of space" therefore examines the social and material constitution of spaces. It is concerned with understanding the social practices in a social space, institutional forces present, and the material complexity of how humans and spaces interact. To this effect, various interviews were carried out, composed of resource persons and/or Christians of the churches in the chosen categories of our sample. Considering the fact that we are confronting the older, denominational churches with the new or recent churches, we were able to interview a couple of Christians from the Catholic, Baptist, Presbyterian Church as well as various Born-again churches, respectively. While attaching particular importance to the neighbourhoods of habitation and worship of the respondents. A representative sample of the different municipalities of Yaoundé.

Hence, this paper will be articulated around two major axes; the first will be a presentation of the religious practices in the urban city of Yaoundé. Here we will do an indebt presentation of the forms and structures of the churches considered denominational in the first part and then those referred to as non-denominational.[5] The second interrogates the challenges of these religious practices in terms of the political structure of religion in Cameroon and in these organizations as well as the challenges linked to specificities of cultural hegemony which harness latent conflicts.

1. Religious practices in the urban city of Yaoundé

The World Bank affirms that Cameroon has one of the highest rates of urbanization, reaching about 56% in recent years, meanwhile the United Nations forecasted that 70% of people in the world will live in urban areas by 2050. It seems almost obvious that while an increase in population size has positive effects on the society, it also has negative effects. We intend to, in this first part of our study, highlight the specificities of religious practices and congregations, that is a succinct elaboration of a variety of religious groups present and active in Yaoundé. By implication, the manner in which the selected religious

[5] This is generally referred to in Cameroon as, « les églises conventionnelles et non-conventionnelles » meanwhile it refers to ancient and new churches

groups (*conventionnelle et non-conventionnelle*) are structured, specifically its administration and the management of the resources available for the good functioning of the religious lineage or order. This presentation will take into account the origins of the religious regroupings and/or the ameliorations that have occurred along time.

The religious field of Cameroon, in terms of the religious denominations and practices that characterise this field cannot be talked about without referring to the colonial history of the country (Turner, 1967). Considering the fact that the discovery of the nation as a potential colony was done with the help of the early missionaries whose first intention on the national territory was essentially religious. Previous research has defended the difficulty in interpreting confessional appropriations in Africa (Cameroon) without referring to historical realities, ethnic diversity, and the influence of the North on the South.

If non-denominational churches of Christianity are defined as;

> Congregations who are not self-affiliated with a traditional denomination and often separate themselves from the strict doctrine and customs of other Christian fellowships.... "Not denominational" and somehow different from the historic, well-known denominations of Christianity[6].
>
> That is, a denomination that is not tied to any specific religious organization, leadership, or hierarchy. This does not mean that a non-denominational church has no oversight – that would be disastrous – but they are not locked into a specific organization[7].

Then denominational churches will be the complete opposite, a Christian religious regrouping aimed at observing the strict historical doctrines and customs of their Christian fellowships. Nonetheless, field evidence continues to defend that in recent years these practices have been altered, yet the fundamentals are unvarying.

1.1. The Denominational churches and their religious practices

Our sample in this part of the study covers but is not limited to the Presbyterian Church (PCC) and Baptist church (CBC) under the Protestant Church and the Catholic Church (CCC). « Le christianisme a été introduit... au Cameroun à travers les églises protestantes (1920-1923) et les églises catholiques romaines (1923-1927) » (Mvotto, 2017).

---

6 https://www.christianity.com/church/denominations/what-are-non-denominational-churches-meaning-examples.html

7 https://www.biblestudytools.com/bible-study/topical-studies/what-is-a-non-denomination-church-and-is-it-right-for-you.html

From the onset it seems reasonable to start with the *Presbyterian Church of Cameroon (PCC)* in Yaoundé which is one of the oldest branches of the Presbyterian Church on the national territory. Its presence can be traced as far back as the pre-colonial period after which it was referred to as the *'Basel mission'* during the colonial period, an external arm of the Evangelical Missionary Society with headquarters in Switzerland and missionaries in Cameroon to propagate the Gospel. With the ousting of the Germans from the country after the First World War the mission faced many difficulties, yet the church continued giving it an indigenous character until about 1925 that some European missionaries began returning into the country. The church became an autonomous organisation in 1957 making it the largest English-speaking church in Cameroon with headquarters in Buea the headquarters of the south-west Region of Cameroon. The church is a member of the World Communion of Reformed Churches, All Africa Conference of Churches, and backbone member of the Council of Protestant Churches of Cameroon (CPCC).

The Presbyterian Church in Cameroon (PCC) being an autonomous organisation, is headed by a Moderator assisted by a synod clerk all voted for a period of five years. Their office is in the seat of the church at Buea from where all decisions affecting the church in the whole country emanate. The church is divided into many presbyteries depending on the different geographical location of the church. Yaoundé for example is under the East Mungo North presbytery that was created in 1996 with headquarters at the PCC Bastos. This presbytery englobes PCC churches in the Centre, East, South, and the Northern Regions of Cameroon. As far as the church in Yaoundé is concerned, the church has congregations in Bastos, Nsimeyong, Etoug Ebe, Simbock-Mendong, Nkolbisson, Ekounou and Nyom. All these are to facilitate access to the church by its Christians in their different residential areas. The PCC in Yaoundé contributes in social cohesion by bringing together all their Christians despite their social, material and gender to worship together and contribute in its evangelisation process. It is in this light that the church is structured into different wings such as the Christian Men's Fellowship (CMF) for the men's wing, Christian Women's fellowship (CWF) for the women's wing, the Christian Youth's Fellowship (CYF) for the youth's wing as well as the Young. Added to these there are other small associations and choirs.

Following evolutionary unfolding, the Baptist Church in Yaoundé is a branch of the *Cameroon Baptist Convention (CBC)* that was founded in 1954 with headquarters in Bamenda. The convention has its origins in 1841 from a mission of the Baptist Missionary Society that was brought into Cameroon by Jamaican missionaries Joseph Jackson Fuller and

Joseph Merrick. The Baptist church is a member of the Council of Protestant Churches of Cameroon (CPCC).

The Baptist church in Yaoundé is under the Yaoundé field as the church in the whole country is divided into fields which is a geographical division in which a certain number of churches in a certain geographical area are grouped into. The headquarters of the Baptist church is in the Etoug-Egbe neighbourhood and the Salvation Baptist Church of Obili, found in the Yaoundé VI subdivision, Faith Baptist Church in Anguissa/kondengui Yaoundé IV, Bethel Baptist Church in Yaoundé I, Covenant Baptist Church in Tsinga, and Soa Baptist Church in Sao both in Yaoundé II, Yaoundé VI and Rehoboth in Oyomabang Yaoundé VII. It is divided into departments to ease its mission of evangelism. Just as is the case with the PCC, the CBC church is structured into different wings specific to the different groups present in the church, that is, the children, the youth, the women, and the men's departments. The CBC in Bamenda makes the major decisions, yet every church handles its interior matter unless they prove their inability to. A church manages its finances, calls its Pastors (by voting) and decides on his Salary and living conditions, the church body also votes all its administrators, basically deacons who thereafter make up the decision-making body of the church.

With regards to the *Catholic Church of Cameroon (CCC)*, it is obviously an integral part of the Universal Catholic church under the spiritual leadership of the Pope in Rome. With Yaoundé as the Ecclesiastical Province, and a good number of churches spread all over the town. "The seat of the metropolitan archbishop is the *Cathédrale Notre Dame des Victoires* in Yaoundé. There is also a Minor Basilica at Mary Queen of the Apostles Basilica in Yaoundé."[8]

The Catholic Church being one oldest church's to have been implanted in Cameroon by the missionaries earlier than the colonial period (1890) is found in the category of denominational churches. Its structure and organisation are basically the same all over the world with some slight contextual variations. The bishops, the priests, and the deacons constitute its hierarchy within a given circumscription, with the authority exercised by the bishops while the priest and the deacons serve in collaboration with them. The roles of preaching, teaching, baptising, witnessing marriages, and conducting funeral liturgies can be done by all the clergy. Meanwhile the sacrament of the Eucharist, penance, confirmation and anointing of the sick are celebrated only by the priest and the bishop. The Bishop is the only clergy who can

[8] https://en.wikipedia.org/wiki/Roman_Catholic_Archdiocese_of_Yaoundé

administer the sacrament of the holy orders. Women are not allowed to be part of the clergy; it is reserved only for men.

1.2. Non-denominational Churches in Yaoundé and Their Religious Practices

In this part of the study, in our sample, we decided to focus our attention on the religious practices specific to the *Pentecostal churches of Cameroon* and the *Winners chapel international church in Yaounde.* We will notice here that the religious practices are more liberal in nature, they are conditioned by the super pastor. He coordinates the activities of his churches all over the world and receives regular reports of their management of the resources at their disposal.

The Apostolic religion was brought to Cameroon through Nigeria around the independence of the country, as missionaries were sent to share the word of God and convert people. Despite the challenges experienced, the Pentecostal church has gradually grown to gain grounds on the national territory. Pastor E. H. Williams was sent out from Calabar in Nigeria as the first resident missionary in 1960 and under his oversight the work rapidly spread in the English and French Sectors of Cameroon.[9]

Within the Pentecostal church, there exists a long-lived clash of value disparities between the *evangelical-pentecostal* and the *new-pentecostal* groups. The evangelical Pentecostal group is more interested in the winning of souls while the new Pentecostal church is interested in the show and display of flamboyance and material wealth as a manifestation of the good work of God in one's life. These two visions are susceptible to conflicts, and tend to derail certain believers from the ultimate goal. It is obvious that religious practices are influenced by the experiences lived by the Christians, be it as a result of the levels of education of the Christians or the experiences lived by the latter. This raises a question of individual or collective social representations. By implication people's past experiences influences the manner in which they perceive life.

Mr. Darius in his words gave us a presentation of the Pentecostal church in Cameroon;

> Je suis d'obédience Pentecôtiste évangélique dans lequel on parle du gouvernement des anciens et on reconnaît ce que la bible appelle les 5 ministères (selon Éphésien 4 ;13)[10] l'apôtre, le Prophète, l'évangéliste, le pasteurs et le docteur , les 5 colonnes sur la quel l'Église a été créer et ils sont investi dans l'enseignement de l'Évangile et travaille en collaboration avec les anciens qui sont chargés de les encadrer dans cette

[9] http://www.taccam.org/history/

[10] La sainte bible, version luis second.

> tâche, en leur ramenant à l'ordre en cas de violation des textes biblique. Le développement matériel que connaît le monde aujourd'hui donne naissance à plusieurs frustrations et conflits surtout dans un contexte urbain tel que Yaoundé[11].

The pastor is not voted but chosen amongst the Christians based on his behavior in church, his humility and ability to be calm in the phase of conflict, baked by the bible precepts which God gave gifts to certain and when the person is identified, his behavior is confronted with the bible and he is chosen by Christians of the church.

Diving into the *living faith worldwide church* commonly known as the *winner's chapel international church,* it is an evangelical charismatic Christian denomination with headquarters in Ota, Nigeria which has over the years planted churches all over the world, counting about 145 churches in different countries. It was instituted in 1981 when a Pastor Oyedepo, is said to have had a spiritual encounter in which he was instructed to liberate the world from all operations of the devil, by preaching the gospel of faith. This religious order is founded upon the twelve-core emphasis that the theological position of the church is Pentecostal and has a charismatic confession of faith. In 2014 this mission was extended to many countries all over the world amongst which Cameroon. In Yaoundé, there are winner's chapel churches in the Fouda neighborhood, in Odza, Damas and Soa.

2. The Challenges of Religious Practices in Urban Areas in Yaoundé

Religions are generally said to be proselytising as such they tend to contain germs of conflicts from the word go, we cannot therefore pretend to neglect or even ignore the inherence of conflicts in such settings, thus the incessant need to emphasize the pertinence of moral virtues of peace and love. To this effect it is worth noting that the findings of recent research show that the Christian religious groups account for about 50% of the total population, while the Islam religious community is about 20% of the total population and the rest reserved for the other religions existing on the national territory. It is therefore obviously apparent that the country is mostly Christian, this is the explanatory factors to further justify the decision made for the sample selected in this study. Here we present the susceptibility of the situation in the country of producing conflicts and violence even though some may seem very minimal.

[11] Interview done in Tsinga in December 2021 with a Fidel of the Pentecostal church of Yaoundé

2.1. Political Challenges and Conflict of Leadership

The political challenges of religious practices in Yaoundé will be illustrated consolidating aspect relating to the following points; firstly, the advantages gotten by certain religious orders in order to freely exercise their religious practices as opposed to others, probably because of the rewards gotten in exchange and then the administrative organisation of these religious groups themselves (Ela, 1980; 1985).

If one were to question the place of christian religious orders in the country, influenced by historical advantages or economic and social facilities. Substantial field evidence clearly points out to the obvious "inequality of religious orders". Here we mobilize notions of power and domination. Falna, while referring to the advantages of the older religious institutions, as opposed to the new churches affirms that :

> Ces institutions religieuses ont pour ainsi dire bénéficié des avantages dus à l'antériorité de leur implantation par rapport aux nouvelles autres institutions religieuses dites de réveil ou charismatiques. Cela dit, l'idée de l'égalité des forces religieuses paraît donc comme un idéal, voir une utopie, au sens marxiste du terme. Ce qui ne laisse donc pas la liberté de culte a tous les systèmes de manière équitable dans l'espace public pour la simple raison que la force religieuse est fonction du capital politique, économique et symbolique de chaque confession (Gwoda, 2012).

Lastly, in order to understand the political challenges relating to the leadership of religious orders, it is primordial to look into these religious groupings, that is, unveil their administrative organisations. This explains the succinct explanations given earlier of the specificities of denominational and non-denominational religious practices. In fact, the manner in which a church is structured, the inter-relationships between the administration and the Christians either promotes or hinders peace and harmony.

The question generally asked is whether the governance is transparent or not? Be it in terms of the management of all the finances as well as the Christians and all the other resources of the church. Who are the decision makers, what decisions do they make, what influences their decisions and what is the feedback thereafter? This is fundamental because Christians are a part of the church and deserve a feedback, they invest their personal resources in order for the church to be successful. In certain churches, the way the church is organised by the Christian body is basically just there to make contributions; they do not have the power to change things in the church or make proposals for the decisions made. According to Vanny, a Christian of the winner's chapel church,

> The internal conflicts which generally arise in the winner's chapel church arise as a result of governance, the organisation of the administration in the Winners chapel ministries. This is caused by the fact that everything in this church is centralised solely around the main pastor, Pastor Oyedepo in Nigeria who coordinates everything from his seat in Nigeria. He is fully implicated in every church and makes the major decisions concerning the planting of the church, the calling of a pastor, his administration, the institution of a board of elders who are the main opinion givers on how matters are to be handled. He receives reports monthly regarding the management of the church's resources and the administration of posts of responsibility[12].

Besides these aspects of good governance and transparency, there also exists aspects relating to the discriminatory nature of the appointment of church leaders. According to Timothy,

> Despite the efforts made by the PCC in Yaoundé to manage the disparities present within such an urban church setting, there is still much to be done, and the funny thing is most of the failures are administrative. We observe that the fundamentals of the church of God are jeopardised by certain schisms of the church administrators, because those in charge seek their personal interests. The quest to amass wealth and power has taken over the church to the extent that even the elections are rigged and appointments are influenced by various forms of discrimination.
>
> Most, if not all the Pastors want to be at the helm of the church in Yaoundé since it is the political capital of the country and has more financial entries. This is especially the case with the larger congregations like PCC Bastos which is the Presbyterian Church where most political and administrative officials of the faith worship.
>
> Many onlookers and Christians viewed the 2014 elections of the moderator and synod clerk at the helm with much mixed feelings as to them the final results were simply a revelation of the discrimination that resides in the church. This could have been a friendly reward from the hierarchy, because it seems like certain posts are reserved for certain pastors, especially those who have friends represented in the hierarchy of the church.
>
> Again, still in the power tussle of the church, we realise a lot of problems when the church chairman of a congregation is to be elected. The church chairman of every congregation is the administrative head of the church and works closely with the parish Pastor who is the spiritual leader. During such elections Christian change to other forms and do all for their candidates to win this top position of the parish so as to be the controller of the parish[13].

[12] Interview done in the Emana neighborhood on the 14th of November 2021 with a Fidel of the winners chapel church of Yaoundé.

[13] Interview in bastos with a Christian of the PCC.

A similar case was also observed in the Baptist church in Yaoundé, wherein the results of the elections were greatly contested by the Christians and led to a division in the church. This explains why a lady named Sheila of the Etoug-egbe Baptist church told us that ;

> The Etoug-egbe Baptist church suffered various clashes amongst the Christians simply because they were in disagreement regarding the change of pastor. According to the CBC by laws, a pastor's term of office is 4 years renewable ones unless the church with a ¾ voting representation decides otherwise. In this case the results of the elections did not respect the ¾ criteria as such it was obvious that the pastor had to leave the church but with the help of certain Christian mostly the powerful and financially advantageous, he insisted on staying. So, it raised controversies amongst the Christians, leading to an open display of disagreement, the departure of certain Christians and the final departure of the pastor in anger as he went and opened his own (non-denominational) church elsewhere and not under the Baptist. Certain Christians who were insisting he stayed to pastor the church were forced to leave with him.

This is substantial field evidence asserting to the fact that the conflicts that arise in church settings are influenced by the political orders and the constitutional provisions made regarding religion in the country, as well as the advantages gotten by certain religious orders in the country in order to freely exercise their religious practices as opposed to others, not forgetting the administrative organisation of these religious groups themselves requiring a considerable amelioration of the internal administrative and regulatory systems of churches.

2.2. Cultural challenges and ethnic hegemony

This section is based in the specific hypothesis that, the church in an urban space is generally characterized by a large population size and density, heterogynous in nature with segmentations of personalities, as is the case in Yaounde. Thus in perpetual conflict with cultural identities of social actors, the trap of religion in Africa (Ela, 1981).

As a result we address the socio-cultural specifies of multi-lingualism and religion, laying emphasis on magical or witchcraft practices as well as marital challenges which tend to reveal the intra-personal conflicts faced by christiains of urban churches.

Yaounde is a populated town, with the *'ewondo'* and the *'beti'* considered as the autochthone population[14] but today the town has evolved to the extent that it has seven municipalities that is the *'decentralized territorial collectivities'* for a population estimated in the

---

[14] An autochthone population is a population whose establishment in a particular area is older than the others.

year 2022 at about 4 336 670[15]. These demographical evolutions have confronted the town of Yaoundé to a mixture of cultures and ethnic practices which are reflected in churches.

Despites these changes, a few churches continue to organise their masses in their local languages as the prayers and songs are done exclusively in the same language. Others, unable to organise their masses in their local languages as practiced earlier tend to reserve certain masses for specific dialects such as ewondo or beti, this is the case with churches which have different masses at specific times like the Catholic Church. This situation creates various frustrations and even social injustice as it leads to the withdrawal by many from these churches or those hours of mass since they do not see the need to spend a couple of hours in a worship arena without really hearing the language used in this context. This could be the bases on which the creation of churches specific to local populations and languages could be created yet it will challenge the unity of the universal church

On the other hand, we find churches which organise their celebrations in one of the official languages and make provisions for the translation of whatever is said to the other official language. This is a better option in the opinions of many but looked into critically, we understand that the use of official languages somehow neutralises the ethnic languages meanwhile in organising the mas in dialect, this reinforces a feeling of autochthony, authenticity, hegemony, etc. in a church. This seems contradictory but if these religious organisations get in the habit of organising cultural activities.

Furthermore, we are confronted with an ethnic discrimination in churches in Yaoundé. The ethnic group to which the Christians belong determines to a great extent most of the decisions made in the church, this includes the calling of the pastor, the election of church leaders as well as the appointing of those responsible for certain services in the church. We even notice that certain pastors are criticised and eventually sent away from the church sometimes because of this reason. Interviewing Dieudone[16] on the conflicts that arise in his church he identified "les conflits d'ego". Yaoundé is a big town and one's people come to Yaoundé for their education or work, they feel important and this ego tends to be translated into the church, a place where humility is the watchword.

> We called a Pastor oh, he was young and active, when he came, he was so humble and we were happy with his service in the church. But after some time, he became so proud and did not want to listen to the deacon board.

---

[15] Plan Directeur d'Urbanisme de Yaoundé, 2017.

[16] Interview done in biyem-assi in October 2021 with a Fidel of the CBC

> The bare minimum we expected from him as a spiritual leader were absent. Now the church is divided between letting him stay and sending him away. He has built different clans in the church based on tribal differences and has created so much conflict. Before we never heard of public expressions of hate and jealousy but now it is the talk of the day because the pastor encourages so much gossiping and backbiting.
>
> In this situation we have experienced the departure of many Christians as a result of the pastor's denial to take heed to the advice and direction of his deacon's board, his refusal bless certain marriages, to visit the needy and the sick and his facility in minimising the other Christians and their professions, his propensity to lubricate gossiping, the church is therefore characterized by excess disrespect, disunity even among the leaders, favouritism, and tribalism.

In the young man's concluding words when he reveals aspects of transcendence in the actions taken by the church body to handle this conflict like reporting it to the hierarchy, we were intrigued to question the cultural specificities of the main actors involved in this conflict. From his explanation, we were able to decipher that this conflict was influenced at about 55% by tribal disagreements. From the onset, this pastor was called because the deacons' board had a majority of people from his tribe. After two terms of office, he realised that he was losing his notoriety amongst the elders, he influenced an unplanned re-election of a new deacon's board with younger Christians from his tribe, Christians he thought he could have more influence over. This actually played in his favour because they constituted a majority in re-electing him a third time contrary to the by-laws of the CBC.

The conflicts that arise around the practice of religion in Africa cannot be addressed without mentioning the intra-personal conflicts that arise as a result of the battle between religion and ancestral practices that characterise the African context as well as the marital choices and the influence of culture and or religion on marriage. The manifestation of the Christian faith through baptism has raised a wide range of controvercies generally relating to the feelings of treason and betrayal of the ancestors, wherein many are ready to be in church without abandoning their cultural ancestral practices (Ela, 1981). We also address the ocultic forces and the practices of invisible protection:

> Et le retour à certaines formes de pratiques et de controverses refoulées sous l'effet de la violence du christianisme des missions met en lumière l'échec et l'insignifiance des nouveaux modes de vie, des doctrines et des institutions importées. Dans les sociétés en changement rapide et en désarroi, la recrudescence des anciennes pratiques magico-religieuses et la prolifération des sectes dans les régions où le fait chrétien semblait établi sont un défi pour les églises officielles (Ela, 1981 : 6).

In essence the situation at hand presents a challenge to christianity and raises the difficulty involved in pledging full alegeance to god as the supreme being considering the fact that the history of Africa is characterised by sacred societies which have been used by the ansestors for protection and power, thus the clash between both practices which are essentially contraditory.

This also holds for marriages, the bible encourages monogamous marriages for the faithfuls, this is a major hinderance to the polygamous and adulterous christians, as they will rather not bless thier marriage in church rather than have the whole church judging thier movements and actions. So, we observe that appart from the latent conflicts that arise as a result of religious practices, there exist conflicts that confront the social actor with himself and cause one to question the religiousity of religion. This situation further questions the honesty of a polygamous or adulterous christian for instance, by adressing his inability to get baptised, married or even take cominion in church. Thus the contradictions between religious practices and societal realities, we can therefore agree that the former is greaty ifuenced by the latter.

2.3. Economic challenges and "the construction of the rich Christian"

Here we mobilize the economic aspects which challenge the spirituality of religious practices and create conflicts (Durkheim, 1912). Amongst which are the discriminations done by church leaders in favor of the rich, the controversies around the posting and calling of church leaders to churches with higher offerings and richer Christians and finally aspects of good governance and transparency.

According to Marx, in a capitalist society, religion plays a critical role in maintaining an unequal status quo, in which certain groups of people have radically more resources and power than other groups of people. The bourgeoisie used religion as a tool to keep the less powerful proletariat pacified. Marx argued that religion was able to do this by promising rewards in the after-life, instead of in this life. It was in this sense that Marx asserted the following. "Religion is the sigh of the oppressed creature, the feeling of a heartless world, and the soul of soulless circumstances. It is the opium of the people. The abolition of religion as the illusory happiness of the people is the demand for their real happiness." It is worth noting that Marx had a critical approach sociology which aimed at changing the world, yet it serves like an eye-opener, in my opinion, the new born again churches, which seem more contextual in that they are at the disposal of every one and any one, in remote areas with no selection of fidels, their small structures facilitate proximity, familiarity, and fellowship (Durkheim, 1912).

Lauretta, a Catholic Christian, affirms that not belonging to a specific subgroup in the church might render someone ignorant of the minor conflicts lived in the church in which the person worships. Considering the fact these conflicts generally affect people who are in various religious groups within the church, such as the choir, the catechise, but not for floor members. Yet she points out to the fact that there exist certain conflicts which in her opinion are linked to economic capital. The functioning of churches is spiritual but also financial, the offerings of the Christians and the gift given to the priests influences many things in the church.

> Firstly, I will say, the organization of the Catholic Church on its own can lead to unwanted conflicts simply because all postings and appointments and done from above, instead of the church calling their priests and bishops by means of elections. This has in the past led to unwanted power struggles. They each have preferences in terms of the church to which they are posted because there are certain churches where Christians contribute or give alms and gifts to the priests more than others and since appointments are done by the discretion of the hierarchy irrespective of any popular criteria, it leads to certain tensions which have widespread ramifications not just on the church members but also on the society at large. Priests will obviously prefer certain parishes more than others and when they are not posted in their churches of preference, they become envious of others. I have experienced situations where a priest was sent to a church in France and he did not want it because in Africa, especially in urban areas, churches are very populated and Christians have the habit of giving more than those in developed countries[17].

On the other hand, in the winners chapel church, where the posting of pastors to churches is also done by the hierarchy, we have noticed that when a pastor is removed from one church (say church A) in the town to another (church B), his Christians follow him to his new church (B). So, when the new pastor comes to church A, he finds that the church is empty and start complaining and hating on the former pastor and asking him to ask the Christians to come back. The popular opinion defends that this conflict arises simply because both pastors are fully aware that the number of Christians in their churches will greatly influence the money collected. But again, what do them really make of the divine writing which says, "No man can serve two masters at the same time: for either he will hate the one and love the other; or else he will hold on to the one and despise the other"[18]. Additionally, most of the economic conflicts that arise in church setting are linked to the manner in which the resources available are managed.

---

[17] Interviewed in EMIA on the 4th of September 2021

[18] Matthew, 6:24, in The holy Bible, king James version.

> The question generally asked is whether the governance is transparent or not? Be it in terms of the management of finances, the Christians and all the other resources of the church. Who are the decision makers, what decisions do they make, what influences their decisions and what is the feedback thereafter? This is fundamental because Christians are a part of the church and deserve a feedback, they invest their personal resources in order for the church to be successful. The way the church is organised the Christian body is basically just there to make contributions; they do not have the power to change things in the church or make proposals for the decisions made. There exist a commission of elders who are the main opinion givers and they are the ones who decide on the manner in which matters are handled[19].

This whole situation can be confronted with the phrase attributed to Jesus in the synoptic gospel which reads : "Render unto Caesar the things that are Caesar's, and unto God the things that are God's"[20].

In sum, religious organizations have been viewed in terms of costs and rewards. The cost here varying from monetary to material costs in terms of time, efforts, commitment and the rewards, the intangible benefits relating to beliefs and satisfactory explanations about life, death, life after death, the supernatural and natural rewards from membership and active participation in the activities. It seems rather inevitable for the different religious groups to engage in a somewhat competition for members in such a pluralistic society with many religious options, choosing a religious denomination for one's self becomes similar to choosing a commodity in the market place, i.e., setting a balance between the costs and the rewards in a rational manner. These balance ranges from indebt reasons such as the extent to which a particular religious group dwells on the teaching of the bible, to rather shallow reasons like the performance of miracles, signs, and wanders as is the case with these new born again churches.

In essence, it seems almost repetitive that there exist conflicts in every religious group as illustrated in our study, yet the realities of these conflicts vary according to the realities of the religious groups as well as the context in which they are created. Notwithstanding, the same religious groups that have been presented to nurse conflicts also tend to transcend the same conflicts depending on how they are organised in the society.

---

[19] Continuation of an interview done in the Emana neighborhood on the 14th of November 2021 with a Fidel of the winner's chapel church of Yaoundé

[20] Matthew, 22:21.

Conclusion

At the end of this study, it must be realized that the social actors, through their cultural, social and economic baggage, renew daily their ways of thinking, acting and feeling the religious practice in the public space. The data obtained attests that conflicts are inherent to any social group, to any community, to all contexts characterized by social interactions between the individual. The religious space that is supposed to be a place of spiritual pilgrimage, penance, sharing, belief, fruitful faith takes on the attributes of a space structured around power struggles that make use of social capital, economic capital, cultural capital and symbolic capital. As such, whether one is in a Catholic, Protestant or new church, he is predisposed to face conflicts as long as he interacts with others. But it all depends on how churches use rules and norms to tame or domesticate the attitudes and behavior of the faithful.

Bibliography

BAC Obiefuna, 2011, « Conflict Theory and the Analysis of Religious experience in African », *Reasearch Review,* vol. 5, n°1, DOI: 10.4314/afrrev.v5i1.64516.

Bourdieu P., 1970, *La reproduction : éléments pour une théorie du système d'enseignement,* Paris, Minuit.

Bourdieu P., 1984, *Choses dites,* Paris, Minuit.

Bourdieu P., 1984, *Sens pratique,* Paris, Minuit.

Bourdieu P., 2002, *Questions de sociologie,* Paris, Minuit.

Bourricaud F., 1981, *The Sociology of Talcott Parsons,* Chicago, Chicago University Press.

David S., 2013, *New, Holy War: The Rise of Militant Christian, Jewish and Islamic Fundamentalism,* Mc Farland.

Durkheim E., 1912, *Les formes élémentaires de la vie religieuse : le système totémique en Australie,* Paris, PUF.

Durkheim E., 2016, *Les règles de la méthode sociologique,* Paris, PUF/Quadige, 14e édition.

Ela J-M., 1980, *Le cri de l'homme africain : questions aux chrétiens et églises d'Afrique,* Paris, L'Harmattan.

Ela J-M., 1981, *De l'assistance a la liberation, les taches qctuelles de l'eglise en milieu Africain,* Limété (Kinshasa), Epiphanie.

Ela J-M., 1985, *Ma foi d'africain,* Paris, L'Harmattan.

Falna T., 2020, « Les pratiques culturelles a l'épreuve de la laïcité au Nord-Cameroun, Cameroun », Falna T., Koulagna J., (dir.), *Dialogue interreligieux, médiation et laïcité au Cameroun : perspectives actuelles et logiques multi-rationnelles,* Yaoundé, Ed. Monange, pp. 41-65.

Falna T., Koulagna J., (dir.), 2020, *Dialogue interreligieux, médiation et laïcité au Cameroun : perspectives actuelles et logiques multi-rationnelles,* Yaoundé, Ed. Monange.

Ferréol G. et *al.,* 2015, *Dictionnaire de sociologie,* Paris, AC.

Galtung J., 1969, « Violence, Peace, and Peace », *Research in Journal of Peace Research,* Vol. 6, No. 3, pp. 167-191.

Geertz, C., 1993, « Religion as a cultural system », in *The interpretation of cultures: selected essays,* Fontana Press, pp. 87-125.

Gwoda A. A., 2012, « L'instrumentalisation du religieux dans le philosophème de la la¨cité au Nord-Cameroun. Essai sur une paix positive », in Alawadi Zelao, Bouda Hamman (éds.), *Le Cameroun septentrional en transition : perspectives pluridisciplinaire,* Paris, L'Harmattan,

Jenkins P., 2013, *Urbanization, Urbanism, and Urbanity in an African City, Home Spaces and house culture,* Londres, Palgrave Macmillan.

Martines-Arino J., Mar Griera, 2020, « Adapter la religion : negocier les limites de la religion minoritaire dans les espaces urbains », *Social Compass,* vol 67, n°2, pp. 221-237.

Nelson R., 2010, *New Holy Wars*, Pensylvaia, Penn State University Press.

Sohail H. Hashmi, 2012, *Just Wars, Holy Wars, and Jihads: Christian, Jewish, and Muslim Encounters and Exchanges*, Oxford, Oxford University Press.

Stewart E., Edgell P., Delehanty J., 2018, « The Politics of religious prejudice and tolerance for cultural orders », *Sociological Quartely*,vol. 59, n°1, pp. 17-39.

Turner H., 1967, « A Typology for African Religious Mouvements », *Journal of Religion in Africa,* pp. 1-34.

The Holy Bible, King James Version.

Adresses internet.

https://res.mdpi.com/d_attachment/religions/religions-10-00274/article_deploy/religions-10-00274.pdf

https://www.aihrhre.org/understanding-violence-triangle-johan-galtung-conflict-theory.

https://www.researchgate.net/profile/Andrew_Mckinnon3/publication/228011119_The_Sociology_of_Religion/links/5a7f0ff30f7e9be137c71d16/The-Sociology-of-Religion.pdf?origin=publication_detail

https://www.researchgate.net/publication/327870482_Boundary_between_Religion_and_Social_Conflict_-Perspective_from_the_Civil_Rights_Movement/fulltext/5baa709a92851ca9ed25d1d0/327870482_Boundary_between_Religion_and_Social_Conflict_Perspective_from_the_Civil_Rights_Movement.pdf?origin=publication_detail

Quatrième partie : Mobilités urbaines, connectivités territoriales et numériques au Cameroun

Chapitre 12 : Urbanisation, mobilité urbaine et productivité socioéconomique : regard croisé entre les villes de Yaoundé (Cameroun) et d'Ankara (Turquie)

Ibrahimou Hamidou

Résumé

Les politiques publiques nationales et internationales en matière d'urbanisation abordent le concept de développement à travers des logiques de planification et de durabilité. L'urbanisation accélérée en Afrique et au Cameroun en particulier impose aux instances publiques de la ville un réel défi d'organisation et d'aménagement des moyens de transport. La démographie en constante évolution, additionnée à une urbanisation anarchique de la ville camerounaise, rend les instances administratives inaptes à proposer une réponse pérenne aux attentes croissantes des populations en matière de transport urbain. La présente étude cherche à diagnostiquer et à analyser les effets de la mobilité et de l'accessibilité urbaines sur le comportement socio-économique des usagers au quotidien à partir d'un regard croisé entre le système de transport urbain à Yaoundé et à Ankara à l'effet de dévoiler les méthodes de résilience et d'optimisation de la mobilité urbaine par les populations.

Mots-clés : Mobilité, transport, urbanisation, accessibilité urbaine, ville.

Abstract

National and international public policies on urbanization approach the concept of development through planning and sustainability. The accelerated urbanization in Africa and Cameroon in particular imposes on the public authorities of the city a real challenge of organization and development of means of transport. The constantly changing demography, combined with an anarchic urbanization of the Cameroonian city, makes the administrative authorities unable to propose a lasting response to the growing expectations of the populations in terms of urban transport. The present study seeks to diagnose and analyse the effects of mobility and urban accessibility on social-cost-effective day-to-day use of the urban transport system in Yaoundé and Ankara, with a view to unveiling the methods of resilience and optimization of urban mobility by the population.

Keywords*: Mobility, transport, urbanization, urban accessibility, city.*

Introduction

> Cette soif de mobilité, ce besoin d'aller toujours vers un ailleurs sans doute meilleur, que l'on retrouve dans toutes les sociétés, a poussé les hommes à imaginer sans cesse de nouveaux moyens de transport qui leur permettent d'aller plus vite et donc plus loin.
>
> François Plassard, *Transport et territoire*, 2003.

L'analyse de l'urbanisation pose un certain nombre de difficultés d'ordre conceptuel liées à la perception de la ville qui peut être variable d'un pays à l'autre suivant le niveau de développement infrastructurel. En effet, l'étude de l'urbanisation offre alors une variété d'intérêts, notamment démographique et socioéconomique, qui, au sens de Patrick Cubry représente une mutation essentielle de la répartition géographique et sociale de la population, mais aussi une transformation des activités économiques (Cubry, 1991). À ce sujet, la ville est appelée à jouer un rôle fondamental dans le mode de vie des populations, puisqu'on peut l'appréhender comme le centre névralgique d'où part le développement qui se diffuse graduellement vers la périphérie.

La croissance du phénomène d'urbanisation telle qu'observée ces dernières décennies dans les grandes villes d'Afrique, représente un défi radical pour les pouvoirs publics en termes de conséquence sur l'accessibilité et la mobilité urbaine. La mobilité urbaine est entendue ici comme la capacité d'un groupe d'usagers de se déplacer aisément ou de circuler, créant alors une sollicitation importante en termes de transport urbain. Elle désigne essentiellement les aspects du système de transport liés à l'offre et à la demande dans un espace donné (Stucki, 2016 : 22). Selon la demande des populations, les infrastructures et les services de transport sont censés répondre aux besoins de mobilités actuelle et future. D'un autre côté, les dynamiques économiques viennent rajouter une problématique supplémentaire à l'enjeu que représente la dépendance liée au phénomène de mobilité (Mfoulou, 2017 : 08), car dans la ville, en plein essor, il existe un foisonnement économique imposant alors un défi de mobilité de grande envergure. Cette interdépendance entre économie et transport relance de ce fait, le débat sur la fluidité même de la circulation en milieu urbain. Dans une période où la planification des transports urbains cherche permanemment à s'améliorer, jamais la demande n'a été aussi élevée que ces dernières années à l'échelle mondiale. Aujourd'hui, plus de 54 % de la population mondiale vit dans des zones urbaines. On estime que ce taux, qui était de 34 % en 1960, passera à 70 % en 2050 (Çigdem Varol, 2017). Parallèlement à la croissance de la population urbaine, des pressions importantes s'accentuent sur la fourniture de services d'infrastructure urbaine tels que l'énergie, l'eau ou le transport.

Fritsch en 1995 était formel sur le fait que dans la théorie de développement, les infrastructures peuvent contribuer de façon inévitable à la productivité d'une ville (Fritsch, 1995). Ce qui veut dire qu'en matière d'urbanisation, il est évident qu'un réseau routier bien fourni et suffisamment entretenu, constituerait un atout conséquent à l'essor de l'économie d'un pays et participerait en conséquence comme le dit Gilbert Koenig, à réduire les inégalités entre catégories de citadins (Koenig, 1974 : 02). Cela dit, l'aménagement des routes urbaines est d'une importance fondamentale en ce qui concerne la fluidité des activités économiques et l'amélioration des conditions de vie des populations. Le transport public urbain efficace réclame une attention particulière à la planification urbaine, à la construction et à l'entretien des infrastructures routières, mais aussi à l'organisation des services de transport (Kumar et Barrett 2008 : 7). Cet argument suivant lequel « là où la route passe, le développement suit », traduit sans doute la valeur intrinsèque du réseau de transport dans les théories du développement. Une réalité qui en effet, ne relève pas que d'une simple observation lorsqu'on se rend compte que les difficultés de nombreux pays africains sont liées à un problème de gestion de la mobilité. Une ville dont le réseau routier est inexistant, mal conçu et/ou mal entretenu entraine automatiquement la cherté du coût de la vie parce que les contrariétés liées au transport des biens et services se répercuteront directement sur les produits consommés au quotidien. Dès lors, on peut considérer que l'existence en abondance des infrastructures urbaines de transport est un moyen d'éviter les incongruités d'encombrements dus à une forte concentration urbaine des activités et des populations. Le transport urbain se pose ainsi comme l'un des facteurs essentiels de l'économie d'une ville et d'un pays. Il est indispensable, pour son essor, de définir des orientations politiques qui organisent ce secteur.

En effet, nombreuses sont les villes africaines qui se trouvent être limitées en infrastructures urbaines dues à un défaut de planification de la ville au départ. Un manquement qui, aujourd'hui s'observe dans les grandes métropoles comme Dakar, Douala, Abidjan ou Yaoundé, qui se sont développées de manière quasi anarchique. En Afrique, les statiques de l'urbanisation accélérée selon Martin Stucki (2016) représentent une croissance de l'ordre de 4,5 % par an, plus de 60 % des Africains vivront en milieu urbain à l'horizon 2050 ; il recense également une moyenne de 80 % des citadins africains ne possédant pas encore de véhicule à moteur (Stucki, 2016). Dans ce cas de figure, le développement du secteur de transport en commun représenterait une opportunité de fluidifier la circulation en situations conjoncturelles (organisation des grands évènements sportifs, activités culturelles d'envergure nationale ou internationale, période de fête de fin d'année, etc.).

La présente étude cherche à diagnostiquer et à analyser les effets de la mobilité et de l'accessibilité urbaine dans la ville de Yaoundé, notamment sur le comportement socio-économique des usagers au quotidien. L'étude va s'atteler à comparer deux capitales politiques aux identités urbaines opposées. La ville de Yaoundé dispose d'une population d'environ 4 164 167[1] dont les routes sont jonchées de « nids de poules »[2] provoquant des embouteillages interminables aux heures de pointe ; la ville d'Ankara dont la population est estimée à 5. 215 747[3] offre tout une autre possibilité d'analyse à travers son réseau routier à la fois souterrain, terrestre et ferroviaire qui dessert toute la ville. Des villes développées telles qu'Ankara ont mis en place des réglementations pour favoriser la planification urbaine en amont afin d'éviter la saturation urbaine. Les administrations, les supermarchés, les stades de football ou autres endroits de divertissement se trouvent être dispatchés partout dans la ville évitant ainsi la concentration des lieux d'attraction. Contrairement à la ville de Yaoundé où la centralité mobilise une forte concentration humaine avec une mobilité difficile : le Marché Central qui se situe au cœur de la ville, le marché Mokolo qui constitue une attraction importante ; le stade de football Amadou Ahidjo qui, en période de compétition, draine un nombre important de spectateurs, paralyse littéralement une bonne moitié de la ville de Yaoundé. Tous ces éléments participent au ralentissement du rythme de mobilité des usagers de la ville de Yaoundé. Hall en 1991 considère qu'une meilleure organisation spatiale des activités est déterminante puisque la densité urbaine constitue un facteur qui peut permettre de définir les comportements de mobilité (Mfoulou , 2017 : 09). Par conséquent, la forte densité urbaine dans un espace peut autant être avantageuse en termes d'opportunité d'emploi pour la population que génératrice de problèmes en termes de concentration des trajectoires de mobilités urbaines des individus.

Il s'agit de traiter des problématiques émergentes en matière de mobilité urbaine, qui sont des questions communes à toutes les villes africaines notamment Yaoundé. Ainsi, en considérant les caractéristiques propres à cette ville, il est question d'identifier les problèmes auxquels font face les pouvoirs publics et les raisons de ces difficultés. Cependant, il est évident que les juxtapositions des données en matière d'urbanisation dans l'espace et dans le temps sont délicates car les définitions de la ville peuvent varier d'un pays à un autre. Ce qui

---

[1] https://worldpopulationreview.com/world-cities/yaounde-population

[2] Il s'agit des petits creux ou trous qui se trouvent sur la chaussée en pleine dégradation. Les conducteurs, dans l'usage quotidien de ces routes, cherchent à les éviter, ce qui peut créer les embouteillages, mais aussi des accidents de la voie publique.

[3] *Idem.*

amène à croiser le regard à l'aune de la ville d'Ankara pour adresser la question de la gestation d'un modèle de mobilité qui soit durable dans les villes camerounaises en plein « boom » économique et démographique ? D'un autre côté, quel impact peut jouer le transport urbain « fluide » dans la facilitation de la circulation des biens et services ? Outre ces questionnements, il sera important d'intégrer les enjeux de la mobilité urbaine, les défis rencontrés dans les villes camerounaises comparativement aux villes métropolitaines comme celle d'Ankara. La notion de mobilité durable incite à une large réflexion sur l'importance même de la planification urbaine comme un concept clé dans les villes prédestinées pour le futur. De ce fait, il sera alors utile d'aborder les différentes facettes de la mobilité urbaine afin de comprendre les raisons de manifestation de la crise du système de mobilité observée au Cameroun.

Les données utilisées pour la discussion scientifique sur la question de la mobilité urbaine sont produites durant la période 2020/2022. Elles sont issues d'une observation directe des réalités urbaines sur le terrain à la fois au Cameroun et en Turquie et une exploitation documentaire. Dans une approche holistique, cette étude tente d'intégrer les enjeux de la mobilité urbaine, les défis rencontrés dans les villes camerounaises comparativement aux villes métropolitaines comme celle d'Ankara.

La théorie économique de l'accessibilité urbaine de Gilbert Koenig est un modèle économique qui optimise les mobilités urbaines en se basant sur des conditions de transport et de l'intérêt des destinations possibles des citadins (Koenig, 1974). Selon ce paradigme, l'efficacité d'un système de transport se mesure en termes de variables représentant l'utilité d'accès aux destinations ; la mise en service d'un mode de transport se traduit alors pour les citadins par l'intérêt et les activités qu'ils pratiquent vers un lieu donné (emploi, école, commerce etc.). La théorie de l'accessibilité de Koenig permet ainsi d'évaluer l'efficacité économique des moyens de mobilités en place. Pour les citadins se rendant ou rentrant de leur lieu de travail durant l'heure de pointe, on peut analyser la variable coût et temps du transport journalier comme étant considérable sur leur productivité à la fois mensuelle et annuelle. C'est pourquoi, l'accessibilité et l'amélioration des services de mobilité urbaine ne sauraient provenir que de l'intérêt manifeste des destinations possibles des usagers. Ainsi, le système de transport intervient comme un moteur de l'économie de la ville. Koenig établit alors la théorie de l'accessibilité comme un outil de travail fondamental pour le planificateur, c'est aussi une clé de voûte qui permet la prévision de trafic urbain ayant en effet une conséquence directe la productivité socioéconomique de la ville.

1. Circuler dans les villes de Yaoundé et d'Ankara… à la croisée des systèmes de mobilité urbaine

La mobilité urbaine est déterminée par la nature du système urbain mis en place par les politiques publiques de transport. Mais, lorsqu'elles sont défaillantes et ne parviennent pas à satisfaire à la demande de transport, les citoyens tentent de mettre sur pied des modes de transport qui révèlent la résilience sociale face à l'insuffisance de l'offre des modes de transport conséquents, surs et durables.

1.1. Bipolarisation du système de transport urbain à Yaoundé

Le périmètre administratif de la ville de Yaoundé couvre une superficie d'environ 304 km². Il regroupe sept communes d'arrondissement[4]. En effet, avec une population avoisinant quatre millions d'habitants en 2021, Yaoundé fait partie des villes les plus peuplées du Cameroun. Cette forte démographie véhicule de façon systématique une importante demande en termes de transport urbain. A Yaoundé, l'on note approximativement 8 millions de déplacements qui sont réalisés quotidiennement par les habitants de la ville. 36 % constituent des déplacements de quartiers, en l'occurrence des enfants qui vont à l'école ou encore des déplacements pour se rendre au marché, principalement à pied, ou en prenant des motos-taxis. 64 % des déplacements sont effectués sur de plus longues distances et concernent les travailleurs qui rallient leurs lieux de travail. Ces déplacements se font essentiellement en taxis, par mototaxis, en voitures privées ou par transport en commun[5]. Ainsi, on distingue à Yaoundé essentiellement trois types de mobilité urbaine : premièrement, les véhicules de particuliers qui sont une forme de mobilité « aisée » ; ensuite, le transport plus ou moins privé fait par les « taxis » et en troisième position se trouve le transport en commun utilisant les bus ou minibus. Ce type de transport de masse est plus prisé pour de très longues distances ou pour rallier les zones situées à la périphérie de Yaoundé comme Nkoabang, Soa et Mfou.

Le recensement du parc automobile dans la ville de Yaoundé en 2019 rassemble quelque 190 000 véhicules automobiles avec le taux de croissance estimé à plus de 4 % par an sur la période 2010-2018, 35 000 motos, 12 000 taxis et 35 000 motos-taxis (*voir : Plan de mobilité urbaine soutenable pour la Communauté Urbaine de Yaoundé, Rapport Technique juillet 2019*). À ces chiffres, il faut également rajouter environ

---

[4] Plan de mobilité urbaine soutenable pour la Communauté Urbaine de Yaoundé, Rapport Technique juillet 2019 (version initiale), p.13

[5] Ibid., p. 04

75 bus de transport en commun et approximativement 600 minibus, dont 400 sont utilisés pour la ligne entre le centre-ville et les périphéries comme Soa, abritant les institutions universitaires de Yaoundé 2[6]. Des statistiques datant de 2018 qu'il faut aujourd'hui surestimer vu la forte croissance de la population évaluée à 3,4 % annuellement[7].

Dans une approche socio-urbaine du système de mobilité à Yaoundé, l'on observe que celui-ci s'est développé autour de deux modèles fondamentaux de transport à savoir : le transport à quatre roues (véhicules) et le transport à deux roues (motos). L'existence de ces deux modèles n'est pas une exclusivité du Cameroun, c'est le cas de la majorité des capitales africaines. Par ailleurs, il faut souligner que dans les villes de Yaoundé et de Douala, il existe une sérieuse confrontation entre les motos taximen et les communautés urbaines des villes du fait de non-respect de certaines réglementations en vigueur. Ce qui occasionne l'interdiction de circulation de ces engins dans certains axes de la ville afin d'assurer la fluidité du trafic. Or, dans un souci de gain de temps, nombreux sont les citadins qui ont une préférence remarquée envers le système de transport à deux roues en dépit de sa sécurité limitée et de son coût élevé. Dès lors, la confrontation entre les agents de sécurité de la communauté urbaine et les motos taximen, constitue très souvent une vraie crise de la mobilité qui paralyse la circulation dans la ville. Une entrave au transport urbain peut entraîner des mouvements de masse d'une importance non négligeable.

Le système de transport à Yaoundé est également paralysé par le manque d'infrastructures de qualité qui provoque l'insécurité du réseau routier et engendre des accidents de circulation par manque de trottoirs. Les motos-taxis, bien que préférées par beaucoup d'usagers, constituent un mode de transport qui demeure néanmoins dangereux pour plusieurs raisons (mauvais état des routes, des conducteurs sans permis et souvent très fatigué). Le rapport des N.U sur la sécurité routière au Cameroun en 2018, atteste d'ailleurs que « ce secteur d'activité né du chômage des jeunes et de l'absence de transports publics fonctionne presque en marge de la réglementation, pourtant bien existante » [8]. De plus, dans ce même rapport il est précisé que, les conducteurs de motos-taxis ne disposent d'aucune formation ni de permis de conduire (Kouagheu, LemondeAfrique, 2020).

---

6 Ibid., p.04

7 Ibid., pp. 02-08

8 Évaluation de la performance en matière de sécurité routière (EPSR) Cameroun, Nations-Unies New York et Genève, 2018

D'un autre côté, il faut souligner que le système de taxi à Yaoundé n'est pas le système classique à un passager, cela correspond plus à un mode de transport collectif. Les budgets des usagers étant réduits, les passagers sont regroupés à plusieurs dans un seul taxi à raison de deux passagers à l'avant et de quatre à l'arrière rendant ce système à la fois inconfortable et dangereux.

Aujourd'hui à Yaoundé, la quasi-totalité de transport dans les quartiers se fait essentiellement par moto-taxi, car les routes sont impraticables par voiture. Dans notre enquête réalisée au quartier Nkolmesseng dans la commune d'arrondissement de Yaoundé V, Issa un habitant de cette localité estime ne pas avoir le choix que d'emprunter ce moyen de transport et affirme avoir été victime de trois accidents de moto rien qu'en 2021. Le moto-taximan Polain pense que « c'est un secteur qui offre de l'emploi et la demande de transport dans les quartiers est très importante ». Des propos qui confirment d'un côté « le mal nécessaire » de ce type de transport et de l'autre « une opportunité d'emploi ».

Nombreux sont les *Yaoundéens qui*[9] recourent à plusieurs modes de transports pour se rendre au travail (marche + mototaxi + taxi). Le temps mis peut aller au-delà d'une heure pour un trajet qui normalement ne pouvait durer que 20 à 25 minutes. Chang-Woon Lee (2010) dans son analyse démontre qu'un réseau de transport fluide permet de compenser en partie les inconvénients d'une position périphérique des habitants par rapport aux principaux pôles d'activité économique de la ville (Chang-Woon Lee, 1997 : 06). L'énorme perte de temps pour aller au travail est due au mauvais état des routes. Yaoundé dispose d'environ 3 000 km de route en terre battue et de 200 km de route bitumée[10]. Or, en saison pluvieuse, les routes non bitumées sont difficilement praticables ; un trajet de 10 minutes se transforme facilement en 30 ou 45 minutes. Des entraves à la mobilité des populations qui entrainent des mouvements sociaux dans plusieurs quartiers de Yaoundé. C'est le cas notamment du quartier Nkolmesseng dans l'arrondissement de Yaoundé V qui est devenu populaire de par son état de route calamiteux ; on peut lire dans les colonnes du journal *Cameroon Tribune* à propos de Nkolmesseng : « de la poussière qui y sévit en saison sèche et de la boue en saison pluvieuse » (Tchuileu, 2021). Sur les réseaux sociaux, le slogan « Goudronner Nkolmesseng » défraie sérieusement la chronique à cause de l'état dégradé de la route. Un tronçon de 5 kilomètres qui paralyse de milliers de personnes selon

---

[9] Habitants de la ville de Yaoundé

[10] Plan de mobilité urbaine soutenable pour la Communauté Urbaine de Yaoundé, Rapport Technique juillet 2019 (version initiale) p. 11-12

ce même journal. Un constat qui semble être le même dans plusieurs localités de la ville de Yaoundé, une situation qui fait de l'accessibilité urbaine une question épineuse pour les autorités de la ville.

1.2. Multi-polarisation du système de mobilité urbaine à Ankara

Ankara dont l'identité urbaine est différente de Yaoundé est une ville moderne et développée qui a su bénéficier des politiques d'urbanisation et de planification avant que la ville ne soit envahie par les habitants. La mobilité, la modernité et la structure urbaine de la ville sont des concepts intimement liés ; la modernité renvoie ici à un caractère large, rectiligne et ordonné de la ville. En fait, à Ankara les moyens de mobilité urbaine ont été pensés en amont et les difficultés potentielles ont été solutionnées avant même leur apparition. Dès lors, la structure urbaine détermine les enjeux de la mobilité urbaine et logiquement la structuration des activités dans l'espace. Après la Seconde Guerre mondiale, le secteur de l'automobile s'est rapidement développé dans la ville d'Ankara, par conséquent, la majorité des déplacements urbains effectués après les années 1950 se faisait essentiellement par voiture ou autobus. Les problèmes de fluidité ont commencé à se faire ressentir et le *Belediye*[11] a rapidement envisagé des solutions pour désengorger la ville (ÇUBUK, 2003 : 03). C'est ainsi que des voies de dessertes ou de contournement ont été aménagées pour faciliter la circulation des personnes et des biens. Toutefois, il est fort intéressant de constater que dès le début des années 1970, ces mesures palliatives prises étaient insuffisantes pour répondre au problème d'encombrement lié à la forte croissance des véhicules en circulation. Le déclic reposait sur des études de planification de la future ville moderne d'Ankara, elles ont conduit à prioriser les systèmes de transport ferroviaire (Çubuk, 2003 : 05). Cette vision vise alors à faciliter le moyen de déplacement des usagers qui vont délaisser leur véhicule personnel pour le transport en commun très rapide et moins couteux. Comme effet immédiat, la demande de types de transports publics a augmenté et l'utilisation de moyens de déplacement personnel a fortement baissée. Une stratégie qui a conduit à résoudre le problème de trafic routier et les embouteillages intenses.

Aujourd'hui, parmi les moyens de transport dont dispose la ville d'Ankara, on peut citer le transport urbain par voie terrestre : les voitures des particuliers (personnel), le taxi, les bus de transport en commun appartenant au *belediye,* les minibus (*dolmuş*) qui sont privés et ne relèvent donc pas de la communauté urbaine ; ensuite, on retrouve

---

[11] Communauté urbaine de la ville.

le transport ferroviaire qui occupe une place très importante à travers les lignes de métro-souterrain, mais aussi le train urbain qui joue le rôle de *Tramway*. En plus des possibilités d'accessibilité urbaine sus mentionnées, il existe également à Ankara des « locomotives » de petites dimensions et non-motorisées qui peuvent rouler auprès des piétons sans pour autant les gêner ou créer des embouteillages ; c'est le cas en effet des rollers, skates, trottinettes électriques et vélos. Il importe de souligner que les trottinettes électriques et vélos sont mis à la disposition des populations par le *belediye* moyennant une contrepartie financière. Cependant, l'un des défis qui restent à relever dans l'usage de ces moyens de mobilité d'un nouveau genre est celui de sa réglementation, car les usagers ne semblent obéir à aucun code de la route et leur augmentation massive peut à l'avenir constituer un problème urbain.

De ce fait, l'on remarque que, le citadin d'Ankara a été mis au centre des réflexions des autorités publiques en ce qui concerne l'aisance de la mobilité urbaine, dans le but d'améliorer sa qualité de vie au sein de la ville. L'usager a été ainsi valorisé sur de nombreux aspects à savoir : la sécurité de transport, le coût économique, durabilité des moyens de transport, le côté pratique et multi-choix dont dispose les usagers, etc. Dans l'exemple de cette ville, il apparaît plus qu'essentiel de redéfinir le concept de mobilité urbaine, quand on veut surtout l'appliquer à des villes des pays en développement telles que Yaoundé ou Douala.

Ce qui précède permet de constater que la mobilité urbaine est très développée à Ankara et offre notamment plusieurs choix aux millions d'usagers chaque jour, comparativement à la ville de Yaoundé qui ne laisse que très peu d'alternatives. Le citadin étant un membre actif des activités socioéconomiques de la ville, il ne semble pas être mis au centre des préoccupations et des activités de planification/aménagement territorial qui sont impulsées par les magistrats municipaux de la ville.

2. Productivité économique et accessibilité urbaine en situation conjoncturelle

La productivité économique est fonction de l'accessibilité urbaine. Bien que déterminée par des situations conjoncturelles, la mobilité urbaine semble impossible du fait de la nature du système de transport.

2.1. L'impact de l'efficacité du transport urbain sur la productivité économique de la ville

D'emblée, le point de vue qui est privilégié dans ce paragraphe est celui qui justifie fondamentalement l'impact multi-effet voire multisectoriel du transport dans une ville. Son importance fait qu'il est par nature une activité liée à un territoire, à sa dimension, à sa géographie, à son organisation physique, économique et institutionnelle (Didier et Prud'homme, 2007 : 10). D'ailleurs, le Programme de Politique de Transport en Afrique subsaharienne révèle que, le système de transport est profondément lié au milieu socio-économique dans lequel il s'exerce[12]. Cela explique que, la mobilité aurait une relation quasi-directe avec les situations socio-économiques, mais aussi entre les individus et leur efficacité de production. La mobilité quotidienne des citadins et la productivité socio-économique semblent être des éléments inséparables. Chang-Woon Lee (1997) dans ses études met en relation la productivité de la ville avec plusieurs variables dont la dimension de l'agglomération, les infrastructures urbaines et la facilité de déplacement des acteurs au sein de la ville. Des recherches notamment menées par Sveikauskas (1975) ; Moomaw, (1983) démontrent que lorsque la population double, la productivité du travail augmente également d'environ 5 % à 6 % (voir Chang-Woon Lee, 1997). Mais, pour que cette productivité soit optimale, l'accessibilité urbaine doit être à la fois efficace et efficiente.

Une ville qui fait l'objet d'une bonne gestion urbaine des autorités publiques sera naturellement plus productive. Logiquement, un système de politiques publiques de transport urbain efficace jouera alors un rôle capital dans le développement des activités génératrices de revenu et la productivité de la ville sera rehaussée. En effet, Chang-Woon Lee estime que la concentration des habitants et des activités économiques dans une ville nécessite également une forte demande en matière de mobilité des personnes et des biens ; le développement du secteur de transports urbains se pose alors comme une condition *sine qua non* à la création de richesse (Chang-Woon Lee, 1997 : 09). De ce fait, trois éléments importants ne doivent pas être en total déphasage à savoir : la taille de l'agglomération, la productivité économique et la mobilité urbaine des principaux acteurs de la ville. Ainsi, on peut dire plus précisément ceci, l'analyse de cet expert démontre que la qualité des transports est vraisemblablement un des éléments essentiel de l'efficacité de la production au sein des villes. Des conditions de déplacement

12 Mobilité urbaine, Programme de Politiques de Transport en Afrique Subsaharienne, Programme de Politiques de Transport en Afrique Subsaharienne, Document de travail SSATP No 50, décembre 2000, Page 08

détermineront si une ville est appelée à être productive ou consommatrice ; ce qui rendra évidemment le coût de la vie extrêmement cher pour les populations dans le second cas de figure. En fait, on se posera la question de savoir l'intérêt de permettre l'installation de milliers de personnes dans une localité, si la demande de déplacement au quotidien ne peut être valablement assurée. C'est le cas notamment des grandes agglomérations comme Douala où le déplacement à des heures de pointe (en matinée et en soirée) requiert un temps de trajet très long. Dans une ville donnée, si le transport n'est pas efficace, les activités au sein de la ville vont logiquement en prendre un coût et les populations verront leur niveau de vie mise en difficulté.

Cependant, quelle analyse pouvons-nous faire des activités économiques dans la ville de Yaoundé ? D'ores et déjà, il faut signaler que Yaoundé, bien qu'étant une ville assez étendue en superficie, souffre de la concentration des activités à certains emplacements clés. Les marchés où se ravitaillent la quasi-totalité des habitants de la ville se trouvent en plein centre-ville ; c'est le cas du grand Marché Central, du Marché Mokolo ou encore du Marché Mfoundi pour ne citer que ceux-ci. En outre, il faut ajouter qu'en termes de fluidité de la mobilité urbaine, les voies d'accessibilité à ces lieux ne sont pas suffisamment spacieuses et entretenues. De plus, ces surfaces commerciales desservent la majorité des ménages de la ville favorisant en effet une densité de la circulation pendant les périodes de fêtes et de rentrée scolaire. Rien de plus étonnant selon Konieg qui pense que le centre-ville se présente comme la zone où la circulation est la plus difficile, elle est aussi celle qui offre la meilleure utilité car pourvoyeuse d'emplois (Koenig, 1974 : 16). La ville de Yaoundé ne dérobe pas de cette réalité. Deux éléments sont à prendre en compte dans ce cas d'espèce : d'un côté, la forte concentration impose un réel ralentissement de la capacité de production de la ville, d'autre part elle engendre une insécurité urbaine : vols à l'arraché, agressions et accidents de la voie publique.

Comparativement, la ville d'Ankara est organisée en zones : zone industrielle et commerciale qui regroupent les marchés de vente en détail, le secteur de vente en gros appelé *Toptan*, mais aussi une zone administrative qui permet d'éviter de phénomène de foule et de masse alors que les intérêts des usagers ne sont pas tous les mêmes. En outre, il faut ajouter à cette organisation méticuleuse une présence des Supermarchés et des Centres commerciaux dans différents arrondissements permettant aux populations de chaque localité de s'approvisionner sans toutefois se déplacer sur de longues distances. Une méthode de résilience qui permet de désengorger la ville et d'augmenter sa capacité de production économique. On constate que la dynamique urbaine est amplement dépendante de la structuration urbaine par secteurs et par activités pour faciliter l'accessibilité urbaine.

Ainsi, dans une analyse transversale des deux réalités étudiées, l'on observera que la demande et l'offre de transport étant équilibrées à Ankara, permet une meilleure forme de mobilité et de productivité de la ville. Mais, il se trouve également que la mise en perspective des politiques publiques a permis de structurer la ville afin d'optimiser son rendement en fonction des secteurs d'activité. Dès lors, la dynamique de la politique de transport et de productivité de la ville de Yaoundé et celle d'Ankara n'est pas la même. On notera la nécessité d'intégrer une meilleure organisation du centre commercial à Yaoundé dans une logique de le rendre plus fluide et accessible pour favoriser la productivité économique de la ville. L'impact des infrastructures de transport recèle alors un avantage économique conséquent dont doivent prendre en compte les organisateurs de la ville. Car comme le disent Didier et Prud'homme (2007 : 12), une insuffisance caractérisée des infrastructures de transport peut constituer un frein important de la croissance économique. Dans le cas de la ville de Yaoundé, l'on observe que les Camions et autres gros engins de livraison de marchandises ne peuvent circuler qu'en soirée pour éviter de paralyser la circulation, ce qui constitue un ralentissement du rythme de productivité économique.

2.2. Mobilité urbaine « impossible » en situation conjoncturelle ?

L'analyse de la mobilité urbaine sous toutes ses facettes implique nécessairement son quadrillage selon un contexte bien spécifique. Suivant la période et les évènements exceptionnels, la question de l'accessibilité ou du déplacement urbain peut se complexifier. La mobilité urbaine se consacre de par sa définition aux mouvements de personnes dans un espace urbain, c'est-à-dire au sein d'une ville, contrairement aux déplacements interurbains allant d'une ville à une autre. Cela dit, tout déplacement hors de la ville sur de longues distances est donc exclu, seuls les flux de mouvements de biens et de personnes à l'intérieur de la ville sont pris en compte. Comme susmentionné, on identifiera alors les déplacements journaliers des citadins pour le lieu de travail, l'école, l'université, les lieux de loisir et le centre commercial. En d'autres termes, une demande ordinaire dont s'attèle à satisfaire les autorités de la ville afin de répondre aux enjeux de la mobilité en toute circonstance. Rappelons que, la demande de transport ne peut donc se comprendre qu'en relation avec le mode de vie des citadins (Didier et Prud'homme, 2007 : 15).

Toutefois, si le concept de mobilité peut être discuté sous l'angle de l'équilibre entre l'offre et la demande, très souvent, il arrive que la demande soit extrêmement forte par rapport à l'offre pour une période donnée ; ce qui nous amène à analyser la question de l'accessibilité urbaine en situation conjoncturelle. Le schéma habituel et les déplacements ordinaires des citadins viennent laisser place à une effervescence inhabituelle dans la ville. C'est le cas lorsqu'une manifestation de grande envergure est organisée dans une ville ; une situation inaccoutumée qui vient démultiplier le nombre d'habitants de la ville pendant une période déterminée : C'est le cas de la Coupe d'Afrique des Nations (CAN-TOTAL-Energie 2021), organisée au Cameroun du 09 janvier et 06 février 2022. Dans le cas de Yaoundé, au cours d'une année complète, la ville connait des périodes de pic de mobilité qui paralysent la quasi-totalité du centre urbain. Ces périodes sont notamment : les fêtes de fin d'années (Noël et le Nouvel An), les différentes cérémonies telles que les défilés qui se tiennent au « boulevard du 20 Mai » :

- la fête de l'unité qui se tient chaque 20 mai et la fête de la jeunesse qui a lieu le 11 février de chaque année engendrent les limitations de circulation et l'installation des barrages routiers sur certains axes lors des entraînements ;
- la journée internationale de la femme le 08 mars et la fête du Travail du 1er mai engendrent des barrages routiers de long des voies qui mènent vers la poste centrale paralysant en fait, la mobilité urbaine entre 9 heures et 14 heures.

A ces évènements qui inhibent le déplacement habituel des citadins, on peut ajouter des événements exceptionnels comme : le passage du cortège présidentiel, la visite d'une haute personnalité de notoriété internationale, l'organisation d'un évènement sportif et/ou culturel (tournoi international de football, de basketball, volleyball ou concert musical etc.). Les exemples sus-mentionnés viennent s'ajouter à une carence des espaces de stationnement des véhicules créant ainsi des problèmes de désengorgement supplémentaire de la circulation à Yaoundé. L'on peut aussi ajouter le phénomène de détournement des trottoirs et de la chaussée qui favorise la réduction des espaces recommandés à la circulation des usagers de la route (conducteurs, piétons). C'est le cas des vendeurs ambulants, des call-boxeurs, des bars, des restaurants, des lieux de commerce dont les dynamiques d'appropriation de l'espace public révèlent les logiques économiques et sociales des usagers qui se sentent marginalisés dans la production de l'espace public (Mbouombouo, 2005).

Les difficultés liées à la paralysie de la circulation à Yaoundé ne se limitent pas uniquement à ces événements exceptionnels. Un certain nombre de conjonctures entrave la mobilité à Yaoundé à plusieurs occasions. La route qui mène vers l'arrondissement de Soa abritant l'Université de Yaoundé II par exemple, fait l'objet de nombreuses pannes de circulation. C'est le cas notamment des accidents de circulation ou encore des scènes de grèves et d'affrontements entre les agents de la police municipale de Yaoundé et les transporteurs (moto taximen ou chauffeurs de minibus). Le 13 novembre 2019, pour protester contre la décision du gouverneur de la Région du Centre interdisant la circulation des motos dans certains quartiers de la ville de Yaoundé, les « Bend-skineurs » ont fait la grève, paralysant tous les principaux accès de la ville ; l'intervention des forces de l'ordre a occasionné des affrontements avec les protestataires (Eloundou, 2019). Le délégué a estimé que ces nouveaux acteurs de transport créent un désordre urbain car ils ne respectent aucune règle du Code de la route. C'est ainsi que pour exprimer leur mécontentement, les moto-taximen ont envahi les grands axes routiers et carrefours (KUATE, 2019). L'arrêté conjoint du 12 janvier 2012 signé par le préfet et le délégué du gouvernement auprès de la Communauté urbaine de Yaoundé dispose que « *la circulation du motocycle n'est tolérée que dans les zones périphériques de la ville de Yaoundé pour la desserte des zones enclavées* »[13]. Mais, malgré cette disposition réglementaire, on remarquera que ce mouvement social s'est dressé contre l'État, en utilisant le chômage des jeunes diplômés comme raisons de crises et de désordre urbain. Et on se rappelle également que lors de la crise de février 2008, ces mêmes moto-taximen avaient pris une part active lors des manifestations.

Les situations conjoncturelles qui amenuisent la fluidité de la circulation à Yaoundé ne se limitent pas uniquement aux évènements précités. L'on note également l'encombrement des rues par des travaux d'entretien et de réhabilitation des routes. Ces chantiers conjoncturels occasionnent des déviations insoutenables des automobilistes et des routes peu spacieuses qui aux heures de pointe sont prises d'assaut par de milliers d'usagers provoquant des embouteillages interminables.

Par ailleurs, si les réalités de transport sont totalement différentes pour la ville d'Ankara, il est important de noter que la cherté de la vie et les effets économiques de l'après covid-19 ont provoqué des inflations conséquentes sur le quotidien des populations. À cet effet, le carburant a connu une augmentation de prix de 100 % en Turquie, ce qui a eu une répercussion sur le prix du transport. Une réalité qui a provoqué la grogne des populations et un boycott de certaines sociétés de transport privé.

---

13 Arrêté N° 005 /CUY/DST/12 portant délimitation des zones de circulation des motocycles à titre onéreux dans la ville de Yaoundé.

En somme, la mobilité urbaine en situation conjoncturelle constitue un vrai défi qui mérite d'être mieux organisée par les autorités de la ville. En dépit du travail de veille quotidienne des agents de police municipale et des forces de l'ordre mobilisés pour palier aux violences et insécurités issues des situations de mobilités urbaines, il ne reste pas moins que les activités socioéconomiques subissent un coup d'arrêt.

3. Mobilité urbaine durable : un concept inaccessible ?

La mobilité urbaine constitue un défi indépassable pour les cités et les villes émergentes, notamment au Cameroun où il faut allier les variables de gouvernance à la planification en passant par le défi démographique. Suivant les orientations d'ONU-Habitat et des avancées sur le plan technologiques, les cités ou villes rêvent aujourd'hui d'une ville SMART.

3.1. Yaoundé et le rêve d'un système de transport urbain durable ?

Le Cameroun en créant en 1973 la Société des Transports Urbains du Cameroun, essayait non seulement de s'adapter à la croissance urbaine rapide, mais aussi de moderniser et faciliter la mobilité urbaine. Cette société de transport a duré près de 25 ans, en ayant assuré l'exclusivité du transport urbain par autobus, dans les villes de Douala et de Yaoundé (Feudjio, 2014 : 10-11). Mais, pour des raisons de crise socioéconomique, cette société étatique est tombée en faillite. La fermeture de la SOTUC intervient alors que les besoins de mobilité urbaine vont *crescendo* et ne peuvent être satisfaits que par les moyens de transport particuliers, notamment le taxi. La forte demande de transport ajouté à une crise sociale en matière d'emploi, offre une opportunité indéniable aux moto-taxis, qui n'étaient utilisés que dans les quartiers périphériques et difficiles d'accès. Cette crise de transport urbain a vu alors la naissance et la montée dans les années 1990, du phénomène des motos-taxis, ordinairement appelées « bend-skin », et qui a pris de l'ampleur ces dernières décennies. Ces nouveaux acteurs du transport urbain très itinérants, sont particulièrement appréciés des usagers cherchant à éviter les embouteillages. Les crises socioéconomiques enregistrées au Cameroun dans les années 90 ont entraîné ainsi l'émergence de ce nouveau type de transport en ville. Dans cette conjoncture socioéconomique, l'État camerounais, qui était jusque-là entrepreneur, marchand, organisateur et régulateur, s'est « désengagé » du transport urbain laissant place exclusivement à l'initiative privée (Feudjio, 2014 : 12).

Face à ce contexte, comment peut-on favoriser la mobilité durable dans une ville telle que Yaoundé ? D'ores et déjà, c'est un concept qui est intrinsèquement lié à la mise en place d'une politique globale des déplacements qui place les attributs du développement durable au cœur du système de transport. Cela signifie alors, permettre aux populations de satisfaire leurs besoins de circuler d'une manière équitable, sécuritaire et compatible avec la santé (Vivre En Ville, 2019). Cependant, instaurer une politique de mobilité urbaine durable nécessiterait sans doute un changement global de la philosophie de transport telle qu'elle est connue dans de nombreux pays africains. C'est pour cette raison que les villes comme Ankara ont opté pour des mesures d'aménagement du territoire visant à réduire la dépendance à l'automobile, en investissant sur des pistes cyclistes, des téléphériques ou encore en permettant aux usagers de louer des engins non motorisés tels que les trottinettes électriques et bicyclettes. L'amélioration et la multiplication des différentes options de transport sont également au centre des mesures favorisant la mobilité durable. À Yaoundé, l'affluence des mototaxis est considérée comme un problème de l'urbanisation à résorber. Cependant, une start-up dénommée « Bee » œuvre grandement à l'amélioration du transport à deux roues dans une perspective de durabilité et de sécurité. Cette start-up emploie des conducteurs de mototaxis à Douala, formés aux règles de conduite et de sécurité. Timani Patrick, fondateur de Bee pense que : « On ne résout pas un problème de manque de motos, mais de qualité de service ». Pour l'utilisation des services de cette start-up, il faut simplement commander un chauffeur via leur application mobile (Kouagheu, 2020). Dans cette même vision entrepreneuriale, plusieurs sociétés privées cherchent à se spécialiser dans le domaine de livraison de marchandises à domicile en toute sécurité. Ainsi, de telles initiatives visant à moderniser ce moyen de transport constituent une méthode de résilience importante afin de capitaliser les acquis que sont les mototaxis. Dans une perspective durable, les mototaxis ne seront plus considérées comme des anomalies du développement, mais de vrais alliés urbains.

Les villes des pays en développement ou encore les « villes du Sud » sont confrontées dans la plupart des cas au double défi d'une transition urbaine extrêmement rapide (Helluin, 2018 : 02) et de l'épineuse problématique de mobilité urbaine durable. À Yaoundé, l'on dénote un déséquilibre flagrant entre le taux de croissance élevé des habitants et la faiblesse de la planification urbaine. Les « villes du Nord » dans leur grande majorité ont investi dans les infrastructures de transport, raison pour laquelle il est de plus en plus aisé d'habiter à plusieurs kilomètres de son lieu de travail, ou encore des supermarchés et de l'école des enfants. Une bonne organisation de la mobilité quotidienne est une dimension majeure de la qualité de vie dans une ville (Crozet et al. 2001 : 07). Les pays du Nord ont compris très tôt qu'une ville continue d'être productive et avoir les effets bénéfiques sur ses multiples acteurs, que lorsque la mobilité quotidienne des citadins est satisfaisante et fluide. De ce fait, l'organisation du système de transport urbain, et son aménagement, sont donc devenus une préoccupation politique primordiale au niveau local (communal), mais aussi au niveau national (gouvernemental). Pour ce cas de figure, il est plus que nécessaire pour les autorités de planifier l'usage des espaces c'est-à-dire, d'anticiper sur l'extension de la ville.

Dans cette perspective, Yves Crozet (2001) dans son analyse sur les questions de la mobilité urbaine durable, pense que la puissance publique devrait se focaliser sur le développement de nouvelles infrastructures, principalement routière et ferroviaire, pour faire face à l'amplification du trafic urbain. Selon lui, différents scénarii sont à prendre en compte pour une mobilité urbaine durable. Le transport urbain devrait d'abord être « social », c'est-à-dire s'intéresser à la capacité de mobilité des plus démunis, en développant le transport en commun (Crozet, 2001 : 11). Une démarche qui permettrait à la fois d'éviter l'exclusion sociale du plus grand nombre à l'accessibilité urbaine. Ensuite, il faut s'intéresser au facteur « coût du transport » qui ne doit pas être alourdi, car le coût accru de la mobilité va susciter des mécanismes d'exclusion, et par conséquent, accentuer la pauvreté. Ainsi, un système de transport dont les normes sont orientées vers les individus sera durable et peut participer à rehausser la capacité de production de la ville. Ici la durabilité n'est pas vue uniquement sur une perspective infrastructurelle mais aussi sociale.

Ainsi, la perspective durable du transport urbain se réfère irrémédiablement aux choix politiques locaux qui doivent prendre en compte l'organisation de la mobilité afin d'en faire des villes pratiques et futuristes. Force est de constater que, la particularité avérée des villes africaines est le déficit des moyens financiers dont disposent les autorités locales et nationales pour planifier ce secteur dont l'importance est fondamentale. La ville de Yaoundé peut-elle bénéficier d'une perspective de mobilité durable dans un futur proche ? Il est clair que la ville de Yaoundé a besoin d'être désengorgée et disposer d'un réseau routier bitumé et de qualité. Mais, la conjoncture économique actuelle fortement impactée par la pandémie du Covid-19 met à mal de nombreux projets d'investissement public. En plus, la restructuration du réseau routier de la ville nécessite une forte indemnisation des populations qui sont déjà installées en bordure de route. Par ailleurs, la configuration géographique fortement enclavée par des collines ne permet pas le développement des moyens de transport (métro et tramway) tel que c'est le cas dans la ville d'Ankara.

La capacité financière du système de transport urbain est fondamentale pour assurer une mobilité durable dans les villes du Sud. Pour des raisons d'urbanisation grandissante et de longueur des trajets au quotidien, il est essentiel que des financements adéquats soient mis en place. L'Etat devrait permettre l'essor des mécanismes de financement cohérents pour un transport urbain durable. Ces mécanismes concernent en l'occurrence des programmes et fonds de mobilité, des dotations budgétaires plus importantes et durables en fonction des objectifs définis dans les politiques publiques nationales de transport urbain et les plans de mobilité urbaine. Des exemples qui ont connu du succès comme les partenariats publics-privés et les modèles de partage de valeurs sont également des atouts de taille pour combler les écarts financiers associés aux investissements dans les transports publics[14].

3.2. Ankara, les enjeux de la mobilité et les risques du transport urbain...

Le système de transport instauré par *Ankara Büyük Sehir Belediyesi*[15], en plus de sa quête de modernisme permanent, est un système basé sur une action publique « sociale » visant à limiter les exclusions d'accessibilité urbaine. Le système de transport EGO (bus, métro et train) prend en compte la particularité qui est celle des personnes défavorisées ou démunies au sein de la société. L'un des enjeux les plus importants est de rendre la mobilité urbaine plus humaniste, durable et moins tournée vers le gain ou le capitalisme du transport. Comme le dit Florence Huguenin-Richard, la mobilité fait partie des conditions nécessaires à l'intégration sociale au même titre que le logement, la santé ou la formation (Huguenin-Richard, 2010 : 20). C'est le cas des personnes âgées et/ou retraitées qui sont exemptées des frais de transport ; les étudiants et élèves bénéficient également des réductions substantielles du prix de transport, les enseignants et personnels médicaux disposent aussi des avantages conséquents liés à leur noble métier[16]. On constate ici que la recherche de l'amélioration continue des « tarifs sociaux » est prise largement en considération pour en faire un système de mobilité accessible et durable. Ainsi, les obstacles d'accès à la mobilité urbaine en plus d'être un sérieux frein du fait de son coût,

14 Conférence des NU sur le logement et le développement durable urbain, document de travail d'habitat III, 19 – transport et mobilité, New York mai 2015.

15 Communauté urbaine d'Ankara

16 https://www.ego.gov.tr/tr/sayfa/2098/tasima-ucretleri

constituent aussi une entrave à l'emploi, en particulier pour un certain type de population qui réside en dehors des centres urbains (Féré, 2012). Une réalité qui s'observe spécialement à Yaoundé où les quartiers « pauvres » se trouvant en périphérie urbaine n'ont que très peu de moyens d'accès au centre urbain.

Cependant, si la métropole d'Ankara peut véritablement inspirer la ville de Yaoundé à plus d'un titre pour l'amélioration de son système de transport, Ankara ne demeure pas moins une ville perfectible en matière de mobilité urbaine. Bien que les avantages en termes coût de transport et gain de temps soient un réel avantage, l'accroissement du transport urbain entraîne grandement la multiplication de risques dans le transport. Du coup deux éléments se dégagent à ce niveau à savoir : le risque réel élevé d'accidents de circulation, mais aussi l'exposition à la pollution atmosphérique et/ou sonore.

La course effrénée à la motorisation du transport urbain expose très souvent les grandes métropoles à des taux d'accidents de circulation relativement élevés (Özdemir, 2020). Dans le cas d'Ankara, Direction générale de la sécurité, Département de la circulation[17] recense depuis 2016 un nombre d'accidents de circulation en constante augmentation. Le taux d'accidents le plus élevé reste surtout en période d'hiver où les routes sont très souvent couvertes de neige et de verglas.

Année	Nombre d'accidents	Nombre de blessés	Taux de mortalité (%)
2016	12.187	19.613	3,18
2017	12.358	19.537	3,16
2018	12.658	19.689	3,10

Source : https://istatistik.ankaraka.org.tr/cizelge/2019/58

Le tableau ci-dessus présente un état des lieux d'accidents en constante évolution au fil des années, avec un taux de mortalité non négligeable. Les statistiques récentes (2021/2022) restent également considérables. Pour le compte du mois de décembre 2021, on dénombre 1 544 accidents, soit 1 112 blessés dont 13 décès ; en janvier 2022 on enregistre 940 accidents dont 1 302 blessés et 06 décès[18]. La tendance qui se dégage de ces chiffres est qu'en dépit de son caractère moderne, le transport urbain à Ankara qu'il soit en commun ou privé, les probabilités d'avoir un accident mortel sont bien réelles.

---

17 Emniyet Genel Müdürlüğü Trafik Baskanliği.

18 http://trafik.gov.tr/istatistikler37

Par ailleurs, le transport urbain motorisé représente aussi un risque potentiel pour la santé publique. L'exposition à la pollution de l'air ou à la pollution sonore constitue un risque qui participe à l'augmentation des maladies respiratoires ou cardiovasculaires chez les jeunes enfants ou les personnes âgées (Sabine Host, 2014). Concernant les nuisances sonores, les conséquences peuvent impacter la qualité de vie des habitants. L'exposition prolongée au bruit intense des circulations urbaines peut créer du stress chez l'individu, mais aussi participer à développer une insuffisance auditive. Le bruit permanent de la circulation urbaine représente une source de gêne pouvant conduire à l'apparition de l'anxiété ou de la dépression (Sabine Host, 2014).

En somme, les enjeux et les risques de la contribution des transports à la pollution sonore ou atmosphérique sont rendus aujourd'hui plus délicats du fait de la multiplicité des polluants (Huguenin-Richard, 2010), mais aussi des différents types de transport utilisés en ville qui rend leur contrôle très problématique pour les pouvoirs publics.

Conclusion

Les valeurs de démocratie moderne exigent que, ce soit les citoyens qui choisissent leur façon de vivre, leur manière d'être productifs et l'Etat intervient alors pour structurer et organiser leurs moyens de mobilité. L'État a bien incontestablement un rôle fondamental à tenir en raison des interactions économique, sociale et sécuritaire ; car les infrastructures urbaines de mobilité créent une interaction capitale entre les individus et par conséquent avec l'Etat. Ce dernier a également un rôle primordial à jouer dans l'amélioration des conditions de vie des populations et assurer la construction d'une ville durable pour les prochaines générations. Comme le disait Plassard, les individus sont animés par une « soif de mobilité » que l'Etat est appelé à satisfaire. Aujourd'hui, force est de constater que les conditions de vie des habitants de Yaoundé sont mises à rude épreuve par des mécontentements liés à des obstacles de mobilité au quotidien. D'un autre côté, le respect de l'équité et du droit au transport pour tous impose un sérieux défi aux pouvoirs publics afin d'éviter l'exclusion sociale des personnes les plus démunies. Cependant, l'accroissement du transport motorisé pose également un défi environnemental qui devra être pris en considération pour pouvoir préserver les droits des générations futures. Ces nombreux enjeux suscitent alors le débat pour la construction des villes africaines modernes, futuristes, intelligentes et durables. Bien que loin du compte dans le cas de la ville de Yaoundé, c'est une perspective qu'il convient d'envisager.

Bibliographie

Ascher, F., 2004, « Le sens du mouvement : modernités et mobilités », in Allemand S., F. Ascher, J. Lévy (dir.), *Les sens du mouvement*, Paris, Belin, pp. 21-34.

Banister, D., 2006, *Unsustainable transport: city transport in the 21st Century*, London, Routledge, 304 p.

Cécile Féré, « La dimension sociale de la mobilité quotidienne, oubliée du développement urbain durable ? », *Vertigo - la revue électronique en sciences de l'environnement* [En ligne], Hors-série 11 | mai 2012, mis en ligne le 07 mai 2012, consulté le 27 octobre 2021. URL : http://journals.openedition.org/vertigo/11740 ; DOI : https://doi.org/10.4000/vertigo.11740

Çigdem Varol, 2017, *Sürdürülebilir Gelişmede Akıllı Kent Yaklaşımı: Ankara'daki Belediyelerin Uygulamaları , Çağdaş Yerel Yönetimler, 26(1) Ocak*, pp. 43-58.

Conférence des NU sur le logement et le développement durable urbain, document de travail d'habitat III, 19 – transport et mobilité, New York mai 2015, 10 p.

Conférence des NU sur le logement et le développement durable urbain, document de travail d'habitat III, 19 – transport et mobilité, New York mai 2015.

Crozet Y., Orfeuil J-P., Massot M-H., 2001, « Mobilité urbaine : cinq scénarios pour un débat », DRAST-CPVS, 68 p., Notes du CPVS. Série Equipement. n°16. ISSN 1263-2325. halshs-00180275.

Cubry P., 1991, « Urbanisation, croissance urbaine et transports en Afrique », Revue Générale des Chemins de Fer, 110' ANNÉE - 0035-3183/91/090505/, pp. 5-9.

Didier M., Prud'homme R., 2007, *Infrastructure de transport, mobilité et croissance*, Paris, La Documentation française, 241 p.

Djouda Feudjio, Y., 2014, « Les jeunes benskineurs au Cameroun : entre stratégie de survie et violence de l'État », *Autrepart*, n°71, pp. 97-117. https://doi.org/10.3917/autr.071.0097

Eloundou P. F., 2019, « Yaoundé : Une grève des conducteurs de moto- taxi paralyse la ville », novembre 12, 2019, https://afrikinfo.net/yaounde-une-greve-des-conducteurs-de-moto-taxi-paralyse-la-ville/

Évaluation de la performance en matière de sécurité routière (EPSR) Cameroun, Nations-Unies New York et Genève, 2018

Fritsch B., 1995, « La contribution des infrastructures au développement économique des régions françaises », Thèse de doctorat, IUP, Université de Paris XII, décembre 1995.

Gabin Kuate, « Cameroun : Une grève des conducteurs de moto paralyse la circulation à Yaoundé », Journal en ligne *Afrik-Jeunes*, 2019. https://afrik-jeunes.com/cameroun-une-greve-des-conducteurs-de-moto-paralyse-la-circulation-a-yaounde/

Helluin J-J., 2018, « La planification de la mobilité urbaine dans les pays en développement pour des villes plus économes en énergie : la nécessaire alliance entre objectifs globaux et besoins locaux », CODATU, Dakar du 14 au 18 janvier 2018, Dakar, 22 p.

Huguenin-Richard F., 2010, « Mobilité urbaine : de l'automobilisme à l'éco-mobilité. Un long chemin.... », in Vincent Moriniaux (dir.), *Mobilités*, Paris, Armand Colin, pp. 109-137.

Koenig G., 1974, « Théorie économique de l'accessibilité urbaine », *Revue économique*, vol.25, n°2, pp. 275-297. Doi : https://doi.org/10.3406/reco.1974.408144 https://www.persee.fr/doc/reco_0035-2764_1974_num_25_2_408144

Kouagheu J., (Douala, correspondance), Publié le 03 février 2020 à 18h00, https://www.lemonde.fr/afrique/article/2020/02/03/au-cameroun-dans-la-jungle-des-motos-taxis_6028276_3212.html

Kumar A., Barrett F., 2008, « Coincés dans les embouteillages : Le transport urbain en Afrique », in Diagnostics des Infrastructures Nationales en Afrique, Rapport conjoint Banque mondiale et le SSATP, document PDF, 12 pages.

Kürşat Çubuk M. ve Mutlu Türkmen, 2003, "Ankara'da rayli ulaşim", Gazi Üniv. Müh. Mim. Fak. Der. Cilt 18, N°1, pp. 125-144.

Mbouombouo P., 2005, « le détournement des trottoirs à Yaoundé : entre logiques économico-sociales et marginalité urbaine », in Hossard N., Jarvin M. (dir.), *« C'EST MA VILLE ! » De l'appropriation et du détournement de l'espace public*, Paris, L'Harmattan, pp. 249-259.

Mfoulou P., 2017, « Dysfonctionnement de l'offre de transport en Afrique : Cas de Yaoundé », Document de travail N°262, Groupe de la Banque Africaine de Développement, mai.

Plassard F., 2003, *Transport et territoire*, Paris, La Documentation française

Sabine Host, 2014, « Le milieu urbain, réceptacle de nuisances multiples », *Les Cahiers de l'IAU îdF*, n° 170-171, pp. 36-40.

Stucki M., 2016, « Politiques de mobilité et d'accessibilité durables dans les villes africaines », SSATP, document de travail N°106, novembre.

Tchakounte A., 2006, « Cameroun : Axe Yaoundé-Soa, la circulation paralysée », *Cameroon Tribune*, 14 septembre 2006.

Tchuileu A. N., 2021, « Voirie urbaine à Yaoundé : le cas Nkolmesseng », *Cameroon Tribune*, 19 mars 2021, https://www.cameroon-tribune.cm/article.html/38980/fr.html/voirie-urbaine-yaounde-le-cas#

VIVRE EN VILLE, 2019, « Planifier pour le climat : intégrer la réduction des émissions de gaz à effet de serre des transports à la planification en aménagement et en urbanisme », Paris, coll. Vers des collectivités viables, 64p. [vivreenville.org].

Yavuz Özdemir, 2020, "Kent İçi Ulaşım Sistemlerinde Risk Analizi", İstanbul Sabahattin Zaim Üniversitesi Fen Bilimleri Enstitüsü Dergisi, vol. 2 (1), pp. 20-26 https://dergipark.org.tr/en/download/article-file/1076442

Chapitre 13 : Ce que la prostitution virtuelle fait aux pairs éducateurs : le(s) sens de l'intervention en santé à l'ère des réseaux sociaux numériques

Chimène Mangwa

Résumé

Les réseaux sociaux ont assurément modifié les manières d'habiter et de travailler en ville. Si l'intervention en santé se déroulait jusqu'ici dans un espace géographique et matériel, avec l'avènement d'internet, et plus précisément, les réseaux sociaux, ces frontières matérielles s'effritent. Partant d'une approche à la fois ethnographique et *netnographique*, le présent article analyse la façon dont les pairs-éducateurs intègrent les exigences du monde virtuel dans la prise en charge de la prostitution. Les récits de vie combinés aux entretiens semi-directifs permettent de faire quelques observations : l'intervention en santé dans la sphère virtuelle de la prostitution nécessite des compétences plus requises qu'en présentiel. Les retombées de l'intervention s'étendent au-delà des circonscriptions géographiques ordinaires avec des bénéficiaires aussi diversifiés et difficiles à contrôler. Une approche réticulaire au croisement du capital social et culturel permet de constater que la relation de pouvoir qui existe souvent entre intervenants et *prostituants* se complexifie et donne lieu à une domination où la maîtrise des codes de communication constitue un atout.

Mots-clés : prostitution virtuelle, prostituants, pair éducateur, intervention en santé, réseaux sociaux, netnographie.

Abstract

Social networks have certainly changed the way people live and work in cities. If health intervention has been taking place in a geographical and material space, with the advent of the Internet, and more precisely, social networks, these material borders are crumbling. Based on an ethnographic and netnographic approach, this article analyses how peer educators integrate the requirements of the virtual world into the management of prostitution. Life stories combined with semi-directional interviews make it possible to make some observations: the health intervention in the virtual sphere of prostitution requires skills more required than in face-to-face. The impact of the intervention extends beyond ordinary geographic districts with such diverse and difficult-to-control beneficiaries. A cross-linking approach to the intersection of social and cultural capital reveals that the power relationship that often exists between stakeholders and Prostituants is becoming more complex and gives rise to domination where mastery of communication codes is an asset.

Keywords: *virtual prostitution, prostitution, peer-educator, health intervention, social networks, netnography.*

Introduction

Un téléphone android, une connexion internet et le tour est joué ! Qu'il s'agisse de la commercialisation des objets, de la communication au sein de l'entreprise ou de l'école, les réseaux sociaux les plus utilisés (Facebook et WhatsApp en l'occurrence), sont devenus des outils de travail et/ou de communication incontournable à l'échelle planétaire. Le Cameroun n'est pas en reste à travers les métropoles de Yaoundé et Douala qui rendent compte de cette réalité de par leur plus grande connexion à ces réseaux (Leka, Ndam et Ngouo, 2018). Le monde de la prostitution connait une évolution exponentielle à l'aune du numérique. Si avant les années 2000, il était possible de faire une cartographie de la prostitution à travers les espaces appelés *points chauds*[1] (Nguefack, 2016) dans le jargon de l'intervention en santé sexuelle, aujourd'hui la prostitution fait face à la dématérialisation de son fief : l'espace virtuel. En effet, le virtuel et le réel, comme espace social, se côtoient à travers de multiples interactions entre prostitué(e)s, clients et proxénètes via Facebook, Instagram, WhatsApp, parfois avec la complicité d'un administrateur de groupe, dans une dynamique dénommée VAR (du virtuel au réel). L'avènement des réseaux sociaux n'a pas seulement transformé les manières de se loger, de circuler, d'accéder à la sécurité urbaine et de stationner (Nzhie et Leka, 2018). Il a aussi modifié les manières de travailler en ville. Si pour sensibiliser[2], l'agent mobilisateur[3] avait juste besoin d'aller dans des *hot-spots*[4], avec la prostitution en ligne et davantage avec Facebook et WhatsApp, les réalités de l'intervention sont plus complexes. Elles ciblent les acteurs de la prostitution qui se sont accoutumés aux espaces traditionnels de rencontre. Les groupes de rencontre sur les réseaux sociaux se

---

[1] Les points chauds sont des lieux où s'effectuent régulièrement des rencontres entre prostitués et clients (bars, rue, boite de nuit, hôtel et quartier réservé à la prostitution)

[2]Animer des causeries de groupe ou distribuer des tracts

[3] L'agent mobilisateur est celui qui est désigné par une organisation (soit à Base communautaire, soit une ONG) pour communiquer en vue du changement de comportement. Il est formé à cet effet pour apporter de l'information nécessaire et ciblée dans le cadre d'un projet de développement communautaire.

[4] La géographie de la prostitution classique permet de situer dans l'espace les lieux de rencontre des acteurs de la prostitution, avec le champ lexical de la chaleur, hot, dont les (hot spot), pour désigner les milieux à forte densité de la prostitution. C'est ainsi que l'on entendra parler de quartier chaud, de point chaud, pour désigner non seulement l'ambiance qui l'accompagne (en l'occurrence festives), mais surtout la présence dans ces milieux, des prostitués (aussi appelés fille de joie ou garçon de joie ou sugar boys). Ces espaces, que l'on peut aisément identifier par leur configuration ludique (Bars, rue de joie, auberges, hôtel), sont souvent associés à des espaces de divertissement où se recoupent l'offre et la demande (Séchet, 2009).

caractérisent par une grande complexité et multiplicité d'orientations, au point où il devient difficile pour un intervenant d'identifier les cibles réelles de son action.

L'objectif de cet article est de comprendre et d'analyser comment les réseaux sociaux numériques reconfigurent les pratiques d'intervention en santé sexuelle auprès des prostitué(e)s. À quoi renvoie la sensibilisation en ligne pour les intervenants eux-mêmes et pour les Prostituants ? Comment procèdent-ils pour atteindre les objectifs qui leur sont assignés par les organisations auxquelles ils sont rattachés ? De part et d'autre, quels en sont les enjeux ? Quel(s) modèle (s) d'intervention en santé faut-il adopter dans la sphère virtuelle de la prostitution ? Ces questions constituent l'ossature de ce travail et se propose de faire d'entrée de jeu, un cadrage sémantique et des contours méthodologiques. Ensuite, il fait une brève historique de la prostitution virtuelle avec une description des méthodes et des stratégies de certains intervenants en santé dans le monde de la prostitution avant d'analyser les liens entre capital social (entendu comme le répertoire de relations que possède un individu), capital culturel (entendu comme son bagage cognitif et culturel) et réseaux (entendus comme l'ensemble des liens que l'individu utilise pour obtenir quelque chose).

En effet, depuis bientôt deux décennies, l'on recense quelques études sur les formes de sociabilité qui se créent à partir de l'usage d'internet. Elles révélaient déjà les prémices d'un intérêt certain pour le champ de la prostitution virtuelle (Tatio, 2003 ; Tankeu, 2004 ; Wamé, 2005). Dans le domaine de l'intervention, les différentes sorties médiatiques et productions littéraires d'Amélie James Koh Bela (2003) ont marqué le monde dans les années 2000, avec sa mise en garde sur la traite des filles, notamment des mineures à des fins d'exploitation sexuelle. Koh Bela dévoilait dans son récit sur la prostitution africaine en Europe, notamment en France, comment internet a favorisé l'exil mercantile des femmes d'Afrique noire. Plusieurs autres études se sont penchées sur le volet migratoire de la question de la prostitution en ligne, avec pour support la recherche de l'amour ou de l'âme sœur en Occident, (Plotin, 2002, Michelet 2005) comme en Afrique (Ba, 2003 ; Wamé, 2011). L'intérêt scientifique et spécifique des chercheurs pour la prostitution virtuelle n'est donc pas nouveau.

L'originalité de la présente approche est qu'elle repose sur l'ethnosociologie entendue comme une démarche qui transpose à la sociologie le principe de méthode des ethnologues : l'étude directe – *in situ* – de la vie sociale (Lapassade, 1991). L'analyse s'appuie sur un matériau empirique issu des récits et de l'observation directe des intervenants dans leur travail au quotidien. Les pairs éducateurs étant chargés de sensibiliser les prostitués ont, pendant la période de Covid-

19, créé un cadre de travail qui répondait aux exigences du travail en ligne : la sensibilisation en ligne. Les premières observations utilisées dans cet article remontent en 2018 dans le cadre des travaux de thèse de doctorat (en cours) par une immersion dans le milieu de l'intervention, à travers l'adhésion à une Organisation à Base communautaire à Yaoundé. Cette immersion aura permis de côtoyer de près les réalités du travail des pairs éducateurs, d'abord dans les rues, les débits de boisson et les maisons closes, puis, sur les réseaux sociaux numériques à travers les territoires virtuels que sont Facebook et WhatsApp.

Dans cette étude, il est fait l'économie de l'intervention en présentiel pour rendre davantage compte de la mise en sens de l'intervention dans la sphère virtuelle, avec les exigences qui se présentent comme des défis nouveaux pour ces intervenants. C'est dans le souci d'observer cette intervention en ligne que nous avons eu recours à la méthode netnographique[5] qui consiste à intégrer une sphère virtuelle donnée et y séjourner pour observer *in situ* les évènements qui se produisent dans la plateforme. Pour cela, nous avons dû créer un nouveau profil Facebook et WhatsApp afin d'intégrer le groupe. Les éléments qui ont permis de faire la netnographie se réfèrent aux discours textuels, notamment ceux qui portent sur les méthodes préventives du VIH/SIDA et des Infections Sexuellement Transmissibles (IST). L'observation s'est faite sur la base d'une grille combinée aux entretiens effectués en présentiel et en ligne.

La logique sociologique organise le raisonnement autour des mécanismes mis en œuvre par les intervenants (mobilisateurs sanitaires et pairs-éducateurs en l'occurrence) afin de construire leurs capitaux[6] nécessaires pour mener à bien les missions de sensibilisation et d'éducation à la santé des acteurs de la prostitution virtuelle. Elle est adossée à l'approche réticulaire, encore appelée « théorie des réseaux », développée par Granovetter (1974), puis relayée par Castells (2001) dont l'ambition est de mettre en exergue les dynamiques qui émergent des différentes interactions entre *intervenants* et *prostituants.*

---

[5] La netnographie est une « nouvelle » méthode qualitative adaptant les fondements ethnographiques à l'étude des cultures et communautés qui émergent grâce aux communications automatisées et à l'interconnexion des réseaux (Kozinets, 2009).

[6] La notion de capital est au centre de la pensée sociologique de Bourdieu ; il constitue l'ensemble des attributs (économiques, sociaux et culturels, voire symboliques) que les individus héritent de leur environnement (Bourdieu, 1973)

1. Cadre conceptuel : acteurs et stratégies d'intervention en ligne

La présente articulation fait le cadrage du vocabulaire prostitutionnel utilisé et détermine les acteurs, les méthodes ainsi que les stratégies d'intervention en ligne des prostituants.

1.1. Mise au point terminologique des concepts de l'intervention en santé dans la sphère virtuelle de la prostitution

Les concepts tels qu'intervention en santé, prostitution virtuelle, « *Prostituants* » et intervenants revêtent des sens spécifiques dans le contexte de cette étude.

Intervention en santé

L'intervention en santé désigne l'ensemble des actions menées par l'État et ses partenaires de santé dans le but d'impulser le changement au sein d'une communauté et assurer son bien-être. Dans le cadre de cette réflexion, il s'agit des intervenants du domaine de la communication pour le changement de comportement en santé, en l'occurrence les pairs éducateurs des prostitués. Cet article se propose d'analyser la manière dont ils interviennent auprès des clients et prostitués pour améliorer leur santé sexuelle. L'intervention serait donc guidée par l'idée que la volonté n'est pas forcément de sortir les pratiquants de la prostitution, mais plutôt de les accompagner, notamment être à l'écoute de leurs difficultés et demandes surtout en matière de santé (Dieleman, 2006 : 50). La mobilisation en ligne constitue une forme d'intervention savamment élaborée par des intervenants dénommés pairs-mobilisateurs en ligne. Certains sont spécialisés dans la mobilisation en ligne, d'autres sont des mobilisateurs, des pairs éducateurs ordinaires qui se servent d'internet et des réseaux sociaux pour intervenir. Elle met en scène des acteurs dénommés intervenants.

Intervenants en santé

Les intervenants sont ceux qui œuvrent pour le changement dans la communauté. Il s'agit précisément des pairs éducateurs et des pairs mobilisateurs, chargés de relayer les informations en santé de l'OBC ou du DIC à la communauté. Leurs actions reposent sur la sensibilisation des prostituants à l'adoption des comportements « favorables à la santé » (port du préservatif, dépistage volontaire et traitement des IST). Toutefois, ces intervenants sont eux-mêmes soumis à une hiérarchie qui se révèle dans le schéma ci-après :

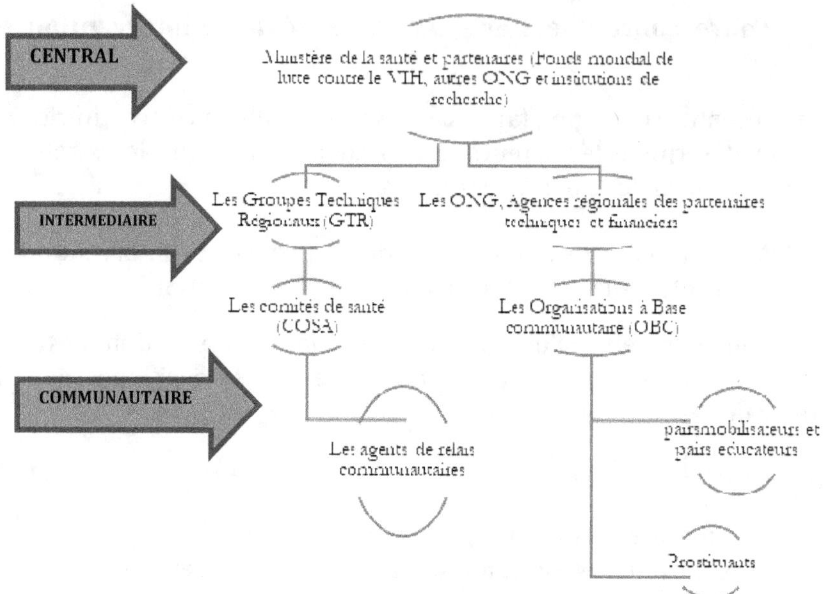

Schéma de l'organisation communautaire des populations clés au Cameroun

Le schéma ci-dessus présente l'intervention en santé avec les acteurs clés qui se recrutent bien au niveau de l'échelon central qu'au niveau de l'échelon communautaire. Les politiques sont encadrées et financées au niveau central par l'État et les partenaires, relayées par les organisations communautaires et pratiquées par les agents de relai communautaire et les pairs éducateurs.

Prostitution virtuelle

La prostitution virtuelle, aussi connue sous le label de prostitution en ligne ou cyber-prostitution est une forme de prostitution qui utilise les canons des technologies de l'information et de la communication, notamment le téléphone portable ou l'ordinateur connecté à internet pour se déployer. Cette interaction sexuelle se produit généralement sur les territoires du numérique :

> Un téléphone android, une connexion internet et des applications Facebook, WhatsApp, Instagram, et autres suffisent pour trouver mon compte. Je n'ai plus besoin de passer par l'hôtel de ville pour avoir les filles, elles sont remplies sur le net, toutes catégories confondues. Quand tu attrapes ta part vous prenez rendez-vous dans une auberge et le tour est joué, ni vu ni connu[7].

[7] Extrait du récit de Marshall, client régulier abonné au groupe Facebook des pimentières du 237, le 18 avril 2019, entretien en ligne.

Osciller entre le cyberespace et l'espace réel, tel est le vécu commun de la plupart des *prostituants* virtuels. Le cyberespace ou espace virtuel est partagé par des individus connectés à un ordinateur ou un téléphone android. Un rendez-vous pris sur internet, notamment dans un groupe Facebook, se termine souvent dans une chambre d'hôtel, dans un domicile ou dans une voiture. Il n'y a donc pas de prostitution possible dans l'espace virtuel sans rencontre physique, même si pour certains prostituants, certaines pratiques commencent et se terminent en ligne (masturbation, pornographie ou voyeurisme)[8]. L'espace virtuel de la prostitution offre une lecture spécifique des rapports sociaux dans la ville. Une ville connectée, qui se transpose d'un ordinateur ou d'un téléphone à la rue ou à l'auberge et vice-versa.

La prostitution virtuelle met en scène plusieurs catégories d'interface d'échanges et de communication qui regroupent à leur tour plusieurs catégories d'acteurs. Les groupes sociaux de rencontre exclusivement dédiés à la prostitution ont des patronymes spécifiques qui montrent, *a priori,* qu'il s'agit d'un marché du sexe. Le « piment » est le mot qui revient dans la majorité des patronymes de groupe. L'on verra par exemple : « le piment sauvage », « les pimentières du 237 », « le piment Bio » et « les pimentières bio ». En fait le piment représente dans l'argot camerounais le sexe marchand et objet de transaction. Une pimentière désigne dans cette perspective celle qui vend ses charmes et qui offre des services sexuels contre rétribution. Il est difficile de trouver un groupe Facebook portant le patronyme de « prostitution ». Lorsque c'est un groupe de prostitution masculine, les mots d'appel tournent autour des synonymes du cunnilingus (Chatte, lècheur et lèche). Ces patronymes permettent aux administrateurs de groupe de filtrer les participants à travers des codes. La prostitution virtuelle constitue ainsi un objet sociologique et se dessine un nouveau territoire qui est les réseaux sociaux numériques.

Prostituants

La conceptualisation de la notion de prostituant découle de l'effort d'observation abstraite dont le but est de rendre compte de la pluralité de statuts des acteurs de la prostitution pouvant être regroupés dans leur singularité. Les prostituants tels qu'appréhendés dans cette étude renvoient à l'ensemble des acteurs virtuels impliqués dans la

[8] Donel, un client interrogé en ligne à partir du site des pimentières du 237 apprécie faire l'amour au téléphone avec des prostituées expérimentées car « rien qu'en s'écoutant en se touchant érotiquement les organes, ou en regardant des vidéos pornographiques, je trouve mon compte » (pour dire qu'il éprouve du plaisir et trouve satisfaction)

prostitution. Il s'agit des prostitués, des clients, des proxénètes et administrateurs de groupes Facebook et WhatsApp. Ces acteurs s'inscrivent dans une dynamique interactive qui n'est pas sans incidence sur la manière dont les contrats sont assurés entre eux et avec les intervenants.

1.2. Des acteurs de l'intervention en ligne : quels profils ?

Les intervenants en santé sexuelle auprès des prostitués virtuels sont des hommes et des femmes ayant accepté officiellement de faire de la sensibilisation en ligne ou sur le terrain une activité professionnelle pour certains ou bénévole pour d'autres. Ils sont âgés entre 18 et 46 ans, tous sexes confondus. Caydrick, Atangba et Eligue sont des intervenants aux profils divers.

Caydrick est un homme, âgé de 31 ans et diplômé en communication. Il exerce la mobilisation en ligne comme une principale activité professionnelle. Le nom Caydrick est un pseudonyme créé dans le cadre du travail. Comme plusieurs de ses collègues recrutés par le projet CHAMP, ils ne se révèlent pas avec leurs identités réelles. De par la nature de ses publications, Caydrick est rapidement assimilé à un agent de santé comme l'illustre bien l'image ci-dessous :

Illustration du profil Facebook de Caydrick, pair-mobilisateur en ligne

Ces images du profil de Caydrick montrent qu'il s'assume en tant qu'intervenant. Cependant, ce n'est pas le cas pour Eligue et Atangba[9] qui sont des femmes qui disposent d'une longue expérience dans le travail de sexe.

Eligue est une femme, mère d'un enfant et âgée de 46 ans. Elle est dans le métier de sexe depuis l'âge de 16 ans et pratique la paire éducation depuis 1992. Son expérience dans le domaine ne la dispense pourtant pas des difficultés qu'elle rencontre à convaincre les prostituants à se rendre dans un centre de santé ou à l'OBC pour bénéficier des services de santé.

Atangba quant à elle, est une jeune fille âgée de 22 ans, exerçant dans la prostitution depuis bientôt 4 ans. Elle n'est qu'a une année d'expérience dans la paire éducation. Elle vit en couple et est mère de 3 enfants. Elle oscille entre le travail de sexe et le bénévolat de la paire éducation au compte de l'OBC.

1.3. Pairs éducateurs et pairs mobilisateurs en action

La première étape consiste à intégrer le groupe et en devenir membre. La particularité du commerce sexuel dans ce type de groupe est que toute transaction passe par un administrateur de groupe qui a la charge de filtrer les informations de manière à ne retenir que celles qui seront utiles à la mission ou à l'objectif visé. À ce moment, il devient difficile pour un intrus de se positionner ou d'obtenir une quelconque information. La rencontre sur internet est virtuelle, c'est-à-dire qu'elle se fait derrière un écran (téléphone ou ordinateur). Le client établit le contact avec la personne prostituée par le canal d'un site souvent codifié et orienté à l'effet de la vente des charmes.

À titre d'illustration, c'est le cas du groupe « pimenterie 2luxe Kmer ». Lorsqu'une personne a une sollicitation, elle s'adresse à un compte professionnel chargé de filtrer l'information. La première étape consiste à ouvrir un compte en payant une somme de 5 000 F CFA par Orange Money ou Mobile Money avant même toute sollicitation. La deuxième étape consiste à donner ses critères de choix et c'est en fonction du choix effectué que le client verse la somme due, soit en payant une partie, soit en payant la totalité pour que la prostituée lui soit recommandée pour offrir le service demandé[10]. Tout se passe exactement comme dans le commerce en ligne pour d'autres types

---

[9] Eligue et Atanba sont présentes sur Facebook avec leur véritable nom. Mais pour des besoins d'anonymat, leur profil ne sera pas présenté ici.

[10] Expérience issue de l'observation et de l'échange avec l'administrateur du groupe pimentière2luxe du Kmer.

d'objets. Une fois la marchandise (prostituée) livrée, le client passe à la consommation et à la finalisation de son contrat sexuel : d'où la notion de *V.A.R.*

V.A.R (Var) ou passage du virtuel au réel comme stratégie

Le *VAR* est une expression populaire qui émane d'un sigle construit par les internautes des réseaux sociaux pour désigner le passage du Virtuel Au Réel (VAR). Cette expression n'est codifiée dans aucun dictionnaire ou lexique officiel, encore moins scientifique. Toutefois, largement utilisé dans le jargon de la prostitution en ligne et dans les réseaux sociaux, le VAR rend compte d'une réalité à la fois complexe et marginale : elle permet de situer le lecteur sur le fait que la rencontre est certes virtuelle, mais peut se prolonger dans l'espace réel. C'est en effet en concrétisant un rendez-vous pris sur la toile, dans les IB (In box, boîte personnelle ou message privé) que la transaction prend effet. Ainsi, l'on recrute en ligne (l'offre de service sexuel), puis, consomme en présentiel (dans les bars, les cafés, restaurants... pour finir dans une chambre, une voiture ou un appartement). Le VAR est de ce fait un processus, le symbole d'une série d'actions dont le sens varie en fonction de l'objectif de la rencontre. Le VAR utilisé dans ce contexte est celui de la rencontre entre client et prostitué, parfois par l'intermédiaire d'un administrateur de groupe, puis entre intervenants et prostituants. Certains prostituants rencontrés sur la toile sont référés au Drup in Center (DIC)[11] par les pairs mobilisateurs. De cette rencontre peut donc naître une relation non virtuelle, assurant la continuité et la pérennité de l'intervention en communauté

1.4. Comprendre l'intervention en santé sexuelle dans le monde de la prostitution virtuelle

L'intervention en santé dans le monde de la prostitution est aussi vieille que le métier en lui-même, pour la principale raison que les acteurs sont engagés dans des comportements sexuels à risque. En effet, d'après le rapport de l'OMS (2014) sur la situation des populations clés dans le monde, le VIH SIDA serait 11 fois plus élevé chez les Travailleuses de sexe (TS) que dans le reste de la catégorie de la population. L'accent ici est mis sur la prostitution féminine parce que les femmes seraient 6 fois plus exposées que les hommes. Que l'on se situe dans la sphère virtuelle ou dans la sphère traditionnelle de la

[11] LE DIC ou Drup In Center est une expression du jargon de l'intervention en santé auprès des populations à risque d'infection au VIH, encore appelé Organisation à Base communautaire. Le DIC sert de relai à l'institution hospitalière, pour faciliter l'intégration des personnes vulnérables au processus de prise en charge.

prostitution, « Le rôle du pair éducateur se résume à la sensibilisation, à l'éducation pour les bonnes pratiques pour la santé » affirme Eligue[12]. Ces bonnes pratiques que décrit la paire éducatrice Eligue se rapportent pour l'essentiel à « l'utilisation du préservatif avant tout rapport sexuel, à l'usage adéquat de la prévention pré prophylaxie (PRePS[13]) et à faire des tests de dépistage au minimum tous les trois mois ».

En effet, plusieurs actions ont été engagées dans le but de réduire le taux d'infection des maladies sexuellement transmissibles, du VIH et des Hépatites au sein des populations à risque (CNLS, 2016). Cependant, ces populations sont restées le parent pauvre de la lutte contre le VIH et autres MST. Les populations clés[14], dont les prostituées constituent un maillon et semblent ne pas prendre à bras le corps leur problème de santé, d'où la promotion de l'approche communautaire. Cette approche considère que la meilleure façon de résoudre les problèmes d'une communauté, c'est de les impliquer dans le processus de prise de décision et de mise en œuvre des projets qui leur sont destinés, d'où la notion d'organisation à base communautaire[15].

2. Approche réticulaire au croisement du capital social et culturel : Quelle implication pour l'intervention dans la sphère virtuelle d la prostitution ?

La présente articulation décrit les relations entre les intervenants et les prostituants, lesquelles se positionnent comme des supports à l'activité d'intervention.

---

[12] Eligue, pair-éducatrice et prostituée à temps partiel, entretien du 14 janvier 2019 en présentiel.

[13] La PREPS est une méthode de prévention basée sur la prise des antirétroviraux à titre préventif, initialement destinée à secourir des personnes en cas de viol, mais ayant été adopté pour pallier aux accidents sexuels des prostitués et des Gays.

[14] D'après le Fonds Mondial de lutte contre le SIDA, la tuberculose et le paludisme, «les populations-clés sont celles qui sont plus fortement touchées par l'impact épidémiologique, qui ont également un accès moindre aux services et/ou qui sont criminalisées ou marginalisées

[15] Une Organisation à Base Communautaire (OBC) est une entité qui se fonde sur la résolution de problèmes précis pour une cible précise et dans une circonscription précise. Elle a pour mission principale de porter les besoins de la communauté au niveau régional et décisionnel afin de trouver des solutions efficientes aux problèmes qui entravent l'épanouissement des acteurs.

2.1. Relations entre intervenants et *prostituants* comme support de l'intervention

De la nature de la relation entre l'intervenant et le prostituant dépend le succès ou l'échec de l'intervention. Si les prostituants se constituent en réseaux, les intervenants doivent montrer qu'ils appartiennent en partie ou intégralement à ce réseau. C'est à travers leurs profils qu'ils se reconnaissent et se font accepter comme membre de la communauté que les intervenants se déploient efficacement. L'intervention en santé suppose une modification positive des schèmes de pensée et actions des bénéficiaires de programmes d'intervention. Les représentations que les clients ont de leur rôle dans la prévention des maladies transmises sexuellement sont assez déterminantes dans leur degré d'adhésion au projet de sensibilisation par les pairs.

En effet, lorsque les intervenants sont de sexe opposé, la cible de sexe inverse semble être inappropriée. Les clients ne perçoivent pas véritablement le rôle des paires éducatrices, étant donné qu'elles ressortent en majorité du sexe féminin avec des clients qui se recrutent en grande partie parmi les hommes. Il y a donc comme un transfert de fantasmes durant l'activité de sensibilisation, ce qui entrave l'efficience de l'investigation. D'après Eligue, « certains clients peuvent arriver et te proposer même 10 000 f cfa pour entretenir des rapports sexuels non protégés. Lorsque tu essaies de leur parler ils te disent que c'est toi qu'ils veulent, qu'ils vont se sentir plus en sécurité avec toi parce que tu connais les précautions ». Pourtant Caydrick est plutôt à l'aise avec les clients qu'il sensibilise. Il a recours à ses compétences pour mieux communiquer et se faire comprendre. De plus, il revient qu'il a bénéficié des formations dans le cadre du projet CHAMP. C'est dans les interventions en santé que vont se jouer les notions de réseaux et de capital social.

2.2. « *Non, tu n'es pas des nôtres* ! » : *prostituants* et intervenants entre réseaux et construction des capitaux

« *Non tu n'es pas des nôtres* » est une phrase qui revient, résonne et retentit dans l'esprit de toute personne étrangère au groupe. C'est par des codes, des filtres et un langage propre que les membres d'un groupe virtuel donné vont se reconnaitre. Pour intervenir dans ces groupes, il faut braver les barrières identitaires qu'impose l'organisation. C'est par la constitution d'un réseau de relation que l'intervention est possible. Les interactions entre les différents acteurs (intervenants et prostituants) sont régies par la construction d'un réseau de relation autour duquel gravitent des intérêts et enjeux communs. Deux notions dérivent de ces interactions : le capital social et les réseaux. Le capital social, entendu comme « l'ensemble des ressources réelles et potentielles liées à la possession d'un réseau durable de relations plus ou moins institutionnalisées de connaissance et de reconnaissance mutuelles soit, en d'autres termes, l'appartenance à un groupe » (Bourdieu, 1980 : 2) et les réseaux appréhendés par Granovetter (1973) comme étant le support du capital social. En effet cet auteur considère le capital social comme un réseau de liens ou une chaine de relations. Ces liens peuvent être efficaces ou non selon qu'ils sont forts ou faibles. Dans le monde du travail, plus les liens sont faibles, plus les individus capitalisent leurs réseaux, du fait qu'ils ont accès à une plus grande hétérogénéité de participants. C'est le cas des pairs mobilisateurs en ligne. En fait, internet leur offre une plus grande variété de prostituants qu'ils peuvent sensibiliser. Leurs liens sont plus distants, mais leur travail social a une plus grande portée symbolique au sein de l'institution dans laquelle ils sont bénévoles ou employés. Ainsi, le fait d'être étranger à un réseau au départ n'est pas uniquement un inconvénient. Dès lors que le pair mobilisateur a saisi les codes, il peut adhérer et faire son travail.

Caydric, pair mobilisateur en ligne dans le cadre du projet CHAMP[16] fait part de son expérience en matière de mobilisation en ligne.

> Au départ j'étais perplexe, je ne savais pas comment convaincre les clients, ni comment entrer dans les groupes de prostitution. Mais au fur et à mesure, je me suis adapté à leur langage, sans les juger... Aujourd'hui il y a même des hommes qui m'inbox après une publication pour me demander plus d'information... un autre m'a même dit qu'il faut qu'on impose des tests d'hépatite dans les groupes de partouze. Ça montre qu'ils s'intéressent peu à peu à la chose.

Ce témoignage de Caydric est similaire à celui d'Eligue ou d'Anamaria ou même de Bernadette. Ils renvoient tous à la difficulté qu'il y a au départ d'intégrer les réseaux de prostitution en tant qu'intervenants. Pour mieux appréhender les ressources qui facilitent l'intégration des réseaux de relation dans le cadre de l'intervention, il faut lire Pierre Bourdieu qui définit trois types de capitaux :

- le capital culturel, concept proche de celui de capital humain, qu'il soit incorporé (culture, langage, connaissance des codes sociaux) ou institutionnalisé (diplômes, titres) ;
- le capital économique lié aux ressources patrimoniales ou au revenu ;

[16] Le projet CHAMP (Community Champions HIV/Aids Advocates Mobilization Project ou Continum of Prevention, Care and treatment of HIV.AIDS with Most-at-risk-populations) au Cameroun vise depuis 2014 à réduire les nouvelles infections par le VIH parmi les personnes désignées les plus à risque (professionnels du sexe et homosexuels)

- le capital symbolique, désignant toute forme de capital (culturel, social, ou économique) ayant une reconnaissance particulière au sein de la société.

En fait, le volume de capital social détenu par un individu varie en fonction du nombre de personnes appartenant à son réseau de relations et du volume de capital culturel, économique et symbolique qu'il détient. Le capital social est, comme le capital symbolique, un méta-capital, il n'a pas de contenu (Godechot and Mariot, 2004). Il le considère comme un « démultiplicateur » des autres capitaux (économique et culturel). Au même titre que les autres capitaux, le capital social est perçu comme un instrument de domination mobilisé par un groupe social et ne prend son sens que dans l'exercice d'un rapport de pouvoir (Baret and Soto-Maciel, 2004). Les communautés qui ont un capital social élevé sont plus en même de gérer leur sexualité que ceux qui sont soumis aux discussions et causeries de l'équipe dirigeante (Campbell, 2003).

Le capital social est observé ici à deux niveaux : d'une part, chez les intervenants qui apparaissent symboliquement comme ceux qui sont les mieux nantis du fait qu'ils appartiennent à l'équipe « médicale » ; et d'autre part, chez les prostituants qui sont conscients du fait qu'ils détiennent les informations nécessaires pour permettre aux intervenants de faire leur travail. Ils entrent donc dans un champ de lutte et de négociation symbolique où chaque partie use de ses capitaux pour exercer une certaine domination. C'est dans la capacité à résoudre ces conflits et à pénétrer le groupe que se reconnaitra le « bon pair éducateur ». En effet, le bon pair éducateur est celui qui réussit à « référer » au *Drup In Center* (DIC) le plus de clients et de prostitués possibles. Ainsi, ceux qui s'en sortent le mieux sont ceux qui parviennent à mobiliser en ligne.

Ces expériences de pairs mobilisateurs et pairs éducateurs en ligne mettent en lumière les enjeux du nouvel espace qu'est le cyberespace, c'est-à-dire internet et les réseaux sociaux. La ville n'est plus seulement habitée matériellement, mais aussi sur les nouveaux territoires à travers des réseaux sociaux numériques. Cette habitation virtuelle de la ville rend encore plus complexe l'intervention auprès des acteurs de la prostitution dans la mesure où il est difficile d'identifier les profils réels. Une même personne peut avoir plusieurs profils parce qu'il est possible de prendre toutes les apparences. La présentation de soi dans l'espace virtuel peut donc devenir une figuration. Cela veut dire qu'un homme peut être déguisé en femme, une femme mince en femme ronde et une femme claire en femme noire. C'est d'ailleurs le discours plaintif d'un des clients que nous avons rencontré et qui faisait part de ses mésaventures sur Facebook :

> j'ai dragué une fille sur Facebook un jour, je l'ai invitée à Ebolowa. Quand elle arrive je vois une de ces grosses baleines, elle me dit que c'est sa photo quand elle était encore jeune… j'étais seulement obligée de la jongler, lui donner à boire et à manger puis payer son transport pour qu'elle rentre[17].

Les pairs mobilisateurs sont donc confrontés aux problèmes que les clients eux-mêmes rencontrent. Parfois, ils se font duper par des prostituants qui font semblant de saisir le message et pourtant, il n'en est rien. Les stratégies d'intervention dépendent alors de leur capacité à rapprocher le réel du virtuel à travers les VARs.

Contrairement au postulat de Granovetter (2003) qui considère que les liens faibles sont plus productifs que les liens forts du fait qu'ils sont moins contraignants et nécessitent moins d'entretiens et d'efforts, l'étude du travail des pairs éducateurs sur le terrain montre que plus les liens sont forts mieux la sensibilisation est diligente et efficace. Pour certains, il a parfois fallu créer une amitié avec l'administrateur du groupe, un membre leader, pour faire face au rejet qui est de nature à entraver l'efficacité de l'action. Les capitaux se construisent ainsi, dans le domaine de l'intervention en santé auprès des prostituants, à travers des réseaux de relation de plus en plus forts.

2.3. Dynamique réticulaire et marginalisation dans l'intervention

> Quand je vais sur Facebook, je cherche d'abord les filles du couloir, celle dont je connais les noms. Puis je regarde leur liste d'amis ; en général leurs amies font la même chose qu'elles. Je leur demande l'amitié, puis si elles acceptent c'est là que je commence à leur parler, en disant que je viens pour les sensibiliser, que je viens d'Horizons femme car la plupart connaissent horizon femme[18].

Cette situation semble plutôt paradoxale lorsqu'on reconnait à internet le canal d'une plus grande accessibilité que dans le contact normal.

Deux exigences frustrent d'emblée les paires éducatrices lorsqu'elles envisagent de sensibiliser en ligne : l'obligation de poster nue et à visage découvert et l'obligation de payer pour se faire accepter dans le groupe. Ces deux exigences limitent de fait, l'intégration complète des pairs éducateurs et paires éducatrices qui sont perçus comme des intrus. Le réseau (groupe) devient fermé dès lors que l'intervenant présente les signes de l'étrangéité, c'est-à-dire lorsque son langage et sa gestuelle ne

---

[17] Extrait d'un entretien avec Mahod, client régulier des sites Facebook, le 11 avril 2018 à Yaoundé.

[18] Source : entretien avec Atangmba le 17 avril 2019, paire éducatrice de l'OBC 2.

correspondent pas à la culture du groupe, d'où cette exclusion à la fois symbolique et sociale. À la différence la culture de classe qui devrait conférer à l'intervenant une position privilégiée dans le champ de la prostitution comme c'est déjà le cas dans la prostitution traditionnelle, l'on assiste plutôt à une exclusion. L'exclusion ici renvoie au fait que le groupe reste fermé à tout intrus et encore plus à un intervenant qui, comme l'explique le client Frank, « pourrait se constituer en indique ou en traitre ». Cette exclusion des pairs éducateurs du réseau de prostitution virtuelle entraine de fait l'exclusion de la prostitution virtuelle des programmes de prévention des maladies de la santé sexuelle.

Le réseau, dans son mode opératoire exclut certaines personnes du champ de l'intervention, ce qui limite l'efficacité de l'action. Si ces personnes, du fait qu'elles n'appartiennent pas au réseau de relation d'intervenants sont exclues de la sensibilisation, il y a lieu de conclure que le réseau, dans le cas de l'intervention en santé, ne constitue pas toujours un atout comme c'est le cas dans d'autres domaines de profession ou le relationnel constitue une plus-value. Dans le cas de l'intervention en santé, il y a comme une relation empathique, semblable à la relation du patient au médecin. Si donc, le médecin devait seulement soigner ceux qui sont dans son réseau de relations, que deviendrait le fameux slogan de l'accès pour tous à la santé ?

2.4. Enjeux de l'intervention en santé dans le monde de la prostitution virtuelle

L'intervention en santé sexuelle dans la prostitution virtuelle se présente aujourd'hui comme un impératif pour au moins deux raisons : d'une part, parce que les réseaux sociaux sont devenus le mode privilégié d'expression, avec la prolifération des groupes de vente en ligne. Le commerce du sexe étant lui-même régi par les principes du marché, à savoir vendre son produit, adapter à l'évolution, les commerçants du sexe ne sont pas en reste par rapport à cette exigence. D'autre part, la complexité des réseaux sociaux hisse les challenges à des niveaux supérieurs, ce qui implique qu'il faudrait repenser les modes d'intervention, les créer et les réinventer sans cesse. Vis-à-vis de ces challenges, les intervenants ne réagissent pas de la même manière. Certains sont guidés consciemment ou non, par d'autres motivations que celles d'impulser un véritable changement dans la communauté. L'intervention est dans certains cas le moyen de gagner sa vie (enjeu économique), dans d'autres cas, le moyen de réparer une image de soi détériorée par la stigmatisation engendrée par le statut de prostituée (enjeu symbolique), dans d'autres cas encore, elle est le moyen de poursuivre son activité sous la forme déguisée (dimension instrumentale).

Les trois dimensions de l'intervention (économiques, symbolique et instrumentale) l'emportent parfois sur l'objectif officiellement clamé qui est celui d'améliorer la santé des prostituants. Quelques rares intervenants zélés survivent à la tentation de se dérober de l'objectif humanitaire. Ces survivants de la tentation sont garants de l'efficacité de l'intervention, même s'ils ne sont pas toujours visibles. Il s'agit notamment de ceux qui agissent dans l'ombre, en sensibilisant leurs pairs sans pour autant faire partie de l'équipe institutionnelle d'intervenants. Ils sont membres de la communauté, des clients ou des prostitués ayant une expérience sensible au bien-être sanitaire, et qui sont dotés d'un sentiment d'empathie. C'est le cas de Yannick, un client apprécié par Caydrick, pair mobilisateur. Caydrick rapporte en effet que Yannick l'a particulièrement marqué par son enthousiasme et sa curiosité lors de ses publications sur les Infections sexuellement transmissibles (IST) :

> Il est allé jusqu'à me demander s'il n'était pas possible d'imposer à tous ceux qui veulent faire une partouze de passer préalablement le test de l'hépatite virale B... j'étais vraiment touché parce que c'est rare; En général quand tu leur parle des IST ils montrent un certain désintérêt vis-à-vis de la chose. Ils font comme si ça ne les concerne pas, surtout les hommes.

À travers cette expérience et la lueur d'espoir qui se dégageait du visage de Caydrick pendant l'entretien, l'on relève que l'intervention auprès des prostituants n'est pas simple et que ces derniers sont peu réceptifs aux messages en rapport avec la santé. Ce qui peut constituer un réel problème quand on observe la vitesse avec laquelle les pratiques sexuelles à risque se multiplient dans ces fora (multiplication des groupes de partouze et échangisme et prolifération des groupes d'homosexuels).

Conclusion

À partir d'une approche ethnographique et de l'usage de quelques techniques de netnographie des pratiques d'intervention en santé sexuelle auprès des clients de la prostitution, des prostitué(e)s et proxénètes (prostituants) virtuels, il est possible d'établir les profils suivants : des clients virtuels réguliers, irréguliers, ouverts ou réfractaires à l'intervention, contre des intervenants timides, naïfs, zélés, expérimentés ou futés et des clients qui préfèrent des filles jeunes, âgées, sexy ou pudiques. Le monde de la prostitution virtuelle est un *melting pot* où en quelques clics sur un téléphone ou un ordinateur, l'on accède à une pléthore d'offres variées et diverses.

Les intervenants se servent de l'approche réticulaire pour accéder à la cible, c'est-à-dire qu'à partir d'une connexion à un prostituant, ils ont la possibilité d'étendre leur cible (sur fond de boule de neige). Cette approche a réussi chez certains, mais pas chez d'autres. Pour qu'elle soit efficiente, il fallait au préalable posséder des compétences de technophile d'une part, et de communication d'autre part. C'est dans la capacité de jouer le rôle qui est attendu des membres de la communauté qu'un intervenant peut déjouer les barrières que lui impose le groupe lors de son adhésion.

Les interventions ne sont pas accueillies de la même manière par les prostituants dont certains se montrent complètement désintéressés. Le capital social apparait comme un élément essentiel dans la mise en œuvre de l'intervention en santé dans la mesure où plus les prostituants se sentent proches des intervenants, mieux, ils les acceptent et intègrent les informations relatives au changement de comportement sexuel (Campbell, 1999). Si dans la prostitution classique, le réseau social signifie l'ensemble des canaux de connexions qu'un individu construit en interagissant avec les autres, dans la sphère virtuelle, le réseau social est plus large et plus complexe. Cette complexité se pose au niveau de l'identité des membres du réseau, des identités parfois mitigées ou fictives. Derrière l'écran, il est difficile de saisir les caractéristiques physiques et morales de l'interlocuteur. Une étude quantitative des pratiques d'intervention en santé sexuelle en ligne, dans une approche comparative permettrait de classifier les profils d'intervenants. Mais, la difficulté majeure réside dans la sporadicité des groupes et des membres, lesquels ont souvent une courte durée de vie ou change parfois de patronyme, ce qui rend le suivi difficile.

Les pairs éducateurs et les pairs mobilisateurs sont très souvent étrangers au groupe, ce qui crée des limites dans l'intervention. Il serait par exemple bénéfique de recruter au sein des groupes, de former les administrateurs de groupe afin qu'ils relaient les informations univoques.

Bibliographie

Baum F., 1999, « The role of social capital in health promotion: Australian perspectives ». *Health Promotion Journal of Australia*, 9(3), pp. 171–178.

Beauguitte L., 2016, *L'analyse de réseaux en sciences sociales et en histoire : Vocabulaire, principes et limites. Le réseau. Usages d'une notion polysémique en sciences humaines et sociales*, Louvain, Presses Universitaires de Louvain.

Berkman L. et S. L. Syme, 1979, « Social Networks, Host Resistance and Mortality: A Nine-yearFollow-Up Study of Alameda CountyResidents », *American Journal of Epidemiology*, vol. 109, pp. 186-204.

Bouchard L., 2008, « Capital social, solidarité réticulaire et santé », in *Les inégalités de santé au Quebec*, Nouvelle édition (en ligne) : Montréal, 2008, pp. 187- 208. (généré le 24 aoùut 2021), disponible sur internet : http//books.openedition.org/.

Bourdieu P., 1979, *La distinction. Critique sociale du jugement*, Paris, Minuit.

Bourdieu P., 1986, [1983], « The Forms of Capital », in J. G. Richardson (dir.), *Handbook of Theory and Research for the Sociology of Education*, New York, Greenwood Press.

Branthonne A. et Waldispuelhl E., 2019, « La netnographie pour étudier une communauté masculiniste en ligne : contributions méthodologiques d'un e-terrain », in *Recherches qualitatives*, Hors-série « les actes », n° 24, pp. 6-19.

Campbell C., Wood R., & Kelly M., 1999, *Social capital and health*, London, Health Education Authority.

Castel R., 1994, « La dynamique des processus de marginalisation : de la vulnérabilité à la désaffiliation », *Cahiers de recherche sociologique*, vol. 22, pp. 11-26.

Castells M., 1998, *La société en réseau, tome 1 : l'ère de l'information*, Paris, Fayard.

Castells M., 2000, « Materials for an exploratory theory of the network society », *British Journal of Sociology*, n°1, janvier-mars, pp. 5-24.

Cockerham W., 2005, « Health lifestyle theory and the convergence of agency and structure », *Journal of Health and Social Behavior*, vol. 46, pp. 51-67.

Delaunay K., 1998, « Des ONG et des associations : concurrences et dépendances sur un"marché du sida" émergent. Cas ivoirien et sénégalais », in J.-P. Deler et alii (éd.), *ONG et Développement : Société, économie, politique,* Paris, Karthala, pp. 115-141.

Delaunay K., 1999, « Des groupes à risque à la vulnérabilité des populations africaines : discours sur une pandémie », *Autrepart,* n° 12, pp. 37-51.

Dieleman M., 2006, « Jeunes prostitué-es et réponses sociales : État des lieux et recommandations », Rapport d'étude inédit, Belgique.

Draelants H. et Tatio Sah O., 2003, « Femme camerounaise cherche mari blanc : le Net entre eldorado et outil de reproduction », *Esprit critique* Vol. 05, n°4, consulté sur Internet : http://www.espritcritique.fr

Fassin D., 2003, « Le capital social, de la sociologie à l'épidémiologie : analyse critique d'une migration transdisciplinaire », *Revue d'épidémiologie et de santé publique,* vol. 51, pp. 403-413.

Featherstone M., 1998, "The Flaneur, the City and Virtual Public Life", *Urban Studies,* vol.35 (5-6), pp. 909-925.

Forsyth D. R., 1990, *Group Dynamics,* Pacific Grove.

Foucart J., 2011, « Les mondes de la prostitution », *Pensée plurielle,* vol. 27 (2), pp. 7-9.

Granjon F. et Denouel J., 2011, « Penser les usages sociaux des technologies numériques d'information et de communication », in J. Denouël et F. Granjon (dir.), *Communiquer à l'ère numérique : regards croisés sur la sociologie des usages,* Paris, France, Presses des Mines, pp. 7-43.

Granovetter M. S., 1973, « The strength of weak ties ». *American Journal of Sociology,* n°78/6, pp.1360-1380.

Granovetter M. S., 1974, *Getting a job. A study contacts and careers,* Cambridge (Mass), Havard University Press.

Granovetter M. S., 1994, « Business groups », in *Smelser & Swedberg* (dir.), pp. 453-475.

Hine C., 2000, *Virtual Ethnography.* Londres, Sage.

Kawachi I. et *al.,* 1997, « Social Capital, Income Inequality, and Mortality », *American Journal of Public Health,* vol. 87 n° 9, pp. 1491-1498.

Koh Bela A-J., 2004, *La prostitution africaine en occident : vérités, mensonges, esclavage,* Paris, Éditions CCINIA Communication.

Kozinets R. V., 1997, « I want to believe: A netnography of the X-philes' subculture of consumption », *Advances in Consumer Research,* n°24(1), pp. 470- 475.

Kozinets R. V., 2002, vThe field behind the screen. Using netnography for marketing research in online communities », *Journal of Marketing Research,* n°39(1), pp. 61-72.

Kozinets R. V., 2009, *Netnography: Doing ethnographic research online,* Londres, Sage.

Lapassade G., 1991, *L'ethnosociologie*. Paris, Méridiens Klinckieck.

Leka Essomba A. et *al.* (2018), « Ville2.0 : les métropoles camerounaises à l'ère du numérique », in Nzhie Engono J., Leka Essomba A. (dir.), 2018, *Vivre en ville aujourd'hui. Métropolisation et changements sociaux au Cameroun,* Paris, Connaissances et savoirs, pp. 21-44.

Levesque M. et D. White, 1999, « Le concept de capital social et ses usages », *Lien social et politiques*, vol. 41, pp. 23-33.

Mangoua Njonte, Ch., 2008, « Socialisation sexuée et clientélisme prostitutionnel dans la ville de Yaoundé », Mémoire de maîtrise en Sociologie, Université de Yaoundé 1.

Minguet G., 2001, « Taxonomie des modèles sociologiques d'intervention », in *Vrancken et Kuty*, pp. 21-56.

Moreau D. B., 2014, « Sociologie d'intervention : historique et fondements », *Revue européenne des sciences sociales*, n°52, mis en ligne le 01 janvier 2018, consulté le 24 mai 2019 : http://journals.openedition.org/ress/2872;DOI :10.4000/ress.2872

Nguefack G., 2016, « La cartographie et l'estimation de la taille des travailleuses de sexe au Cameroun : afin d'influencer la conception et la mise en œuvre de programmes de riposte au VIH », World Bank Documents, ref : 108492-FRENCH-PUBLIC-EXECUTIVE-SUMMARY

Nzhie Engono J., Leka Essomba A. (dir.), (2018) ? *Vivre en ville aujourd'hui. Métropolisation et changements sociaux au Cameroun,* Paris, Connaissances et savoirs.

Rheingold H., 1993, *The Virtual Community. Homesteading on the Electronic Frontier*, Addison-Wesley Publishing Company.

Wame B., 2011, « La recherche de l'âme-sœur à l'heure des Technologies de l'Information et de la Communication : l'exemple des Camerounaises », *tic & société* [En ligne], Vol. 5, n° 1 | 2011, mis en ligne le 05 octobre 2011, consulté le 19 avril 2019. URL : http://journals.openedition.org/ticetsociete/1004 ; DOI : 10.4000/ticetsociete.1004.

Chapitre 14 : Villes intermédiaires, connectivité territoriale et développement économique au Cameroun

Hyacinthe Atangana Bamela

Résumé

La ville intermédiaire structure l'ensemble territorial en remplissant le rôle de « chef-lieu ». Sa fonction de médiatrice permet aux petites villes qui y dépendent de bénéficier de certaines fonctions urbaines qui ne sont pas remplies ailleurs, puisqu'elle permet de relier l'ensemble des localités. C'est ce maintien de la cohésion hiérarchique qui participe de la connectivité territoriale. Le Cameroun représente un lieu de réflexion fécond quant à la connectivité territoriale à partir des villes dites intermédiaires, car les politiques d'aménagement du territoire peinent à assurer une connectivité routière efficace. Cet article fait des villes intermédiaires des « pivots » dans le processus de développement social et économique des territoires périphériques. Utilisant l'observation directe, la prise de vue sur le terrain et les comptages routiers, les résultats obtenus révèlent que les villes intermédiaires alimentent une anisotropie spatiale due au dysfonctionnement du système de transport entre elles et les petites villes. Elles se retrouvent alors polarisées soit par les grandes villes, soit par les métropoles étrangères. La nature de cette connectivité a des impacts sur la fonction de transmission des petites et grandes villes. D'où la nécessité de repenser la politique publique urbaine en matière de transport interurbain.

Mots-clés : Villes intermédiaires, Territoire, Enclavement, Connectivité, Cameroun

Abstract

The intermediate city structures the territorial whole by fulfilling the role of «chief town». Its function as mediator allows the small towns that depend on it to benefit from certain urban functions that are not performed elsewhere, since it makes it possible to connect all the localities. It is this maintenance of hierarchical cohesion that contributes to territorial connectivity. Cameroon is a fruitful place for reflection on territorial connectivity from so-called intermediary cities, as land-use planning policies struggle to ensure effective road connectivity. This article makes intermediate cities "pivotal" in the process of social and economic development of peripheral territories. Using observations, field shots and road counts, the results show that intermediate cities feed spatial anisotropy due to the dysfunction of the transport system between them and small towns. They are then polarized either by large cities or by foreign metropolises. The nature of this connectivity impacts the transmission function of small and large cities. Hence the need to rethink urban public policy on intercity transport.

Keywords: *Intermediate cities, Territory, Landlockedness, Connectivity, Cameroon.*

Introduction

Le concept de « ville intermédiaire » n'est pas encore suffisamment construit, malgré les réflexions développées par J. Beaujeu-Garnier (1995), F. Santamaria (2000), E. Bonerandi, P. A. Landel et E. Roux (2003), C. Bellet et J. Llop (2003), A. Belhedi (2007), S. A. Souiah (2007), J. P. Carrière (2008), F. Nadou (2011), entre autres. Ces auteurs ont soulevé des pistes de réflexion crédibles dans le but d'en donner du contenu depuis le début du XXIe siècle. La synthèse des analyses disponibles révèle que la ville intermédiaire prend forme autour des mutations observées des villes considérées au départ comme moyennes (Commerçon, 1990), devenues des pivots (économique, infrastructurel, politique...) pour leurs espaces immédiats. Son importance, pour l'aménagement des territoires, a longtemps été interrogée lorsqu'il fallait comprendre le degré de connectivité entre les villes industrielles à travers le monde (Bellet, Llop, 2003). Il s'agissait d'un préalable qui venait revoir l'échelle de classification urbaine devenue désuète de par la présence des mégalopoles. Par contre, la position d'intermédiaire attribuée à une ville en fait celle qui, de par sa position centrale au sein du système urbain, subit, directement et/ou indirectement, l'influence de la capitale et permet de desservir une population importante résidant dans l'arrière-pays, généralement beaucoup moins équipées. Il s'agit d'une ville de « l'entre-deux » qui assure la transition entre deux territoires aux fonctions urbaines complémentaires, mais qui, selon A. Belhedi (2007), cherche à s'affirmer sur tous les aspects socio-économiques du terme. Et la dynamique démographique des villes à travers le monde, et en Afrique, depuis ces cinq dernières décennies, amène à introduire des modèles d'analyses centre-périphérie pour comprendre le fonctionnement d'une ville. Une ville intermédiaire est dans cette perspective ce territoire qui se transforme progressivement, mais donc le processus est loin d'être achevé, c'est-à-dire, une espace qui se spécialise progressivement en services sociaux, économiques et administratifs et acquiert son autonomie fonctionnelle par le biais de concessions et contrats sociaux et économiques divers, et qui est censé assurer la continuité fonctionnelle au niveau local, composante essentielle d'une connectivité territoriale complète.

Le rôle d'une ville intermédiaire a été interrogé lorsqu'il fallait comprendre le degré d'interconnexion des métropoles économiques du monde (Commerçon, 1990) et les services de proximité dont elle est généralement dotée en Afrique (Rapport FMVI[1], 2018). La ville

---

[1] Rapport sur la Contribution de l'Afrique au Forum Mondial sur les Villes Intermédiaires, avril 2018 – Chefchaouen, Maroc : Rapport des débats, 27p.

intermédiaire a aussi été questionnée dans le but d'en donner une typologie par rapport à sa position vis-à-vis de la métropole nationale (Nadou, 2011), ou encore de réduire les déséquilibres territoriaux par la construction d'un réseau de villes en Europe (Carrière, 2008) et au Maghreb (Najet Kasdallah, 2013). Toutefois, ces analyses portent plus sur des questions de gouvernance administrative, macro-économique et politique. En Afrique centrale, la question d'urbanisation continue de faire débat, mais les perspectives de développement urbain par effet de chef-lieu qui animent la gouvernance de ces pays impliquent surtout la nécessité d'améliorer la fonction de transmission de ces territoires. Or, il s'agit d'un aspect encore peu exploré. Pourtant, l'intermédiation positionne dorénavant la ville comme un prolongement de contexte soulevé en Europe, au Maghreb, en Asie et aux États-Unis d'Amérique. Ceci traduit l'idée de mise en réseaux. Dans ce cas, la ville intermédiaire revêt une forme de mitoyenneté[2] territoriale qui combine une localisation spatiale privilégiée entre une ou plusieurs métropoles et leurs périphéries rurales ; avec un rôle structurel dans la cohésion du territoire qui s'exprime sous la forme de la *connectivité par les réseaux de transport*. L'intermédiation urbaine par les réseaux de transport a pour but principal, de mettre en évidence les ruptures et continuités induites par leur structure, c'est-à-dire, par la forme et l'agencement de leurs composantes linéaires et nodales. Ceci demande d'évaluer une ville sur sa capacité à désenclaver les lieux de même rang ou de rang inférieur, à maintenir une offre de transport donnée, et à développer des politiques routières permettant de rendre les petites villes accessibles de manière permanente. Dans ce cas, l'intermédiation s'exprime en termes de proximité spatiale entre les lieux et autour des logiques de réseaux détachés de leur espace et tournés vers l'extérieur.

Certes, le transport routier, grâce à sa flexibilité, constitue, au Cameroun comme dans plusieurs pays de l'Afrique subsaharienne, le principal mode de déplacement des biens et des personnes[3], mais ce positionnement stratégique semble situer le transport routier au cœur des enjeux de développement économique et territorial plus que pour le transport ferroviaire et aérien. Malgré la politique volontariste du Cameroun de mettre l'accent sur l'aménagement de nouvelles infrastructures de transport afin d'améliorer la connectivité nationale, les disparités territoriales demeurent fortes depuis l'indépendance du pays en 1960 entre milieux urbains d'une part, entre milieux urbain et rural d'autre part, ayant un impact négatif sur le maintien de la

[2] Expression empruntée à Bernard Vermot-Desroches, Professeur à l'Université du Québec à Trois-Rivières, paraphrasée par Nabou F. (2011).

[3] Il assure près de 90 % de la demande intérieure de transport de voyageurs et près de 75 % de la demande de transport de marchandises entre les villes (BAD, 2015).

continuité et/ou de la cohésion territoriale En effet, il se creuse de plus en plus un fossé entre, d'un côté, des espaces qui bénéficient d'une bonne connectivité et de l'autre, des lieux productifs mais qualitativement isolés par des routes en terre et mal entretenues (Atangana Bamela et Ndame, 2016, 2020 ; Yemmafouo, Ako et Uwizeyimana, 2012 ; Fofiri Nzossie, Temple et Ndame, 2011). La prise en compte de la connectivité par les villes dites intermédiaires ouvre donc des perspectives qui, jusqu'à présent, restent peu explorées au Cameroun. Elle permet d'interroger le rôle d'une ville de « l'entre-deux » dans le maintien des mobilités avec son espace périphérique ou lointain et d'élargir le champ de possibilité des planificateurs en aménagement du territoire. Les villes intermédiaires camerounaises permettent-elles d'améliorer la connectivité territoriale ? Dans quelle(s) condition(s) cela serait-il possible ? Ces interrogations sont permettent de comprendre comment les villes dites intermédiaires pourraient devenir des villes de demain dans un pays dont la définition des politiques de transport peine à mettre en réseau, de manière durable, tout le territoire (Atangana Bamela, 2020).

Cette étude s'appuie sur l'hypothèse selon laquelle les villes intermédiaires camerounaises fonctionnent comme des espaces monocentriques qui n'améliorent pas la connectivité territoriale. Pour justifier ce postulat, le travail a mobilisé un ensemble de méthodes et techniques d'analyses pluridisciplinaires, basées sur l'exploitation d'ouvrages scientifiques portant sur la ville, la réalisation d'entretiens semi-directifs avec des responsables des services de transport, des travaux publics et des mairies. Nous choisissons d'inscrire notre analyse par le biais d'un critère discriminant qui est celui de l'intermédiation par la connectivité par le réseau routier. Ceci en précisant que les autres critères, qui sont tout aussi importants, permettront, dans les prochaines analyses, d'inscrire la recherche dans un cadre général de définition de la ville intermédiaire[4]. Cette restriction à la connectivité nous permet d'aller plus en détail dans les analyses. Pour ce faire, une exploitation des manifestes de transport dans certaines agences de transport (Touristique Express, Danay Express, Musango, Woïla Voyage, Caravane, La Kribienne, Finex, Buca Voyage, Mvila Voyage, Général Voyage, Alliance Voyage, Binam Voyage, Garanti Express et Mazi Groupe Express) ont permis d'apprécier et de quantifier les destinations les plus sollicitées, en partant des villes intermédiaires identifiées vers les autres

[4] Cet indicateur donne un rôle de pivot à la ville intermédiaire, par sa connectivité spatiale et l'accessibilité qu'elle offre au territoire (grâce aux réseaux routiers, ferroviaires, aériens et fluvio-lacustres). Il existe néanmoins d'autres indicateurs : structurants (économie, administration, politique), transversaux (culture, environnement), de base (démographie) (Nadou, 2011).

villes pour une période d'une semaine par agence enquêtée[5]. Dans le cas des agences de transport clandestin, l'absence de bordereaux de transport a été compensée par les entretiens avec les conducteurs rencontrés sur place. Ces entretiens ont, notamment, porté sur le fonctionnement des structures, les destinations prioritaires et les conditions dans lesquelles le transport de biens et personnes s'effectuent. Après identification des villes intermédiaires, trois ont été retenues comme cas pratiques afin d'approfondir davantage notre réflexion et d'affiner nos analyses : Kousséri à l'Extrême-Nord, Ngaoundéré dans l'Adamaoua et Mbalmayo dans le Centre.

Les observations directes sur le terrain ont permis d'associer aux matrices de connectivité une appréciation qualitative qui a rendu possible l'appréciation de la connectivité externe et interne de chaque ville intermédiaire identifiée. Il a fallu surtout se rapprocher des agences de transport les plus sollicitées afin de quantifier ces échanges (nombre de voyages journaliers) et de faire ressortir la typologie et les directions prédominantes. Les observations de terrain ont permis d'apprécier la pratique des mobilités ainsi que la qualité des liaisons routières qui conditionnent la connectivité qualitative des différents lieux. Pour faire une typologie des villes dites intermédiaires sur la base de la connectivité, deux possibilités sont offertes : soit, on se base sur les origines des habitants qui composent ces lieux (ce qui nécessite de réaliser une enquête exhaustive sur sa population), soit on se base sur le nombre de voyages qui s'effectuent entre la ville intermédiaire et les autres villes (en réalisant des comptages routiers). Il est aussi possible d'exploiter les deux sources d'informations de manière simultanée, car cela offre la possibilité d'associer la pratique de la mobilité comme facteur essentiel d'isolement qualitatif d'un lieu moins desservi qu'un autre, et c'est la méthode que nous avons adoptée. Il s'agit d'une technique pluridisciplinaire qui allie des outils et pratiques empruntés en géographie des transports, en études urbaines et en économétrie.

1. Préalables conceptuels et méthodologiques sur les villes intermédiaires au Cameroun

La population constitue un élément incontournable pour l'identification d'une ville intermédiaire. Mais, il est aussi nécessaire de prendre en compte le poids démographique et la fonction administrative du lieu, qui lui permettent de rayonner sur un petit territoire. Deux approches ayant permis l'identification des villes intermédiaires au

[5] Les enquêtes se sont étalées entre février 2017 et janvier 2020, avec des périodes de repos assez prolongées pour des questions logistiques.

Cameroun en s'appuyant sur les données du Recensement Général de la Population et de l'Habitat de 2005. La difficulté est néanmoins celle de l'identification des bornes inférieures et supérieures de la population constituant la ville intermédiaire. Et sur ce point, il a fallu exploiter les études qui ont essayé de définir une borne démographique de ce que pourrait être une ville intermédiaire en tant que base théorique d'analyse. Les premières réflexions menées sur ce sujet par J. Beaujeu-Garnier (1995), P. Sassen (1999) et F. Santamaria (2000) entre autres, fixent les bornes démographiques entre 20 000 et 200 000 habitants. La définition de cet intervalle est à construire au préalable au risque de paraître arbitraire : il s'agit surtout de déterminer à partir de quel chiffre de population agglomérée, on parle de ville dans un pays.

Bien qu'insuffisante pour définir ce qu'est aujourd'hui une ville, l'approche par la taille de la population est néanmoins prise en compte afin de limiter un cadre d'analyse et un objet à étudier au sein du système des villes. Ce d'autant plus qu'il s'agit là, de la principale composante qui conditionne l'érection d'un territoire en « ville ». Par ailleurs, et selon Jacqueline Beaujeu-Garnier (1995), il existe clairement une hiérarchie urbaine dont les caractéristiques premières tiennent de la taille de la population de chaque groupe de villes. Définir la ville intermédiaire revient donc à connaître cette hiérarchie, dont le sommet se trouve représenté par les « villes mondiales », les grandes villes ainsi que les petites villes. Il est donc question de se positionner dans cet éventail. En outre, la référence statistique de l'unité de base à déterminer est rendue très délicate par le contexte administratif de chaque État. Au Cameroun, tout comme en France, et depuis le décret n°2008/376 du 12 novembre 2008 portant organisation administrative de la République du Cameroun, c'est le chef-lieu d'arrondissement) qui fait office de ville, alors qu'en Espagne, le « municipio » est plus élargi, et le district au Royaume-Uni reste différent dans son périmètre (Datar, 2010).

Les limites supérieures varient selon l'inscription territoriale dans laquelle la ville se trouve[6]. Les données institutionnelles qui définissent les caractéristiques des villes camerounaises admettent les villes de moins de 10 000 habitants dans la catégorie des « petites villes », par le simple fait qu'il s'agit des chefs-lieux d'unités administratives. Le souci premier est celui de renforcer le contrôle de l'arrière-pays comme cela a

---

[6] La Banque Mondiale recommande un plafond d'environ 1 million d'habitants pour les pays développés. L'UE par contre recommande une borne supérieure d'au plus 300 000 habitants pour les pays en développement dont l'Afrique Centrale qui connait une forte dynamique socio-économique, de même que pour la DATAR en France, longtemps attachée à 200 000 pour les villes moyennes, mais qui retient désormais 500 000 habitants pour les villes intermédiaires des pays développés comme la France et 300 000 pour les pays en voie de développement.

été le cas de Darak dans le Logone et Chari (Photo 1), Béka dans la Bénoué, Kontcha dans l'Adamaoua, et de la quasi-totalité des territoires frontaliers ; ce qui semble *a priori* légitime, sauf qu'en réalité, bon nombre de ces chefs-lieux ont plutôt des allures de localités.

Photo 1 : Une vue de la rue principale de Darak ville (classée parmi les petites villes[7])

Source : prise de vue, auteur, 27/05/2017.

Le RGPH situe le taux d'urbanisation du Cameroun à environ 49 % en 2005. Il est, en partie, fonction de la notion de ville telle que définie plus haut et qui s'appuie plus sur le critère démocratique qu'administratif. En effet, parmi les 312 lieux classés comme des villes en novembre 2005, deux seulement n'étaient pas chef-lieu de circonscription administrative : Mutenguene au Sud-Ouest et Lara à l'Extrême-Nord. L'entrée par la fonction urbaine permet alors de passer outre cette délimitation morphologique pour mettre en avant le rôle de la ville en question. Ce qui permet d'opérer une classification des villes en fonction de leur importance économique, sociale, administrative et spatiale dont le référent est la métropole (Damette, 1994). Contrairement à la Banque Mondiale qui fixe la borne supérieure d'une ville intermédiaire à 1 million d'habitants (en se basant principalement sur les critères économiques), l'Union européenne quant à elle suggère une flexibilité relative pour les pays d'Afrique, en proposant une borne supérieure de 300 000 habitants, et une borne inférieure de 50 000 habitants, tout en considérant en même temps les critères structurants, discriminants et transversaux tels que le rang administratif, les services sociaux existants, les réseaux de transport disponibles et la position géographique. Dans ce cas, outre la

[7] Soit exactement 8 614 habitants au recensement de 2005.

hiérarchisation classique des villes camerounaises[8], les villes intermédiaires s'intègrent dans la catégorie des grandes villes, avec pour référents Yaoundé et Douala en tant que métropoles. L'adoption de ces bornes permet d'identifier 21[9] villes intermédiaires (soit 6,73 % des 312 aires urbaines référencées par le BUCREP en 2005). Ce qui représente un peu plus de 27 % de la population urbaine nationale (Tab. 1).

Tab. 1 : Aires urbaines intermédiaires identifiées sur une base démographique au 3e RGPH

Aires urbaines intermédiaires	Région	Département	Statut administratif	Population urbaine en 2005
Ngaoundéré	Adamaoua	Vina	Chef-lieu de région	152 698
Kumbo	Nord-Ouest	Bui	Chef-lieu de département	80 212
Bafoussam	Ouest	Mifi	Chef-lieu de région	239 287
Foumban	Ouest	Noun	Chef-lieu de département	83 522
Dschang	Ouest	Menoua	Chef-lieu de département	63 838
Ebolowa	Sud	Mvila	Chef-lieu de région	64 980
Kribi	Sud	Océan	Chef-lieu département	59 928
Sangmélima	Sud	Dja et Lobo	Chef-lieu département	51 308
Kumba	Sud-Ouest	Meme	Chef-lieu de département	144 268
Mbalmayo	Centre	Nyong et So'o	Chef-lieu de département	52 813
Bertoua	Est	Lom et Djérem	Chef-lieu de région	88 461
Maroua	Extrême-Nord	Diamaré	Chef-lieu de région	201 371
Kousséri	Extrême-Nord	Logone et Chari	Chef-lieu département	89 123
Nkongsamba	Littoral	Moungo	Chef-lieu de département	104 050
Edéa	Littoral	Sanaga Maritime	Chef-lieu département	66 581
Garoua	Nord	Bénoué	Chef-lieu de région	235 996
Guider	Nord	Bénoué	Chef-lieu arrondissement	52 316
Bamenda	Nord-Ouest	Mezam	Chef-lieu de région	269 530
Tiko	Sud-Ouest	Fako	Chef-lieu arrondissement	101 859

[8] Petites villes (moins de 20 000 habitants), Villes moyennes (20 000 à 50 000 habitants), Grandes villes (plus de 50 000 habitants).

[9] Celles-ci vont de Sangmélima la plus petite en termes de population (51 308 habitants en 2005) à Bamenda la plus grande ville intermédiaire en termes d'effectifs (269 530 habitants en 2005).

Aires urbaines intermédiaires	Région	Département	Statut administratif	Population urbaine en 2005
Buéa	Sud-Ouest	Fako	Chef-lieu de région	90 090
Limbé	Sud-Ouest	Fako	Chef-lieu de département	84 223

Sources : Rapport final du 3e RGPH, Vol. II – Tome 09 : Mouvements Migratoires, 2005, compilation de l'auteur, 2020

Les villes intermédiaires identifiées se répartissent ainsi dans tout le pays, malgré un certain déséquilibre dans cette distribution spatiale (Fig. 1).

Fig. 5 : Répartition spatiale des villes intermédiaires identifiées

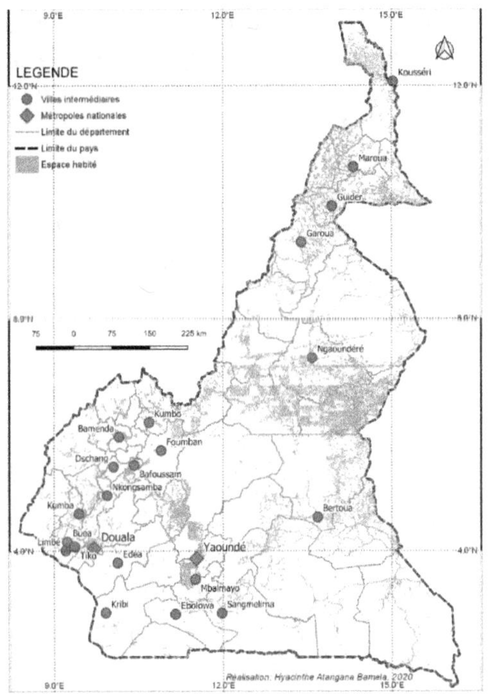

La carte ci-dessus illustre à suffisance la distribution déséquilibrée des villes intermédiaires au Cameroun. En effet, certaines régions administratives, faibles en superficie, ont jusqu'à quatre villes intermédiaires (Sud-Ouest avec Kumba, Tiko, Buéa et Limbé), alors que d'autres, couvrant des territoires très vastes, n'en ont qu'une (le cas de Ngaoundéré dans l'Adamaoua et de Bertoua à l'Est). Ce déséquilibre n'aurait-il pas un impact sur le niveau de connectivité spatiale du pays ?

Pour le savoir, il est important de s'appuyer régulièrement sur trois cas qui, de par leur situation, rang administratif et degré de proximité ou d'éloignement par rapport à l'une des deux métropoles nationales, constituent des sortes de microcosmes susceptibles de nous éclairer davantage sur ce niveau de connectivité territoriale par les villes intermédiaires : il s'agit notamment de Kousséri (chef-lieu de département et excentrée par rapport au reste des villes), de Ngaoundéré (unique ville intermédiaire et chef-lieu de région), et de Mbalmayo (chef-lieu de département, à proximité de Yaoundé).

2. Niveau de connectivite par les villes intermédiaires : Cas de Mbalmayo, Ngaoundéré et Kousséri

Les villes intermédiaires assurent-elles une bonne connectivité territoriale ? Répondre à cette interrogation implique une lecture fine du positionnement de chaque ville intermédiaire sur la base de sa capacité à communiquer avec d'autres territoires. Pour ce faire, il est important d'interroger cette connectivité dans ses composantes externes, internes, régionales/nationales et transfrontalières. Bien évidemment, il y a en même temps des similarités et des particularités entre les villes intermédiaires identifiées. C'est ce qui amène à insister sur trois villes qui constituent des microcosmes à partir desquelles nos analyses peuvent être généralisées.

2.1. Connectivité interne inhérente à la praticabilité des routes rurales

La connectivité interne concerne la praticabilité des liaisons routières entre la ville intermédiaire et les espaces urbains de rang inférieur ou l'espace rural. Les données de terrain révèlent d'une part, qu'il y a des villes qui n'assurent pas une bonne connectivité interne (20 villes intermédiaires identifiées dont Ngaoundéré et Kousséri), et de l'autre, une ville qui assure une connectivité interne passable (Mbalmayo). Cette connectivité interne est subordonnée à la praticabilité des liaisons routières entre la ville intermédiaire et les petites villes dépendantes. Plus ce réseau routier est dégradé à plus de 50 %, plus cette connectivité interne est considérée comme médiocre. Pour le cas de Mbalmayo, le réseau routier qui mène vers les villes de rang inférieur est bitumé à environ 57 %[10] grâce au passage des routes nationales N°9 (Yaoundé-Sangmélima) et N°2 (Yaoundé-Ebolowa) qui permettent de desservir trois petites villes sur six. Ce qui permet à Mbalmayo de rayonner sur les villes qui dépendent d'elle. Le maintien en bon état de praticabilité des

[10] Exploitation des données statistiques routières de la DD-MINTP, Mbalmayo, 2020.

principales liaisons routières avec les lieux de rang inférieur par les Communes et les élites politiques de la place est un fait qui maintient cette connectivité interne dans un état passable.

Le cas des villes intermédiaires qui expriment une connectivité interne médiocre s'explique par le fait qu'elle communique avec les villes de rang inférieur par des routes dont plus de 70 % sont en mauvais état. Ngaoundéré et Kousséri communiquent avec les petites villes périphériques par des routes en terre et à praticabilité saisonnière respectivement à 87 % et à 93 % dégradées[11]. Pour le cas de Kousséri, seuls 39 % de la voirie urbaine est bitumée. Des 11 arrondissements qui constituent le Logone et Chari, dont elle est le Chef-lieu, Waza est la seule dont une section de la RN1 est encore bitumée (sur moins de 40 km). Dans la région de l'Adamaoua, 4 communes sur 20 communiquent avec la ville de Ngaoundéré par la RN1 (Nyambaka, Meiganga et Mbé) et par la RN20 (Ngan'ha) qui sont bitumées. Ce qui représente à peine 20 %. Le passage de la ligne de chemin de fer permet à Ngaoundal de communiquer aisément avec Ngaoundéré. Pour ces trois cas, malgré que ces villes intermédiaires regroupent l'essentiel des biens et services nécessaires à l'épanouissement des villes environnantes (structures de santé, centres de loisirs, centres universitaires...), celles-ci communiquent difficilement avec elles. L'état des liaisons routières censées servir d'interface de continuité vers ces lieux qui, pour la plupart, regorgent d'importants bassins agricoles nécessaires à la vie économique du pays, ne permet pas une circulation aisée des biens et personnes (Photos 2 et 3).

Photo 2. État global des routes qui relient Garoua aux petites villes dépendantes (Route Garoua-Poli)

Source : prise de vue, auteur, 27/09/2017.

[11] Exploitation des statistiques routières 2019, DR-MINTP Adamaoua, DR-MINTP Extrême-Nord et enquêtes de terrain, 2017-2020.

Photo 3. État global des routes qui relient Maroua à certaines petites villes dépendantes (Route Maroua-Bogo)

Source : prise de vue, auteur, 27/07/2017.

Cette rupture dans la connectivité interne ne permet pas de raccrocher les petites villes aux réseaux globaux de services, d'emplois, d'équipements, qui sans la ville intermédiaire seraient plus difficilement atteignables. Cette connectivité médiocre est la conséquence directe d'une logistique défaillante[12], d'un réseau routier secondaire en décrépitude généralisée et des politiques routières mises en place qui sont toutes vouées à l'échec face aux lourdeurs administratives, à la délinquance financière et aux attributions douteuses des marchés routiers[13].

2.2. Connectivité externe basée sur le type et le nombre de liens indépendants

La connectivité externe concerne la qualité des liaisons routières qui relient les villes intermédiaires les unes des autres d'une part, et ces dernières aux deux métropoles nationales que sont Yaoundé et Douala. Parmi les villes intermédiaires identifiées, huit sont des chefs-lieux de

[12] Le transport local, lorsqu'il est organisé en agences, est assuré par des véhicules en état de vétusté avancé. Pour bon nombre de cas, il n'y a pas d'agences de voyages qui desservent les petites villes. Il faut alors emprunter des « clandos » ou des motos sur de longues distances, et sur des routes accidentées.

[13] Il s'agit là des facteurs principaux d'échec pour bon nombre de projets routiers au Cameroun.

régions reliés à Yaoundé par des routes nationales ; onze sont des chefs-lieux de départements accessibles par des routes nationales pour certaines et provinciales pour d'autres et deux sont des chefs-lieux d'arrondissements qui sont situées sur le tracé des routes nationales N°1 pour Guider et N°3 pour Tiko (Tab. 2). Ceci explique aussi pourquoi ces villes intermédiaires se démarquent, dans l'ensemble, d'une bonne connectivité externe. La politique nationale en matière de transport, a toujours mis un point d'honneur à prioriser l'aménagement des connexions interrégionales et internationales (Yemmafouo, Ako, et Uwizeyimana, 2012 ; Atangana Bamela, 2020). Ceci explique pourquoi la plupart des routes nationales sont soit bitumées, soit des efforts sont consentis par le Gouvernement et ses principaux bailleurs de fonds (UE et BAD) afin de les maintenir en état de praticabilité permanente. Actuellement, tous les chefs-lieux de régions sont reliés par des routes bitumées. La ville de Ngaoundéré compense la longue distance routière qui la sépare de Yaoundé et Douala par le rail et le transport aérien.

Tab. 2. Routes d'accès aux villes intermédiaires identifiées

Ville intermédiaire	Accessible par...
Ngaoundéré	RN1
Mbalmayo	RN2
Bertoua	RN1
Maroua	RN1
Kousséri	RN1
Nkongsamba	RN5
Edéa	RN3
Garoua	RN1
Guider	RN1
Bamenda	RN6 par l'entrée Sud de la ville ; RN11 par l'entrée Nord de la ville
Kumbo	RN11
Bafoussam	RN6
Foumban	RN6
Dschang	RP19
Ebolowa	RN2
Kribi	RN17 par l'entrée Sud de la ville ; RN7 par l'entrée Nord de la ville ; RP8 par les entrées Nord-Est et Sud-Ouest de la ville
Sangmélima	RN9
Kumba	RN8 par l'entrée Sud de la ville ; RN16 par l'entrée

Ville intermédiaire	Accessible par…
	Nord de la ville
Tiko	RN3
Buéa	RN8
Limbé	RN3

Sources : enquêtes de terrain, 2017-2020.

L'évaluation de la connectivité externe basée sur le nombre de liens entre la ville intermédiaire et la métropole la plus proche permet de comprendre le degré de proximité spatiale entre les deux entités. Elle est aussi nécessaire pour juger des connexions directes qui existent entre une ville intermédiaire et les autres villes de même rang. Moins le nombre de liens est important, plus la proximité géographique est bonne et plus la ville intermédiaire a des chances de tirer le maximum de profits qu'offre la métropole la plus proche. Pour ces liens (axes routiers), les villes moyennes situées sur leur tracé constituent les nœuds. En limitant le nombre de liens maximums à trois (c'est-à-dire les sections de routes qui passent par quatre villes de même rang ou nœuds jusqu'à la métropole la plus proche) pour être dans une situation de connectivité nationale bonne (Nadou, 2011), on se rend compte que le nombre de villes intermédiaires qui assurent une bonne connectivité externe est restreint.

Pour le cas de Yaoundé, seules quatre villes intermédiaires expriment cette connectivité externe : il s'agit de Kumbo et Mbalmayo qui n'ont qu'un lien direct avec la métropole, Ebolowa et Limbé qui ont respectivement trois et deux liens directs avec Yaoundé. En ce qui concerne Douala, il s'agit de Edéa (deux liens directs), Kribi et Limbé (trois liens directs chacune). Néanmoins il y a des cas où les villes intermédiaires expriment une connectivité externe complémentaire de par leur proximité réciproque. Ce rapprochement spatial est susceptible d'aboutir à l'amélioration de la connectivité interne qui a du mal à suivre. C'est le cas par exemple d'Ebolowa et de Mbalmayo (deux liens) entre autres (Tab. 3 et 4).

Tab. 3 : Matrice partielle de connectivité spatiale (nombre de liens) entre les villes intermédiaires et les métropoles camerounaises

	Bafoussam	Bamenda	Bertoua	Buéa	Douala	Dschang	Ebolowa	Edéa	Foumban	Garoua	Guider	Kousséri	Kribi	Kumba	Kumbo	Limbé	Maroua	Mbalmayo	Ngaoundéré	Nkongsamba	Sangmélima	Tiko	Yaoundé
Bafoussam		4	17	13	12	2	12	10	3	12	14	21	13	11	7	13	17	12	11	7	13	ND	11
Bamenda			20	14	13	6	14	14	5	14	15	23	14	12	4	15	17	16	12	9	17	ND	15
Bertoua				14	11	21	12	10	21	10	13	16	14	24	25	14	13	8	4	21	6	ND	11
Buéa					3	6	9	4	14	24	26	30	6	2	15	2	27	10	23	5	11	ND	9
Douala						8	5	2	13	23	25	29	3	5	18	3	26	7	21	5	8	ND	6
Dschang							15	11	4	12	14	18	10	5	9	8	16	14	11	4	14	ND	13
Ebolowa								6	9	11	13	17	2	9	12	11	14	2	10	10	2	ND	3
Edéa									14	14	16	24	2	5	19	4	18	6	11	4	7	ND	5
Foumban										10	12	19	13	13	5	15	14	12	7	9	12	ND	11
Garoua											3	9	13	23	8	25	4	11	3	19	13	ND	10
Guider												8	13	24	13	26	2	12	5	20	14	ND	11
Kousséri													22	32	16	34	6	20	12	28	22	ND	19
Kribi														8	19	7	20	5	13	4	4	ND	9
Kumba															16	3	25	12	20	4	13	ND	11
Kumbo																20	15	15	9	15	16	ND	14
Limbé																	28	10	24	6	11	ND	9
Maroua																		14	477	4	18	ND	13
Mbalmayo																			7	14	4	ND	1
Ngaoundéré																				20	10	ND	8
Nkongsamba																					17	ND	12
Sangmélima																						ND	5
Tiko																							ND
Yaoundé																							

Sources : enquêtes de terrain, 2017-2020.

Tab. 4 : Matrice partielle de connectivité quantitative entre les villes intermédiaires et les deux métropoles camerounaises (en km)

	Bafoussam	Bamenda	Bertoua	Buéa	Douala	Dschang	Ebolowa	Edéa	Foumban	Garoua	Guider	Kousséri	Kribi	Kumba	Kumbo	Limbé	Maroua	Mbalmayo	Ngaoundéré	Nkongsamba	Sangmélima	Tiko	Yaoundé
Bafoussam		79	547	265	253	50	429	300	68	884	987	1349	411	193	143	284	1085	342	610	113	453	ND	295
Bamenda			627	313	302	89	508	361	145	960	1064	1426	472	242	103	332	1161	421	686	161	533	ND	374
Bertoua				642	578	594	454	508	554	773	876	1238	608	681	635	646	974	365	496	601	369	ND	337
Buéa					64	224	365	134	333	1148	1252	1614	245	71	389	22	1349	346	874	151	459	ND	307
Douala						213	301	70	321	1107	1241	1603	180	131	378	68	1338	281	863	140	395	ND	243
Dschang							476	272	118	933	1037	1399	383	153	165	243	1134	389	660	73	501	ND	342
Ebolowa								231	453	1108	1211	1573	172	432	535	369	1308	105	834	431	119	ND	152
Edéa									346	1110	1213	1575	111	201	421	138	1311	212	836	200	325	ND	173
Foumban										816	920	1282	456	261	88	352	1017	348	542	181	460	ND	301
Garoua											104	466	1220	1077	857	1167	201	1003	276	997	1114	ND	956
Guider												362	1324	1181	961	1271	97	1106	380	1101	1218	ND	1059
Kousséri													1686	1543	1323	1633	265	1468	742	1463	1580	ND	1421
Kribi														311	531	249	1421	244	946	311	290	ND	280
Kumba															317	91	1278	412	803	80	526	ND	374
Kumbo																408	1058	430	583	237	541	ND	383
Limbé																	1368	350	893	170	463	ND	311
Maroua																		1203	477	1198	1315	ND	1156
Mbalmayo																			729	395	122	ND	47
Ngaoundéré																				723	841	ND	682
Nkongsamba																					507	ND	348
Sangmélima																						ND	159
Tiko																							ND
Yaoundé																							

Sources : enquêtes de terrain, 2017-2020.

L'analyse corrélative des matrices de connectivité précédentes et des caractéristiques qualitatives du réseau de transport routier permet de dégager deux autres types de villes intermédiaires qui mettent en avant le niveau d'échanges qu'entretiennent les villes intermédiaires et les autres villes : des villes à connectivité régionale et/ou nationale et des villes à connectivité transfrontalière.

2.3. Ngaoundéré et Mbalmayo, deux villes intermédiaires à connectivite régionale et nationale

Il s'agit des villes qui bénéficient d'une bonne connectivité à la fois spatiale et qualitative à Yaoundé et/ou Douala ou encore aux villes de même rang. La définition des projets routiers a favorisé leur connectivité au réseau intégré et de bonne facture (Yemmafouo, Ako et Uwizeyimana, 2012). La plupart d'entre elles compensent cet atout avec des liaisons aériennes ou ferroviaires. Au-delà de cette connectivité régionale et/ou nationale, elles ont de ce fait une visibilité dans de nombreux domaines : emplois, établissements universitaires et banques. Cependant, plusieurs d'entre elles n'ont pas su diffuser cette connectivité routière vers les petites villes plus dépendantes d'elles. Par conséquent, ces espaces de rang inférieur se retrouvent très peu ou mal connectés au réseau principal menant vers les grandes villes et se retrouvent obligées à se tourner vers les pays frontaliers pour celles qui sont proches des frontières. Ceci explique pourquoi dans les petites villes frontalières de la frange Ouest, Sud et Est du Cameroun, la présence étrangère est marquante dans tous les secteurs économiques, allant de la vente des produits manufacturés et électroniques, aux pièces détachées pour autos et motos.

> Ces lieux foisonnent d'un large éventail de marchandises en provenance des pays limitrophes, composées des biens de consommation courante (ustensiles de cuisines, pagnes, chaussures, emballages...) des médicaments, de faux billets, en passant par les véhicules, le carburant et les matériaux de construction (ciment, fer, tôle, matériel de fixation). Une part importante de ces produits est constituée de réexportations étrangères (comme le sucre brésilien qu'on retrouve à Béka au nord ou à Gazawa dans le Mayo Tsanaga), souvent d'origine asiatique (Inde, Chine...). L'enclavement est d'autant plus prononcé qu'il a un impact sur la géographie des échanges des produits agricoles à l'échelle nationale (Atangana Bamela et Ndame, 2020 : 114).

On se retrouve alors dans une certaine anisotropie spatiale où les villes intermédiaires connaissent des échanges importants avec les autres villes de la même catégorie ou de rang supérieur, au détriment des petites villes qu'elles sont censées desservir en priorité. L'anisotropie caractérise « un espace orienté, qui s'ordonne selon des axes définis comme prioritaires par rapport aux autres et qui obéit à des polarisations »[1]. Les mobilités quotidiennes contribuent à produire cette anisotropie : elles reposent sur les différenciations entre espaces attractifs ou, au contraire, répulsifs ; elles empruntent des axes privilégiés ; elles ont diverses formes de concentration (nœuds de réseaux) qui sont très souvent renforcées par leur proximité spatiale (Belhedi, 2007 ; Bellet et Llop, 2003 ; Giraut et F. Moriconi-Ebrard, 1991). C'est aussi le cas de Limbé, Tiko et Buéa qui ont développées une certaine anisotropie de fait de leur proximité respective (à peine 22 km séparent Limbé et Buéa 22 km, et environ 47 km entre Yaoundé et Mbalmayo). C'est aussi le cas des villes intermédiaires telles que Ebolowa, Garoua ou encore Ngaoundéré et Bertoua (pour ne citer que celles-ci) qui « n'ont pas pu mobiliser et distribuer les ressources nécessaires au désenclavement des territoires qui dépendent d'elles » (Atangana Bamela, 2020 : 211).

2.4. Kousséri, une ville intermédiaire à connectivite transfrontalière

Il s'agit d'une ville qui oriente en priorité ses échanges vers le Tchad, pays limitrophe, pour compenser le fait qu'elle ne bénéficie pas d'une bonne connectivité régionale et/ou nationale. Sa proximité frontalière est un atout qui lui permet de renforcer ce type d'échanges. La ville de Kousséri a développé une connectivité transfrontalière et se retrouve de plus en plus aspiré par Ndjaména, capitale politique du Tchad. Les échanges quotidiens qui s'effectuent dans le sens Kousséri - Ndjamena sont constants et plus importants que ceux qui sont orientés vers les autres villes camerounaises (Fig. 2).

[1] http://geoconfluences.ens-lyon.fr/glossaire/anisotropie-isotropie.

Fig. 6. Moyenne journalière des échanges routiers entre Kousséri et d'autres villes

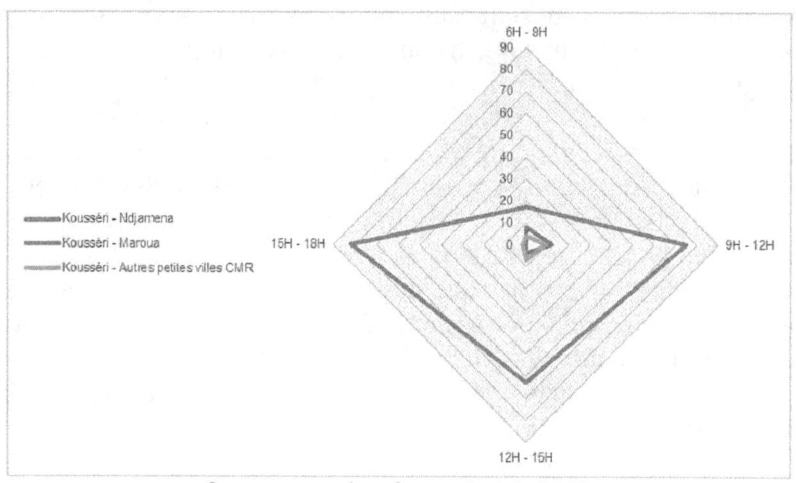

Sources : enquêtes de terrain, juin 2017.

Cette figure est issue d'un comptage routier effectué entre 6 heures et 18 heures, sur cinq points :

- Le poste transfrontalier sur le pont Nguéli qui relie Kousséri à la capitale tchadienne ;
- La RN°1 qui relie Kousséri à une autre ville intermédiaire (Maroua) et à deux petites villes (Waza et Mora) ;
- La RN°1A qui relie Kousséri à une petite ville frontalière (Fotokol) ;
- La RD°1 qui relie Koussérie à cinq petites villes (Goulfey, Makari, Hilé-Halifa, Blangoua et Darak) ;
- La RP°28 qui dessert deux petites villes (Logone-Birni et Zina).

Les résultats du comptage révèlent que sur 283 véhicules sortant de la ville de Kousséri ce jour, 84 % se dirigent vers Ndjaména. Cette constance se matérialise par des transits soutenus grâce au pont Nguéli et se renforce à cause la dégradation des routes qui devraient assurer la connectivité de la ville de Kousséri aux villes camerounaises. Aussi, la crise sécuritaire que connait cette région depuis 2013 a aussi eu des conséquences néfastes sur le maintien des échanges sur cette route, d'après les informations obtenues auprès d'un responsable en poste à la délégation régionale des transports de l'Extrême-Nord :

> Les échanges entre Maroua et Kousséri se sont réduits depuis près de dix ans déjà à cause de la crise sécuritaire qui sévit dans cette partie du territoire. Cette situation a obligé les autorités administratives à prendre

certaines mesures restrictives afin de maintenir au minima les mobilités sur cette voie et parmi lesquelles : l'accompagnement des voyageurs par une escorte militaire lors de la période de haute insécurité. Aussi, par mesure de « prudence », l'État a, à un moment donné, maintenue volontairement l'axe Maroua-Kousséri en mauvais état afin de rendre difficile les déplacements des troupes rebelles venues du Nigéria voisin après le rapt des ouvriers chinois travaillant à l'aménagement de ladite route » (Maroua, 2017).

C'était sans compter sur les effets néfastes que cela aura sur la connectivité externe de cette ville transfrontalière après la levée de ces mesures restrictives. Actuellement, il faut passer environ douze heures sur un tronçon fortement dégradé d'à peine 270 km. En attendant la fin des travaux de réhabilitation confiés au Génie Militaire, Kousséri reste une ville intermédiaire qualitativement « isolée » au Cameroun, et qui se retrouve télescopée par une métropole étrangère. Kousséri a néanmoins la capacité de renforcer sa connectivité locale par des échanges avec les petites villes environnantes (environ 60 à 80 % de voyages locaux par jour, pour seulement 40 à 20 % des voyages en direction de Maroua par jour en moyenne). Néanmoins, une ville uniquement à connectivité locale est difficilement envisageable comme intermédiaire. Celle-ci peut certainement développer des politiques routières lui permettant de rendre accessibles les petites villes environnantes, mais sans toutefois en assurer une connectivité permanente. Kousséri exprime une connectivité pratiquement aléatoire qui varie selon les saisons, puisqu'elle connait des faiblesses en termes d'équipements et d'infrastructures de transports (lignes permanentes, système de transport dominé par les acteurs clandestins, ville accessible à partir des routes dégradées, villes étapes vers une métropole étrangère). Ce fait est susceptible d'avoir un réel impact sur son rayonnement par rapport aux petites et grandes villes.

3. Impacts et perspectives de la connectivité sur la fonction de transmission des villes intermédiaires

La précédente partie a servi de soubassement permettant de tirer des conclusions sur les effets qu'ont les villes intermédiaires sur leur rayonnement. Il est une pratique de dresser une liste plus ou moins développée et atomisée des fonctions urbaines. Ce qui, selon J. Beaujeu-Garnier (1995 : 38) constitue « une classification certes commode (...), mais trompeuse, inefficace et décevante ». Bien plus encore, « cette classification analytique reste artificielle, car les fonctions d'une même ville évoluent » (Derruau, 2005 : 371). Ainsi, chaque ville répond à une série de nécessités qui a justifié son établissement originel, puis son essor, lui permettant de justifier son rôle actuel dans la cohérence territoriale. Les deux auteurs proposent alors de repenser cette présentation des fonctions urbaines en s'appuyant sur le type d'action de la ville dans le développement aussi bien du milieu urbain que du milieu environnant : l'action escomptée étant la connectivité, composante essentielle de la *fonction de transmission* d'une ville.

3.1. Impacts sur les petites villes, les périphéries rurales et transfrontalières

La connectivité territoriale à travers les villes intermédiaires est mitigée. Environ 95 % d'entre elles se démarquent par une connectivité interne médiocre. Or, l'interdépendance des villes suppose une économie d'échange et les transports en constituent des instruments. Ceci accorde à la transmission une fonction de base autour desquelles toutes les autres fonctions urbaines prennent un sens car comme le souligne Derruau (2005 : 351), « les voies de communication sont la condition d'existence des villes ». Une amélioration de la circulation ou encore son maintien, est susceptible de renforcer, voire de créer, des activités nouvelles. Pour les petites villes, une bonne connectivité leur assure une mise en valeur des activités génératrices de revenus. Or, la réalité est telle que les villes intermédiaires alimentent plutôt un déséquilibre qualitatif et quantitatif qui se traduit à deux niveaux. D'un côté, des petits territoires urbains et/ou ruraux peinent à communiquer avec les villes intermédiaires malgré leur richesse économique. De l'autre, des grandes villes innovent continuellement pour asseoir leur polarisation sur les villes intermédiaires par des réseaux de transport de plus en plus efficaces. Dans certains cas, les politiques routières ont longtemps priorisées les connexions régionales au détriment des connexions secondaires qui desservent d'importants bassins économiques. Par conséquent, les petits territoires dépendants des villes intermédiaires sont devenus le théâtre d'un système de mobilité résilient face aux caractéristiques qualitatives du réseau de transport existant. Cette résilience traduit la nécessité exprimée par les acteurs ruraux de maintenir les échanges afin de sortir de l'isolement. Cette résilience s'exprime sous quatre principales formes :

- Une reconfiguration de l'offre de transport : La praticabilité routière conditionne, pour les agences de transport formel, la desserte de nombreuses petites villes. La construction ou l'aménagement d'une route joue un rôle important dans l'implantation de certaines agences de transport dans de nombreuses petites villes. Mais, la dégradation de cette même route, quelques années plus tard, en a introduit de nouvelles formes de fonctionnement qui ont progressivement abouti à la fermeture de ces agences.

- Le développement d'un sous-système de transport dit artisanal : face à l'absence d'un système de transport formel entre les villes intermédiaires et les petites villes, il a fallu que les acteurs du transport rural s'adaptent pour résister et maintenir les échanges pour leur survie. C'est ce qui a permis le développement du transport clandestin. Il s'agit d'une forme de transport qui était considéré au début des années 1990 comme éphémère mais qui, avec le temps, est devenu structurel puisqu'il s'inscrit dorénavant dans la durabilité. La structure des échanges entre Ngaoundéré et les autres villes révèle d'ailleurs qu'il y a une forte corrélation entre le revêtement de la route, le type de transport et le moyen de transport dominant (Tab. 5).

Tab. 5 - Structure du trafic journalier entre Ngaoundéré et d'autres villes[2]

Tronçon	*Moyenne*	*Transport dominant*	*Catégorie de la ville*	*Type de route*	*Proportion des véhicules (%)*				
					*VP**	*VTP***	*Moto*	*MIT****	*VTM***
Ngaoundéré -Touboro	*389*	*Formel*	*Petite*	*Bitume*	*5,61*	*39,64*	*1,08*	*4,83*	*37,89*
Ngaoundéré -Tibati	*142*	*Clandestin*	*Petite*	*Terre*	*6,48*	*21,37*	*20,5*	*15,9*	*21,75*
Ngaoundéré -Ngan-Ha	*102*	*Clandestin*	*Petite*	*Terre*	*8,75*	*3,32*	*41,22*	*23,53*	*8,62*
Ngaoundéré -Garoua	*271*	*Formel*	*Intermédiaire*	*Bitume*	*12,66*	*32,17*	*3,24*	*2,76*	*49,17*

Source : Enquêtes de terrain, mai 2019

Le tableau ci-dessus révèle que les routes en terre qui desservent les petites villes sont des lieux de foisonnement du transport clandestin. Il s'agit d'une pratique assurée par des véhicules de petit gabarit, mais surtout par des rébus issus du transport interurbain formel, mais dont la structuration et l'organisation reflètent les difficultés qu'éprouvent les autorités publiques à planifier et à accompagner ce secteur.

---

[2] Légende :
*Véhicule personnel
**Véhicule de transport de personnes (VTP) / Véhicule de transport de marchandises (VTM)
***Moyen intermédiaire de transport.

- Un réajustement saisonnier des tarifs de transport : La dégradation de la route rend l'accès difficile aux diverses localités engendrant ainsi des dépenses supplémentaires que seuls les usagers doivent supporter. Et la première conséquence est la rareté des véhicules qui y circulent de manière permanente. Les risques d'accidents et de dommages sur les véhicules obligent les transporteurs clandestins à jouer sur les tarifs des trajets. Cette variation des tarifs dépend entre autres de la distance, du climat et l'état de la route et des affinités familiales. En période des pluies par exemple, pour parcourir les 244 km de route en terre qui séparent Ngaoundéré et Kontcha, il faut débourser 20 000 FCFA en moto clando, et en saison sèche ce tarif passe à 15 000 FCFA.
- Une extraversion de l'économie des petits territoires transfrontaliers : une connectivité interne médiocre ne constitue pas un facteur d'atonie des activités économiques des petits territoires transfrontaliers. Bien au contraire ! Cette situation accentue le besoin pour eux d'une ouverture vers des lieux plus accessibles. Pour les petites villes frontalières telles que Mayo Baléo, Kontcha et Djohong qui dépendent de Ngaoundéré, ou encore Fotokol, Blangoua et Darak qui dépendent de Kousséri, entre autres, plus de 60 % des échanges marchands sont tournés vers les pays limitrophes au détriment des autres villes camerounaises, à cause de cette connectivité interne difficile (Atangana Bamela, 2020 : 262).

Ceci dit, les villes intermédiaires ne rayonnent pas suffisamment sur les petites villes, car cette fonction est assujettie à leur incapacité à communiquer avec d'autres territoires par un réseau de transport efficace et permanent.

3.2. Impacts sur les grandes villes

La connectivité territoriale ne renvoie pas uniquement à la seule possibilité d'atteindre ou non un lieu donné, mais elle traduit également la pénibilité du déplacement, la difficulté de la mise en relation appréhendée le plus souvent par la mesure des contraintes spatio-temporelles. De ce fait, elle dépend non seulement de la position géographique respective des lieux d'origine et de destination, mais également du niveau de service offert par les systèmes de transport utilisés pour accomplir le déplacement. Les individus vivent dans un espace urbain commun dans lequel ils se déplacent, se rencontrent et se distraient. On peut donc penser que l'influence y est plus fortement présente, puisque la ville assure les fonctions de facilitateur d'accès et de transport, communicateur au sens large.

Les grandes villes exercent un pouvoir certain sur les villes intermédiaires au point de polariser leur fonction de transmission. Du point de vue de la localisation par rapport à Yaoundé et Douala, certaines d'entre elles se retrouvent en situation d'*influence* pendant que d'autres sont *satellisées* par l'une des deux métropoles. Une ville intermédiaire influencée par Yaoundé, comme Ngaoundéré, est autonome et parait en position de force sur son espace régional. Grâce à la présence d'un système de transport complexe, la multi-modalité lui permet d'entretenir des échanges permanents et soutenus avec d'autres unités urbaines comparables et est inscrite dans un réseau socio-économique et culturel qui lui fait bénéficier de l'influence de Yaoundé à partir du rail et, de plus en plus, de l'avion. Mais la difficulté à communiquer aisément avec les territoires de moindre importance explique bien la faible pénétration des produits agricoles de l'Adamaoua dans les grandes surfaces commerciales de Yaoundé et Douala. Ce qui amène ces métropoles à satelliser leur approvisionnement en priorité, mettant certaines villes intermédiaires, à l'instar de Mbalmayo dans une logique de *prolongement péri-urbain*. Cette dernière apporte sa contribution à l'ensemble du système en termes de main d'œuvre et de produits agropastoraux. La formalisation des transports interurbains renforce le rayonnement de Yaoundé. Son autonomie est certes avérée, mais du fait de sa situation, son rôle quelquefois inhibé par la métropole en fait un élément de complémentarité pour le fonctionnement du système territorial. La ville intermédiaire se caractérise ainsi par un rayonnement local étouffé et peu visible, car les échanges sont polarisés par la métropole.

En fin de compte, la connectivité interne, au même titre que celle nationale, à partir des villes intermédiaires, est médiocre dans l'ensemble, et mériterait une attention particulière de la part des pouvoirs publics.

4. Perspectives pour une meilleure connectivite territoriale par les villes intermédiaires

L'analyse empirique de la connectivité territoriale à partir des villes intermédiaires permet de rendre compte de la réalité du niveau de développement et du sous-développement des différentes composantes spatiales qui structurent un pays. Le faible développement des infrastructures de transport entre les villes intermédiaires et les territoires inférieurs a pour conséquence leur « marginalisation » dans les politiques routières contribuant ainsi à leur enclavement. L'accès à ces milieux demeure une véritable gageure pour des mobilités sociales (visites familiales) et économiques (évacuation de la production agricole, exploitation des ressources naturelles...) (Atangana Bamela et Ndame, 2016 ; Fofiri Nzossie, Temple, et Ndame, 2011). Cette rupture spatiale alimentée par les villes intermédiaires, à travers la conjugaison des facteurs politico-administratifs et environnementaux, a des effets indéniables sur la cohésion territoriale. Or, seuls les réseaux de transport permettent de rendre effectif le rayonnement d'un territoire et de lui permettre d'assurer pleinement sa fonction de transmission. La solution semble classique : il faut aménager les routes ! Le cas de Touboro, petite ville transfrontalière dépendante (économiquement) de Ngaoundéré nous renseigne sur les effets positifs d'une route aménagée sur la connectivité territoriale. Jusqu'au milieu des années 1990, ce territoire était sous-peuplé, sous-équipé, ravagé par toutes sortes d'infections et complètement replié sur lui-même. La plupart des bassins économiques, pourtant riches et diversifiés, étaient inaccessibles en toute saison. La réhabilitation de la route nationale N°20 qui la relie à Ngaoundéré en 2007 a renversé cette tendance, en introduisant de nombreux petits territoires dans le circuit des échanges. La structure de la production a elle-même évolué et s'est diversifiée. On est passé, par exemple, d'une production de moins de 5 000 tonnes de soja en 2008 à plus de 25 000 tonnes en 2015. Un nouveau marché frontalier a vu le jour à Bogdibo et celui de Mbaiboum a été renforcé grâce aux facilités qu'offre le passage de la RN°20 et aux aménagements annexes (comme la réfection des axes secondaires qui desservent les zones de production).

Mais il se pose un réel problème de gouvernance urbaine en matière de transport interurbain, qui est décrié depuis trois décennies par la communauté scientifique camerounaise, et qu'il faudrait impérativement corriger. Des initiatives privées sont enregistrées de part et d'autre du pays afin d'améliorer cette connectivité (photo 2) vu que cette prérogative accordée aux communes depuis 2010 n'a pas encore abouti au résultat escompté. Toutefois, les collectivités territoriales de base restent pavées d'un certain nombre de difficultés (techniques et financières). Les matériaux utilisés pour la réalisation de ces ouvrages restent précaires, ce qui explique leur faible maintien en l'état permanent par les acteurs ruraux. Les réalisations se concentrent prioritairement sur les points critiques que sont les ponts et radiers qui, bien que fragiles, leur permettent de maintenir des liaisons permanentes avec l'extérieur. Il s'agit néanmoins d'une base participative que les communes devraient accompagner et encadrer.

Photo 4. Élargissement et entretien d'une route rurale par un Comité Local d'Entretien à Ngan-Ha (Adamaoua)

Source : prise de vue, Sadio Fopa H., courant 2017.

Des partenariats Public-Privé ou Public-Parapublic sont à encourager au sein de ces communes. Ils permettront d'impliquer un peu plus les entreprises locales, notamment des agrobusiness, dans des programmes d'aménagement routier. Le cas de la SODECOTON[3] est d'école dans le genre. Celle-ci a longtemps participé à la construction et à l'aménagement des routes devant desservir des bassins de production dans le Nord et l'Extrême-Nord, contribuant à améliorer, en parallèle, la connectivité de nombreux petits territoires (Atangana Bamela, 2020 : 310).

En fin de compte, il est clair que les villes intermédiaires sont amenées à jouer un rôle d'importance dans la mise en place d'un réseau de ville. En effet, elles apparaissent comme des éléments clés, puisque se situant à l'articulation entre deux niveaux bien différents de la hiérarchie urbaine. Elles peuvent établir des relations avec les métropoles, mais aussi avec des espaces plus ruraux et avec des villes de rang équivalent. Tout ceci n'est possible qu'au prix d'énormes concessions financières, de réformes dans la gouvernance publique en matière de transport et de rigueur administrative.

---

[3] Société de développement du coton est une multinationale qui fait dans les fibres textiles dans la partie septentrionale du Cameroun depuis 1950.

Conclusion

Les villes intermédiaires ne correspondent pas obligatoirement à un échelon administratif et juridique identifié dans la hiérarchie urbaine connue au Cameroun. Elles correspondent davantage à des espaces caractéristiques du système territorial, qui ne sont, avant tout et par défaut, ni des métropoles, ni des « petites » villes. Leurs situations, leurs tailles et leurs fonctions en font des pôles d'intermédiation entre des territoires « métropolisés » et des espaces périphériques disposant d'un rayonnement limité. Or, il se trouve que les villes intermédiaires identifiées alimentent des déséquilibres spatiaux, où certaines se retrouvent parfois isolées par rapport au reste du territoire, pendant que d'autres sont quasiment aspirées soit par Yaoundé, soit par Douala ou encore par une métropole étrangère. Ces déséquilibres se traduisent aussi par le renforcement des échanges orientés vers les métropoles au détriment des petites villes, qui se retrouvent isolées des courants d'échanges nationaux. Ces dernières restent accessibles par des routes vétustes. Les villes intermédiaires qui connaissent une connectivité externe et interne médiocre expriment des difficultés à diffuser le « développement » dans le reste de l'espace urbain dépendant. Cette situation est aggravée lorsqu'elles n'ont que des liaisons terrestres comme outils de connectivité externe et interne. La présence de moyens alternatifs ou complémentaires (aéroports ou ligne ferroviaire) permet à certaines d'entre elles de compenser ce gap. Cependant, ces villes intermédiaires peuvent jouer un rôle important dans la connectivité territoriale au Cameroun à la seule condition qu'elles soient au cœur d'importants programmes d'aménagement du territoire, dont le référent serait l'amélioration du réseau de transport. Et sur ce point, des espoirs sont exprimés autour du renforcement du processus de décentralisation en cours, qui accorde une grande importance dans l'aménagement du territoire.

Bibliographie

Atangana Bamela H. 2020, "Impacts socio-économiques des corridors routiers au Nord-Cameroun", Thèse de Doctorat PhD de Géographie, Université de Ngaoundéré (Cameroun), 424 p.

Atangana Bamela H., Ndame, J. P., 2016, "Accessibilité routière et mutation des activités économiques au Nord-Cameroun", Géotransports, n°8, pp. 57-74.

Atangana Bamela H., Ndame, J. P., 2020, Corridors routiers et développement : Comprendre le rôle des routes dans le Cameroun septentrional. Mauritius : Editions Universitaires Européennes.

Beaujeu-Garnier J., 1995, Géographie urbaine, Paris, Armand Colin.

Belhedi A., 2007, Les villes intermédiaires en Tunisie, villes intermédiaires dans le monde Arabe. Cahier N°19 du GREMAMO.

Bellet C., Llop J., 2003, Villes intermédiaires, profiles et lignes. Deuxième phase du programme CIMES : « Villes intermédiaires et urbanisation mondiale », Milenio éditions.

Bock E., Carrière J.-P., 2007, « Le développement des villes intermédiaires atlantiques : quel rôle dans la perspective d'une construction polycentrique du territoire européen ? », Annales de l'Université d'Oradea, pp. 47-59.

Bonerandi E., Landel P.-A., Roux E., 2003, « Les espaces intermédiaires, forme hybride : ville en campagne, campagne en ville ? », Revue de Géographie Alpine, pp. 65-77.

Carrière J.-P., 2008, « Les villes intermédiaires européennes et l'Europe polycentrique », Hégémonie de la ville, Réalités industrielles : Annales des mines, pp. 18-25.

Commerçon N., 1990, « Villes moyennes et classes moyennes ou limites de la mobilités sociale », Revue de Géographie de Lyon, Vol. 65 (3), pp. 213-220.

Dackam Ngatchou R., & al., 1989, Introduction à l'analyse démographique des villes moyennes du Cameroun, Yaoundé : IFORD, série Villes Moyennes, Vol. 1 Tome 1.

Damette F., 1994, La France en villes, Paris, Documentation française.

Damette F., Scheibling J., 2004, Le territoire français, permanences et mutations, Paris, 2e ed. Hachette Supérieur, coll. Carré géographique.

DATAR, 2010, Villes intermédiaires et leurs espaces de proximité. Document de travail.

Debrie J., 2005, « L'enclavament : expression géographique de la discontinuité dans les réseaux », Saint-Diès-des-Vosges, 16e Festival International de Géographie, 14 p.

Derruau M., 2005, Géographie humaine, Paris, Armand Colin, 8e éd.

Fofiri Nzossie E. J., Temple L., Ndamé J. P., 2011, « Impact des infrastructures routières dans la structuration et le fonctionnement des espaces marchands au Nord Cameroun », Dijon, France : 5e journées de recherches en sciences sociales, INRA-SFER-CIRAD, 18p.

Frenay P., 1985, « Le réseau urbain du Cameroun et ses défis de l'avenir », Bruxelles, Thèse de Doctorat en Urbanisme.

Giraut F., Moriconi-Ebrard F., 1991, « La densification du semis de petites villes en Afrique de l'Ouest », Mappemonde 4, 5 p.

Gleyze J.-F., 2009, « L'évaluation des réseaux de circulation en géographie quantitative », Les nouvelles de l'archéologie, n°115, pp. 35-44.

Kasdallah N., 2013, « Dynamique d'urbanisation des villes intermédiaires au Maghreb (Algérie, Maroc et Tunisie) : Effet chef-lieu et perspectives de développement », Thèse de Doctorat de Géographie, Univversité de Cergy-Pontoise, 351p.

Nadou F., 2011, « La notion de "villes intermédiaires", une approche différenciée du rôle des villes moyennes : entre structuration territoriale et spécificités socio-économiques », in https://halshs.archives-ouvertes.fr/halshs-00596204.

Santamaria F., 2000, « La notion de "ville moyenne" en France, en Espagne et au Royaume-Uni », Annales de Géographie, n°613, pp. 227-239.

Souiah S.-A., 2007, Villes intermédiaires dans le Monde Arabe, Paris, Cahier du GREMAMO, n°19, L'Harmattan.

Yemmafouo A., Ako Y., Uwizeyimana L., 2012, "Infrastructures de transport et destin des territoires frontaliers du Sud-Ouest camerounais : cas de Mamfé et sa région", in https://com.revues.org/6663 ; DOI : 10.4000/com.6663.

Cinquième partie : Identités socio-linguistiques et espaces urbains au Cameroun

Chapitre 15 : Identité ethnique et conflits linguistiques dans le français parlé des locuteurs de la ville de Ngaoundéré

Moïse Mbey Makang

Résumé

La création des items en langue française à Ngaoundéré, s'obstine par une montée en force de nouvelles lexies, des emprunts aux parlers locaux, des calques, des interférences, les glissements sémantiques contraires aux canons de la norme du français et parfois des combinaisons hétéroclites du français et des parlers locaux donnant naissance à un syncrétisme linguistique. Ces phénomènes manifestent la non-maîtrise par bon nombre de locuteurs Ngaoundéré. En se basant sur la sémantaxe et l'ethnosyntaxe, nous nous interrogeons sur l'identité linguistique, une sorte de poly-ethnicité pratique du français approximatif dans cette ville. Cette richesse linguistique de Ngaoundéré constitue paradoxalement un problème majeur né de l'impossible gestion du conflit linguistique entre le français et les langues dans cette ville. La question principale de cette réflexion est celle de savoir par quels procédés la structure phraséologique des locuteurs de Ngaoundéré sont-ils influencés par le fulfulde et les autres ethostylèmes locaux ? L'objectif est de montrer que l'organisation phraséologique du français des locuteurs de Ngaoundéré est influencée grandement par des assauts ethnolinguistiques régionaux, et les autres ethostylèmes locaux, fondement d'unc typologie très distincte du français standard.

Mots-clés : ethostylèmes, ethnosyntaxe, marqueurs, phraséologie, sémantaxe.

Abstract

The coning of words in the French language in Ngaoundere is manifest in the rise of neologism, loans from local languages, copies, interferences, resemantization contrary to French rules, and at times, linguistic syncretism. These phenomena reveal the lack of command of French by speakers of Ngaoundere. Based on semantax and ethosyntax, we shall question the linguistic identity a kind of practical pluri ethnicity of poor quality French in this town. The main question of this pape ris the following : through which process the sentence structure of speakers of Ngaoundere is influenced by vernacular terms ? The ai mis to show that sentence organisation in French spoken by speakers of Ngaoundere is highly influenced by regional ethnolinguistic assaults and other terms from local languages. All of thses produces a type of French different from the formal one.

***Keywords** : ethostylemes, ethnosyntax, markers, phraseology, semantics.*

Introduction

La création des items en langue française à Ngaoundéré, s'obstine par une montée en force de nouvelles lexies, des emprunts aux parlers locaux, des calques, des interférences, les glissements sémantiques contraires aux canons de la norme du français et parfois des combinaisons hétéroclites du français et des parlers locaux donnant naissance à un syncrétisme linguistique. Ces phénomènes manifestent la non-maîtrise par bon nombre de locuteurs de la ville de Ngaoundéré. La poly-ethnicité de Ngaoundéré rend en pratique du français approximatif. Les interjections, l'alternance codique ou le mélange codique seront donc analysées. Ce sont des marques linguistiques endogènes (ethnostylèmes) propres aux locuteurs de ladite ville. La question principale de cet article est : par quels procédés la structure phraséologique des locuteurs de Ngaoundéré sont-ils influencés par le fulfulde et les autres ethostylèmes locaux ? L'objectif est de montrer que la ville de Ngaoundéré se trouve dans un contexte plurilingue dans lequel le français est en conflit avec la *lingua franca,* en l'occurrence le fulfulde. Dans les usages quotidiens des locuteurs, scolarisés ou non, l'on constate une tendance du français à passer de simple véhiculaire à un vernaculaire communément appelé *français peul.* L'organisation phraséologique du français des locuteurs est influencée par des assauts ethnolinguistiques régionaux, et les autres ethnostylèmes, fondement d'une typologie distincte du français standard.

Le français est une langue institutionnalisée, c'est-à-dire celle que l'État utilise pour s'adresser à ses administrés. Cette omniprésence de la langue française dans le territoire national montre que le français est une langue vernaculaire ou seconde, si l'on croit à la véhicularité du fulfulde dans la partie septentrionale du Cameroun, notamment à Ngaoundéré qui constitue notre site d'étude.

Dans cette ville, plusieurs langues locales coexistent aux côtés du français, y compris de l'anglais, seconde langue officielle. Mais, la langue fulfulde reste la seule langue qui rivalise avec la langue française, c'est-à-dire déclarée sur la base de son champ de diffusion et du nombre de ses locuteurs. Il s'agit de la langue de communication, la langue la plus utilisée dans les rues et, particulièrement, au marché. Calaïna (2009 : 431) souligne cette domination du fulfulde lorsqu'il dit ceci : « Il est devenu un instrument de communication privilégié. Excepté le milieu éducatif où il n'est pas employé comme langue de transmission des connaissances, le fulfulde couvre toutes les situations de communication ». Le français, langue étrangère dans ce contexte linguistiquement hétérogène, subit des transformations dont le résultat peut aboutir à une variété de la langue d'origine voire à une langue distincte.

1. Cadres théoriques et méthodologique

L'approche syntaxique d'un français mon standard suscite beaucoup d'attentions pour le choix des outils de description.

1.1. Cadres théoriques

Pour comprendre cette variété de français, nous utiliserons deux cadres théoriques : la sémantaxe et l'ethnosyntaxe.

1.1.1. Sémantaxe

La sémantaxe est une méthode d'analyse qui consiste à rechercher au niveau du français parlé ou écrit, les marqueurs linguistiques africains. Onguéné Essono (2015 : 41) citant Manessy. Il survient « dans le français d'Afrique, un certain nombre de traits qui confère aux langues africaines un certain « air de famille [pouvant] être imputés à une sémantaxe commune, c'est-à-dire à des manières africaines de voir les choses et de catégoriser l'expérience » (Onguéné Essono, *Ibid.*). Est-ce donc pourquoi, liés à leurs ancrages culturels et à leurs façons de les présenter lexicalement, soucieux de garder leur identité culturelle dans chaque discours, les locuteurs de Ngaoundéré préfèrent de ne faire appel, ni aux items qui correspondent à l'expérience à décrire, ni aux constructions grammaticales à exprimer. Pour Manessy cité par Onguéné Essono (*Ibid.*), la syntaxe et l'argumentation, s'appuyant sur la L1, influencent les processus cognitifs de ces locuteurs, emprisonnés par « les manières africaines de voir les choses et de catégoriser l'expérience » (Onguéné Essono, *Ibid.*) étant donné que la propriété d'appartenir à un milieu précis affecte.

1.1.2. Ethnosyntaxe

De nos jours, l'ethnosyntaxe montre un intérêt certainement réel, mais non encore utilisé par les chercheurs très flattés par la variation des mots, objet de travaux internes et externes. Cette toute nouvelle méthode d'analyse fait mieux saisir les expressions nouvelles et leur combinaison, leur assemblage et leur juxtaposition dans la phrase. Elle fait aussi bien connaître l'origine du soubassement cognitif qui a déclenché ces idiomes (Onguéné Essono, *Ibid.*). Ce modèle élucide pareillement les valeurs culturelles qui en sont vraisemblablement la source première et tente de décrypter les mobiles d'une syntaxe débridée.

L'ethnosyntaxe « consiste à expliciter le sens d'une ou de plusieurs expressions figées relativement saillantes qui appartiennent éventuellement à des univers culturels distincts, en vue de découvrir si, derrière ces expressions, se cachent des valeurs culturelles propres à ces univers » (Onguéné Essono, *Op. cit.* : 42).

Selon Onguéné Essono (2013 : 35) :

> L'ethnosyntaxe peut se définir au sens étroit comme l'étude des constructions grammaticales qui encodent sur le plan sémantique des significations culturelles et, au sens large, comme l'étude des contraintes sociales qui pèsent sur les choix grammaticaux et les manières dont la culture influence la description grammaticale elle-même.

Une pareille orientation serait importante bien qu'insuffisamment éprouvée pour nos langues et leur impact sur les langues étrangères. Pour déterminer les différentes variétés, il faut cependant prendre en considération, outre l'histoire et la politique, les constructions identitaires, les aspects sociolinguistiques impliquant non seulement les contacts, les usages, les fonctions, les attitudes, mais aussi l'évolution un système, grammatical (Onguéné Essono, *Op. cit.* : 42). En effet, les locuteurs étudiés disposent d'un nombre limité de mots français qu'ils assemblent à d'autres, les amenant à émettre des nouvelles phrases qui développent la langue parce que relevant de leur culture à eux. La justification de ces deux méthodes d'analyse permettront comprendre les marqueurs linguistiques endogènes notamment les ethnostylèmes et la manière donc la culture influence les choix grammaticaux. Ces deux méthodes d'analyse sont seules capables de décrypter ces ethostylèmes dans le corpus.

1.2. Cadre méthodologique

Dans le cadre de cette étude qui se consacre à décrire et analyser la phraséologie du français parlé dans la ville de Ngaoundéré, la linguistique de corpus nous semble idéale. Par conséquent, nous nous focalisons sur les travaux de Claire Blanche-Benveniste et du Groupe Aixois de Recherche en Syntaxe (GARS) qui ont montré les techniques pour étudier et manipuler les corpus et de leur transcription.

1.2.1. Méthode de collecte des données : constitution du corpus

Pour obtenir les données corpusculaires, nous avons fait des descentes sur le champ d'investigation. Pour ce faire, plusieurs techniques de collecte ont été utilisées. Dans cette phase préliminaire de notre étude, l'objectif est d'avoir « un corpus ouvert, sans situation d'enregistrement prédéterminée et sans limitation préalable du nombre de locuteurs enregistrés » pourvu que le locuteur ne sache pas qu'« il fait l'objet d'une observation particulière » (Blanche-Benveniste, 1999 : 66).

Nous travaillons sur un échantillon varié de situations et des « genres » de prise de parole, de différents types d'évènements de communication, en particulier les monologues, les dialogues et les conversations de la population cible. Pour la collecte des données, nous avons opté pour deux stratégies, à savoir : la méthode active et la méthode passive.

1.2.2. Échantillon de la population

Les Peuls constituent notre population d'étude. Elle se subdivise en deux tranches. La première est une tranche de la population qui n'a pas été à l'école pour diverses raisons comme l'attachement à la culture. Et la plupart ont appris le français au quartier fief du français populaire. Bref, ces locuteurs ne sont pas scolarisés. Ils exercent des métiers allant des petits commerces, coiffure, cordonnerie, couture, etc. Malgré leur petite connaissance du français au quartier, au sein des familles et dans la rue, l'analyse du corpus montre les mutations grammaticales qui seront étudiées tout au long de cette recherche. La seconde tranche concerne des cadres de l'administration, des fonctionnaires, des enseignants du secondaire[1] des étudiants[2], des employés de presse[3]. Il faut noter que cette tranche de la population scolarisée a appris le français à l'école. Elle est donc différente de la première. L'âge de tous nos informateurs varie entre 18 et 40ans. Il s'agit donc de locuteurs insérés dans la vie sociale. Aucune distinction n'a été faite entre les hommes et les femmes.

2. Présentation géo-sociolinguistique du fulfulde

2.1. Situation géolinguistique

Le fulfulde est une langue véhiculaire parlée principalement dans les trois régions francophones du Grand-Nord, en l'occurrence l'Adamaoua, le Nord et l'Extrême-nord. Il est intéressant de souligner qu'on retrouve aussi ses locuteurs maternels ou non dans les sept autres régions du pays soit pour des raisons administratives, soit pour leur survie.

---

[1] Enseignants vacataires dont le niveau supérieur est la licence et enseignants titulaire ayant le même niveau.

[2] Étudiants ayant obtenu une licence.

[3] On les qualifié d'employés de presse puisque dans les médias où on a récolté des données, la plupart de ces enquêtés n'ont pas été formés dans une école de journalisme.

Eu égard à son aire linguistique, le fulfulde est répandu dans la ville de Ngaoundéré. Une telle expansion est susceptible d'impliquer son influence sur le français parlé.

2.2. Situation sociolinguistique

Le fulfulde est une langue qui va au-delà des frontières. Il couvre les pays sahéliens du Sénégal au Nigeria et trois pays de l'Afrique centrale (Cameroun, RCA et Tchad). Le fulfulde est la langue nationale, de langue des médias et de la religion, selon le pays.

Dans la ville qui fait l'objet de notre étude, le fulfulde est la langue première d'un peuple migrant, les Foulbé, et cohabite avec le français dans son aire linguistique. Cette cohabitation aura donc un impact sur la manière de parler des locuteurs peuls lorsqu'ils sont en situation de communication. Le français leur étant *a priori* une langue étrangère. Selon la Constitution camerounaise de 1996, il est reconnu au fulfulde le statut de langue nationale. Il assure la véhicularité entre divers groupes ethniques dans la ville Ngaoundéré où on rencontre un taux élevé des locuteurs seconds. Il sert d'outil de communication dans les marchés, dans les espaces publics, dans les mosquées, dans les médias, dans les écoles. Cette grande expansion du fulfulde montre que sur le plan de la communication, le français est relégué au second en termes de locuteurs. Ceci montre vraiment que le français qui sera parlé aura une coloration du fulfulde et les autres ethnostylèmes locaux.

3. Marqueurs identitaires et linguistiques locaux dans la phraséologie du français parlé à Ngaoundéré

Cet ase va s'intéresser uniquement aux les interjections, à l'alternance ou mélange codique et aux calques syntaxiques.

3.1. Interjections à consonance identitaire

L'interjection est une classe grammaticale particulière. La liste des termes reconnus comme interjections varie selon les grammaires. Leur nature et leurs rôles syntaxiques sont diversifiés.

L'interjection est un *mot phrase*[4] subjectif. C'est l'expression d'une sensation ou d'un sentiment (tristesse, joie, peur, surprise, etc.). Elle sert donc à traduire une attitude affective du sujet parlant. Elles sont souvent suivies, à l'écrit, d'un point d'exclamation. Mais elles peuvent aussi être suivies d'une simple virgule ou d'un point d'interrogation et

[4] Mot qui ne laisse pas analyser une significative plus petite, mais qui joue sémantiquement le même rôle que la phrase entière (Grevisse, Op. cit., 2007 : 1414).

renforcent n'importe quel type de phrase dès lors que son contenu est envisagé avec une certaine effectivité.

Les interjections sont également des formes figées et invariables qui possèdent une grande autonomie syntaxique. Elles peuvent former un énoncé seules, ou bien s'insérer dans une phrase à différentes places. Ainsi, dans le corpus qui fait l'objet de notre étude, nous remarquons des termes figés qui ont une grande autonomie syntaxique et qui fonctionnent comme des interjections. Les traits intentionnels sont l'ensemble des phénomènes interjectifs qui jonchent le français de part et d'autre. C'est « l'ancrage du français vernacularisé dans le discours interjectif constitue un facteur favorable de l'apparition de multiples phénomènes intonationels. Ceux-ci traduisent les attitudes des personnes à l'égard de leurs propres discours et de leur référence » (Lipou, 2001 : 124).

Les traits intonationnels que nous retrouvons dans le corpus sont de type modal. Ils sont pour rôle d'ouvrir les énoncés et sont plus la plupart tirés en langue fulfulde. Ce sont précisément des interjections ouvrantes, c'est-à-dire, les mots invariables qui traduisent une attitude affective des sujets parlant.

> Les interjections sont perçues comme des marqueurs spécifiques d'appropriation dans la mesure où elles peuvent appartenir à la fois au lexique et à la morphosyntaxe. En outre, l'interjection est une classe grammaticale particulière, variable du point de vue de sa nature, son rôle syntaxique et sémantique (Massoumou, 2006 : 236).

Il existe des interjections dites habituelles qui expriment bien évidemment une sensation ou un sentiment et des interjections à forme empruntée. Cette dernière forme provient de la *lingua franca* c'est le cas de *kaïya ! kaï walaï ! walahi ! soubhanalaï* !

a) ***safoulaï*** ! *+ notre invitée est le Maire de Nganha* (L.S.)

b) ***walaï langal dix !*** *chers frères à présent vous avez reçu plus jamais le même à ne pas être plus jamais le même* (L.S.)

*c)****langal dix ! bon*** *que les femmes exercent les travaux ménagers plus que les hommes* (L.S.)

d) ***kaïya*** *! attends d'abord qu'il se prononce +tu es même comment ? tu aimes aller très vite* (L.N.S.)

e) ***kai walaï*** *! tu ne dis pas la vérité + l'autre jour ce n'est pas ce que tu nous disais + tu n'es pas bien* (L.S.)

f) ***walahi*** *! si tu tentes je vais te montrer + apparemment tu ne me connais pas + renseigne-toi bien + on va te dire* (L.S.)

g) ***soubhanalaï*** *! je te dis* (L.N.S.)

En (a), le terme *safoulaï* fonctionne comme une interjection. Ce terme revient dans le discours du locuteur quel que soit le contexte pratique du français à condition que cela s'inscrive dans le discours. Il fonctionne sur le plan de discours comme un élément matérialisant l'étonnement, la surprise mais permettant au locuteur de souffler, de reconsidérer son discours, de le (re) construire.

En (b), *walaï langal dix* se place également au début de l'énoncé. Ce terme autorise une autre occurrence dans le discours. Sur le plan prosodique, il y a remontée, de la courbe intonative sur la dernière syllabe de ce mot. L'utilisation *walaï langal dix* permet donc de matérialiser une frontière rhématique[5] en clôturant un débat ; ce qui permet de marquer la fin du discours.

En (c), *langal dix* apparaît comme une indication à la surprise profonde du locuteur. Cette marque discursive laisserait penser que le discours produit est assuré par le locuteur et les interlocuteurs. En fait, c'est plutôt une douce obligation, une subtilité utilisée par le locuteur pour faire valider, en l'état, son discours par les interlocuteurs présents au débat. *Langal dix* est aussi utilisé pour reformuler un énoncé. Ce locuteur en fait usage pour résumer les conditions marginales des femmes dans la société. Cette justification que le locuteur apporte est fortement appuyée par le ligateur *bon* qui permet d'introduire une idée nouvelle dans la production discursive. L'utilisation de *langal dix* dans cet énoncé équivaudrait donc à une surprise. Dans cette phrase, nous pouvons dire que sur le plan syntaxique le mot *bon* a une seule catégorie. Il est un ligateur[6] (constituant du préambule). En tant que ligateur, il a le fonctionnent des interjections, cependant, dépourvues des connotations affectives et expressives ou des connotations linguistiques locales.

En (g), il s'agit d'une exclamation qui décrit la peur, la panique et même l'étonnement. Il s'agit, en effet, des onomatopées, des marques de l'oralité aux connotations très émotives et qui relèvent du système prosodique.

Dans la phrase (c), nous pouvons dire que sur le plan syntaxique le mot *bon* a une seule catégorie. Il est un ligateur[7] (constituant du préambule). En tant que ligateur, il fonctionne comme les interjections, cependant, dépourvues des connotations affectives et expressives ou des connotations linguistiques locales.

Par contre, dans les énoncés (d), (e) et (f), les illustrations exclamatives révèlent, au moyen de jurons vulgaires dans toute la ville de Ngaoundéré, des manifestations simultanées des sentiments tels la désinvolture, l'étonnement, le dépit, la surprise qu'éprouvent les locuteurs. Ils pensent beaucoup mieux les exprimer en L1

[5] Du rhème qui signifie commentaire.

[6] Mot de liaison qui sert à relier une phrase.

respectivement qu'en français, langue qui ne rend pas correcte les émotions éprouvées. Il s'agit, en l'occurrence le fulfulde qui exprime une mise en garde. L'emploi de ces interjections véhicule une valeur essentiellement pragmatique :

> Celle de l'affection de l'ethnicité, de l'identité de l'être social africain [...] Par ailleurs, l'emploi des langues locales devient primordial et vient renforcer les interjections dans leur rôle de traduction des émotions dans la mesure où le français seul, demeurerait une langue peu apte à traduire les émotions particulières (Massoumou, *Op. cit* : : 236).

Une pareille appropriation est très grande au regard des Français parlés au Cameroun. Chaque région y véhicule au moins un type de français indentifiable par ses formes prosodiques, lexicales ou morphosyntaxiques. Les mutations linguistiques se manifestent de ce fait à travers toutes les transformations lexicales, sémantiques, syntaxiques et morphosyntaxiques. Elles se justifient par plusieurs raisons et sont principalement dues aux mouvements des langues en présence et à l'absence des termes capables de désigner correctement des réalités de ces locuteurs. Sur le plan lexical, il y'a la créativité des mots car la langue française a été incapable de satisfaire les locuteurs cibles sur le choix des lexies. Elle a été incapable de répondre favorablement aux différentes significativités. Les locuteurs de Ngaoundéré sont donc obligés de puiser dans leur univers culturel.

Toutefois, dans les conditions où il doit communiquer absolument, et en face d'un univers à saisir et à désigner pour échanger avec les autres,

> l'homme se voit dans la nécessité de parler, de nommer le réel, de le paradigmatiser. C'est cette volonté de dompter son environnement en le nommant exhaustivement qui fait que la construction. De la langue se fait en raison directe de l'affrontement de l'homme et son univers (Fosso, 1999 : 185).

Voilà une raison de plus qui explique l'expansion du français généralisé et vulgarisé par les locuteurs peu soucieux de la norme, mais toujours désireux de parler de communiquer, il se crée une langue hybride, efficace, opératoire et facile d'usage comme dans les alternances codiques.

3.2. Alternance ou mélange codique

Dans les communautés linguistiques, les locuteurs ont tendance à mélanger ou à alterner les items locaux, les expressions, les phrases et les propositions pendant l'interaction verbale. C'est une part essentielle de leur compétence communicative, ce qu'on appelle l'« habilité à alterner linguistiquement et de manière appropriée selon les changements situationnels» (Biloa, 2001 : 14). Citant Dubois et *alii*, l'alternance codique « est la stratégie de communication par laquelle un individu ou une communauté utilise dans le même échange ou le même énoncé deux variétés nettement distinctes ou deux langues différentes [...] » (Biloa, *Ibid.*). Les auteurs comme Kachru ont noté qu'il n'y avait aucune raison de distinguer le mélange codique de l'alternance codique. Selon lui, les deux processus sont tellement interconnectés et les différences entre les deux sont tellement subtiles qu'il est tout à fait problématique pour le linguiste de proposer des définitions explicites pour ces termes. Ainsi,

> le fait que les utilisateurs de l'alternance codique puissent communiquer effectivement les uns avec les autres, est une raison suffisante pour maintenir que l'alternance codique n'est pas le fait d'un choix arbitraire ou d'un choix au hasard d'éléments linguistiques. C'est un phénomène systématique dont le fonctionnement interne est régulé par des règles sous-jacentes (Biloa, *Ibid.*).

Plusieurs études à l'instar de celle Kachru avaient relevé les caractéristiques syntaxiques de l'alternance codique. Ces études montrent que l'alternance linguistique est régulée par des contraintes syntaxiques et qu'un ensemble de règles ou de contraintes s'applique à tout discours bilingue. Et pour que l'alternance codique fonctionne dans un discours, le respect de ces contraintes est obligatoire (Biloa, *Ibid.*).

Biloa (*Ibid.*) citant Gibbons parle d'un phénomène de mélange linguistique attesté à Hong Kong qu'il appelle u-gay-wa et qui présente les traits suivants :

> - Il contient un élément cantonais important, un élément anglais mineur et un petit élément autonome.
>
> - Les phénomènes d'u-gay-wa sont différents de l'alternance codique et de l'emprunt.
>
> - U-gay-wa est né de contacts à l'intérieur d'un groupe confronté à deux cultures.
>
> - C'est une langue ethnique influencée par une langue superstrat (Biloa, *Ibid.*)

La situation linguistique des locuteurs de Ngaoundéré présente quelques ressemblances avec celle de Hong Kong.

Dans le corpus, certaines expressions dérivent de la langue native des locuteurs, par contre, d'autres sont issues d'une langue anonyme dont la compréhension nécessite la connaissance de l'environnement socioculturel des locuteurs. Il n'est pas souvent facile aux destinataires universels de décrypter le contenu de ces expressions. Seuls la paraphrase et certains signes peuvent plus ou moins de donner une certaine indication.

Parfois, les locuteurs procèdent au glissement sémantique des unités lexicales existant déjà dans le répertoire du vocabulaire français. Mais, bien que faisant partie du lexique français, ces mots se dotent de nouvelles charges sémantiques.

À Ngaoundéré, ce processus semble être la règle au point où se développe des expressions néologiques au lieu et place des termes français, doter d'un un autre sens.

> *a) chez lui+ il y avait les molécules du tramol et une bouteille de **arki** + donc + il prenait le tramol pour avoir la force pour agresser les gens d'autrui* (L.N.S.)
>
> *b) il faut avoir le **makalapati, gombo** + et le vrai **tchôko** +pour rester tranquille* (L.S.)
>
> *c) si vous rentrez vite tu me gardes le **soya** + une bonne partie de viande avec un bon litre de **kossam** + je vais de rembourser + ne te déranger pas* (L.N.S.)
>
> *d) comme vous nous appelez les **Wadjo** = on vous a même fait quoi + vous vous êtes des **Kado**+ les gens qui ne prient++ et les **gada-mayo** + vous venez vivre chez nous + vous sortez même avec nos belles filles que vous appelez **Wadiasse*** (L.N.S.)
>
> *e) c'est **un Quéféro** + un salopard comme ça il vient me faire le **karamban**i + je vais le montrer + il ne me connait même pas ++ Il va me sentir* (L.N.S.)
>
> *f) tu sais que tous les **kado** et les **gada-mayo** magent le **gadorou*** (L.S.)

En (a), nous remarquons un emploi du mot *arki et tramol* semblent être inconnus du lexique français. Cependant, ils permettent plutôt une altération de la syntaxe. En effet, *arki* est un terme local qui signifie alcool indigène (Seignobos et Tourneux : 14). C'est aussi une boisson alcoolisée très nocive à l'organisme. Pour être plus explicite, *arki* renverrait une boisson qui rend très ivre et qui contient des substances médicamenteuses. Et *tramol,* renvoie à la substance médicamenteuse ou à la drogue. Le locuteur choisit ces deux mots qui correspondent à la société dans laquelle il vit. Un tel emploi peut s'expliquer par une influence linguistique de la société dans laquelle vit le locuteur.

En (b), ce qui fait la particularité de cet énoncé est sans doute l'usage des mots *makalapati, tchôko » et gombo* qui constitue un écart par rapport à la norme. En effet, ces termes désignent un pot-de-vin qui signifie en FS une somme d'argent que quelqu'un donne en sous-main à la personne qui lui permet de lever un marché, de conclure une affaire. Pour tout dire, ces mots représentent la corruption évoquée par le locuteur. *Makalapati* et *tc*hôko font partie d'un parler vulgaire, voire de la rue dont le contexte semble être connu par la société dans laquelle il vit. Quant au mot *gombo,* mot existant déjà ou connu du lexique français mais employé dans cette phrase puisqu'il ne renvoie plus à une plante des régions chaudes dont on consomme des feuilles et les fruits comme légumes. Ce mot a donc subi une un glissement sémantique. Il désigne désormais de l'argent, de la corruption. De là, il s'agit d'une résémantisation qui est comme un

> processus linguistique qui porte sur des lexèmes dont le contenu sémantique devient localement marqué, (et qu'elle s'opère) sous l'effet d'une extension, d'une restriction du sens initial du mot, d'un glissement de son domaine d'emploi, (et) d'un fonctionnement polysémique (Lipou, *Op. cit.* : 127).

Nous pouvons dire de ce qui précède qu'un néologisme issu d'une résemantisation est une lexie[8] qui a connu une extension ou une restriction de son sens initial, un glissement de domaine d'emploi ou encore un fonctionnement recouvrant plusieurs significations. L'emploi des termes *makalapati », tchôho » et gombo »,* bien que relevant du lexique standard, constitue une inadéquation au niveau de la syntaxe. L'analyse faite au niveau de l'alternance et mélange codique rend compte de l'influence socioculturelle sur le discours de locuteurs.

Dans la phrase (c), l'item *soya* signifie toute viande grillée souvent coupée en morceaux. Le terme ne s'emploie que dans le français oral. C'est une viande découpée en morceaux et qui est grillée aux carrefours aux bords des marchés aménagés en barbecues (Seignobos et Tourneux : 258). Le mot *kossam* renvoie au lait de vache très consommé dans la partie septentrionale du Cameroun.

Dans l'énoncé (d), *wadjo* signifie peul et *wadjasse* son féminin c'est-à-dire peule. *Gada-mayo* signifie de l'autre côté du fleuve. Ce terme désignait à Maroua, les gens originaires du sud du pays. Au siècle précèdent, ce non visait les ressortissants des lamidats peuls du sud de la Bénoué jusqu'à Tibati. Aujourd'hui, il désigne seulement les Sudistes non musulmans (Seignobos et Tourneux : *Op. cit.* : 115). C'est une appellation que certains originaires du Grand Nord-Cameroun qu'ils soient chrétiens ou musulmans, donnent aux personnes originaires du Grand Sud-Cameroun. *Kado* signifie non musulman (*Ibid.* : 146). Il peut aussi désigner un mécréant, une injure que les musulmans profèrent à l'endroit des chrétiens. Ces deux derniers mots illustrés ont une connotation péjorative et traduisent la vision du monde des locuteurs comme souhaité.

En (e), *quéféro* est une injure et signifie salopard alors *karambani* renvoie à l'entêtement. Cette alternance des mots ne signifie pas qu'on a un manque de vocabulaire, mais plutôt une volonté de vouloir bien traduire sa pensée. C'est pourquoi il s'agit « d'adapter et de changer le

---

[8]Unité fonctionnelle significative du discours (Dubois, 1973 : 282).

français pour s'y trouver à l'aise par l'introduction des mots, des expressions, une syntaxe, un rythme nouveau» (Labou Tansi, 1989 : 4).

Nous avons déjà dit que sur le plan lexical, il y'a la créativité des mots car la langue française a été incapable de satisfaire les locuteurs cibles sur le choix des lexies. Elle a été incapable de répondre favorablement aux différentes significativités. Les locuteurs de Ngaoundéré sont donc obligés de puiser dans leur univers culturel. Notre étude s'interrogera sur cette manière particulière de faire appel aux ethnostylèmes locaux.

La nouvelle langue des locuteurs de Ngaoundéré, facilitant la communication, au détriment du français incapable de satisfaire favorablement aux attentes de ces locuteurs, occupe une place prépondérante dans leur environnement linguistique, grâce à sa fonction véhiculaire. Contrairement au français, cette créativité linguistique des locuteurs de Ngaoundéré, malgré son aspect abâtardi ou altéré, permet à ces locuteurs, de produire des discours accessibles au sein de cet environnement. Nous pouvons dire que, celle langue dérive d'une conjonction des facteurs socioculturels et d'une cohabitation doublement linguistique que nous avons montré au premier chapitre. Vu sous cet angle, le français ne peut que subit des transformations et des mutations très profondes qui s'arriment à la langue ethnique, le fulfulde.

En définitive, l'analyse de la phraséologie du français parlé des locuteurs de Ngaoundéré permet de souligner que, le système linguistique est affecté, notamment, au niveau du lexique et au niveau de la syntaxe. C'est un processus qui se fait, ici, à l'aide de la sémantaxe et de l'ethnosyntaxe. Cette mutation profonde de la langue est d'autant plus importante qu'elle génère la norme endogène.

Cette mutation profonde de la langue s'avère d'autant plus importante qu'elle est un véritable enjeu aboutissant à la norme endogène qui :

> l'analyse de la variation du français en Afrique fait apparaître une dichotomie : français littéraire/français véhiculaire. D'une façon générale, le français littéraire reste encore nettement dominant dans les usages quelle que soit la situation de communication. Ce français littéraire s'oppose à celui, véhiculaire et vivant, pratiqué par une large majorité de locuteurs au marché, au stade, dans les bureaux et autobus. Cette langue vivante et dynamique, colorée et adaptée à toutes les situations de communication est partout pourchassée et farouchement combattue parce qu'elle est porteuse d'incorrections et d'impuretés qui menaceraient la norme (Tabi-Manga cité par Onguéné Essono, 2013 : 131-132)

Une telle pratique, bien que se démarquant des règles édictées par la norme du français représente certainement une source vivifiante pour de nouvelles règles. Nous notons que des lexies nouvelles des locuteurs de Ngaoundéré débouchent sur une délicieuse créativité linguistique que nous découvrons à travers l'emprunt et les calques.

3.3. Calques syntaxiques

De manière laconique, le calque peut être défini comme la traduction de l'expression d'une langue cible. Il implique donc la coexistence de deux systèmes linguistiques chez un même individu, qui, s'exprime dans la langue acquise se réfère cependant à la structure (syntaxique) de sa langue première.

Chez les locuteurs de la ville de Ngaoundéré, comme chez la plupart des sujets parlants ou auteurs bilingues ou plurilingues, nous observons dans leur discours l'émergence des calques, phénomène qui peut alors soit ne toucher que la construction lexico-sémantique de quelques éléments de la phrase soit s'étendre sur l'organisation toute entière. Ainsi considéré, nous pouvons dire que le phénomène de calque peut apparaître dans tous les constituants de la phrase, qu'il s'agisse de l'organisation du SN ou de celle du SV et ceci aussi bien dans une perspective lexicale que syntaxique. C'est cette dernière qui constitue l'objet de notre étude.

Les calques syntaxiques « se manifestent par l'importation des structures des langues africaines en français dans une opération de traduction qui colle du texte de départ » (Lipou, *Op.Cit.* : 127). Selon Lipou Antoine (*Ibid.*), le calque opère des transformations dans la distribution, et l'organisation des catégories grammaticales en langue cible. Le calque syntaxique affecte donc l'organisation phrastique des divers constituants d'un énoncé et met en exergue l'usage singulier que l'auteur fait de la langue cible. Et cet usage singulier, tout en révélant pour la plupart comme un écart du point de vue sémantique, syntaxique et même morphosyntaxique par rapport à la norme prescrite par les grammaires, concerne non seulement la structure propre à la langue source mais aussi la charge sémantique de ces énoncés.

C'est un phénomène qui consiste à créer la polysémie. Il se réalise dans l'évolution diachronique et spatiale. Le glissement de sens représente très souvent un jeu stylistique pour le locuteur. Cette transgression du sens du mot peut cependant être due à l'ignorance du sens premier du mot, à la maîtrise imparfaite du code. Il s'agit d'un autre phénomène d'appropriation.

Nous notons des calques syntaxiques suivants :

> *a) que quoi?* ***habiter dedans la maison quelqu'un c'est le calvaire*** *+ dans la vie je ne peux jamais oublier ca = comment c'est possible chez nous + moi on ne peut pas me faire ça + je vous dis* (L.N.S.)

b) ***ne me lance pas une question*** *++ je ne vais pas te répondre (L.S.)*

c) ***dedans*** *cette salle + je vais vous rappeler des histoires que nous avons vues + voici ce que je vais vous dire + je n'aime pas quand* ***la voiture marche len****t ++* ***cette voiture marche très lent*** (L.N.S.)

d) -je demande ***tu vas couper les seins*** *à cet enfant quand ?* (L.N.S.)

-je ne sais pas + mais je compte quand le faire pour bientôt (L.S.)

-oK+

e) l'autre jour + tu vois + ***la voiture ci ne marchait*** *pas si vite comme nous on veut* (L.N.S.)

f) ***tu as de la tête*** *mon petit + lui il s'embrouille pour rien* (L.S.)

g) les gars vous savez ? ***je pète la forme*** (L.S.)

h) prier Allah + **c'est une chose que nous devons tous** (L.S).

Dans l'énoncé (a), le segment *habiter dedans la maison de quelqu'un* obéit à la structure syntaxique des langues africaines en général et dans ce cas précis, celle des langues camerounaises. En effet, dans les langues africaines, comme dans de nombreuses langues locales, le terme « dedans » désigne « à l'intérieur de » comme en français standard. Ce qui fait la particularité de cet énoncé est sans doute la construction de la préposition « dedans » qui constitue un écart par rapport à la norme du français standard. En effet, dans ce contexte, en français standard, la préposition « dedans » doit être précédée de « en » et suivie de « de » c'est-à-dire « en dedans de » locution prépositive française. Cet usage singulier que le locuteur fait de la préposition « dedans » fait de ce calque une particularité syntaxique dans la mesure où sa langue native ne possède pas plusieurs prépositions comme en français qui renvoient à la réalité « intérieure ». Cependant en français, cet intérieur peut être exprimé par les prépositions « dans, ou en dedans de ». Il faut dire que le calque « dedans la maison » qui correspond en français standard à « dans la maison ou en dedans de la maison » y trouverait peut-être sa source. Nous pouvons dire que cet énoncé laisse paraître une certaine légèreté, une désinvolture dans l'organisation syntaxique qui s'écarte de la structure phrastique préconisée par la norme standard. S'il est vrai que la structure de cette phrase constitue un écart par rapport à la norme, il n'en demeure pas moins qu'elle est propre à la langue native du locuteur et par conséquent traduit une expressivité propre à sa culture cas similaire à l'énoncé (c). Les phrases (c) et (a) représentent des productions de clichés des langues natives de ces locuteurs en français. Cette traduction se caractérise par l'usage inadéquat de « dedans ».

Contrairement à la séquence (a) dans laquelle le calque s'est surtout appuyé sur la distribution prépositionnelle, le calque dans l'énoncé (b) repose essentiellement sur le complément phrastique car s'il est vrai qu'en français standard le verbe « lancer » admet un COD., il n'en demeure pas moins vrai le COD du verbe « lancer » dans cet énoncé pose un problème d'acceptabilité. En effet, la plupart des linguistes modernes, à l'instar de Gary-Prieur dans sa définition qu'ils donnent à la phrase, tiennent compte du sens qui détermine l'acceptabilité d'une phrase. Ainsi, « Pour qu'une phrase soit acceptable, il faut que la construction s'accorde avec le sens des unités lexicales qui la composent » (Gary-Prieur, 1999 : 60). Aussi en analysant la structure de cet énoncé, à la lumière de ce qu'a affirmé Gary-Prieur plus haut, nous nous apercevons qu'elle constitue un écart par rapport à la norme car elle s'éloigne des exigences syntaxico-sémantiques de la langue standard. Nous notons donc que l'expression « lancer une question » est une transposition d'un terme de la langue native du locuteur en français car dans la langue standard, il serait insignifiant de « lancer une question » dans la mesure où la question renvoie à un nom abstrait. Le verbe « poser » serait par conséquent pertinent dans cette phrase « lancer une question » constitue une construction dont le sens ne peut être saisi qu'en se référant seulement à la langue native du locuteur mais aussi au contexte.

En (d) et (e), nous notons une présence d'une copie conforme de la langue native du locuteur qui parle. Parfois la langue française étant inapte à exprimer une vision du monde comme l'attend le locuteur, ce dernier recourt à sa langue native qui, seule, capable de traduire la pensée. Ainsi, lorsque ces locuteurs disent *la voiture marche* en lieu et place de la voiture roule, nous nous demandons si une voiture possède des pieds comme l'Homme. Il n'en est rien. La voiture possède des roues qui ne pourront jamais se substituer aux pieds. Cette confusion est due au fait que dans les langues de ces locuteurs, le verbe rouler équivaut à marcher ce qui est incorrect en français hexagonal.

En (f), dans les langues maternelles, avoir la tête est utilisée pour qualifier un individu doué d'une intelligence exceptionnelle. En (g), péter les formes est une expression locale pour montrer qu'on est en parfait état de santé. En (h), prier c'est une chose que nous devons tous signifie un devoir spirituel pour un musulman da faire la prière.

Les calques syntaxiques engagent des changements syntaxiques et même sémantiques entraînant des écarts dans la langue française. Pour expliquer ces transformations, Onguéné Essono (2004 : 205) dit qu'elles sont dues au fait que les locuteurs réfléchissent d'abord dans leur langue maternelle puis, les transposent en français. Ainsi,

> La structure des langues locales se répercute forcément sur le français à cause d'une superposition des structures [des langues maternelles] et des structures du français. Ce phénomène passe par le processus cognitif des locuteurs [natifs] qui réfléchissent d'abord en leur langue et qui reproduisent ensuite le résultat en français.

Conclusion

En somme, tout au long de cet article, il a été question de souligner et d'analyser la difficulté réelle de ces locuteurs à s'exprimer dans une langue non maternelle qu'ils apprennent à l'école ou dans la rue et qui ne reflètent pas exactement la vision du monde qu'ils connaissent et que les L1 sont en mesure de présenter avec bonheur. Une technique subtile des locuteurs consiste à utiliser les termes français et à leur attribuer une sémantèse locale. Cette expérience est très enrichissante, car elle constitue un véritable travail de créativité linguistique. Le terme français employé porte effectivement en lui de sèmes proches de la réalité locale ou régionale. Les locuteurs africains francophones, en ce qui les concerne, sont souvent contraints d'utiliser la langue française. Mais il leur est presque impossible d'user une langue qui leur est étrangère pour traduire la plupart leurs réalités sociales. D'où une impossibilité de parler correctement le français. De plus, on opère forcément des entorses à la langue normée pour traduire ses réalités en français. C'est généralement le cas où les mots des langues locales se retrouvent dans le français ; ou alors des expressions toutes faites en langue locale sont transposées en français. Ces transpositions doivent être dues, entre autres, au fait que certaines réalités de ces mots n'existent pas dans la langue française ; ou encore parce que ces structures sont trop complexes et confuses pour les transposer en un français correct, ce qui peut détériorer leur sens d'origine. C'est l'un des phénomènes qui illustrent la variation du français parlé à Ngaoundéré. Il s'agit en réalité de la manifestation la plus spontanée de la culture d'un locuteur au moment où il parle français.

Ainsi, nous assistons à une déconstruction locale de la syntaxe du français dans la mesure où ses écarts deviennent une norme que certains linguistes ont qualifiée d'endogène.

D'après (Onguéné Essono, *Op.Cit.* : 207) le substrat, indélébile, engendre des modifications structurelles, sémantiques syntaxiques, et pragmatiques, relevées dans la langue cible. Le français des locuteurs cibles reflète des parlers locaux ce contexte se comprend du moment où ces locuteurs expriment leurs pensées en une langue non maternelle et dont la maîtrise est souvent très problématique. La pratique du français à Ngaoundéré est donc confrontée à cette réalité, c'est-à-dire le poids de la langue fulfulde sur le français. Il s'agit des assauts culturels qui influencent fortement la manière de parler des locuteurs. La langue française étant incapable de matérialiser la pensée des locuteurs de Ngaoundéré, ils sont souvent contraints de faire appel aux réalités ethnolinguistiques et socio-culturelles locales. Cela leur permet d'appréhender le monde, d'exprimer leur vision du monde. C'est peut-être la fonction des marqueurs identitaires et linguistiques locaux.

Dans ce travail, il est important d'évoquer que la variation du français est diatopique : c'est-à-dire les expressions et idiomes nouveaux que nous analysés appartiennent en majorité à la région du grand Nord-Cameroun dont Ngaoundéré fait partie. Ces expressions sont presque en langue fulfulde malgré une présence des mots du pigdin-english, du camfranglais et des autres ethostylèmes locaux. Il s'agit, en effet, du multilinguisme ou du multiculturalisme qui caractérise la ville de Ngaoundéré. Vu sous cet angle, le français qui est parlé dans cette ville ne peut que subir de nombreuses modifications. Car étant en contact avec le fulfulde, langue vernaculaire, langue la plus parlée qui évince le français, langue co-officielle. Eu égard à tout ceci, il ne semble pas impertinent de postuler que la phraséologie du français dans le corpus est parfois forgée sur la charpente du fulfulde et les autres ethostylèmes locaux.

Bibliographie

Calaina T., 2009, *Les particularités lexicales du français du Nord-Cameroun*, Thèse de Doctorat PhD, Université de Ngaoundéré.

Biloa E., 2001, « La syntaxe du français parlé au Nord-Cameroun », *Le français en Afrique,* n°15, pp. 2-23.

Blanche-Benveniste C., 1999, « Constitution et exploitation d'un grand corpus », *Revue française de linguistique appliquée. (Dossier spécial Grands corpus : diversité des objectifs, variété des approches*), Vol., IV-1, pp. 65-74.

Dubois, J. & *al.,* 2001, *Dictionnaire de la linguistique,* Paris : Larousse.

Fosso 1999, « Le camfranglais : une praxéogénie complexe et iconoclaste », dans Gervais Mendo Ze (dir.), *Le français langue africaine : enjeux et atouts pour la francophonie*, Paris, Publisud, pp.178-194.

Grevisse M., 2007, *Le Bon usage*, Bruxelles, Duculot, 14e éd. par André Groose.

Gary-Prieur M.-N., 1999, *Les termes clés de la linguistique,* Paris, Le Seuil.

Labou Tansi S., 1989, « Locataires de la même maison », un entretien recueilli par Michèle Zalesski, *dans Diagonales,* n°9, janvier 1989, pp. 3-4.

Lipou A., 2001, « Diversité culturelle et linguistique : Quelques normes pour le français ? », colloque, sept. Université Saint Esprit de Kalik, pp.122-135.

Massoumou O., 2006, « Les interjections des marqueurs spécifiques d'appropriation du français dans la littérature gabonaise et congolaise », *Journée scientifique des réseaux de chercheurs concernant la langue française*, Sénégal, Dakar, pp. 263-245.

Onguéné Essono, L.-M., 2013, *Dynamique du français dans la presse francophone*, Yaoundé, CLE.

Onguéné Essono L.-M., 2015, « Lire un texte littéraire (non) africain : réflexion sur quelques grilles de lecture théoriques actuelles », dans *Écritures*, Éditions CLE, pp. 27-58.

Onguéné Essono L.-M., 2004, « La langue française des écrivains camerounais : entre l'appropriation, l'ignorance et la subversion », in *La littérature camerounaise depuis l'époque coloniale.* Figures, esthétiques et thématiques Vounda, Etoa, M. éd. P.U.Y., pp. 197-225.

Seignobos C., Tourneux H., 2002, *Le Nord-Cameroun à travers ses mots. Dictionnaire de termes anciens et modernes,* Paris, Karthala/Éditions de La Fayette.

Abréviations et signification des signes

FS : Français Standard
L1 : Langue Première
L.N.S. Locuteurs Non Scolarisés
L.S. : Locuteurs Scolarisés

+ Pause brève

++ Pause plus longue
= enchaînement rapi

Chapitre 16 : Survie du Patrimoine linguistique en contexte d'ouverture culturelle : cas des langues B4 (Baka, Bagyeli, Badzang et Bakola) au Cameroun

Gaston Bessala & Léonelle Flore Nguinta Heugang

Résumé

La question de la survie des langues se pose en lien avec la circulation des personnes impliquant les échanges et le brassage des cultures, entrainant des conflits lorsque le groupe majoritaire tend à phagocyter le groupe minoritaire. La langue est de ce fait l'un des principaux éléments culturels à préserver parce qu'elle sert pour la transmission des savoirs de génération en génération, en plus de marquer l'identité culturelle. Vu sous cet angle, il se pose un réel problème d'extinction des langues Baka, Bagyeli, Badzang et Bakola au Cameroun. Le présent article interroge les facteurs qui contribuent à l'extinction des langues B4 (marginalisation, accaparement des terres et extension urbaine) afin d'apporter des mesures palliatives. La théorie de *language endangerment,* combinée à l'analyse exploratoire des documents et les données d'enquête de terrain obtenues sur la base des entretiens semi-directifs et l'observation permettent de mettre en lumière les facteurs qui favorisent la mise en danger des langues des minorités. Pour y remédier, les mesures à mobiliser peuvent s'étendre de l'individu à la nation en passant par la communauté et la région.

Mots-clés : B4 – Culture – Langue - language endangerment.

Abstract

The question of the survival of languages arises in connection with the movement of people involving exchanges and the mixing of cultures, leading to conflicts when the majority group tends to phagocyte the minority group. Language is thus one of the main cultural elements to be preserved because it is used for the transmission of knowledge from generation to generation, in addition to marking cultural identity. Seen from this angle, there is a real problem of extinction of the Baka, Bagyeli, Badzang and Bakola languages in Cameroon. This article examines the factors that contribute to the extinction of B4 languages (marginalization, land grabbing and urban extension) in order to provide palliative measures. Language endangerment theory, combined with exploratory analysis of documents and field survey data obtained on the basis of semi-interviewsIn this context, the European Parliament's Committee on Legal Affairs, Citizens' Rights and Citizens' Rights, Citizens' Rights and Citizens' Rights, Citizens' Rights and Citizens' Rights, Citizens' Rights and the Rights of the European Union. To remedy this, the measures to be mobilized can extend from the individual to the nation, through the community and the region.

Keywords *: B4 – Culture - Language - Language endangerment.*

Introduction

Chamussy (1986) définit l'espace comme ce « ... dont les composantes sociales et physiques sont indissolublement liées, vues dans un même système dont l'étude scientifique n'est possible qu'à travers celle des sociétés qui le désignent, lui donnent sa spécificité et son sens ». Di Méo (1998 : 27) dresse une typologie d'espace en termes *d'espace vécu* pour la modalité de l'existence humaine ; *d'espace perçu et représenté* pour la modalité de la connaissance ; *d'espace produit* pour la modalité de l'action. D'une façon générale, pour le géographe, l'espace est un lieu ou une étendue délimitée, donc cartographiable, de la terre. Ayant ainsi contextualisé le terme « espace », il parait nécessaire de définir le terme « autochtone » un autochtone est perçu comme une personne qui est issu du sol même où il habite ; originaire du pays qu'il habite, dont les ancêtres ont vécu dans ce pays. On l'emploie généralement pour désigner les notions de peuple ou communauté autochtone. Selon la Convention n°169 de l'Organisation Internationale du Travail (OIT), les communautés autochtones sont des peuples qui dans les pays « se distinguent des autres secteurs de la communauté nationale par leurs conditions sociales, culturelles et économiques et qui sont régis totalement ou partiellement par des coutumes ou des traditions qui leur sont propres ou par une législation spéciale » (Cheumani, 2016 : 24). Les populations pygmées du Cameroun constituent notre principal centre d'intérêt dans le cadre de cette réflexion.

En effet, le concept de pygmées, (une catégorie de peuples autochtones), a été employé pour la première fois par Georg Schweinfurth (1873). Les savants tels que Hamy (1879) ont proposé d'autres termes tel Négrilles. Barbier (1981 : 239) pense que « les populations pygmées de la vaste forêt sud-Camerounaise, [sont les] premiers habitants de ces espaces sylvestres et initiateurs des autres populations... ». D'après Morin (2006 : 11), « le terme d'« autochtonie » apparaît dans les années 1970 en Amérique du Nord avec l'auto-identification des Amérindiens comme « peuples autochtones » ou « premières nations » (Morin, 2006 : 54-64). Le mot « pygmées » étant de plus en plus péjoratif, il est donc remplacé dans les discours par les termes tels « 4B » (Robillard **et** Bahuchet, 2012) (exemple du Cameroun) ou encore « autochtone ». Si le concept d'autochtone n'a pas toujours connu de définition unanime, on peut toutefois retenir qu'il désigne

> les descendants de ceux qui habitaient dans un pays ou une région géographique à l'époque où des groupes de population de cultures ou d'origines ethniques différentes y sont arrivés et sont devenus par la suite prédominants, par la conquête, l'occupation, la colonisation ou d'autres moyens[1].

Leur espace perçu et représenté, vécu, produit a donc très souvent subi une transformation due à diverses influences. À l'origine, le mot « autochtone »[2] renvoie à celui qui habite son lieu d'origine. D'après l'Organisation Internationale du travail (2015 : 11),

> la position de la plupart des organisations internationales chargées d'examiner les droits des peuples autochtones (y compris sur la base des instruments juridiques internationaux existants, telle la convention n° 169 de l'OIT relative aux peuples indigènes et tribaux) est qu'une définition stricte des peuples autochtones n'est ni nécessaire, ni souhaitable.

La Commission Africaine des Droits de l'Homme et des Peuples (CADHP) interprète ce concept bien au-delà de l'antériorité historique afin de considérer les problèmes de marginalisation auxquels font face ces peuples ainsi que leurs spécificités. Les pygmées sont de ce fait appelés « peuples autochtones » au sens de la Déclaration des Nations Unies sur les droits des peuples autochtones en son article 3, adoptée en 2007. La langue, quant à elle, est présentée par Tchindjang et al. citant Herder comme « le lieu de conservation et le dépôt de l'expérience et du savoir des générations passées, comme le moyen de transmission de ce même savoir aux générations futures qui reçoivent ainsi toutes les expériences du passé »[3]. Parmi les fonctions de la langue, sont mises également en exergue dans ce travail les fonctions sociales, intégratives et identitaires qui permettent d'intégrer un groupe, une communauté ou une nation, d'un côté, et de l'autre, la fonction symbolique ou représentative. La langue est l'un des instruments qui permet d'élaborer des représentations, de comprendre et d'agir sur le monde. La langue serait donc utilisée par les peuples autochtones de la forêt[4] pour transmettre leurs savoirs culturels à des générations futures. Qu'adviendrait-il si

---

1 Fiche d'information No.9 (Rev.1), Les droits des peuples autochtones [archive]. Haut-Commissaire aux droits de l'homme. In https://fr.wikipedia.org/wiki/Peuple_autochtone.

2 Plus qu'une simple notion, le concept « autochtone » a connu des définitions plurielles sur lesquelles nous ne reviendrons plus ici car, nous l'abordons dans le sens de la CADHP.

3 http://www.academia.edu/4136371/La_cartographie_linguistique_traceuse_de_lhistoire_des_civilisations_et_des_cultures_une_application_au_Cameroun consulté le 05 juillet 2016.

4 Par l'expression « peuples autochtones de la forêt » nous faisons allusion aux B4 (Baka, Bagyeli, Badzan et Bakola)

cette langue venait à disparaitre même s'il est vrai que la langue n'est pas le seul moyen de transmission culturelle ? Il y aura donc toute la culture de ce peuple, qui fait par ailleurs partie du patrimoine culturel mondial, qui disparaitrait. En présentant les menaces auxquelles font face les B4 du Cameroun, objet de cette étude, nous montrerons comment celles-ci (les menaces) contribueront au changement linguistique ou à la mort des langues des peuples chasseurs et cueilleurs de la forêt avec notamment en gestation, la montée de l'urbanisation des zones forestières sous le coup des aménagements.

Du point de vue théorique, cette étude s'appuie sur une approche qui privilégie le paradigme de *language endangerment* soutenu par une analyse sociolinguistique. Sous les auspices d'Ethnologue[5], ce paradigme repose sur des degrés. D'un côté, il y a les langues vigoureuses et étendues par rapport au nombre de locuteurs ou de leurs aires fonctionnelles d'usage. De l'autre, il y a les langues en voie d'extinction, causée par la disparition humaine et à la faible pratique linguistique. Entre ces deux extrémités, il ressort plusieurs autres degrés de vitalité liés notamment à la communication, l'éducation, l'indice de développement, la récurrence et la diffusion linguistique. Dans cette perspective, Lewis et Simon (2010), dans une synthèse graphique ont indiqué qu'il y a deux dimensions caractérisant le concept de *language endangerment* : le nombre de locuteurs qui s'identifient par rapport à une langue particulière et le nombre et la nature des usages ou fonctions pour lesquelles la langue est utilisée. Leur approche tend à approfondir les questions suivantes : qu'est-ce qui motiverait alors les locuteurs d'une langue à l'abandonner au profit d'une autre jugée plus prestigieuse ? Qu'est-ce qui favoriserait l'abandon d'une langue ou la perte d'une langue au profit d'une autre ? Considérés dans le cadre de cette réflexion orientée sur les peuples autochtones de la forêt, les facteurs favorisant l'abandon de leurs langues sont mis en relief pour révéler les causes de l'extinction des langues B4.

Afin d'évaluer la notion de *language endangerment,* certains facteurs doivent être pris en compte[6]. Cet article confronte les facteurs linguistiques et non linguistiques (théorisés par Sallabank (2010)[7] citant Nettle & Romaine (2000) et Crystal (2000). Aussi, la littérature scientifique sur la question privilégie les deux premières étapes qui contribuent à identifier une langue comme étant en voie d'extinction sont 6b et 7 (EGIDS). En 6b, la langue est dite menacée lorsqu'elle est utilisée pour des interactions interpersonnelles à travers des

---

[5]https://www.ethnologue.com/endangered-languages. consulté le 10 juillet 2016.

[6] Voir www.ethnologue.com/about/language-status

[7]http://www.gla.ac.uk/media/media_141050_en.pdf. p. 56.

générations, mais avec une diminution des utilisateurs. À l'étape 7, il y a une mutation de la langue car la génération qui se reproduit peut utiliser la langue en son sein sans pour autant la transmettre aux enfants. Jacques Leclerc (2016)[8] affirme que la mort d'une langue de façon générale n'est pas subite. S'il reconnaît que la régression d'une langue part du fait qu'un peuple commence à ne plus l'utiliser, il continue en précisant que ce peuple peut remplacer sa langue par une autre qu'il estime plus rentable. Ce processus se déroule à des phases de bilinguisme variable. Il parle alors de bilinguisme social et d'assimilation dans l'espace comme des processus qui conduiraient à la mort des langues[9]. La précision autour de la notion de *language endangerment* permet à ce sujet de mettre à jour les facteurs qui interagissent en faveur de l'extinction ou de la mise en danger des langues autochtones, notamment celle des pygmées. Les croisements effectués entre ces deux catégories de facteurs radicalisent l'hypothèse que les problèmes rencontrés par les peuples autochtones de la forêt contribuent à l'extinction de leurs langues.

La problématique de l'extinction des langues dans cet article défend l'hypothèse que l'appropriation des forêts, biotope des pygmées, par leurs voisins Bantou (Ngumba et Ewondo, pour ne citer que ceux-là) et l'État a un impact sur la culture des peuples autochtones de la forêt et de là, sur leurs langues. Parmi ces projets, nous citerons par exemple : « l'installation de grandes plantations agricoles, l'exploitation forestière, la construction de l'oléoduc Tchad – Cameroun, les divers projets d'infrastructures (Fer de Mbalam, Port de Kribi, Chemin de fer Mbalam-Kribi, etc.) » (Chemani, 2016 : 36). Il s'agit dans ce cadre de démontrer que les problèmes que rencontrent les pygmées pourront causer l'extinction de leurs langues.

Du point de vue méthodologique, les données utilisées dans cet article ressortent d'une analyse exploratoire du phénomène de la mort des langues en rapport à l'environnement de la communauté des B4. L'exploitation des sources documentaires secondaires a servi à montrer que les problèmes rencontrés par les peuples autochtones de la forêt sont étroitement liés aux causes de la mise en danger des langues des B4. Les entretiens semi-directifs avec des chercheurs spécialisés dans les études linguistiques et sociologiques, des responsables des projets et des élites politiques ont participé à structurer une analyse cohérente. Il en est de même des observations qui ont été utilisées pour mettre à

---

8 http://www.axl.cefan.ulaval.ca/Langues/2vital_mortdeslangues.htm. Consulté le 06 juillet 2016.

9 Pour plus d'informations sur le processus de la mort des langues, consulter le site personnel de Jacques Leclerc : http://www.axl.cefan.ulaval.ca/Langues/2vital_mortdeslangues.htm

l'évidence les paroles recueillies aux pratiques sociolinguistiques en milieu B4. Grâce à ces données, il est possible de présenter d'abord quelques propriétés sociolinguistiques des pygmées de la forêt avant de souligner les causes de l'extinction des langues ou du changement linguistique pouvant inciter quelques mesures de reviviscence des langues en voie d'extinction.

1. Propriétés sociolinguistiques des peuples pygmées B4 du Cameroun

Cette articulation vise d'un côté, à localiser les pygmées au Cameroun en tenant compte de leur mobilité, de dispersion et d'établissement territorial. D'un autre côté, elle s'attèle à présenter les caractéristiques sociolinguistiques des peuples pygmées.

1.1. Localisation des pygmées au Cameroun

Étendu sur une superficie de plus de 475 442 km², le Cameroun, Afrique en miniature, regorge une multitude de peuples dont l'histoire d'avant la colonisation (la fin du XIXe siècle) est marquée par les guerres de conquête et les migrations qui se sont poursuivies même après les indépendances. En effet,

> Entre le premier recensement effectué en avril 1976, où le Cameroun comptait 7 663 246 habitants et le troisième recensement réalisé en novembre 2005, la population du Cameroun a plus que doublé : son effectif a été multiplié par 2,27 précisément. La persistance de ces tendances démographiques fortes, si elles sont maintenues, situera l'effectif de la population du Cameroun à 18,9 millions au 1er janvier 2009, 19,4 millions au 1er janvier 2010 et 21,9 millions au 1er janvier 2015[10].

Une minorité de cette population camerounaise est considérée comme propriétaire historique du territoire : les peuples autochtones.

---

[10]http://www.statistics-cameroon.org/downloads/Rapport_de_presentation_3_RGPH.pdf

Carte : localisation des peuples B4.

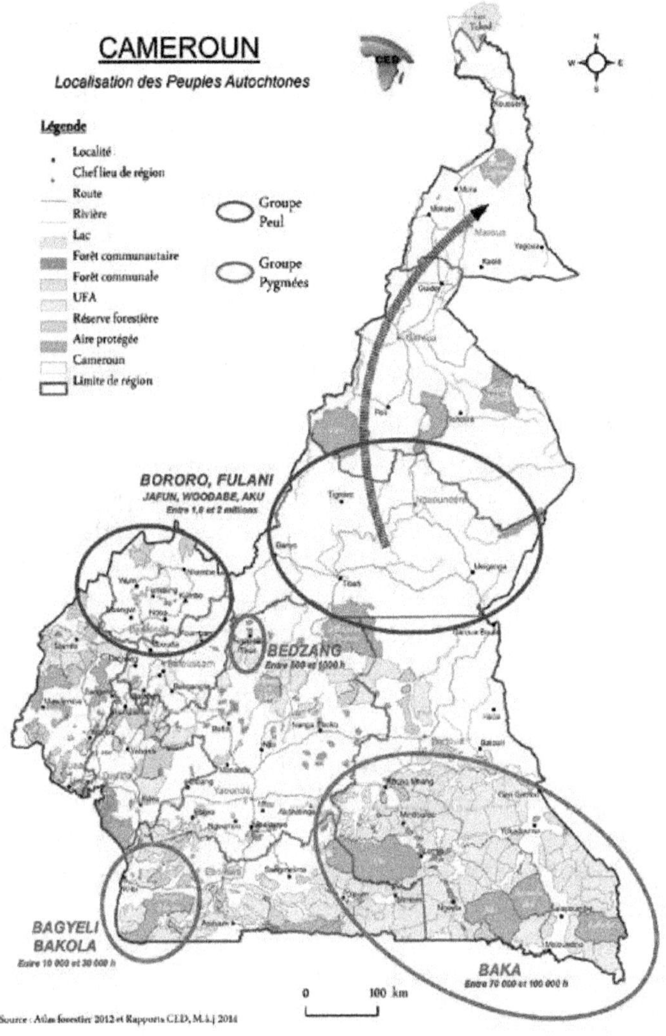

Source : BIT (2015 : 15)

Se référant au Plan National de Développement des Peuples Pygmées (PNDPP), les peuples autochtones pygmées peuvent être localisés dans les communes suivantes :

- Les Bakola et les Bagyeli se retrouvent dans la région du Sud : Akom II, Niété, Campo, Bipindi, Lolodorf, Lokoundjé, Djoum, Mintom, Oveng, Bengbis, Meyomessi, Kribi 1 er et Efoulan.

- Les Baka, rencontrés dans la région de l'Est : Abong-Mbang, Atok, Dimako, Doumé, Gari-Gombo, Lomié, Mbang, Messamena, Messok, Mindourou, Moloundou, Ndélélé, Ngoyla, Nguelebok, Salapoumbé, Somalomo, Yokadouma.
- Les Bedzan est le groupe des B4 localisé dans la région du Centre : Eséka, Messondo, Makak et NgambéTikar.

La mobilité[11] est l'une des caractéristiques de la « culture pygmée ». Ceux-ci se déplacent sans cesse. Ces déplacements sont liés aux activités de chasse, de collecte, de cueillette et d'élevage qu'ils pratiquent régulièrement.

1.2. Caractéristiques sociolinguistiques des peuples pygmées B4

Encore appelé « B4 » tel que relevé à l'introduction, les pygmées sont présents dans plusieurs pays de la sous-région Afrique centrale. Au Cameroun, ils sont constitués de trois groupes de populations distinctes dont les Bakas, les Bakola/Bagyéli et les Badzang. De loin le groupe le plus grand, les Bakas sont localisés dans les régions administratives de l'Est (Boumba et Ngoko, Haut-Nyong et la Kadey) et du Sud (Dja et Lobo, Djoum, Mintom, et Oveng). Les Bakolas et les Bagyélis occupent principalement 12 arrondissements de la région du Sud. Ils sont présents à Akom II, Bipindi, Campo, Niete, Ma'an, Djoum, Mintom, Meyomessi, Oveng, Bengbis Kribi et Lolodorf. Le groupe Badzang quant à lui est localisé à Ngambé Tikar dans la région du Centre.

Les pygmées présentent des caractéristiques presque similaires en ce qui concerne leur vie quotidienne. Ils sont soumis à l'expérience de la mobilité, du nomadisme et de la transhumance, ce qui explique leur dispersion dans plusieurs zones au fil du temps. Leur mode de vie est basé en grande partie sur l'exploitation des ressources naturelles, auxquelles ils sont fortement attachés.

Les valeurs communes de ces peuples fondent en effet leur spécificité ethnique et anthropologique, bref leur originalité qu'il convient de préserver de l'influence extérieure. Ces valeurs comprennent l'attachement ontologique à leur milieu naturel comme cadre et moyen de vie, et l'attachement aux traditions ancestrales qui constituent un facteur de maintien et de reproduction de l'ordre social et du système de représentation. Ce qui explique leur attachement à la verdure de la forêt équatoriale qui représente une source nourricière, protectrice, de santé et le lieu par excellence de réalisation des pratiques rituelles.

---

[11] La sédentarisation forcée constitue également une menace réelle sur les ressources dont bénéficient les populations autochtones (Cheumani, 2016 : 37).

D'après le BIT (2015 : 17-18), les peuples autochtones du Cameroun seraient victimes de nombreux problèmes :

- La discrimination, la stigmatisation et la marginalisation, dans la mesure où leur niveau de participation aux processus de prise de décision tant au niveau communautaire que national reste encore faible ;
- Leurs villages et leurs institutions sociales traditionnelles, surtout en ce qui concerne les Baka, les Bagyéli et les Bedzang, ne bénéficient d'aucune reconnaissance officielle ;
- Les pressions sur leurs terres en raison de l'exploitation forestière, minière, et des activités de conservation et d'agrobusiness, ce qui entraîne des restrictions d'accès aux ressources naturelles (produits de la chasse, cueillette, pâturages) dont ils dépendent principalement pour leur survie ;
- L'accaparement parfois illégal de leurs terres, y compris en relation avec des exploitations agricoles à grande échelle ;
- Le faible accès aux bénéfices de l'exploitation des ressources naturelles dont ils sont riverains ;
- Leur accès limité aux ressources naturelles ;
- La faible reconnaissance de leurs droits et intérêts dans les lois, politiques et programmes ;
- L'exploitation de leur travail et l'absence d'accès au marché du travail ;
- Une mortalité infantile élevée ;
- La double marginalisation que subissent les femmes appartenant aux communautés autochtones ;
- Les conflits persistants entre les peuples autochtones et leurs voisins bantous (cas des conflits éleveurs-agriculteurs) ;
- Le faible accès des enfants autochtones à une éducation véritablement gratuite et adaptée à leur culture ;
- La non-prise en compte des spécificités autochtones dans les programmes scolaires, ainsi que la non-implication des autochtones dans l'élaboration de ces programmes ;
- La survivance des stéréotypes à leur égard du fait de leur identification comme peuples autochtones ;

- Leur faible consultation et implication dans la prise des décisions sur les questions qui les concernent ou peuvent les affecter.

S'il existe plusieurs instruments juridiques[12] qui protègent les droits des peuples autochtones, ceux-ci n'empêchent pas le fait que ces peuples restent toujours marginalisés. Plusieurs problèmes cités plus haut contribueront à court, moyen ou même à long terme à la mutation ou à la disparition des cultures des B4 et par conséquent de leurs langues tel que la suite de ce travail nous le révèlera. Ceci nous donne alors l'occasion d'explorer les causes probables de la mort de celle-ci.

2. Facteurs de la « mort » des langues ou du changement linguistique

Plusieurs études ont déjà traité du problème de la mort des langues. On peut citer les publications de Hagège (2000), Calvet (2000b : 34-36), Breton (2000 : 23-24), Poth (2000 : 29-31), Almeida (2000 : 32-33). D'après Calvet (1987) et Hagège (2000) cité par Alby[13] « Le concept de mort ou de disparition des langues fait référence à des processus variés tels que la "transformation", l'"extinction" ou la substitution ou remplacement ». Si l'extinction sous-entend le fait qu'il n'existe plus aucun locuteur vivant de la langue, la substitution quant à elle stipulerait, pour le cas des populations autochtones des forêts, le fait qu'elles abandonnent leur L1 (la première langue d'acquisition) au profit d'une L2 (la seconde langue d'acquisition). Ceci est souvent dû aux conflits linguistiques qui peuvent avoir des causes diverses.

2.1. Facteur démographique

La démographie joue un rôle important dans la promotion des langues. Si la puissance démographique est un facteur favorisant l'expansion d'une langue, à l'opposé, la faiblesse démographique contribue à la régression des langues. D'après Tchindjand et *al.* (2016) qui se basent sur des regroupements à coloration linguistique, les

---

[12] Il s'agit entre autres de :

- La convention n° 111 de l'OIT sur la discrimination dans L'emploi et la profession. Elle a été ratifiée par le Cameroun le 13 mai 1988 ;
- La convention n° 169 de l'OIT relative aux peuples indigènes Et tribaux adoptée de façon tripartite en 1989 ;
- La Déclaration des Nations Unies sur les droits des peuples autochtones adoptée le 13 septembre 2007 par l'Assemblée Générale des Nations Unies, etc.

[13]http://www.termisti.org/rifal/PDF/rifal22/rifal22_Alby.pdf site consulté le 06 juillet 2016. p. 47.

groupes ethniques suivants sont les plus cités au Cameroun : Fang (19.6%), Bamilékés, Bamouns (18.5%), Doualas, Louembous, Bassaa (14.7%), Peuls (9.6%), Tikars (7.4%), Mandaras (5.7%), Makas (4.9%), Chambas (2.4%), Mboum (1.3%), Haoussa (1.2%). D'après Jacques Leclerc[14], « on estime que le seuil de survie d'une langue est placé à environ 100 000 locuteurs et que la survie d'une langue est précaire dès qu'elle est parlée par moins d'un million de locuteurs ». Il continue en affirmant qu'« une petite communauté linguistique peut survivre pendant longtemps si elle vit isolée et concentrée, par exemple, dans des forêts, des montagnes ou des îles, à l'abri d'une langue dominante ». Si ceci était encore le cas pour les peuples autochtones des forêts et les montagnards du Cameroun, nous verrons dans la section trois qu'il n'est plus possible, surtout pour les peuples chasseurs et cueilleurs de la forêt suite aux nombreux fléaux qu'ils subissent du fait de la mondialisation, du développement.

2.2. Dispersion démographique

D'après Henden et Killengreen (2008), la dispersion est le mouvement effectué par un individu entre sa population de naissance et la population où il va se reproduire. La dispersion peut contribuer à la mort d'une langue en ceci qu'elle réduit les forces de résistance à une langue dominante. Une langue ne vit bien que lorsqu'elle est concentrée sur un territoire. Dépourvue de son territoire, elle se meurt. Elle n'a plus de lieu d'expression, elle est envahie par une langue dominante. Le cas de la langue frisonne aux Pays-Bas qui se retrouve en Allemagne ainsi que celui des Québécois francophones réfugiés aux États-Unis entre 1840 et 1930 démontrent l'impact de la dispersion démographique sur la « mort » de ces langues. En effet, dans le premier cas, il y a eu fragmentation en dialectes différents pouvant aboutir à l'extinction des frisophones en Allemagne et en Groningue (Pays-Bas) tel que l'affirme Jacques Leclerc. Dans le second cas, le français québécois qui disparaîtra dans un environnement où n'est parlée que la langue anglaise.

2.3. Mariages mixtes, la dénatalité et la mortalité

L'exogamie favorise la promotion des langues fortes au détriment des langues faibles[15]. Cette exogamie peut également favoriser la naissance des parlers hybrides ou créoles, mais à forte coloration de la

[14]http://www.axl.cefan.ulaval.ca/Langues/2vital_mortdeslangues.htm. Consulté le 06 juillet 2016.
[15]http://www.axl.cefan.ulaval.ca/Langues/2vital_mortdeslangues.htm. Consulté le 06 juillet 2016.

langue dominante. Mais, tout est une question de politique linguistique éducative et familiale.

Pour les groupes minoritaires tels que les peuples autochtones, un faible taux de natalité et une forte mortalité ont pour conséquence de réduire la densité de la population produisant alors de ce fait un déclin démographique qui causerait, comme nous l'avons dit plus haut, la régression de la langue minoritaire.

2.4. Rapports d'adversité et altérations des valeurs culturelles B4

Les rapports socio-économiques et politiques peuvent influencer la régression ou la progression d'une langue. Le poids du groupe dominant, du point de vue socio-économique, influencera la langue du groupe dominé. Le groupe dominé ici fait référence aux B4. Ils sont encore considérés comme « Minorités Premières » selon l'expression de Wieviorka (2001). En effet, sont considérées comme minorités « premières » « des groupes qui occupaient avant l'ère moderne un espace territorial sur lequel d'autres populations sont ensuite venues s'installer sans les faire disparaître » Wieviorka (2001 : 142). De même, d'après le même auteur, ces minorités « premières » auraient été « éradiquées, ou bien rapidement et profondément infériorisé [par] les peuples qui les avaient [trouvés] sur place » (2001 : 142). Le groupe qui a une forte représentation politique dominerait toujours celui qui n'en a pas. Cette domination se répercutera sur le plan linguistique. En effet, la langue et la politique sont intimement liées. Pour la survie d'une langue, le contrôle des instruments de gouvernement est nécessaire. Ainsi, d'après Calvet (1974), les langues sont au pouvoir politique ou ne sont pas des langues. Les rapports d'adversité entre les populations pygmées et leurs voisins Bantou sont principalement consignés dans l'ouvrage de Cheumani (2016) qui porte sur l'Audit social en faveur des indigents et des populations autochtones - Rapport de l'audit Volume 1 : Évaluation Sociale. Parmi ces rapports conflictuels, on distingue :

- **Les Rapport sociaux :** Bien que complémentaires, les relations sociales entre les communautés pygmées et leurs voisins bantou sont caractérisées par la discrimination, l'exploitation et la domination qu'exercent les bantous sur leurs voisins les pygmées. Les campements pygmées sont installés soit près des villages bantu ou alors à l'intérieur. Les pygmées très souvent servent de main d'œuvre aux Bantu dans les plantations de café et de cacao, même dans les champs vivriers. En échange d'une rémunération en nature selon leurs besoins immédiats (produits vivriers, boissons alcoolisées, vêtements, produits manufacturés de première nécessité, etc.), et plus rarement une rémunération en argent mais de très faible valeur.

- **Les rapports économiques** : en règle générale, qui parle d'économie dit « monnaie ». Cependant, dans le cadre actuel, il convient de parler plutôt d'échange de biens et de services. Les pygmées étant des grands chasseurs, ils fournissent des espèces animales aux bantu ou leur proposent des services ; en contrepartie, les bantu leur offrent les produits de première nécessité cités plus haut ou des sommes dérisoires qui ne correspondent pas à la valeur du travail effectué. On observe un déséquilibre total en défaveur des peuples autochtones.
- **Rapport politique :** Stigmatisés, discriminés et marginalisés, l'intérêt porté à cette population autochtone en tant qu'habitants du territoire camerounais est très faible. En effet, les pouvoirs publics ne leur accordent pas assez d'importance dans la prise de décisions sur les questions les concernant : par exemple dans le domaine de l'éducation, les populations autochtones ne sont pas impliquées dans l'élaboration des programmes scolaires de leurs enfants par conséquent, leurs réalités culturelles et environnementales ne sont pas prises en compte dans l'élaboration des programmes scolaires et des politiques linguistiques ; ils accèdent difficilement ou presque pas dans les instances juridiques, administratives, locales et nationales. Cheumani (2016) précise que « par manque d'information, mais surtout en raison de la non-reconnaissance de leur identité et du rejet dont ils font l'objet, la population pygmée s'intéresse peu à la vie politique nationale… » (Cheumani, 2016, p.31). De même, si « la communauté est soumise au verdict du Conseil des Anciens [elle est] placée sous l'autorité d'une chefferie traditionnelle Bantu » (Cheumani, 2016, p.31).

La perte des valeurs culturelles est la conséquence d'un rapport de force entretenu par deux groupes. Le groupe dominant imposera ses valeurs de l'école aux produits consommés. Ne faisant donc pas partie des instances consultées dans l'élaboration des programmes scolaires ou autres, le groupe minoritaire ne fera que subir ces affres. « Si les minorités qui n'ont pas accès à l'école dans leurs langues sont menacées, à plus forte raison les langues non écrites sont-elles vouées à l'extinction[16] ». Les peuples minoritaires qui font presque totalement abstraction de leurs langues au profil des langues et des cultures des autres deviennent dépendants et réduisent au plus bas de l'échelle leurs langues. Ceci contribuera à l'expansion de la langue du groupe dominant. Le poids culturel doit donc être fondé sur les institutions stables, un réseau d'écoles et des traditions écrites pour pouvoir résister à la domination. La perte des valeurs culturelles peut aussi être la conséquence de l'urbanisation et de l'exode rural.

3. Matérialité du processus d'extinction des langues pygmées B4

La culture et la langue sont liées. Si l'une (la culture) est transmise par le biais de l'autre (la langue), la seconde (la langue) fait partie de la première (culture). La langue est donc étroitement liée à la culture d'un peuple. La perte de la langue contribue à la perte de la culture de ce peuple ; parallèlement, quand une culture disparaît, sa langue par conséquent disparaît aussi. Quand une langue est menacée ou qu'elle disparaît, la culture liée à celle-ci pourrait l'être également. Cette section permettra alors d'analyser les aspects relatifs à la croissance démographique et à la pression foncière, à la scolarisation, aux mariages mixtes et à la dénatalité.

3.1. Croissance démographique, expropriation foncière et migration des peuples B4

Si les peuples autochtones sont restés dans leur environnement social et culturel au point de conserver leur identité linguistique pendant plusieurs siècles, ceci est principalement dû au fait qu'ils ont construit une barrière sociale et culturelle qui les a mis en retrait de toute autre civilisation. Ces peuples, à travers l'expression régulière de leurs us et coutumes, les signes manifestes et les signaux culturels (Barth, 2008), ont contribué à diffuser et à pérenniser leur patrimoine linguistique et anthropologique. Il s'agit en fait de ce que Frederick Barth appelle « les frontières ethniques » (Barth, 2008 : 213). D'après un rapport de l'UNESCO (2003), les déplacements chez les Baka sont saisonniers et dépendent de la disponibilité des ressources naturelles. Ces déplacements ne proviennent pas d'une contrainte physique

[16] Site personnel de Jacques Leclerc : http://www.axl.cefan.ulaval.ca/Langues/2vital_mortdeslangues.htm. Consulté le 06 juillet 2016.

extérieure mais plutôt d'un besoin d'approvisionnement en produits de chasse, de pêche et de cueillette.

L'Organisation Internationale du Travail dans son guide à l'intention des professionnels des médias publiés en 2015 indique que les peuples autochtones de la forêt font face à des pressions sur les terres venant tant de l'État que des populations voisines, à savoir les bantous. Pour des besoins de création des réserves forestières et des parcs, d'exploitations forestières industrialisées, les populations autochtones de la forêt (Baka, Bakola, Bagyeli et Bedzang) se sont vues déposséder de leurs terres. D'après Cheumani (2016 : 25), « les Baka ne disposent que d'habitations temporaires et leur mode de vie basée sur la chasse et la cueillette, ne laisse pas de trace qui marquent l'occupation ou l'exploitation des terres » d'où la difficulté à faire immatriculer des terres à leurs noms.

D'après Ambono Yolande[17], les peuples autochtones de l'Est-Cameroun font face à plusieurs problèmes fonciers parmi lesquels l'expropriation des terres par les peuples riverains. Cette expropriation amène les populations autochtones à proposer leurs services : elles sont employées pour des travaux champêtres et autres par les Bantous. Cette idée est soutenue par Gwet (2014 : 21) qui précise que : « Les rapports de propriétaire et propriété ou de maître/esclave sont prédominants. Le pygmée travaille dans les plantations du maître, exerce les basses besognes, chasse, pêche et récolte du miel pour le maître ».

Ces différents facteurs démographiques et fonciers affectent les valeurs culturelles des B4. Forcées de se déplacer, le mode de vie des populations autochtones subit une modification. Entrant en contact avec les bantous qui ont une certaine dominance numérique et linguistique sur les peuples autochtones, leur faiblesse numérique pourrait être alors un facteur qui contribuera à la régression et à long terme à l'extinction de leurs langues. Sorties de leur forêt, de leur biotope, les langues des peuples autochtones de la forêt qui ne sont plus concentrées sur un territoire restreint perdent leur force de résistance face aux langues bantoues dominantes. Ces peuples autochtones perdront donc leurs langues du fait de leur dispersion démographique et linguistique.

3.3. Inadaptation du système scolaraire aux peuples B4

Les problèmes éducatifs des peuples autochtones de la forêt concernent tant les jeunes, les adultes, que les vieillards (MINAS, 2010). Paul Lewis (2009) considère que l'un des moyens de déterminer si une

---

[17]Ambono Yolande est chercheure au Centre National d'Éducation – MINRESI (Cameroun) et a mené des enquêtes de terrain auprès des populations autochtones dans la région de l'Est – Cameroun. Entretient réalisé le Lundi 11 juillet 2016.

langue est en danger d'extinction c'est le moyen de transmission. Est-ce que les enfants qui ont cette langue comme L1 l'apprennent à la maison uniquement ou alors elle est également enseignée à l'école. D'après un article de la Société Internationale de Linguistique du Cameroun[18], la « rentrée scolaire 2013/2014 a marqué le début effectif du projet d'éducation interculturelle et multilingue (EIM) chez les Baka, mené conjointement par le ministère de l'éducation de base (MINEDUB), *Plan Cameroon* et la société internationale de linguistique (SIL) Cameroun ». Rappelons avec Cheumani (2016) que plusieurs causes entravent l'accès à l'éducation des populations autochtones de la forêt. Elle cite comme entraves : l'acte de naissance (qu'ils n'ont pas et qui fait partie des pièces à fournir en vue d'une inscription au sein d'un établissement scolaire), la pauvreté (les peuples autochtones ont un revenu très faible par rapport au coup de l'éducation) et le système scolaire (celui-ci n'est pas adapté au mode de vie des populations autochtones). À ces causes, Gwet (2014, p. 20-21) ajoute les éléments pratiques tel l'éloignement des écoles des campements pygmées, etc., et culturels qui sont intimement liés à la vie de ces peuples. Il faudrait cependant noter que depuis 2007, le Plan de Développement des Peuples Pygmées (PDPP) est mis sur pieds et favorise le respect de la dignité, des droits et la culture des peuples autochtones (au sens du droit international, les pygmées constituent l'un des principaux groupes autochtones). Ce PNDPP (Plan National de Développement des Peuples pygmées) vise cinq (05) axes fondamentaux à savoir : la citoyenneté, l'éducation, la santé, l'agriculture et la gestion des produits forestiers non ligneux, le dialogue intercommunautaire et sécurisation foncière. D'après le rapport de PDPP (2015 : 18), il en ressort « ...le malaise des populations pygmées, malaise vécu aussi bien dans leurs relations avec les Bantous que dans le nouveau mode de vie moderne auquel les interventions extérieures les conduisent, et qu'ils sont de plus en plus en train d'embrasser ».

3.4. Mariages mixtes et hégémonie linguistique en milieu pygmée B4

Les populations bantoues qui entretiennent de bons rapports avec les peuples autochtones de la forêt illustrent ce fait par les liens de mariage qui lient les filles autochtones et les hommes bantous. Les mariages mixtes ou exogamiques contribuent à la promotion des langues fortes ou des populations fortes au détriment des langues ou populations faibles, tel que mentionné plus haut à la deuxième section de cette réflexion. Les peuples bantous dominant les peuples

---

[18] Article publié le 26 septembre 2013 et consulté le 12 Juillet 2016 sur le site http://www.silcam.org/folder040300/page.php?curit=62

autochtones, ils vont donc promouvoir leur hégémonie linguistique au détriment des peuples autochtones. L'une des conséquences sera donc l'envahissement linguistique des peuples autochtones ou encore la phagocytose linguistique.

Ces rapports sociaux, mettraient également la femme au centre de la mise en danger du patrimoine culturel et linguistique des peuples autochtones. Les sociétés pygmées accordent une place importante à la femme. Celle-ci est considérée comme le mentor de la société, elle est la gardienne des valeurs linguistiques et culturelles dont elle a la charge de transmettre aux générations futures. Sa position influente s'étend jusqu'à sa responsabilité en ce qui concerne la lignée familiale : Leurs sociétés étant matrilinéaires (Cheumani, 2016). Cette place prépondérante de la femme pygmée se voit réduite à néant dans le cadre des mariages inter-clans (pygmée et bantou). Ces unions les amènent dans des foyers où leur rôle dans les ménages subira une certaine mutation. À terme, elles seront contraintes de transmettre les valeurs de la communauté d'accueil qu'elles auront au préalable intériorisées à leurs descendants, ce qui constitue une grosse perte pour leurs communautés d'origines.

4. Esquisse des mesures de reviviscence des langues autochtones

L'environnement dans lequel un peuple évolue constitue son patrimoine culturel matériel. Il y pratique un ensemble d'activités quotidiennes qui sont transmises à travers des générations et sauvegardées grâce à un certain nombre de savoirs culturels immatériels ; Ceci pour signifier que la relation entre un individu ou un peuple et son espace est, au-delà du présent, tributaire de son passé et de son avenir. La protection des langues minoritaires au sein d'une nation comme le Cameroun relève d'une importance capitale. L'instabilité dont sont victimes les peuples autochtones de la forêt (B4), contribue à la perte progressive de leur originalité matérielle et immatérielle. Afin d'éviter cet état de choses, les pouvoirs publics devraient, tout en ouvrant ces populations au monde, sauvegarder leur biotope. Pour que ceci soit efficace, un ensemble de mesures doivent être mises en œuvre. Celles-ci peuvent être réparties en trois (03) catégories : communautaire, politique et individuel. Rappelons également que plusieurs violations des droits des peuples autochtones sont à la source de la disparition de leur patrimoine linguistique.

4.1. Sur le plan communautaire

L'aspect communautaire relève aussi de la dynamique subjective. Il sera comme évident de penser que la préservation et le développement d'une langue dépendent de son peuple qui devrait se préoccuper de l'avenir de sa langue. Les langues entretiennent des relations complexes faites d'influences. Ces dernières établissent des rapports de force entre les langues. On distinguera alors la langue dominante de la langue dominée. Sur le plan communautaire, l'élite régionale (pas obligatoirement celle issue de la communauté B4) doit pouvoir utiliser, au sein de sa communauté, les langues des B4. L'élite est constituée du politique, de l'intellectuel et des affairistes. Lorsqu'une langue est utilisée par l'élite, elle a une meilleure valeur que celle qui ne l'est pas. Aussi longtemps que cette élite fera usage de langue, cette dernière connaîtra un meilleur prestige. Il faudrait donc aller au-delà de l'aspect familial d'emploi de la langue.

Pour Galina (2013), il faudrait même penser à de nouveaux lieux de socialisation qui seront différents de ceux de la société traditionnelle des B4 (cas qui nous concerne). Ces nouveaux espaces d'interaction contribueront à la vulgarisation et à la promotion de la langue. Le cadre informationnel ne restera pas à la traine. Le développement des NTICs (Nouvelles Technologies de l'Information et de la Communication) communautaires est également un atout majeur pour le développement et l'acquisition de la langue maternelle.

De même, des campagnes de sensibilisation des peuples autochtones sur l'importance de la préservation de leurs richesses linguistiques et culturelles et sur la pratique de l'endogamie peuvent être organisées. Cette activité aura cette particularité de stimuler la prise de conscience des B4.

4.2. Sur le plan politique

Le préambule de la constitution du Cameroun stipule que *L'État assure la protection des minorités et préserve les droits des populations autochtones conformément à la loi.* Protéger les minorités revient également à préserver ce qui leur est spécifique, identitaire à l'exemple de leurs langues.

L'un des points de départ pour mitiger la vulnérabilité linguistique des B4 sur l'aspect politique est de corriger les violations dont ils sont victimes. Parmi ces violations, on compte la non-prise en compte de leurs spécificités, le bafouement de leurs droits à l'éducation, à la propriété, à l'autodétermination, à un environnement sain, à disposer d'eux-mêmes, etc. Nous pouvons faire appel ici au *Rapport supplémentaire soumis suite au deuxième rapport périodique du*

Cameroun sur *Les droits des peuples autochtones au Cameroun* (Présenté à la Commission africaine des droits de l'homme et des peuples) et cité à nouveau :

- Le droit à l'éducation (art. 17). En effet, si ce droit est respecté, on verra émerger au sein des peuples autochtones une élite capable de promouvoir ces langues. De même, il est nécessaire de vulgariser la méthode d'apprentissage ORA (Observer – Réfléchir - Agir). Cette méthode a plusieurs avantages dont s'exprimer en une langue officielle (en l'occurrence le français) tout en maintenant sa culture et ses spécificités.
- Les grands projets de développement (pipeline Tchad-Cameroun) et les violations du droit à la propriété (art. 14). Premier bémol : les réunions de concertation se sont tenues exclusivement en français et les documents distribués étaient complexes vu leur faible niveau d'instruction. Deuxième bémol : la destruction de l'environnement des B4 par ce projet a contribué à les déraciner. Enfin, l'Ordonnance n° 74/1 du 6 juillet 1974 fixant le régime foncier, stipulant dans l'article 8 que l'immatriculation est le seul mode de reconnaissance de la propriété foncière au Cameroun n'a pas intégré la spécificité « nomade » de ces peuples. Ceux-ci se retrouvent alors fragilisés dans un environnement où leurs droits ne sont pas pris en compte. Il est donc proposé la mise sur pied des mesures politiques organisant et fixant les sociétés minoritaires dans des villages comme c'est le cas pour les communautés sédentaires.

L'État devrait pouvoir résoudre les problèmes liés à la scolarisation des populations autochtones (en l'occurrence les B4). Si ces peuples peuvent déjà suivre des cours en leur langue, il serait primordial qu'ils aient accès à cette éducation-là. Pour cela, il faudrait donc pouvoir pallier aux difficultés liées à l'établissement des actes de naissance, aux coûts relatifs à l'éducation malgré la gratuité de l'école, et adapter le système scolaire aux activités et saisons de ces peuples.

La standardisation les langues des B4 et leur utilisation de façon effective est également une activité que devrait mener l'État du Cameroun. Bien que ces langues aient connu plusieurs travaux linguistiques de nos jours, elles ne sont toujours pas utilisées comme moyen de transmission des connaissances en milieu scolaire. Le développement de ces langues est un grand pas certes, mais elles doivent être utilisées de façon vigoureuse et portées par le système éducatif[19] institutionnel. Les peuples bantous environnants devraient également adopter les langues des peuples autochtones de la forêt comme L2. Si tout ceci n'est pas fait, elles finiront par rester dans les archives, ce qui contribuera davantage à leur mort. Il serait donc nécessaire pour la survie et la revitalisation de ces langues qu'elles soient érigées en langues d'enseignement (utilisées d'une part comme médium et d'autre part comme objet d'étude) dans les milieux où elles sont parlées.

4.3. Sur le plan individuel

Les B4 ne devraient pas avoir honte de s'exprimer dans leurs langues, où qu'ils se trouvent. Car chacun a le droit de faire usage de la langue de son choix où, comme et quand il veut[20]. La pérennisation d'une langue commence par son utilisation au sein d'une famille lambda. Et de proche en proche, elle s'étend à une communauté voire à une société.

Les formes identitaires linguistiques individuelles ou communautaires peuvent être protégées par plusieurs droits à l'exemple de la liberté d'expression, le droit des minorités à utiliser leurs langues, le droit à la vie privée, etc. Cette protection permet ainsi d'éviter le sentiment d'aliénation ou de marginalisation, et évidemment une situation d'instabilité linguistique.

L'usage des langues identitaires par les populations autochtones et environnantes implique une intégration ainsi qu'une participation des minorités dans une société. Cette utilisation va développer au sein de cette population une confiance en soi, une estime de soi. La langue est un marqueur d'identité des individus d'une communauté, fusse- t-elle autochtone comme les B4. Les langues identitaires des B4 doivent alors être promues au niveau individuel, communautaire, national, régional voire international.

Conclusion

La présente étude a porté sur les langues et les peuples autochtones au Cameroun. Force à été de constater que les langues des peuples chasseurs et cueilleurs de la forêt sont en voie de disparition, due à des facteurs pourtant non-linguistiques. Afin d'arriver à cette conclusion, les différents problèmes auxquels font face les (B4) ont au préalable été présentés. La deuxième partie a été consacrée aux causes des morts des

---

[19] Cf. Article 3 de la Déclaration Universelle des Droits Linguistiques

[20] Idem.

langues ou de mutation linguistique. La troisième partie a, quant à elle, établi une corrélation entre les problèmes rencontrés par les populations autochtones de la forêt et les causes de la mort de leurs langues. Cette corrélation nous a permis de comprendre que si rien n'est fait de nos jours pour préserver leur patrimoine culturel et partant leurs langues, ces dernières (mis pour langues) disparaîtront au profit des langues fortes des peuples bantous environnants. Des solutions ont donc été proposées afin de maintenir et promouvoir ce patrimoine linguistique. Ces propositions visent à éradiquer ou à limiter les problèmes que rencontrent les B4. Spécifiquement, il reviendrait aux décideurs de se poser les questions suivantes : *Que faut-il faire ? Pourquoi cela doit-il se faire ? Sur la base de quelles obligations juridiques ou contraintes cela devrait être fait ? Quels sont les exemples où ces mesures ont eu un effet positif ?* Ce questionnement permettra d'explorer les aspects suivants : l'enseignement public, et privé en langue, le parler en langue dans les services administratifs, les services de santé et autres, les langues minoritaires elles-mêmes et l'identité de leurs porteurs, les langues minoritaires dans le domaine judiciaire et les médias, les droits linguistiques dans les activités privées, pour ne citer que ceux-là.

Bibliographie

Almeida M., 2000, « Équateur : l'irréductible Shuar », *Courriers de l'Unesco*, n°1 205, pp. 32-33.

Barbier J.C., 1981, « Les groupes ethniques et les langues », *Encyclopédie de la République Unie du Cameroun*, NEA, pp. 239-260.

Barth F., 2008, « Les groupes ethniques et leurs frontières », in Ph. Poutognat et J. Streiff-Fenart, *Les théories de l'ethnicité,* Paris, PUF, 1ière édition « Quadrige », pp. 203-249.

Bord J.-P., 2002, « La carte, l'espace et le territoire », in Jean Y., Calenge C. (dir.), *Lire les territoires,* Tours, Presses Universitaires François-Rabelais, pp. 207-218.

Breton R.J.L., 2000, « La suprématie de l'anglais est-elle inéluctable ? », *Courriers de l'Unesco*, n°1 205, pp. 23-24.

Calvet J.-L., 2000b, « Vie et mort des langues : les locuteurs décident », *Courriers de l'Unesco*, n°1205, pp. 34-36.

Calvet L.-J., 1987, *La guerre des langues et les politiques linguistiques*, Paris, Payot.

Calvet L.-J., 1974, *Linguistique et colonialisme.* Petit traité de glossophagie, Paris, Payot.

Chamussy H. et Alii, 1986, *Cheminements systémiques. Du modèle AMORAL à une réflexion théorique en Géographie*, Université de Grenoble.

Cheumani N. C., 2016, « Audit en faveur des indigents et des populations autochtones », Vol. 1. Évaluation sociale, rapport d'étude.

Di Méo G., 1998, *Géographie sociale et territoires,* Paris, Éd. Nathan Université.

Gwet, J.A., 2014, « Plan des peuples autochtones (PPA) du projet d'investissement et de développement des marchés agricoles au Cameroun (PIDMA) », Rapport d'étude, Yaoundé.

Hagège C., 2000, *Halte à la mort des langues,* Paris, Odile Jacob.

Hamy E. T., 1879, « Essai de coordination des matériaux récemment recueillis sur l'ethnologie des négrilles ou pygmées de l'Afrique équatoriale », *Bulletins de la Société d'anthropologie de Paris* 2, pp. 79-101.

Henden J. A. &Killengreen S.2007, «Collapsing population cycles», *Trends in Ecology & Evolution* 23, n°2, Elsevier Inc. pp. 79-86.

Lewis P. (éd.), 2009, *Ethnologue : languages of the world*, Dallas, Tex : SIL International.Online version, sixteenth edition : http://www.ethnologue.com (Accessed 07 October 2010).

Morin, F., 2006, « L'autochtonie, forme d'ethnicité ou exemple d'ethnogenèse ? », *Parcours anthropologiques*, n°6, Lyon, p 54-64.

Poth, J., 2000, « Éloge du plurilinguisme », *Courriers de l'Unesco*, n°1205, pp. 29-31.

Robillard M. **et** Bahuchet, **S.** 2012, « Les Pygmées et les autres : terminologie, catégorisation et politique », *Journal des africanistes* [En ligne], 82-1/2 | 2012, mis en ligne le 10 mai 2016, consulté le 12 mars 2020. URL : http://journals.openedition.org/africanistes/4253

UNESCO : Déclaration Universelle des Droits Linguistiques. Barcelone. 77p 1996

Wieviorka M., 2001, *La différence*, Paris, Balland.

Fiche

Fiche d'information n°9 (Rev.1), Les droits des peuples autochtones [archive]. Haut-Commissaire aux droits de l'homme.

Webbographie

http://www.academia.edu/4136371/La_cartographie_linguistique_traceuse_de_lhistoire_des_civilisations_et_des_cultures_une_application_au_Cameroun consulté le 05 juillet 2016.

http://www.axl.cefan.ulaval.ca/Langues/2vital_mortdeslangues.htm. Consulté le 06 juillet 2016.

http://www.statistics-cameroon.org/downloads/Rapport_de_presentation_3_RGPH.pdf

http://www.termisti.org/rifal/PDF/rifal22/rifal22_Alby.pdf site concullté le 06 juillet 2016. p. 47.

https://fr.wikipedia.org/wiki/Peuple_autochtone

https://www.pndp.org/documents/P144637-PLAN_ACTION_PDPP_PNDP_3.pdf. Consulté le 17 mars 2020.

Chapitre 17 : Mise en texte d'une ville hybride dans Walaande de Djaïli Amadou Amal : vers une sociocritique de l'espace littéraire

Arthur Fokou

Résumé

Le fait colonial africain continue à faire couler beaucoup d'encre. Les études postcoloniales développent majoritairement une thématique qui s'engouffre dans un comparatisme dualiste colonial/postcolonial, Europe/Afrique, etc. Ainsi, cet article s'inscrit-il dans un contexte de progressive expansion de cette dualité discursive. Dans son roman publié en (2010), l'écrivaine camerounaise Djaïli Amadou Amal peint une ville de Maroua à deux vitesses, attrapée dans un hybridisme culturel ; une cité urbaine en ballotage entre la « Modernité » occidentale et la « traditionnalité » africaine (peule). Sous le prisme d'une vision à cheval sur deux mondes qui s'opposent, Maroua se construit dans l'entre-deux, dans la visée non pas de les opposer, sinon de les employer dans un *melting-pot* culturel qui donnerait une tonalité hybride et plus attractive à la ville de demain. Ainsi, moyennant une sociocritique de l'espace littéraire, nous mettons en surbrillance l'influence positive de la « Modernité » dans l'implémentation des politiques urbaines futures.

Mots-clés : Littérature – Maroua –Ville de demain – Sociocritique –Tradition – Modernité.

Abstract

The colonial event continues to have an important role in literary studies. Postcolonial studies mainly develop a theme that form part of a dualist colonial/postcolonial, Europe/Africa comparatism. Thus, this article is part of a context of progressive expansion of the discursive duality colonial/post-colonial, Europe/Africa. In her novel published in 2010, the Cameroonian writer Djaïli Amadou Amal paints a city of Maroua at two speeds, caught in a cultural hybridism, an urban city in the crossing of the European "Modernity" and of the African (peule) "tradition". Under the prism of a vision straddling two opposing worlds, Maroua is built in the in-between, with the aim to give a hybrid and more attractive tone to the city of the future in general. Thus, through a sociocriticism of the literary space, we highlight the positive influence of "Modernity" in the implementation of future urban policies.

***Keywords**: Literature – Maroua – Town of the future – Sociocriticism – Tradition – modernity.*

Introduction

Le présent article remet quelque peu en orbite une thématique presque obnubilatoire que s'emploie à développer un nombre prohibitif de critiques africains et outre-Atlantique : la colonisation ou processus d'occupation puis d'exploitation d'un territoire au profit d'un autre. En ce qui concerne le continent africain, le fait colonial, bien qu'ayant disparu partiellement[1] au XXe siècle, continue à faire l'objet de nombreuses pistes de réflexions. Le roman postcolonial ainsi que les lectures afférentes, dans leur immense majorité, développent une thématique qui s'engouffre dans un comparatisme dualiste colonial *vs* postcolonial, Europe *vs* Afrique, ou encore dans une dialectique du maître et de l'esclave prônée par Hegel. Dans ce contexte de progressive expansion de la dualité discursive Europe/Afrique s'inscrit cet article. Dans son roman *Walaandé, l'art de partager un mari* (2010), l'auteure camerounaise Djaïli Amadou Amal construit une ville de Maroua aux allures hybrides, attrapée dans une écriture à deux vitesses. Elle nous décrit une cité urbaine en ballotage entre la « Modernité »[2] occidentale héritée du discours colonial et la « traditionnalité » culturelle africaine, plus précisément, peule. En d'autres termes, sous le prisme d'une vision de la ville à cheval sur deux mondes que tout oppose, la narration construit la ville de Maroua dans l'entre-deux, dans la visée non pas de les opposer, sinon de les employer dans un *melting-pot* culturel qui donnerait une tonalité hybride unique -une ville ouverte sur le monde et ancrée dans ses valeurs traditionnelles-, majestueuse, plus attractive, tolérante et surtout inclusive à la ville de demain. Ainsi, au moyen d'une sociocritique de l'espace littéraire du roman camerounais *Walaande*, nous nous proposons de mettre en épigraphe l'influence positive que peut avoir la « Modernité » sur la mise en application des modernités parallèles dans le monde réel. En d'autres termes, cette étude nous invite à essayer de comprendre la manière dont cette matrice littéraire contribue à organiser non seulement les rapports

---

[1] Nous précisons ici que la colonisation a disparu partiellement parce qu'elle s'est estompée sur le plan juridico-administratif. Cependant, celle-ci continue à sévir dans le domaine culturel, par le phénomène dit de « transculturation ». C'est en substance ce qui ressort des travaux du collège pluridisciplinaire d'auteurs hispano-américains d'inflexion décoloniale (Restrepo y Rojas, 2010 ; Castro-Gómez y Grosfoguel (eds), 2007).

[2] « Modernité » avec une majuscule initiale renvoie à la « Modernité européenne » (récemment occidentale), qui exclut toutes les autres « modernités » par les processus dualiste et solipsiste cartésiens. Ceux-ci permettent de situer le sujet européen dans un « non-espace » et dans un « non-temps », et ainsi de transformer la « singularité » européenne en une « Universalité » (Ramon Grosfoguel, 2007). Tout au long de ce travail, le terme « Modernité » alternera avec « occidentale » ou « euro-atlantiste ».

de l'Homme à l'espace urbain, mais aussi et plus largement les connexions entre le fait littéraire et la construction sociale. Ainsi, cette réflexion ne se propose-t-elle pas de systématiser la diabolisation de l'héritage colonial de l'Afrique comme c'est le cas dans bon nombre de lectures critiques, mais de révéler au monde en général et aux africains en particulier l'aspect positif que peut représenter l'hybridisme culturel « Nord-Sud » dans l'implémentation des politiques urbaines futures.

1. Qu'est-ce que la ville ?[3]

La ville est le résultat d'un ensemble de représentations en interactions ininterrompues et permanentes (Géraldine Molina, 2007). Émettre pareil mandat implique de s'accorder sur une définition très large du concept de « représentation ». Ainsi, loin des clivages artificiellement simplistes entre idéel et matériel, il convient alors de l'employer dans une posture constructiviste, de considérer que les représentations organisent notre rapport au monde et de fait à l'espace urbain. L'idée principale sur laquelle repose la posture constructiviste peut schématiquement être résumée ainsi : la réalité n'est pas accessible en tant que telle, dans la mesure où l'Homme construit individuellement, puis socialement son rapport au monde par le truchement des représentations[4].

Médiatrices du rapport à l'espace urbain, les représentations peuvent se mouvoir de diverses manières en adoptant des vecteurs qui vont assurer leur circulation et leur communication. Celles-ci peuvent ainsi se matérialiser au travers du discours, être activées lors de pratiques urbaines ou encore s'extérioriser dans la production ou la transformation des formes urbaines. S'arcboutant sur ses analyses en morphologie urbaine, Marcel Roncayolo (1996 : 68) avertit en effet « qu'il faut considérer la genèse des formes urbaines et remonter des formes aux opérations ou aux conceptions qui les définissent, et de ces opérations et conceptions à la société qui les porte ». Il semblerait donc que la ville pût ainsi être analysée, par quiconque voudrait s'en donner les moyens, au travers de la diversité de manifestations des représentations qui lui donnent forme et sens. Dans ce sens, il conviendrait alors de l'envisager comme le résultat d'un ensemble organisé, comme une architecture générale dans laquelle un nombre prohibitif de représentations en interaction vient s'agencer et prendre forme (Molina, 2007).

[3] Au vu de la rigueur que commande tout article, nous ne saurions nous appesantir exhaustivement sur la définition de ladite notion. Nous convoquerons quelques morceaux choisis en accord avec le directoire sémantique qu'impulse l'article.

[4] Pour plus de précisions, voir Berger et Luckmann (1996).

Cette configuration analytique conduit alors à considérer l'évolution des formes urbaines comme régie par une dynamique kaléidoscopique multidimensionnelle qui n'a de cesse de réorganiser de manière ininterrompue les multiples représentations urbaines. En effet, au contact les unes des autres, certains de leurs éléments constitutifs se meuvent, se transmettent en subissant plus ou moins des altérations substantielles, en se combinant. Par ailleurs, notons le fait que d'autres composants tendent à s'estomper ou à disparaître alors que de nouveaux viennent s'intégrer aux représentations urbaines. En d'autres termes, on ferait face à une espèce de remplacement ou croisement progressif non planifié, qui serait un corollaire épistémologique dû au caractère insaisissable et imprévisible des variations représentatives sur lesquelles se fondent les formes urbaines.

De cette manière, comme souligne Molina (2007), il semblerait que les représentations urbaines pussent s'analyser comme mettant quasiment toujours en jeu une tension entre *conservation* –du fait de matrices qu'elles reprennent à leur compte– et *nouveauté* –du fait de leur composition qui relève de l'inédit–. Dans cette perspective, la logique du processus représentationnel apparaît comme une alchimie épineuse et discontinue, comme une dialectique temporelle, relevant à la fois d'une logique itérative, prospective et innovante. Ce dynamisme fonctionnel invite à penser les représentations en termes *d'évolution*, mais aussi de *continuum*. La ville serait donc un espace aménagé volontairement ou non, sujette à des pressions pénétrantes sempiternelles au niveau de son ajustement sémantique et, par conséquent morphologique qui, forte de cette mobilité représentative et représentationnelle, se convertit en un vase protéiforme et inclusif qui répond conséquemment ou non aux besoins des personnes qui y vivent. En d'autres termes, la réalité urbaine serait fonction des atermoiements représentationnels individuels et collectifs des populations qui s'y meuvent.

2. Littérature et cites urbaines

Convenant avec Michel Butor (1995 : 112) sur le fait que toutes les grandes œuvres, [...] transforment la façon dont nous voyons et racontons le monde, et par conséquent transforment le monde, nous devons nous appesantir sur les modalités qui expliquent une telle efficience et si besoin est, les problématiser. Un premier postulat consiste à considérer que l'idiosyncrasie de la construction littéraire réside dans l'intensité des rapports entre cette représentation individuelle et les représentations sociales. La représentation littéraire se caractériserait donc par une faculté « transpersonnelle ». En accord avec le précédent, un second postulat repose sur la capacité de transmission de la symbolique littéraire dans le temps. La représentation littéraire semble en effet présenter un fort potentiel transhistorique. Il serait donc nécessaire de parler dans ce cas de l'atemporalité de la fiction littéraire en ce sens que les barrières temporelles s'éboulent à son passage.

En écho à Géraldine Molina (2007), les représentations les plus efficaces, d'un point de vue rhétorique, sont celles qui exploitent les opportunités du conditionnement social. Le pouvoir d'influence littéraire apparaît donc particulièrement efficient sur les représentations sociales. En ce qui concerne l'objet urbain, certaines matrices littéraires qui mettent en scène la ville ont ainsi tendance à s'inscrire soit dans la logique d'un héritage, d'une mémoire collective, soit dans celle d'une espérance, mieux d'une prospection futuriste. Ceci étant dû au fait que la représentation littéraire s'inscrit certes dans une relation avec le monde réel (Tiphaine Samoyault, 2005), mais aussi et plus fréquemment dans un rapport avec le monde en devenir. De fait, leur réinvestissement et éventuellement leur instrumentalisation paraissent pertinents pour tout discours sur la ville et ces fictions peuvent ainsi être mises au service d'une intentionnalité réelle et déterminée. Elles font alors l'objet d'une reconfiguration plus ou moins importante. Elles sont mises dans la perspective du discours dans lequel elles sont intégrées aboutissant à une nouvelle version de la matrice initiale créée par la littérature. Ces dires de Molina ont le mérite de nous rappeler non sans mal le pouvoir de malléabilité de la fiction sur la réalité, plus précisément dans ce cas ponctuel sur la réalité urbaine. La littérature, s'arcboutant sur un processus de pression de l'espace littéraire par rapport au conditionnement social, détruit le monde en l'inventant, mieux en le réinventant. Sa mission est, reprenant en écho Jean Paul Sartre (1948), instiguer une *révolution sociale*.

De plus, du fait de leur capacité à faire corps avec les représentations sociales, ces constructions littéraires se diffusent et peuvent se retrouver dans d'autres représentations individuelles sans pour autant que l'émetteur de la représentation accueillant la matrice en soit forcément conscient et ait directement pris connaissance de la représentation littéraire. On parle alors de l'influence invisible de la matrice littéraire qui agit directement sur le subconscient de l'individu. Ainsi, leur appropriation, consciente ou non, par une entité collective conduit donc à envisager l'éventualité des représentations intermédiaires qui assurent la transmission entre le fait littéraire et la représentation individuelle dans laquelle se retrouve la matrice. En des mots différents, la littérature influencerait ainsi la conscience sociale collective par le truchement des référents intermédiaires qui assurent la transition entre cette dernière et la conscience individuelle.

La confluence de ces réflexions invite à essayer de comprendre plus précisément la manière par laquelle circulent ces matrices et contribuent ainsi à structurer les rapports de l'homme à l'espace urbain au travers d'un cas d'étude.[5] Le roman de Djaïli Amadou Amal (2010) s'organise autour de la mise en scène particulièrement impressionnante d'une ville du Septentrion camerounais, Maroua, qui évoluerait dans une dynamique inclusive. En effet, sous le prisme d'une vision à cheval sur deux mondes - Nord-Sud - qui s'opposent, Maroua se construit dans l'entre-deux, c'est-à-dire, en prenant un peu ici et là. Ce choix s'opère dans la visée de faire de cette cité urbaine une ville frontière au carrefour de deux civilisations qui, d'un point de vue épistémologique, s'oppose, mais qui dans le récit de la camerounaise réussissent à cohabiter, mieux, à fusionner. Autrement dit, l'écrivaine camerounaise réussit non sans mal à mettre en scène deux cultures qui s'affrontent depuis les mouvements coloniaux des XVIIIe et XIXe siècles. Deux modes de vie divergents - l'africain et l'européen -, dont le dernier s'est superposé au premier à partir des siècles sus-annoncés et, malgré les indépendances juridico-administratives du XXe siècle, continue à se superposer à celui-ci dans le monde réel. Aussi, entend-on bien l'exceptionnalité que revêt cette cohabitation implémentée par le roman de la « nordienne ». L'analyse qui suit s'emploie donc à mettre en surbrillance l'aspect positif que peut représenter l'hybridisme culturel « Nord-Sud » dans l'implémentation des politiques urbaines futures en Afrique en général et au Cameroun en particulier. Autrement dit, il s'agira de déconstruire le schéma traditionnel qui met aux prises la « Modernité » euro-atlantiste avec la « traditionnalité » africaine.

3. Concept de « ville de demain » selon Amadou Amal : sociocritique de l'espace littéraire

3.1. Vers une sociocritique urbaine

La « sociocritique »[6], terme créé par Claude Duchet en 1971, propose une lecture sociohistorique du texte. Elle s'est peu à peu constituée au cours des années pré et post 1968 pour tenter de construire une poétique de la socialité (une tendance innée à former des liens sociaux) inséparable d'une lecture de l'idéologie dans sa spécificité textuelle.

[5] Le rapport ou l'influence de l'homme à l'espace urbain s'est déjà révélé dans plusieurs travaux et œuvres littéraires. Dans son mémoire de DEA, Géraldine Molina (2005) traite déjà de cette thématique qui met en rapport l'influence de la Littérature sur les représentations urbaines.

[6] Compte tenu de la rigueur qu'impose cet article, nous ne saurions la décrire exhaustivement. Nous avancerons des morceaux choisis en accord avec le directoire sémantique qui prévaut dans l'article.

C'est une approche du fait littéraire qui s'attarde à l'univers social présent dans le texte. Pour ce faire, elle s'inspire tant et si bien de disciplines proches comme la sociologie de la littérature qu'on a tendance à les confondre, comme le précise Edmond Cros (1989 : 149) :

> sans doute la sociologie de la littérature et la sociocritique peuvent-elles donner l'impression à première vue qu'elles s'intéressent parfois à des objets identiques mais, au-delà de ces chevauchements apparents, se donnent à voir des préoccupations radicalement opposées.

Aussi, pour bien comprendre ce qu'elle est, convient-il de commencer en partant de ses racines. Les propositions inaugurales de la sociocritique des textes ont été formulées dans les années 1970 par Claude Duchet à Paris et par Edmond Cros à Montpellier. Le premier, définissant les notions de mise en texte, de valeur textuelle, de co-texte, de sociogramme et valorisant des objets précis à soumettre à des micro-lectures (l'incipit romanesque, par exemple) cherche à rendre raison du mouvement sémantique des textes et à mettre en évidence l'historicité des écritures littéraires. Pour cela souligne-t-il que la sociocritique part du texte pour en déceler la socialité, à savoir l'élément qui fonde, depuis l'intérieur, son existence :

> la sociologie de la littérature est devenue une discipline classique, se tenant ainsi à égale distance d'une sociocritique plus foncièrement textuelle et d'une analyse des institutions littéraires plus actrices orientées vers le social [...] il n'en demeure pas moins qu'elle contribue de façon importante aux études littéraires par ses concepts, ses modèles et ses méthodes (Duchet, 1990 : 298).

Autrement dit, cette méthode débouche sur une étude des structures profondes du texte pour en dévoiler la teneur sociale : c'est dans la spécificité esthétique même, la dimension valeur des textes, que la sociocritique s'efforce de lire cette présence des œuvres au monde qu'elle appelle la socialité (Duchet, 1979 : 4).

Le second, intégrant les acquis du structuralisme, de la linguistique, de la sémiologie et de la psychanalyse, relie la sociocritique à une nouvelle théorie du sujet par le biais de son concept de *sujet culturel*, associant le sujet de l'inconscient et une subjectivité modelée via des relations avec des pratiques sémiotiques nombreuses et la pense comme une *sociosémiotique* capable de rendre compte des investissements idéologiques des textes. Définissant les objectifs de cet outil d'analyse, Cros (1982 : 9) souligne qu'il consiste à

> analyser la structure profonde des textes par rapport aux structures de société (socioéconomiques, sociopolitiques, socioculturelles, structures mentales) qui la déterminent, d'opérer une sorte de saisie simultanée de l'histoire et de la sémantique, de l'histoire à travers la sémantique et de la sémantique à travers l'histoire, en posant pour hypothèse principale que

> les transformations de l'une ne font que reproduire les bouleversements de l'autre.

La teneur sociale des textes est analysable dans leurs procédures de mise en forme, lesquelles se rapportent à un ensemble sémiotique plus large de nature langagière ou visuelle. L'étude de ce rapport de commutation sémiotique permet d'expliquer la forme-sens (thématisations, contradictions, apories, dérives sémantiques, polysémie, etc.) de ces textes, d'évaluer et de mettre en valeur leur historicité, leur portée critique et leur capacité d'invention à l'égard de la vie sociale : *le texte dénonce des tentatives de bouleversements d'une société d'État* (Cros, 1982 : 29).

Analyser, comprendre, expliquer, évaluer, ce sont bien là les quatre temps d'une herméneutique. Eu égard à ce précédent, la sociocritique peut se définir comme une herméneutique sociale des textes littéraires. Son idiosyncrasie permet d'établir et de décrire les rapports abyssaux entre la littérature et la société. Cette dernière existe avant l'œuvre, parce que l'écrivain est conditionné par elle, la reflète, l'exprime, cherche à la transformer ; elle existe dans l'œuvre, où l'on retrouve sa trace, et sa description ; elle existe après l'œuvre, parce qu'il y a une sociologie de la lecture, du public, qui lui aussi, collabore à la production littéraire, ce que Umberto Eco (1985) appelle *coopération interprétative* destinateur/destinataire. De cette manière, la sociocritique s'intéresse avant tout à la façon dont les structures socioéconomiques s'incorporent dans les structures textuelles : la fiction littéraire est liée, en dernier ressort, à l'infrastructure sociale (Cros, 1986 : 40) à laquelle elle appartient et dans laquelle elle s'immerge, le tout dans une visée révolutionnaire du réel.

Par ailleurs, cet outil d'analyse se réclame inclusif ou universel, dans ce sens qu'il phagocyte plusieurs autres critiques, par lui considérées marginales. C'est en substance ce que révèle Gérard Gengembre (1996 : 53) quand il soutient que *la sociocritique fait également sienne la notion de texte utilisée par les critiques psychanalytique, thématique, sémiotique, narratologique.* Autrement dit, elle embrasse en colonisant l'idée même que se font ces outils d'analyse de la littérature. C'est ainsi que dans son parcours analytique nous verrons émerger la science narratologique. En d'autres termes, la sociocritique d'une œuvre littéraire consiste au décryptage des instances –personnages et narrateurs– et coordonnées –temps et espace– de la narration, celles-là mêmes par qui le rapprochement fiction/réalité s'opère. Cependant, dans cet article, nous nous proposons de mettre en épigraphe l'idéologie de l'auteure, acquise par la dissection spatiale du roman objet d'analyse. Ces précisions méthodologiques auront eu raison du ton à employer tout au long de ce travail. Ainsi, il sera question de dévoiler l'idéologie des paysages urbains qui s'offrent au réel camerounais, à Maroua plus précisément, à travers une lecture sociocritique de l'espace fictif de *Walaande*.

3.2. Qu'est-ce qu'un *espace littéraire* ? [7]

Émergeant en 1955 sous la plume de Maurice Blanchot, l'*espace littéraire* ne finit pas de confondre en perplexité quiconque entend le circonscrire avec trop d'univocité (Alice Godfroy, 2006). Fuyant et labile, il fait fondamentalement l'objet de question, d'interrogation toujours ouverte. Le projet d'interroger l'expression à la fois usuelle et insaisissable d'*espace littéraire* est donc fort ambitieux, puisqu'il invite à ouvrir la boîte de Pandore des définitions de la littérature. Il s'agit alors de redéployer cette expression, dont l'emploi -peut-être outrancier- tend à affecter un discours critique la réinvestissant -peut-être outrageusement- comme allant de soi. Or, s'il est vrai qu'une inflation métaphorique spatialise l'écriture, lui conférant surface, corps, dimension et profondeur, force est de reconnaître que ce transfert tropique ne dit rien de l'expérience proprement littéraire, de cet espace que Maurice Blanchot a posé sans concession comme *la condition d'un absolu* en littérature. Ainsi, pour reprendre une dualité chère à Blanchot, on peut considérer que les champs littéraires ont vocation à produire des livres, tandis que l'espace littéraire est la condition d'émergence des œuvres.

Xavier Garnier quant à lui montre que l'espace littéraire, à la fois indifférencié et dynamique, tire sa singularité de ce qu'il est à faire exister, en tant qu'*espace textuel fécondé par la vie* (Godfroy 2006). Il s'intéresse à la façon dont un texte entre en contact avec le monde vécu pour générer un espace littéraire. Autrement dit, l'espace littéraire serait un produit du réel et le représenterait par la même occasion. Celui-ci ne saurait se réclamer indépendant, vu qu'il tire son essence de la réalité sociale, qui devient irrémédiablement son référent. Cette attention portée à l'espace littéraire permet de revisiter la question de la littérature engagée. On parlera moins d'auteurs engagés que d'œuvres engagées. C'est la façon dont l'espace littéraire vient se ficher dans l'espace social qui intéresse. Il n'est pas d'œuvre qui ne déploie un espace avide de venir se mesurer aux espaces déjà en place dans le corps social. L'influence de la littérature dans le monde se joue donc au niveau spatial, c'est-à-dire, dans la façon dont les entités du monde coexistent. La littérature serait cette puissance de renégociation

[7] L'idée du titre nous est venue du travail de Barnier et Zoberman (2006). Une fois de plus à ce niveau, nous nous retiendrons de verser dans une analyse exhaustive de la notion d'espace littéraire, eu égard aux velléités restrictives auxquelles nous soumet cet article.

permanente des coexistences. Dire de la littérature qu'elle est spatiale, c'est une autre façon de dire que les hommes existent ensemble par son fait. Sous-jacente à la question de l'implication sociale de l'espace littéraire est celle de la différence entre le discours littéraire que l'on réfère à un espace particulier et les discours sociaux référés directement au monde réel. Le fait littéraire aurait cette spécificité d'être médiatisé par l'espace littéraire dans son rapport au monde. Si l'on peut envisager de théoriser à un niveau très général les déterminations socio-historiques de l'espace littéraire, l'analyse de cas concrets permet de rendre beaucoup plus clairement compte de la dimension sociale de l'espace littéraire dans des contextes historiques individualisés. De cette manière, les modalités de l'interaction entre les espaces littéraires et sociaux et notamment, la manière dont les structurations, les polarisations, les scissions et distributions de l'espace fictionnel, voire leurs redistributions, sont en général en phase avec les configurations idéologiques des sociétés. Une société se reconnaît dans la façon dont l'espace littéraire est organisé. Le fait que les dynamiques de répartition de l'espace littéraire ne sont pas, le plus souvent, le fruit d'un interventionnisme social pose en dernière analyse le problème de l'action directe sur l'espace littéraire. C'est en substance ce qu'il ressort des travaux de Xavier Garnier et Pierre Zoberman (2006).

Milagros Ezquerro (1983 : 72) quant à elle définit l'espace littéraire comme *la seconde coordonnée structurale de la narration*. Pour cette dernière,

> l'espace romanesque se définit en gros, comme le « cadre », ou plutôt les cadres où évoluent les personnages et où se déroule l'action. C'est, il faut le reconnaitre, un aspect assez peu étudié, si ce n'est par des biais comme « le paysage » ou la « géographie ». Or, s'il est vrai que l'espace est une coordonnée moins importante que le temps, elle est loin de manquer d'intérêt, si on la considère dans toute son extension et dans tous ses effets de sens.

D'emblée, l'auteure espagnole soulève le rôle prépondérant de l'espace littéraire, condition *sine qua non* pour qu'il y ait littérature. Certes, elle rend prégnante l'empreinte temporelle par rapport à son homologue spatiale, mais ceci n'enlève nullement le rôle incontournable de cette dernière dans l'émission de toute littérature. Tout comme les critiques susmentionnés, Ezquerro convoque une connexion irréfutable entre le cadre spatial en littérature et le monde auquel il se rapporte, c'est-à-dire entre le binôme littérature et société. Si la littérature ré-humanise le monde en influant sur la manière dont l'homme le conçoit et le ré-modélise, l'espace en tant que coordonnée narrative constitue un instrument, parmi tant d'autres, à la solde de cette dernière. En d'autres termes, la dimension spatiale s'inscrit en médiatrice de premier choix entre le monde idéel et réel, entre la fiction et la réalité externe, entre la matrice littéraire et la vie quotidienne : « ces descriptions [spatiales] ne sont nullement dépourvues de significations symboliques, et la nature romanesque est dans un rapport animique avec l'homme » (Ezquerro, 1983 : 73). Ainsi, « l'espace urbain apparaît comme une composante très importante de la narration » (Ezquerro, 1983 : 88), traitée parfois avec minutie, exactitude et faste.

3.3. « Maroua », la ville d'ici et de là-bas

La représentation de la ville contemporaine selon Amadou Amal s'inscrit dans une rhétorique dualiste « Nord-Sud ». Le dualisme dont il est fait étalage, ici, prend sa source dans les mouvements coloniaux des siècles précédents, comme mentionné en amont, par lesquels l'Europe s'est imposée aux autres peuples. Le phénomène colonial a alors profité des campagnes dites d'« évangélisation » des peuples « primitifs » pour les acculturer. Autrement dit, par l'entremise de la colonisation, l'Europe a matérialisé le processus de « transculturation » des territoires non-européens, entre autres, l'Afrique. Les indépendances écarlates[8] obtenues au XXe siècle par les pays africains dits « nouveaux » ont lamentablement échoué dans la reprise du flambeau culturel africain. Certes, les administrations ont été « arrachées » aux mains de l'occupant, mais la culture, elle, a connu un destin autre. Après plus de 200 ans de superposition des cultures européenne et africaine, le « mal colonial » s'est profondément enraciné au point où les décolonisations n'ont pas su renouer avec le culturel africain. Conséquence, des sociétés altérées, des paysages transformés ou complètement modifiés, une architecture parfois mutée, parfois enchevêtrée, qui s'occidentalise de plus en plus, des peuples spoliés de leurs civilisations, bref, pays et villes complètement dévoyés de ce qui fut leur destination des milliers d'années à rebours.

C'est dans ce contexte d'hybridisme, mais qui tend vers l'occidentalisation sempiternelle du social africain que nait le roman de la camerounaise. Ce faisant, elle nous rappelle la « tragédie » coloniale et nous invite à disposer de cette dernière pour penser notre *moi* à venir. En d'autres termes, loin du discours systématisant qui caricature la colonisation comme foncièrement pernicieuse, la narratrice d'Amadou Amal nous propose un canon différent de celui que préconisent, depuis quasiment toujours, les critiques africains ou non-africains à ce propos. En des termes plus simples, l'auteure renie la rhétorique systématisée de perfidie généralisée autour des acquis coloniaux et nous invite à tirer

[8] L'adjectif « écarlates » ici fait référence au sang versé tout au long des mouvements décoloniaux par les africains combattants au péril de leurs vies.

avantage de cet héritage colonial pour des besoins futurs, et ce dans tous les domaines possibles. Cette juxtaposition culturelle « Nord-Sud » par la « nordienne » personnifiée tout au long du récit, dans laquelle aucune des cultures ne peut se prévaloir « préséante » par rapport à l'autre, est illustrée d'emblée par le titre du roman : *Walaandé, l'art de partager un mari*. La mixité ponctuelle des langues « arabo-peule » et « française » au niveau de ce qui est considéré comme porte d'entrée de tout roman (Charles Grivel, 1973 : 169-173 ; Léo Hoek, 1981 : 17) permet une symbolisation imagée pour personnifier la tension multiculturelle et pluridimensionnelle qui prévaut à « Maroua » et, par conséquent, en dit long sur le contenu de ce dernier. La désignation du contenu de l'œuvre, qui est une des fonctions du titre (Claude Duchet, 1973 : 42), est parfaitement représentée par le titre du roman analysé. Deux langues, deux peuples, deux modes de vie, deux mentalités, deux traditions, deux us et coutumes, deux cultures, deux civilisations, deux urbanismes, deux villes, etc. : c'est ce que représente avec fracas le titre hybride qu'offre Amadou Amal à son auditoire.

C'est en ce sens que l'immersion dans l'espace de ce roman nous apprivoise. Quant au *modus operandi* ou méthodologie d'analyse, nous distinguons trois niveaux de lecture, nous inspirant en cela des travaux d'Henri Mitterand (1980), repris par Jacques Soubeyroux (1985 : 38)[9] : un premier niveau superficiel, qui correspond à une *topographie mimétique*. Nous partons du postulat sus-évoqué selon lequel le texte romanesque utilise des éléments qui dénotent la réalité pour construire son propre espace ; le deuxième niveau, celui de la *toposémie fonctionnelle* se situe au niveau du fonctionnement interne du texte. On considère ici l'espace comme un véritable actant qui participe au développement du récit. Il conviendra par ailleurs d'analyser les différentes fonctions de l'espace ainsi que ses relations avec les personnages et les techniques narratives mises en œuvre dans le texte ; le troisième niveau, plus profond, correspond au *symbolisme idéologique*. Nous considérons que l'espace romanesque diffère de la description objective, et que, au-delà de sa valeur fonctionnelle, il renvoie aussi à des représentations mentales plus ou moins conscientes qui sont régies par un code de valeurs – esthétiques, morales ou sociales –, la plupart du temps implicite.

Au premier niveau, nous considérons comme espaces topographiques tous ceux construits à partir de socio-référentiels. Dans le roman étudié, ce type d'espace se caractérise avant tout par une construction basée sur les toponymes, qui en majorité désignent la cité

---

[9] Précisions qu'au cours de cette analyse, nous manquerons de respecter telles quelles les implications méthodologiques d'approche de l'espace.

urbaine de Maroua ou des lieux de cette même ville, même s'ils ne sont pas toujours nommément identifiés. Autrement dit, « Maroua » est le macro-espace qui restreint, au premier abord, la portée de notre attention. Ce toponyme littéraire puisé du réel est décrit tout au long du récit par un mélange de saveur traditionnelle et moderne. Après son titre, le roman fait une nouvelle fois étalage de sa mixité culturelle dès l'abord de la narration : *Allabu Akbar ! Allabu Akbar ! Al Saalatu Hairun Minan Naoumi Dieu est grand ! Dieu est incommensurable ! La prière est préférable au sommeil !* (p. 8) La cohabitation langagière arabo-peule/française représentant deux *modus vivendi* dichotomiques à l'incipit n'est ici pas fortuite. En écho à Vincent Jouve (1997), l'incipit noue un contrat de lecture entre le narrateur et le narrataire en donnant d'emblée les lignes directrices du récit qui s'ouvre – à ce niveau l'homogénéité culturelle peule/européenne –. Par conséquent, il informe sur le sémiotope[10] de l'action – Maroua –, quelque peu sur l'intentionnalité narrative de l'auteure et, par captation, suscite la curiosité du narrataire. En d'autres termes, le fond se révèle quelque peu par la forme. Par ailleurs, ceci se confirme, par la suite. L'ouverture hybride du débat se reflète tout au long du récit, avec des apparitions abruptes et discontinues de l'arabe dans le récit français : *un « hadith » veut que les « Djinns », nombreux à cette heure* (p. 8) ; *j'étais la « Daada saare », la maman de la maison* (p. 48) ; *nous célébrerons dans ce cas les mariages dans deux mois « Incha Allah ». Juste avant le « Soumaï »* (p. 66).

Directement, après cette manifestation ostentatoire de l'homogénéité civilisationnelle qui prévaut dans son récit, la narratrice continue : *la voix grave du muezzin de la mosquée d'Alhadji Oumarou résonne au petit matin* (p. 8). Ici apparait nommément le nom de *mosquée,* plus haute représentation symbolique de la culture musulmane et temple de culte. Cette mention nous introduit inéluctablement dans une ville de Maroua aux allures traditionnelles et religieuses où vivent des populations croyantes aux écritures coraniques. La « traditionnalité » se manifeste à deux strates : au niveau structural ou architectural, vu qu'une mosquée est une bâtisse qui, par son charisme, impose des allures religieuses à toute cité urbaine ; ensuite au niveau socioculturel ou coutumier, eu

---

10 Le sémiotope d'un texte renvoie à « todos los elementos que tienen que ver con el campo semiológico dentro del cual se inscribe el texto: el campo lingüístico, retórico, los géneros literarios, sus relaciones con la tradición, con las series culturales, con otros textos, con otras producciones artísticas, etcétera. El texto mantiene, con todos estos elementos, relaciones específicas que lo definen » (Ezquerro, 2008: 24). (Le sémiotope d'un texte renvoie à tous les éléments qui font partie du champ sémiologique dans lequel s'inscrit le texte : le champ linguistique, rhétorique, les genres littéraires, leurs relations avec la tradition, avec la culture, avec d'autres textes, avec d'autres productions artistiques, etc. Le texte maintient, avec tous ces éléments, des relations spécifiques qui le définissent (La traduction est mienne).

égard à ce que le son émit par le *muezzin* est un signe symbole pourvu d'une valeur sémantique duale : la valeur vocative à l'endroit des croyants et l'annonce du début prochain de la prière : *la prière est préférable au sommeil* (p. 8). Ainsi, Maroua est une ville arabe (peule) qui vit et se développe au rythme des sons itératifs des muezzins qui conditionnent, par ailleurs, le vécu quotidien des populations (même non-peules) dans cette partie du territoire camerounais. Aussi, peut-on voir dans ce choix inaugural, le souci de la narratrice d'annoncer les couleurs, en mettant en avant le caractère prégnant et sacré de la tradition majoritaire dans cette partie du pays. Et les signes représentatifs de la tension traditionnelle régnante à Maroua n'en finissent pas.

En effet, aux côtés de la mosquée qui symbolise la culture musulmane, se dressent des micro-espaces qui jouent un rôle analogue. C'est le cas de l'école musulmane dans laquelle les enfants, dès le bas âge, apprennent à réciter les versets coraniques :

> après la prière, Alhadji retourne dans son duplex et l'*Imam* de la mosquée qui est aussi le maître coranique s'installe dans le hangar qui lui sert de salle de classe et aussitôt, la voix des enfants, psalmodiant à haute voix les versets du Coran, s'élève au petit jour (p. 9).

Ainsi, la religion et l'éducation, deux piliers de toutes sociétés, sont des représentations ostentatoires de la « traditionnalité » arabo-peule. À travers leurs architectures spécifiques propres au monde arabe, elles donnent une configuration physique traditionnelle à la ville de Maroua. Autrement dit, ces deux piliers sont expressifs d'une physionomie ancestrale de cette cité urbaine.

Cependant, alors que la narratrice s'étend depuis l'incipit à nous dévoiler le caractère profondément arabo-peul de l'architecture à Maroua à travers des macro- et micro-espaces, un élément indéniable vient changer la donne : l'empreinte européenne. En effet, aux allures « traditionnalistes » de cette cité urbaine, se faufilent des marques propres à la civilisation euro-atlantiste. C'est le cas de micro-espaces comme les banques : « elle avait rencontré Alhadji Oumarou quand elle travaillait comme caissière dans une banque de la place. Il était venu pour faire un retrait et elle l'avait servi » (p. 17). La présence de places bancaires dans une ville est représentative de la culture euro-atlantiste, car elles permettent d'importer et exporter plus aisément des devises et, par conséquent, de facilement s'installer ou occuper des territoires étrangers sans soucis financiers. Aussi, obéissent-elles au principe d'hyper-capitalisation des sociétés, apanage du système économique occidental.

De plus, notons aussi la présence de l'école occidentale, à travers ses infrastructures dissemblables de celle musulmane :

> j'ai eu le baccalauréat Baaba, souviens-toi. D'ailleurs, j'ai vu sur Internet une université en Afrique du Sud qui m'intéresse. Ah bon ! Comment ça ? Tu n'étudieras plus au Cameroun ? Je veux être pilote (pp.63-64) ; Tu te rends compte ? Baaba ne sait même pas quelle classe je fais. Je ne vais pas me marier alors que je suis en seconde. Il est toujours injuste envers les filles. [...] Il ne sait pas non plus ce que je fais. Dire qu'hier je lui parlais encore de l'école de pilotage en Afrique du Sud ; fit Moustapha amer. Un autre coup à la porte, arrive Yasmine qui timidement demande à entrer. C'est une jeune fille très fragile. Elle est née prématurément et on ne lui donne pas ses seize ans. Très intelligente, elle est en seconde comme sa sœur (pp. 70-71).

Ces divers relevés textuels explicitent la présence de la culture occidentale dans cette cité urbaine à travers le processus d'alphabétisation euro-atlantiste des différentes populations qui y vivent. Par ailleurs, ces lignes nous informent aussi de la présence d'un autre instrument occidental et pas des moindres, internet : « j'ai vu sur Internet une université en Afrique du Sud qui m'intéresse » (p.63). Ce dernier est un outil puissant de l'école occidentale qui permet une intercommunication et interconnexion simultanées des populations mondiales, où qu'elles soient dans le globe. D'ailleurs, cet outil de communication se trouve représenté localement à travers un micro-espace spécialisé dans le domaine : le cyber. « Avec son cousin, depuis quelques mois, ils avaient surfé pendant des heures dans l'unique cyber de la ville et avaient fini par dénicher l'université de leurs rêves » (pp. 72-73). La confluence de ces éléments donne un aspect moderne à la même ville de Maroua.

Déjà à ce niveau, l'on prend acte de l'homogénéisation arabo-occidentale qui prévaut dans cette cité urbaine à diverses strates. Au niveau de la physionomie, l'on note une hétérogénéisation des infrastructures architecturales – entre école « traditionnelle » et « Moderne », mosquée, banque, cyber – qui dénote une cohabitation culturelle harmonieuse. Si, au niveau fonctionnel, les catalyseurs culturels arabo-peuls pourraient s'identifier en « espaces fermés » hostiles à toutes formes de velléités altératives, ceux euro-atlantistes entreraient plus dans une « configuration ouverte » qui se réclame « Moderne ». Cette vision culturelle apparemment manichéenne produirait un effet fusionnel au niveau fonctionnel. S'il est vrai qu'à certains moments l'on voit émerger un choc civilisationnel entre les deux *modus vivendi,* celui-ci en général n'est que fugace et s'estompe avec la même hargne qu'il a vu le jour.

> toi je ne t'ai pas branchée madame « je sais tout ». Arrête de te vanter et de donner des leçons parce que tu as fait un peu d'étude. / Ce n'est pas de ma faute si tes parents ne t'ont pas aussi envoyée à l'école, rétorque Sakina furieuse. /- Mon père n'est pas un païen, lui, pour mettre une fille à l'école (p.14).

En d'autres termes, la matrice littéraire dévoile la sporadicité des confrontations culturelles qui sont si ostensibles qu'elles finissent par emprunter le chemin de l'évanescence et l'oubli. Ainsi, aussi antinomique soit-il, l'hétérogénéisation des paysages urbains due à la mixité culturelle s'encastre dans une homogénéisation au niveau fonctionnel de la société. Autrement dit, la nature hétéroclite des populations « nordiennes » ne se dresse pas en pierre d'achoppement pour la consécration d'une scission sociale. Au contraire, par l'entremise de ces données textuelles majoritairement harmonieuses et pacifistes, la narratrice met en exergue la fusion constatée afin de penser une société inclusive et tolérante à toutes formes d'obédiences.

Un autre micro-espace qui s'érige en expression du dualisme culturel « Nord-Sud » est la maison d'Aladji Oumarou. Cette bâtisse est une fusion simultanée de « traditionnalité » et « Modernité » à quasiment tous les niveaux. L'architecture de la maison s'écrit dans un entre-deux culturel :

> la concession qu'Alhadji avait construite était incontestablement belle. [...] A l'arrière, il y avait une grande cuisine moderne équipée de deux cuisinières et deux réfrigérateurs et une deuxième cuisine traditionnelle qu'elles devaient partager ainsi qu'un magasin où l'on stockait les produits de base (p. 21).

Cette mention n'est qu'une marque, parmi tant d'autres, qui peint la mendicité culturelle de la concession d'Aladji. Si les cuisinières s'expriment avec fracas, les « trois pierres » – *sous le foyer constitué de trois pierres* (p. 26) – à l'ancienne ne sont pas en reste. Et la narratrice continue :

> au centre de leurs appartements, était dressé un grand hangar d'un style à cheval entre tradition et modernité. Sous les tôles en tuile, on avait remplacé le plafond par la paille. Ce *Sekko* savamment tissé selon une méthode ancestrale, permettait de conserver une température agréable, même pendant les chaleurs torrides qui sévissaient neuf mois par an et qui causaient les déboisements. On y avait déversé une grande quantité de sable blanc aux gros grains provenant du *Mayo Kaliao* qui coupait la ville en deux, puis, on y avait étendu un grand tapis turc négligemment à même le sable (pp.21-22).

Ici, la narratrice matérialise nommément l'idéologie qui donne vie à cet article, schématisant une culture hybride, *un style à cheval entre tradition et modernité.* L'on voit se fondre, avec aise, *les tôles en tuile, un tapis turc*, signes « Modernes », et *la paille et du sable*, symboles de l'« ancestralité ». Tous ces quatre éléments disposés en deux groupes culturellement opposés se fédèrent dans ce salon pour la création d'un écosystème composite plus attractif. Et ce n'est pas tout :

> Alhadji occupait un grand duplex. En franchissant la porte d'entrée, on accédait à deux grands salons dont le sol en marbre était recouvert de tapis précieux. Des mobiliers et appareils électroniques achetés expressément à Dubaï. [...] Tout y était ultra moderne. [...] Sous le hangar d'en face, ce *Danki* où alhadji recevait du monde et passait ses soirées, tous les tons de bleu se côtoyaient (pp. 22-23).

La cohabitation infrastructurelle cosmopolite se profile une fois de plus à la vue de ce fragment textuel. On assiste alors à une mixture d'*appareils électroniques [...] ultramodernes* et de *Danki*, hangar ou chapiteau en fulfulde. Tout y est pensé dans un esprit de coalition et convivialité, en opposition au discours haineux et conflictuel qui caractérise en général les sociétés multiculturelles. Ainsi, la « maison à Maroua » se réclame donc un espace qui jouit simultanément de deux niveaux sémantiques ouvert/fermé, « Moderne/traditionnel », après examen de sa tendance européenne et concomitamment de sa portée africaine (camerounaise).

Après l'analyse des différents *topos* urbains sur lesquels se construit la narration d'Amadou Amal, du macro-espace Maroua à ses micro-espaces, le moment est venu de présenter socio-culturellement le comportement des personnes interagissant dans cet univers spatial. Une cité urbaine s'exprime et se décline aussi à travers les agissements des populations qui y vivent. Mieux, elle est dite « ville » au travers de ses habitants qui la rendent vivante. Par conséquent, l'analyse spatiale revêt aussi une trajectoire comportementale indéniable. L'individu se meut dans un espace et, ce faisant, le peint culturellement par son action. En d'autres termes, appréhender la ville revient à étudier sa physionomie et surtout sa population. L'aspect d'une cité urbaine est la résultante de l'action sociale. Ceci étant, nous nous voyons contraints de proposer une étude comportementale des personnages évoluant dans le roman, afin d'apprécier culturellement Maroua.

La maison d'Alhadji étant la scène principale du développement narratif, l'analyse se focalisera donc sur elle et ses habitants. On note une corrélation entre architecture et *modus vivendi*, c'est-à-dire que la même hybridité civilisationnelle se retrouve également dans le quotidien des personnages. C'est le cas de *Marie* dans ces fragments : « Marie consciencieusement tartine le pain pour le goûter des plus petits. Elle prépare aussi le lait chaud à l'aide d'une louche traditionnelle, fruit d'un arbuste à calebasse et remplit les gobelets devant elle » (p. 11). Ici, l'*arbuste à calebasse* est préféré à la louche européenne. Elle continue :

> Marie dépose la sauce de jarret servie dans une grande assiette sur la nappe préalablement étendue au milieu du tapis. Ensuite, elle apporte le pain découpé dans un plateau, les beignets de farine frit dans l'huile et deux thermos. L'un contenant un café bien sucré et l'autre du lait de vache trait le matin même. [...] Alhadji en vrai Peul, a quand même tenu à conserver quelques vaches dans un terrain en face de la concession afin que sa famille ne manque jamais de lait frais. Comme le conseille la tradition islamique, on n'utilise les couverts que pendant les occasions rares. Tout le monde mange avec les doigts (pp. 15-16).

Ce fragment expose les différents arts culinaires présents dans la concession. Deux pour être plus précis, l'européen et le peul. Si le *pain découpé* traduit le premier, les *beignets de farine frit* eux se réfèrent au second. De même pour les deux thermos de *café* et de *lait de vache*. Aucune tradition culinaire n'est lésée ; toutes les deux s'expriment dans une harmonie ostensible et ahurissante, pour le bonheur des habitants. Dans une bâtisse aussi *ultra moderne* (p. 22), l'on se serait attendu à voir les habitants manger dans des couverts disposés pour la circonstance. Force est de constater qu'il n'en est rien. Les fourchettes européennes cèdent intermittemment la place à leurs cousines (les doigts) peules, confère loi coranique, sans que personne ne s'en offusque. La convivialité peule se conjugue ainsi avec la « Modernité » européenne pour donner naissance à une nouvelle approche culinaire dite inclusive, composite, ou tout simplement plurielle.

Dans le domaine scolaire, comme mentionné plus haut, notons l'affirmation de deux écoles, deux apprentissages. L'un centré sur la récitation coranique et l'autre orienté vers l'écriture alphanumérique. Ensuite, côté vestimentaire, démonstration nous est faite par *Hadja Aïssatou* : *Hadja Aïssatou qui vient de s'installer en tailleur sur le tapis du hangar les interrompt* (p. 13). Cette description succincte pourrait passer inaperçue, tant elle apparait négligée. Or, elle est lourde de contenu. En fait, la narratrice fait étalage d'un différentiel entre le tailleur, mode européenne, et l'action ancestrale de la femme, qui s'assoit à même le tapis, lui préférant les *fauteuils de style Louis XIV en velours fleuris d'un rouge bordeaux* (p. 23) qui meublent son appartement. De plus, à côté de ce *tailleur*, émerge un apparat vestimentaire beaucoup plus local :

> après le repas et la prière, Nafissa prit longuement un bain. Elle s'oignit d'un lait de toilette hydratant et revêtit un beau pagne *Wax Vlisko* aux motifs bleu et vert qui flattait son teint clair de peule. Elle souligna ses yeux d'un trait de *khôl* noir et s'aspergea d'un parfum capiteux. Elle mit l'encens, attacha coquettement son foulard, et jeta un coup d'œil à son miroir (p. 28).

L'ornementation de la femme dans ce passage est le fruit d'une double empreinte culturelle, entre l'*encens*, le *pagne* et *khôl noir* peules et les *parfum* et *lait* occidentaux.

Du point de vue de la santé, relevons aussi des agissements très distincts, tel l'antagonisme ici présenté par *Hadja Aïssatou* et Sakina :

> -Nafi, tu devrais amener cet enfant chez l'Imam tous les matins pour qu'il lui fasse des incantations. C'est sûrement du mauvais œil qu'il souffre. [...]
> –Je pense plutôt qu'Aminou aura besoin d'une perfusion faite Sakina sceptique. Il est déshydraté et c'est peut-être... [...] Madame le docteur a fait son diagnostic ! (p. 14).

Cette vision dichotomique de la maladie chez Aïssatou et Sakina s'explique par une profonde mutation sociale qui tend à mettre en présence deux idéologies de la maladie, relatives à deux cultures divergentes. Dans une visée curative, les *incantations* préconisées par Aïssatou s'assimilent beaucoup plus au modèle africain, tandis que la *perfusion* telle que proposée par Sakina revêt une connotation occidentale. Le lieu d'émission des premières sont les lieux de culte, tandis que les infrastructures hospitalières se constituent en centre de la seconde proposition. En outre, signalons aussi l'entrée en lice des méthodes contraceptives, répondant aux normes « libérales » occidentales : « — j'ai appris qu'une femme pouvait prendre certains médicaments pour ne pas avoir d'enfants. Est-ce que c'est vrai ? demanda Nafissa doucement /— C'est vrai. On peut prendre des médicaments ou alors se faire des injections » (p. 52).

Parlant de la condition de la femme, force est de constater une fois de plus la constance de la tension fédérative qui peint le paysage urbain de Maroua au niveau culturel. Les trois premières femmes d'Alhadji Oumarou peuvent être taxées de traditionnelles, car vivant dans des familles peules puristes et, de fait, s'imbriquant parfaitement au modèle peul. Aïssatou, la première, s'est retrouvée mariée sans le savoir : *elle avait douze ans, Aïssatou, quand son père l'a donnée en mariage. [...] Pourquoi aurait-il demandé mon avis ?* (p. 47) ; c'est à 14 ans que Djaïli, la deuxième, a été envoyée en foyer : *elle avait quatorze ans quand il avait demandé sa main à son père* (38). Nafissa, la troisième, s'était vu donner en mariage comme un lot, contre gratitude : *Nafissa, ton père a accordé ta main à Alhadji Oumarou, afin de lui montrer sa gratitude* (29). Mais la quatrième, Sakina, aura eu un destin diamétralement dissimilaire, marquant la scission d'avec les trois autres. Cette dernière est celle par qui la « Modernité » européenne s'exprime le plus. C'est l'épicentre de l'expression occidentale dans le roman, et ceci se confirme à différents paliers. Déjà en milieu familial, elle est issue d'une famille différente, impulsée par son paternel :

> le père de Sakina, un homme gentil et affectueux, contrairement aux usages de la ville, avait encouragé tous ses enfants à étudier, ne faisant aucune discrimination entre eux. Il n'avait pas cédé aux nombreuses demandes des prétendants, prêts à tout pour épouser ses trois jolies filles (p. 16).

C'est elle qui a été à l'école occidentale à un âge avancé, ce qui a débouché sur l'obtention d'un baccalauréat et, dans la foulée, d'un diplôme universitaire :

> si l'aînée a choisi de se marier avec un voisin à l'âge de seize ans et vit dans une concession à deux pas de la maison familiale, Sakina par contre a rejeté toutes les demandes. Après son Baccalauréat, elle a fait une formation en bureautique et après une année de dur labeur, elle obtint son diplôme tout juste à vingt ans. Ce qui représente vraiment un exploit à Maroua (p. 17).

C'est elle qui, après son diplôme, a décidé de travailler pour s'autonomiser, ce qui est déconcertant pour une jeune fille dans ce milieu : *elle avait rencontré Alhadji Oumarou quand elle travaillait comme caissière dans une banque de la place* (p. 17). C'est bien Sakina qui était passionnée de littérature et rêvait de l'occident :

> depuis son adolescence, elle lisait des romans à l'eau de rose, dévorait les séries romantiques et rêvait d'une vie à l'occidentale. Une vie d'émancipée bardée de diplôme qui épouserait un homme encore plus bardé de diplôme. Une vie où le mot polygamie n'existerait même pas. Une vie de femme moderne, somme toute, qui sortira avec son mari, portera son nom, sera son amie (p. 18).

C'est encore Sakina qui, un jour, a décidé d'épouser Alhadji, oui, elle a eu cette décision : *elle [Sakina] finit par accepter et on célébra le mariage* (p. 20). C'est toujours par cette dernière que des contraceptifs ont fait irruption dans le récit : *sans hésitation, Sakina se lève et entre dans sa chambre. Elle ressort quelques minutes plus tard. / -Voilà les médicaments Nafi. C'est des pilules. Tu commences par ces comprimés verts. Tu ne dois jamais oublier d'en prendre* (p. 53). C'est enfin elle, la seule, qui possédait un ordinateur, ou du moins savait l'utiliser : *elle entra dans l'appartement de Sakina. Cette dernière vautrée négligemment sur son canapé pianotait distraitement sur son ordinateur* (p. 93). Ces différents éléments nous dévoilent formellement la nature pro-occidentale de Sakina. Ce qui n'implique pas forcément une dépréciation de ses valeurs culturelles, juste un réajustement et rééquilibrage desdites valeurs longtemps dévoyées par l'homme à leur profit, selon cette dernière. C'est ce qui ressort de ce dialogue avec Nafissa :

> nous n'appartenons à personne. Ni à notre mari, ni à nos parents, ni à nos enfants fit Sakina. En vérité, tout ce que les hommes nous racontent sur l'islam est faux. Le prophète Mohammed a été le premier défenseur des

> femmes et des enfants. Par exemple, ton consentement à ton mariage est obligatoire. On doit te demander ton avis (p. 55).

Par cet acte, Sakina se révèle aux autres personnages et aux lecteurs comme l'épicentre idéologique de la narration de Djaïli Amadou Amal. Par ses agissements tout au long de l'intrigue, elle devient le symbole de cette ville idéale tant peinte par l'auteure au fil de ses lignes. Une ville qui, au départ fermée, se laisse pénétrer progressivement par la mouvance occidentale et ceci se lit à tous les niveaux narratifs. Tant sur le plan architectural que socioculturel comme démontré en amont, Maroua se construit au rythme des civilisations peule et euro-atlantiste. Celles-ci lui confèrent un aspect structurel biphasé, la convertissant en une « ville-monde » où chacun se sent comme chez lui, comme ici décrite par Amadou Hampâté Bâ (1980) en ces termes :

> Évoluer ce n'est pas rompre carrément avec toutes ses traditions pour adopter celles d'une autre race dont on admire souvent par snobisme le comportement. Évoluer, c'est perfectionner notre patrimoine qui n'est pas fait seulement de nos demeures. C'est surtout aménager notre pensée, notre manière d'être tout entière (p. 69).

Ce constat s'érige en noyau dur du roman de la camerounaise, qui synthétise toute son idéologie sur ce que doit être le monde, et plus précisément la ville de demain. Un espace inclusif composite qui se dresserait en carrefour des civilisations, avec des paysages, peintures, modes de vie, etc. tant « ancestraux » que « Modernes », succinctement, la ville idéale. Comme le souligne Milagros Ezquerro (1983 : 83), « l'espace romanesque, bien que déterminé par des coordonnées spatio-temporelles extrêmement précises, est aussi un lieu mythique : le royaume d'Utopie, le Pays de nulle part ». C'est ainsi que l'espace fictionnel acquiert une tension utopique, non pas de la spécifique ville de Maroua, mais bien évidemment de l'entièreté sociale soumise aux bribes littéraires. Autrement dit, « la narration vise une réalité plus générale et plus importante » (Ezquerro, 1983 : 92) : l'urbanisation multipolaire des villes et sociétés en général, en tenant compte de l'héritage colonial non plus comme un frein, sinon comme un moyen, un outil de développement. La culture occidentale présente dans notre subconscient et qui se diffuse dans nos politiques urbaines sans qu'on en ait toujours pleinement conscience devrait être mise à profit par nos dirigeants, en vue de l'idéation d'une société, certes aux allures architecturales antinomiques, mais dont la gestion socioculturelle laisserait place à un espace de type fusionnel ancré dans sa « traditionnalité » mais pénétré par toutes et par tous provenant de divers horizons culturels et géographiques. En d'autres termes, l'instrumentalisation coloniale serait un truchement qui, bien canalisé, servirait à une plus grande structuration -tant physionomique que culturelle– et visibilité de nos villes et sociétés, ce qui aurait, entre autres acquis scotomisés ici, un impact indéniable sur l'éclosion touristique du Cameroun en particulier et de l'Afrique (et tous ces pays ayant subi une hybridation culturelle) en général.

Cette propension à l'hybridation des villes de demain, autrement dit à la décentralisation culturelle, défendue par le script de *Walaande, l'art de partager un mari*, se rapproche quelque peu du modèle de Los Angeles, « lequel se caractérise par un système de production décentralisé et flexible, un pluralisme accentué sur le plan culturel et un autre rapport à la centralité qui passe par l'étalement et la déconcentration des activités » (Pierre Hamel, 2010 : 4), en opposition au modèle *concentrique* de l'école de Chicago. Cette déconcentration culturelle et économique de la ville qui permet une visibilité ostensible à l'international, désigne la forme contemporaine du processus d'urbanisation ou métropolisation (Claude Lacour et Sylvette Puissant, 1999), qui se conjugue à l'étalement urbain, à la diversification des espaces fonctionnels et au rééquilibrage des milieux de vie, mettant l'accent sur une mobilité accrue des individus, de l'information et des activités (Michel Bassand, Vincent Kaufmann et Dominique Joye, 2001). Pour l'exprimer différemment, le processus d'urbanisation ou métropolisation doit intégrer une dynamique culturelle composite pour fédérer encore plus de biens et personnes. Pour le rendre plus efficient, il serait important, d'une part, de décoloniser les mentalités, l'être profond du sujet culturel africain qui continue à voir dans l'éthique euro-atlantique la panacée des civilisations parce que profondément déstructuré psychologiquement (Ngugi Wa Thiongo, 1986). D'autre part, il serait opportun de s'affranchir d'une diabolisation globalisante de l'héritage colonial, et d'essayer de voir en lui un tremplin pour l'érection d'un avenir pluriel, dialectique sans nécessairement être dichotomique.

Ainsi, la narratrice d'Amadou Amal défend la forme « libérale » des futures métropoles camerounaises et autres à travers l'espace fictionnel, réel et paradigmatique qu'est la ville de Maroua, et matérialise une fois de plus le processus de dépassement de la fiction par la littérature. Cette action de la « nordienne » n'est pas sans nous rappeler un cas similaire dans le monde littéraire. En effet, le roman *Notre-Dame de Paris* de Victor Hugo fut à l'origine du mouvement de mobilisation pour la sauvegarde de la cathédrale à la suite duquel fut organisé le concours d'architecte pour la rénovation gagnée par Viollet-le-Duc. Cet exemple, qui peut donc être considéré au XIXe siècle comme un symbole de l'influence de la Littérature sur le produit social, a permis, une fois de plus, de mettre en évidence le poids de la fiction sur une action menée sur une représentation urbaine. Renouant avec le récit, les actions menées par le collectif des personnages déconstruisent en construisant une nouvelle forme de la ville et vie dans la métropole Maroua, car, la forme urbaine passe par une série de choix individuels et collectifs. Les citoyens doivent influencer les politiques qui orientent la forme urbaine à l'échelle métropolitaine : « il devient nécessaire de considérer de près les choix individuels et collectifs qui président à la déstructuration et à la restructuration des villes et métropoles ou des formes urbaines qui en résultent » (Hamel, 2010 : 8).

Conclusion

Dans son roman *Walaande, l'art de partager un mari,* l'auteure camerounaise Djaïli Amadou Amal développe une thématique urbaine autour d'un référent paradigmatique qu'est Maroua. Cette dernière s'encastre plus globalement dans un projet utopique de la ville de demain, et à quoi elle pourrait ressembler. Autrement dit, ce récit romanesque se convertit en lieu d'une vaste et abyssale réflexion autour du devenir de la ville au Cameroun en particulier et dans le monde en général, par l'entremise des propositions tant physionomiques ou architecturales que socioculturelles et religieuses. Par le truchement d'une sociocritique de l'espace littéraire, l'analyse proposée a ainsi mis en épigraphe les ressorts d'un discours hybride sur la ville parsemé d'éléments culturels d'horizons divers dans le roman de la camerounaise. Les politiques urbaines à venir au Cameroun et pourquoi pas dans le monde, qui vont précéder les métropoles de demain, devraient se bâtir de manière coordonnée, fusionnelle et inclusive, tirant profit de l'héritage culturel colonial, associées aux acquis locaux. Cet élément composite donnera une plus-value multidirectionnelle aux cités métropolitaines en devenir, en créant une atmosphère plus fédérative, inclusive et tolérante. La réflexion est partie d'une proposition théorique visant à considérer l'influence positive de la « Modernité » euro-atlantiste dans l'implémentation des politiques urbaines futures au Cameroun –et, dans un cas plus large, dans des territoires ayant subi une hybridation culturelle au fil des années– dans *Walaande, l'art de partager un mari,* dévoilant au passage l'empreinte sociale du fait littéraire qui n'est plus à démontrer, par ce dépassement de la fiction par la littérature. Cet article aura donc su transformer la collision culturelle qui prévaut majoritairement dans les sociétés multiculturelles en collusion fusionnelle, avec pour corollaire immédiat la déconstruction de la presque maxime sociale qui voudrait que les sociétés multiculturelles soient multi-conflictuelles (Philippe de Viliers, 2018).

Bibliographie

Amadou Amal D., 2010, *Walaande, l'art de partager un mari*. Yaoundé, Editions Ifrikiya, Coll. Proximité.

Bassand M., V. Kaufmann, et D. Joye (dir.), 2001, *Enjeux de la sociologie urbaine*, Lausanne, Presses polytechniques et universitaires romandes.

Berger P. Y T. Luckmann, 1996, *La construction sociale de la réalité*. Paris, A. C.

Castro-Gómez, S. Y R. Grosfoguel (éds.), 2007, *El Giro Decolonial. Reflexiones para una diversidad epistémica más allá del capitalismo global*, Bogotá, Siglo del Hombre.

Cros E., 1982, *Propositions pour une Sociocritique*, Montpellier, CERS.

_______ 1986, *Literatura, Ideología y Sociedad*, Madrid, Gredos.

_______ 1989, « Sociologie de la littérature », in Marc Angenot, Jean Bessière, Douwe Fokkema, Eva Kushner (dir.), *Théorie littéraire*, Paris, PUF, pp. 127-149.

Duchet C., 1973, « Eléments de titrologie romanesque », in : *Littérature*, pp. 12-42.

_________ 1979, « Introductions. Positions et perspectives », in C. Duchet, B. Merigot et Amiel van Teslaar (dir.), *Sociocritique*, Paris, Nathan, pp. 3-8.

_________ 1990, *Sociocritique. Introduction aux méthodes critiques pour l''analyse littéraire*, Paris, PUF.

Eco U., 1985, *Lector in fabula ou La coopération interprétative dans les textes narratifs*, Paris, Grasset.

Ezquerro M., 1983, *Théorie et fiction. Le nouveau roman hispano-américain*, Montpellier, CERS.

_____________ 2008, *Leerescribir*, México, Rilma 2.

Garnier X., Zoberman P., 2006, « Introduction », in *Qu'est-ce qu'un espace littéraire* ? [en ligne]. Saint-Denis : Presses universitaires de Vincennes. URL : http://books.openedition.org/puv/392. Page consultée le 12 août 2019.

Gengembre G., 1996, *Les Grands courants de la critique littéraire*, Paris, Seuil.

Godfroy A, 2006, « Qu'est-ce qu'un espace littéraire ? », in *Acta fabula*, vol. 7, n° 6. URL : http://www.fabula.org/revue/document1705.php. Page consultée le 12 août 2019.

Grivel C., 1973, *Production de l'intérêt romanesque*, Paris-La Haye, Mouton.

Grosfoguel R., 2007, « Descolonizando los universalismos occidentales: El pluri-versalismo transmoderno decolonial desde Aimé Césaire hasta los Zapatistas", in: Castro-Gómez y Grosfoguel (eds.). *El*

Giro Decolonial. Reflexiones para una diversidad epistémica más allá del capitalismo global. Bogotá : Siglo del Hombre.

Hamel P., 2010, « Les métropoles et la nouvelle critique urbaine », dans : *Métropoles* [En ligne], vol. 7. URL : http://journals.openedition.org/metropoles/4317. Page consultée le 03 juillet 2019.

Hampâté Bâ A., 1980, *Vie et enseignement de Tierno Bokar, le sage de Bandiagara,* Paris, Seuil.

Hoek L., 1981, *La marque du titre. Dispositifs sémiotiques d'une pratique textuelle,* Paris, La Haye, Mouton.

Jouve V., 1997, *La poétique du roman*, Paris, SEDES.

Lacour C., Puissant S., 1999, *La métropolisation. Croissance, diversité, fractures*, Paris, Anthropos.

Molina G., 2007, *L'influence de la littérature sur les représentations de la ville - L'exemple de la» ville tentaculaire» ou l'instrumentalisation politique d'une matrice poétique,* Bulletin de l'Association de géographes français. Association des Géographes Français, pp287-303.

Mitterand H., 1980, *Le discours du roman,* Paris, PUF.

Ngugi WA T., 1986, *Decolonising the Mind,* Nairobi, Heinemann Education Books.

Restrepo E. y A. Rojas, 2010, *Inflexión decolonial: fuentes, conceptos y cuestionamientos,* Popayán, Universidad de Cauca.

Roncayolo M., 1996, *Les grammaires d'une ville. Essai sur la genèse des structures urbaines à Marseille*, Paris, éd. de l'EHSS.

Samoyault T., 2005, *L'intertextualité, mémoire de la littérature*, Paris, A. C.

Sartre J. P., 1948, *Qu'est-ce que la littérature*, Paris, Gallimard.

Soubeyroux J., 1985, « Pour une étude de l'espace dans le roman : Proposition méthodologique et application à la "Ciudad y los Perros" », pp. 37-58 de M.V. Llosa », in : *Imprévue*, Montpellier, CERS.

Viliers de P., 2018, « Interview », Entrevue menée par Audrey Castorama. *Europe 1* (12 octobre).

Conclusion générale

José Donadoni Manga Kalniga

> Le chercheur ne peut se dérober à la nécessité de soumettre l'état du continent noire à un effort global de réflexion et d'analyse afin de mieux comprendre ce qui nous advient et, peut-être, trouver une issue aux impasses actuelles (Ela, 1994 : 7).

L'Afrique, disait Jean-Marc Ela, est constituée des villages. Les mutations sociohistoriques en ont fait le siège des villes, aux caractéristiques exclusives que les paradigmes mobilisés pour les adresser jusqu'ici puisent dans le catastrophisme du défi démographique. Ce paradigme que justifient les institutions internationales, basées au Nord, perd de vue les spécificités des contextes sociaux que les citadins tentent de produire et d'engendrer quotidiennement. Elles peuvent s'appréhender à travers la mobilité, la régulation, la gouvernance et l'usage des services urbains. Les contributions contenues dans cet ouvrage ont passé en revue le fait urbain, à partir d'un angle épistémologique et méthodique, amenant à questionner le regard scientifique posé jusqu'alors sur le monde urbain au Cameroun.

Ces contributions établissent que pour aborder le fait urbain aujourd'hui, il faudrait s'inscrire dans la démarche qui emprunte une désobéissance épistémique afin de sortir définitivement du piège du quantitatif façonné sous la coupe des théories de la production, du développement et de la gestion urbaine. Le défi du nombre constitue à coup sûr, le plus grand défi pour les villes camerounaises qui sont pour la plupart, « en chantier » surtout dans un contexte où prévaut l'autonomisation des villes à travers le processus de la décentralisation. Des initiatives de planification, d'aménagement et de développement urbain sont en cours et s'offrent aux magistrats municipaux, telles des solutions toutes faites pour mieux adresser la question du développement urbain. Mais, seulement, ces outils restent enfermés dans un mimétisme technique et technologique qui finit par les corrompre et détourner les cultures urbaines locales. Ce qui amène à un moment ou à un autre l'acteur social à défier les normes urbaines qui ne sont pas forcément en cohérence avec les logiques d'habiter, de circuler, de se recréer et de produire... Les situations de rupture normative, de détournement des règles ou de déviance sont légion dans les rues camerounaises. Les illustrations les plus manifestes sont celles relatives à la civilité publique, à l'atteinte à la pudeur, au mauvais stationnement et au détournement des trottoirs. Toutes ces déviances rendent compte d'une logique urbaine incohérente avec les logiques citoyennes.

Toutefois, les voies de sortie de crise existent, elles passent par le renouvellement du regard sur l'objet urbain. Cela veut dire que pour décrypter les « choses urbaines », et prendre ses distances d'avec les statistiques des institutions internationales qui rendent compte d'un catastrophisme social, il est important de sortir de cette passion politique d'expiation et de résorption des villes dont la seule évocation rappelle sans cesse que les villes constituent des « mélanges choquants ». Et la littérature n'a fait que relayer ce catastrophisme urbain faisant des villes les « fers » où naissent les problèmes de circulation, d'habitat, de sûreté, de décence et de pollution en défiance permanente avec les paradigmes de durabilité. Ainsi, l'idée de durabilité devrait être envisagée avec la problématique du quantitatif. Elle ne doit pas considérer le défi du nombre comme un problème pour les villes en Afrique, mais, plutôt comme un atout devant aider à engendrer et à développer les richesses urbaines et à accoucher d'une économie citoyenne et solidaire. L'économie urbaine, bien qu'en partie informelle, peut grandir pour soutenir les villes intermédiaires et moyennes qui naissent à travers le processus de communalisation et du fait de l'extension urbaine.

Les défis actuels du fait urbain rejoignent la maîtrise des enjeux de la décentralisation avec comme corolaire, l'habilitation des collectivités locales à contrôler et à garantir l'accès aux services sociaux de base à travers le développement des partenariats à l'effet de saisir les opportunités pour valoriser les potentiels économiques des territoires locaux. Cela est possible dans une dynamique d'ouverture municipale et d'aménagement d'une fonction publique territoriale apte à mieux conseiller les élus locaux sur les modalités du management des services publics.

(Im)penser l'urbain au Cameroun ne saurait constituer un pamphlet pour l'exclusivité de l'analyse des problématiques urbaines. Cet ouvrage relativise les démarches et les points de vue admis à propos des questions urbaines jusqu'ici, faisant des intellectuels, des consommateurs et des agents de restitution des modèles et des approches théoriques de la ville dans un champ scientifique hégémonisé et contrôlé à partir du Nord. Il s'offre en alternative évaluative des villes camerounaises qui se situent dans une période de transition et en quête d'un système efficace qui produit des territoires ruraux et urbains développés de manière « équitable ». Elles sont à mi-chemin entre un système urbain classique comme il est observé ailleurs, et un système rural qui tend à se rurbaniser.

Les défis urbains à venir sont, avant tout, des défis scientifiques qui conduiraient les chercheurs et intellectuels camerounais à engager un véritable débat sur les approches et les méthodes qui fondent et orientent les opérations de développement urbain initiées par les institutions internationales en charge des politiques de la ville. Il est ainsi question de penser les modèles d'analyse de façon dialogique avec les enjeux auxquels les mondes urbains et ruraux sont confrontés. Sans cet effort de réinvention des « paradigmes de la ville », il sera difficile de penser des sociétés où les citadins et ruraux peuvent s'épanouir.

Structures éditoriales du groupe L'Harmattan

L'Harmattan Italie
Via degli Artisti, 15
10124 Torino
harmattan.italia@gmail.com

L'Harmattan Hongrie
Kossuth l. u. 14-16.
1053 Budapest
harmattan@harmattan.hu

L'Harmattan Sénégal
10 VDN en face Mermoz
BP 45034 Dakar-Fann
senharmattan@gmail.com

L'Harmattan Cameroun
TSINGA/FECAFOOT
BP 11486 Yaoundé
inkoukam@gmail.com

L'Harmattan Burkina Faso
Achille Somé – tengnule@hotmail.fr

L'Harmattan Guinée
Almamya, rue KA 028 OKB Agency
BP 3470 Conakry
harmattanguinee@yahoo.fr

L'Harmattan RDC
185, avenue Nyangwe
Commune de Lingwala – Kinshasa
matangilamusadila@yahoo.fr

L'Harmattan Congo
219, avenue Nelson Mandela
BP 2874 Brazzaville
harmattan.congo@yahoo.fr

L'Harmattan Mali
ACI 2000 - Immeuble Mgr Jean Marie Cisse
Bureau 10
BP 145 Bamako-Mali
mali@harmattan.fr

L'Harmattan Togo
Djidjole – Lomé
Maison Amela
face EPP BATOME
ddamela@aol.com

L'Harmattan Côte d'Ivoire
Résidence Karl – Cité des Arts
Abidjan-Cocody
03 BP 1588 Abidjan
espace_harmattan.ci@hotmail.fr

Nos librairies en France

Librairie internationale
16, rue des Écoles
75005 Paris
librairie.internationale@harmattan.fr
01 40 46 79 11
www.librairieharmattan.com

Librairie des savoirs
21, rue des Écoles
75005 Paris
librairie.sh@harmattan.fr
01 46 34 13 71
www.librairieharmattansh.com

Librairie Le Lucernaire
53, rue Notre-Dame-des-Champs
75006 Paris
librairie@lucernaire.fr
01 42 22 67 13

www.ingramcontent.com/pod-product-compliance
Lightning Source LLC
LaVergne TN
LVHW020551110826
845149LV00002B/236

* 9 7 8 2 1 4 0 2 7 1 3 7 3 *